AKADEMIE FÜR LEHRERFORTBILDUNG UND
PERSONALFÜHRUNG DILLINGEN

STAATSINSTITUT FÜR SCHULQUALITÄT UND
BILDUNGSFORSCHUNG MÜNCHEN

RECHENSTÖRUNGEN

Hilfen für Kinder mit besonderen Schwierigkeiten beim
Erlernen der Mathematik

Gesamtredaktion: Bernd Ganser

Auer Verlag GmbH

Gedruckt auf umweltbewusst gefertigtem, chlorfrei gebleichtem
und alterungsbeständigem Papier.

5., überarbeitete und erweiterte Auflage. 2004
Nach der Neuregelung der deutschen Rechtschreibung
© by Auer Verlag GmbH, Donauwörth
Alle Rechte vorbehalten
Das Werk und seine Teile sind urheberrechtlich geschützt. Jede Nutzung in anderen als
den gesetzlich zugelassenen Fällen bedarf der vorherigen schriftlichen Einwilligung
des Verlages. Hinweis zu § 52 a UrhG: Weder das Werk noch seine Teile dürfen ohne eine
solche Einwilligung eingescannt und in ein Netzwerk eingestellt werden.
Dies gilt auch für Intranets von Schulen und sonstigen Bildungseinrichtungen.
Gesamtherstellung: Ludwig Auer GmbH, Donauwörth
ISBN 3-403-0**2716**-3

Gliederung

Vorwort 5

1.	**Theoretische Grundbausteine**	6
1.1	Begrifflichkeit	6
1.2	Wie Kinder rechnen lernen	7
1.2.1	Genetisch disponierte numerische Kompetenzen	8
1.2.2	Bedeutung der Zählfähigkeit	10
1.2.3	Entwicklung des Zahlbegriffs	12
1.3	Erscheinungsformen	15
1.4	Erklärungsmodelle	17
1.4.1	Entwicklungspsychologisches Erklärungsmodell	17
1.4.2	Neuropsychologisches Erklärungsmodell	19
1.4.3	Fehleranalytisches Erklärungsmodell	21
1.4.4	Systemisches Erklärungsmodell	23
1.5	Dynamische Entwicklung von Rechenstörungen	26
1.5.1	Einleitung	26
1.5.2	Zur Entwicklung der Rechenschwäche	27
1.5.3	Bedürfnisse von Schülern im Teufelskreis	29
1.5.4	Präventionsmöglichkeiten	30
1.5.5	Hilfen für Schüler im Teufelskreis	30
2.	**Diagnostik**	32
2.1	Entwicklung einer Förderstruktur	32
2.1.1	Zum Begriff „Fördern"	32
2.1.2	Förderkonzept	34
2.2	Informelle Diagnostik	43
2.2.1	Beobachtungsmöglichkeiten im Unterricht	43
2.2.2	Individuelle Fehleranalyse	43
2.2.3	Den Entwicklungsstand des mathematischen Verständnisses erfassen	59
2.3	Standardisierte Testverfahren	72
2.3.1	Überblick	72
2.3.2	Testverfahren zur Dyskalkulie (ZAREKI)	78
2.3.3	Bemerkungen zum Osnabrücker Test zur Zahlbegriffsentwicklung (OTZ)	80
2.3.4	Frühe Diagnose und Prognose von Rechenschwäche mit dem DEMAT	84
3.	**Förderung**	93
3.1	Fallbeispiele	93
3.1.1	Steigerung des Selbstwertgefühls	93
3.1.2	Schließen von Lücken	98
3.1.3	Entwicklung von Strategien	104

3.1.4	Grundlegende Förderung	112
3.1.5	Arbeit mit Eltern	120
3.1.6	Kritische Aspekte zur Förderarbeit	128
3.2	Beratung im Umfeld	129
3.2.1	Eltern und Lehrkräfte	129
3.2.2	Rechenstörungen aus familiendynamischer Sicht	134
3.2.3	Private Institute	137
3.2.4	Elterninitiative	144
3.2.5	Eingliederungshilfe nach § 35a KJHG	148
3.2.6	Kinder mit besonderen Schwierigkeiten beim Erlernen der Mathematik in Volks- und Förderschulen – Kurzinformation	149
4.	**Aspekte zur Prävention**	152
4.1	Ganzheitlicher Mathematikunterricht für alle	152
4.2	Vom zählenden Rechnen zur Abrufbarkeit der Basisfakten – ein zentrales Ziel der Prävention und der Förderung	163
4.3	Rechnen erleben	180
5.	**Fördermaterial**	191
5.1	Von Handlungen zu Operationen : Entwicklung von Strategien des Kopfrechnens aus Handlungen an Materialien	191
5.1.1	Mathematik im ersten Schuljahr: Von der Straßenmathematik zur Schulmathematik	191
5.1.2	Zehnerübergang	194
5.1.3	Von Handlungen zu Operationen	197
5.1.4	Folgerungen für den arithmetischen Anfangsunterricht	199
5.2	Auswahl und Einsatz von Fördermaterial	201
5.3	Material zur Entwicklung mathematischer Vorstellungen	204
5.3.1	Allgemeine Grundfähigkeiten	204
5.3.2	Mathematische Grundfähigkeiten	210
5.3.3	Zahlbegriff und Rechnen bis 10	222
5.3.4	Zahlenraum und Rechnen bis 20	234
5.3.5	Zahlenraum und Rechnen bis 100	238
5.3.6	Zahlenraum und Rechnen bis 1.000	246
5.3.7	Zahlenraum und Rechnen bis zur Million	252
5.3.8	Multiplikation und Division	254
5.3.9	Schriftliche Rechenverfahren	261
5.3.10	Geometrie	266
6.	**Literaturverzeichnis**	273
6.1	Grundlegende Literatur	273
6.2	Gesamtliteratur	274
7.	**Autorenverzeichnis**	279
8.	**Redaktionsteam**	280

Vorwort

Seit dem Erscheinen der Erstauflage dieses Buches (1995) sind Schwierigkeiten beim Mathematiklernen schulisch und außerschulisch zusehends in das Blickfeld der Öffentlichkeit geraten. Gemessen an der Bedeutung der Problematik liegen zu dieser Thematik noch relativ wenige wissenschaftlich gesicherte Erkenntnisse und aussagekräftige Längsschnittstudien vor.
Nachdem Mathematiklernen für das Kind einen ganzheitlichen Prozess darstellt, an dem die kognitive, emotionale, psychomotorische und auch die soziale Dimension beteiligt sind, ist diesem Kompendium ein ganzheitliches Förderkonzept zugrunde gelegt. Dies ist nicht etwa jahrgangsstufenorientiert, sondern auf einzelne Förderschwerpunkte hin ausgerichtet.
Auf eine umfassende theoriegeleitete wissenschaftliche Erhellung des Phänomens wird bewusst verzichtet. Im Mittelpunkt stehen vielmehr Hilfestellungen für betroffene Kinder, unter Berücksichtigung der Tatsache, dass effektive Förderung stets individuell ausgerichtet sein muss.
Die theoretische Grundlegung ist bei der vorliegenden 5., überarbeiteten und erweiterten Auflage daher entsprechend knapp gehalten. Neu aufgenommen wurden Ansätze zum Erwerb des Zahlbegriffs und der Zahlvorstellung sowie Erscheinungsformen von besonderen Schwierigkeiten beim Erlernen der Mathematik.
Auch der Diagnostikteil wurde grundlegend überarbeitet und durch neuere standardisierte Testverfahren ergänzt. Die dargestellte Konzeption einer Förderstruktur basiert auf einer systemischen Sichtweise von Störungen und setzt an individuell unterschiedlichen Schwerpunkten an. Das Prozessmodell des Förderunterrichts berücksichtigt den individuell determinierten Förderbedarf. Dieser wird durch Prozess- und Förderdiagnostik anstelle von Status- und Selektionsdiagnostik erschlossen.
Grundlegende Fähigkeiten und mathematische Fähigkeiten entwickeln sich nach neueren Auffassungen in einem komplexen Miteinander. Dies führt zu heterogenen Lernausgangssituationen und erklärt, warum isolierte Funktionstrainings nicht zwangsläufig zu einer Verbesserung des mathematischen Könnens führen. Das diesem Buch zugrunde liegende Konzept zeigt Möglichkeiten der konkreten Förderung im Schulalltag sowie im Rahmen zusätzlich eingerichteter Fördermaßnahmen auf.
Die besonderen Schwierigkeiten beim Erlernen der Mathematik sind bei jedem Betroffenen individuell gelagert und multikausal bedingt. Unter Zuhilfenahme der angebotenen Förderstruktur können speziell auf den einzelnen Schüler abgestimmte Förderpläne erstellt werden. Beispiele dafür finden sich in den exemplarischen Fallbeschreibungen. Entsprechend dazu besteht die Möglichkeit, aus der überarbeiteten detailliert beschriebenen und abgebildeten Materialsammlung eine für den konkreten Förderfall angezeigte Auswahl zu treffen. Eingesetzte Materialien sind dem jeweiligen Förderbedarf des einzelnen Kindes anzupassen.
Allen, die mit diesem Buch arbeiten, wünschen wir in ihrem Bemühen, Kinder ein Stück voranzubringen, viel Geduld und viel Erfolg!

Bernd Ganser

1. Theoretische Grundbausteine

1.1 Begrifflichkeit

Das Phänomen, dass Kinder beim Erlernen der Mathematik besondere Schwierigkeiten haben, wird mit einer Fülle von unterschiedlichsten Begriffen umschrieben: Dyskalkulie, Arithmasthenie, Rechenstörungen, Rechenschwäche, Akalkulie usw. Die Problematik all dieser Bezeichnungen liegt in dem Umstand, dass Betroffene damit häufig vorschnell etikettiert und als neurologisch oder anderweitig organisch krank diagnostiziert werden.
Diese Sichtweise greift jedoch nach heutigen Erkenntnissen viel zu kurz.
Für auftretende besondere Schwierigkeiten beim Erlernen der Mathematik können die unterschiedlichsten Auslöser verantwortlich sein, die oft weit außerhalb des Felds der Mathematik begründet sind (siehe Gaidoschik, 2002, S. 15).
Allen Betroffenen gemeinsam ist der Umstand, dass ihnen infolge der unzureichenden Entwicklung mathematischer Fähigkeiten und Fertigkeiten der Aufbau eines Verständnisses für Mathematik schlicht *nicht* oder nur unzureichend gelingt. Häufig zu beobachten sind Defizite wie fehlende Einsicht in den Zusammenhang zwischen Zahlwort und Menge, verfestigtes zählendes Rechnen, mangelnde Handlungsplanung beim Lesen einfacher Sachaufgaben usw.
Bis heute konnte sich die Wissenschaft auf keine einheitliche Definition des Phänomens einigen. Der Grund dafür dürfte wohl in den vielfältigen Erscheinungsformen und in fehlenden repräsentativen Längsschnittuntersuchungen zur Entstehung von Lernschwierigkeiten in Mathematik liegen.
Ebenso wie für den Bereich der Lese-Rechtschreib-Schwierigkeiten existiert auch für den Bereich der Mathematikschwierigkeiten eine sog. Diskrepanzdefinition. So wird in der Internationalen Klassifikation psychischer Störungen (ICD – 10) der Weltgesundheitsorganisation (WHO) die „Rechenstörung" als umschriebene Entwicklungsstörung schulischer Fertigkeiten folgendermaßen definiert:

„Diese Störung besteht in einer umschriebenen Beeinträchtigung von Rechenfertigkeiten, die nicht allein durch eine allgemeine Intelligenzminderung oder eine unangemessene Beschulung erklärbar sind. Das Defizit betrifft vor allem die Beherrschung grundlegender Rechenfertigkeiten, wie Addition, Subtraktion, Multiplikation oder Division, weniger die höheren mathematischen Fertigkeiten, die für Algebra, Trigonometrie, Geometrie oder Differential- und Integralrechnung benötigt werden."
(http://www.dimidi.de/klassi/diagnosen/icd10/hhtmlamtl/gf80.htm#f810)

Diskrepanzdefinitionen sind jedoch in mehrfacher Hinsicht problematisch:
Sie grenzen den Anspruch auf Förderung auf den Kreis von Betroffenen ein, der lediglich im Verhältnis zu seiner Intelligenz schwache Leistungen im Fach Mathematik zeigt, im sprachlichen Bereich jedoch deutlich bessere Leistungen aufweist. Dass jedoch nahezu alle Intelligenztests auch stets mathematische Fähigkeiten als einen wesentlichen Faktor des Konstrukts „Intelligenz" mit abprüfen, bleibt dabei unberücksichtigt. Ebenso wenig wird die bei Lernschwierigkeiten häufig auftretende Sekundärsymptomatik (Generalisie-

rung eines partiellen Leistungsversagens auf weitere Bereiche) außer Acht gelassen (siehe Punkt 1.4, S. 17).

Entwicklungspsychologisch orientierte Definitionen finden sich u. a. bei Krajewski.

Alle gängigen Definitionsversuche sind defizitorientiert, d. h. sie stellen auf abstraktem Niveau heraus, was Kinder mit Mathematikschwierigkeiten *nicht* können. Hier einer von unzähligen weiteren Belegen:

„Mit ‚rechenschwachen' Kindern meint man Schüler, bei denen die Entwicklung mathematischer Fähigkeiten und Fertigkeiten mehr oder weniger stark behindert ist und der Aufbau eines Verständnisses für Mathematik nicht gelingt."
(*http://www.psychologie.uni-wuerzburg.de/i4pages/html/rechenschwaeche_gs.html*)

Der Versuch einer kompetenzorientierten Definition setzt zunächst einmal eine intensive Auseinandersetzung mit der Frage voraus, wie Kinder überhaupt rechnen lernen, d. h. welche Voraussetzungen für einen erfolgreichen Erwerb mathematischer Grundlagen beim Kind erforderlich sind.
Bei Kindern mit besonderen Schwierigkeiten beim Mathematiklernen laufen sehr wohl kognitive Prozesse in Richtung einer Lösung gestellter Aufgaben ab. Es werden mathematische Fähigkeiten und Fertigkeiten aktiviert, sog. subjektive Lösungsstrategien, mit denen das mathematische Problem allerdings nicht bzw. nicht zufrieden stellend gelöst werden kann.

Vor dem Hintergrund dieser Hypothese folgt ein kompetenzorientierter Definitionsversuch:
„Kinder mit besonderen Schwierigkeiten beim Erlernen der Mathematik sind mit den ihnen gegenwärtigen verfügbaren Strategien der Informationsverarbeitung entwicklungsbedingt und/oder infolge ungünstiger äußerer Einflüsse (didaktischer oder sozial-emotionaler Art) noch nicht bzw. unzureichend in der Lage, sich mathematische Grundlagen wie etwa Zahlvorstellung, Zahlbegriff, Einsicht in das Stellenwertsystem oder Normalverfahren zu den vier Grundrechnungsarten anzueignen. Sie bedürfen daher einer besonderen Förderung, die über das normale Maß des Unterrichts hinausgeht." (Ganser, 2003, unveröffentlichtes Manuskript)

Um förderdiagnostische Aussagen machen zu können, ist es zunächst einmal wichtig, sich den Prozess des Rechnenlernens etwas genauer zu betrachten.

1.2 Wie Kinder rechnen lernen

Zu Beginn seiner Entwicklung lernt das Kind über seine Sinne das eigene Körperschema zu erfassen und seine Umwelt dazu in Beziehung zu setzen (mein linker Arm – links von mir). Über die intermodale Verknüpfung von Sinnesleistungen gelingt es zunehmend, Basisfähigkeiten und -fertigkeiten zu entwickeln (Visuomotorik, Figur-Grund-Wahrnehmung ...). Auf dieser Grundlage kann es schließlich sukzessive mathematische Grundfähigkeiten im engeren Sinne ausbilden:
– Klassifikation
– Seriation
– Zählaktivitäten

- Mengenerfassung
- Mengenkonstanz
- Eins-zu-eins-Zuordnung usw.

Selbstverständlich spielen auch die für erfolgreiches Lernen allgemein erforderlichen Stützfunktionen, wie z. B. das Neugierverhalten, die Motivation, die Konzentration, die Merkfähigkeit oder das Sprachverständnis, für das Rechnenlernen eine wesentliche Rolle. Die o. g. mathematischen Grundfähigkeiten, die zunächst einmal nicht lückenlos perfekt ausgebaut sein müssen, ermöglichen dem Kind nun, schrittweise mathematische Kompetenzen aus- bzw. aufzubauen.

1.2.1 Genetisch disponierte numerische Kompetenzen

Der in Frankreich arbeitende Mathematiker Stanislas Dehaene ist davon überzeugt, dass nicht nur Menschen, sondern selbst Tiere über einen angeborenen Zahlensinn verfügen. So wurden z. B. Ratten in einen Käfig mit zwei Hebeln gesetzt und konnten darauf konditioniert werden, den linken Hebel zu drücken, wenn sie zwei Töne hörten und den rechten, wenn sie vier Töne hörten.

Diese Fähigkeit, geringe Anzahlen zu unterscheiden, wird durch die Bauweise des Gehirns ermöglicht. Auch das menschliche Gehirn ist „mit einiger Wahrscheinlichkeit genauso wie das der Ratten mit einem Speicher ausgerüstet, der es uns ermöglichen sollte, numerische Größen wahrzunehmen, zu speichern und zu vergleichen" (Dehaene, 1999, 52). Dieser angeborene Mechanismus dürfte im Laufe der Evolution erworben worden sein. Darüber hinaus besitzt der Mensch im Gegensatz zu anderen Lebewesen die Fähigkeit, sich komplexe symbolische Systeme zu schaffen (Buchstaben, Zahlen, ...). Diese beiden Errungenschaften befähigen uns zur Mathematik. Allerdings hat sich unser Gehirn die letzten 100.000 Jahre seit Erscheinung des Homo sapiens kaum in seiner Bauweise verändert, sodass ihm die kulturelle Entwicklung des Menschen mit großen Schritten davonläuft.

Nach dem heutigen Stand der neurologischen Forschung existieren im Gehirn keine spezifischen Organe oder Recheneinheiten, die auf Zahlen oder gar auf Mathematik programmiert sind. Es werden vielmehr zerebrale Systeme genutzt, die ursprünglich für andere Aufgaben geschaffen wurden. Nachdem unser Gehirn von der Evolution her nicht zur Ausführung formaler Rechenoperationen entwickelt wurde, müssen für Mathematik also erst erforderliche Schaltkreise aufgebaut werden.

Mit der numerischen Kompetenz von Babys befasst sich die Forschung erst seit Beginn der 80er-Jahre.

Um nachzuweisen, dass sogar bereits Säuglinge über numerisches Wissen verfügen, wurden 1980 an der Universität von Pennsylvania mit 72 Kindern im Alter zwischen 16 und 30 Wochen folgende Versuche durchgeführt:

„Auf dem Schoß ihrer Mutter sitzend, wurden ihnen zuerst wiederholt Mengen mit stets zwei Dingen präsentiert (links), bis eine Gewöhnung eintrat. Anschließend zeigten sie ein größeres Interesse an neuen Mengen mit drei Dingen (rechts). Weil Lage, Größe und Art der Dinge nicht konstant waren, lässt sich die erneute (und deutlich verlängerte) Aufmerksamkeit des Kindes nur durch seine Aufnahmebereitschaft für Anzahlen erklären" (Dehaene, 1999, 62).

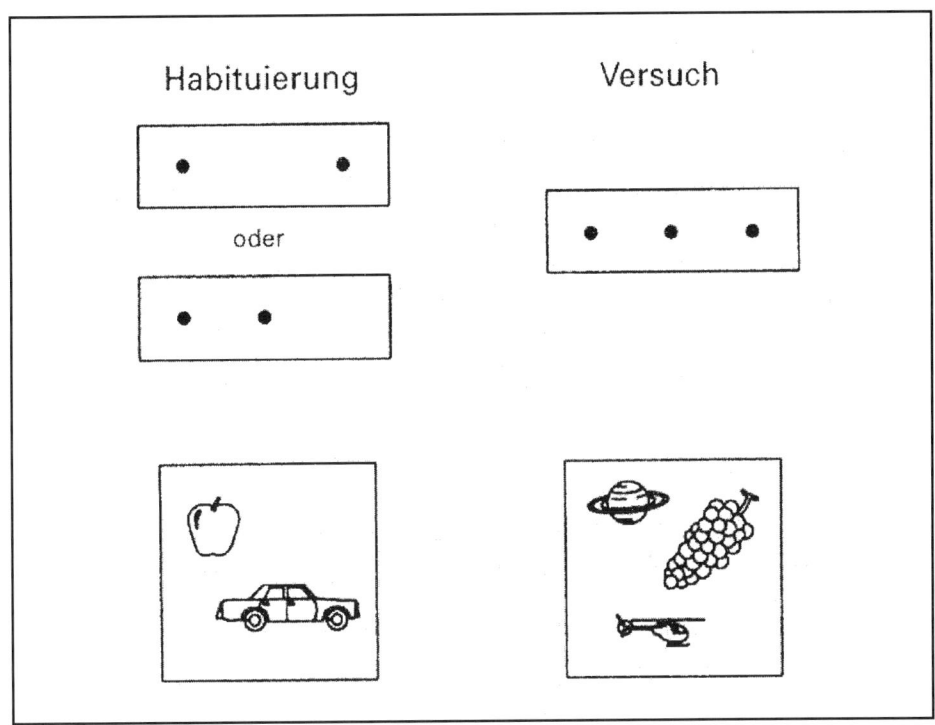

Abbildung 1: Habituierungsversuche (Dehaene, 1999, 62)

Eine Vielzahl ähnlicher Versuche bestätigte, dass Kinder jeweils die Anzahl der gezeigten Objekte erkannten.
Die Hypothesen des Piaget'schen Konstruktivismus konnten nach Meinung Dehaenes dadurch widerlegt werden.
Piaget ging davon aus, dass das Gehirn bei Geburt ein unbeschriebenes Blatt sei. Entsprechend dieser Hypothese würden Kinder von Geburt an über keinerlei vorgefasste Ideen verfügen, wie das Rechnen funktioniert. Kleinkinder würden erst nach Jahren aufmerksamer Beobachtung erfassen, was eine Anzahl ist. Erst der handelnde Umgang mit Objekten würde zur Einsicht führen, dass die Anzahl konstant bleibt, auch wenn sich Lage oder Aussehen verändern.
Piaget macht den Erwerb des Zahlbegriffs (siehe Punkt 1.2.3) abhängig von der Beherrschung der Mengeninvarianz: Er zeigte Kindern eine Reihe von je sechs Flaschen und sechs Gläsern. Die Frage, ob es mehr Gläser oder Flaschen sind, beantworten Vier- und Fünfjährige richtig („gleich viele").
Vergrößert man die Abstände zwischen den Gläsern, sodass die Reihe nun länger ist, und stellt die gleiche Frage, antworten die Kinder i. d. R., dass es mehr Gläser seien. Piaget schließt daraus auf eine fehlende Mengeninvarianz (Verstoß gegen die Mengenerhaltung). Damit wird begründet, dass Vier- oder Fünfjährige noch über keinerlei Zahlbegriff verfügen.
Aus der Tatsache, dass jedoch z. B. Schimpansen spontan die größere von zwei Mengen wählen können, müsste die Folgerung gezogen werden, dass Menschen im Kleinkindalter den Tieren im Rechnen unterlegen sind.

Ein Versuch von Jacques Mehler und Tom Bever am Psychologie-Departement des Massachusetts Institute of Technology von 1967 hat gezeigt, dass die Lehre Piagets in dieser Hinsicht nicht zutrifft:
Zwei- bis vierjährigen Kindern wurden zwei Reihen mit je vier Murmeln vorgelegt. Die Frage nach der Länge beantworteten die Kinder richtig („gleich lang"). Anschließend wurde die untere Reihe auf sechs Murmeln vergrößert, die obere Reihe mit vier aber länger als die untere gemacht. Die Frage, welche Reihe mehr Murmeln beinhaltet, wurde nun meist falsch beantwortet („die obere").

1. Versuch:	o o o o
	o o o o

2. Versuch:	o o o o
	o o o o o o

Dieselben Versuchsanordnungen wurden den Kindern mit Bonbons statt mit Murmeln gezeigt.
Sie sollten sich bei der zweiten Versuchsanordnung nun für eine der beiden Reihen entscheiden und durften die Bonbons gleich essen. Die meisten Kinder wählten nun die kürzere Reihe mit mehr Bonbons. Die Aufgabe wurde also im Gegensatz zum Versuch mit Murmeln richtig gelöst.
Offenbar verstehen Kinder Fragen der Erwachsenen anders als wir sie meinen und nehmen z. B. an, wir würden sie nach der Länge der Reihen fragen und nicht nach der Anzahl von Objekten. Damit dürften die Versuche Piagets bedingt durch die Schwierigkeiten des unterschiedlichen Sprachverständnisses von Kindern und Erwachsenen ungeeignet sein, Aussagen über den Erwerb des Zahlbegriffs und über numerische Fähigkeiten von Kindern zu machen.
Die Fehlentscheidungen dürften ausschließlich auf die verwirrenden Testbedingungen zurückzuführen sein.
Eine ausführliche kritische Auseinandersetzung mit der Piaget'schen Theorie findet sich bei Moser-Opitz (2001).
Neben den erwähnten genetisch disponierten numerischen Grundkompetenzen (Dehaene, 1999) erwerben Kleinkinder mit Beginn der Sprachentwicklung bis zum Schuleintritt sog. primäre oder intuitive mathematische Kompetenzen (Stern, 1998). Nach von Aster (2003) erfolgen diese vorschulischen Entwicklungsschritte ohne systematische Instruktionen im Kontakt mit der sozialen und familiären Umgebung und sind eng an den anschaulichen sensomotorischen Gebrauch der Finger gebunden. Zu diesen intuitiven mathematischen Kompetenzen gehören z. B. das Erlernen der Zahlwortreihe, Begriffe wie „dazu, weg, mehr, weniger" usw. oder die Beherrschung von Zählprinzipien wie Eins-zu-eins-Zuordnung ... (siehe unten).

1.2.2 Bedeutung der Zählfähigkeit

Bereits im Alter zwischen zwei und drei Jahren beginnen Kinder, die Zahlwortreihe auswendig zu lernen, ohne zunächst ihre Regelhaftigkeit zu erkennen (Milz, 1993, 204). Die Grundlagen des Zählens sind angeboren und können als Gene nachgewiesen werden. Beherrscht wird diese Fähigkeit, wenn folgende Aspekte internalisiert sind:

- Die Reproduktion der Zahlwortreihe muss stets in der richtigen Reihenfolge ablaufen.
- Jedem Objekt wird genau ein Zahlwort zugeordnet und umgekehrt.
- Die Reihenfolge, in der Elemente einer Menge gezählt werden, hat keinen Einfluss auf die Mächtigkeit. Ebenso spielt dafür die Anordnung der Elemente keine Rolle.
- Es wird erkannt, dass das zuletzt genannte Zahlwort die Anzahl der Elemente einer Menge angibt.
- Eine Menge kann aus beliebigen Elementen bestehen (nicht nur gleichartige!).

So kann Zählen als eine Strategie zur Bewältigung unterschiedlicher mathematischer Aufgabenstellungen eingesetzt werden:

- Mengenvergleich (mehr – weniger – gleich viele)
- Anzahlbestimmung („Wie viele sind das?")
- Bestimmung von Teilmengen („Gib mir fünf davon!")

Seit den 80er-Jahren wird das Zählen als eine wesentliche Voraussetzung für den Aufbau numerischer Konzepte betrachtet und gilt als Voraussetzung für die Entwicklung verschiedener Aspekte des Zahlbegriffs (siehe Punkt 1.2.3, S. 12). Daher sollten Zählaktivitäten einen festen Platz im Erstunterricht haben. Wichtig ist es, Kinder mit Alltagssituationen zu konfrontieren, in denen Zählaktivitäten eine bedeutungsvolle Rolle spielen und in denen auch größere Mengen zählend bestimmt werden müssen. „Zählen ist eine Aktivität, welche sozial vermittelt wird und besonders gefördert werden muss. Für den konkreten Unterricht ergeben sich vielfältige Möglichkeiten ...

Zahlwortreihe als Sequenz:

- vorwärts und rückwärts zählen so weit es geht
- Singspiele und Lieder verwenden, in denen die Zahlwortreihe vorkommt
- Zählen beim Spielen (z. B. beim Versteckspiel)
- flexibles Zählen (beginne bei drei, beginne bei elf)
- Zählen in Schritten

Objekte zählen:

- Gegenstände aus dem Alltag bzw. Gegenstände im Schulzimmer zählen
- Zählecke einrichten, in der Schachteln mit verschiedenen Mengen schöner Gegenstände stehen (Muscheln, Knöpfe, Steine usw.)
- Zählbücher herstellen: Objekte aus Illustrierten ausschneiden, ins Heft kleben und zählen, Gegenstände zeichnen und zählen usw.
- in Illustrierten Zählbilder suchen

Dabei ist Folgendes zu beachten: Zählen durch Ortsverschiebung ist einfacher als Zählen nur durch Antippen; geordnete Objekte sind einfacher zu zählen als ungeordnete; heterogene Objekte sind einfacher zu zählen als homogene. Wenn das Zählen von konkreten Objekten möglich ist, können folgende Aktivitäten folgen:

- Zählen mit den Augen
- Zählen von Tönen
- Zählen von vorgestellten Objekten
- Zählen von bewegten Objekten (z. B. Fahrzeuge)

Verstehen von Kardinalität:

- durch die Frage „wie viele sind es?" zu Bestimmung von Mengen anregen
- in der Zählecke: Mengen zählen und vergleichen: Wo hat es mehr, wo weniger?
- Zählen mit Spielfigur bei Würfelspielen
- Zählen bei Kinderspielen (bestimmte Anzahl Schritte, bestimmte Anzahl Ballwürfe) usw." (Moser-Opitz, 2001, 94)

1.2.3 Entwicklung des Zahlbegriffs

Die Bildung von Zahlbegriffen oder Zahlvorstellungen werden in der Wissenschaft zwar schon seit über 100 Jahren diskutiert. Gesicherte Erkenntnisse darüber sind bis heute eher spärlich vorhanden, wohl aber eine Fülle von mehr oder weniger brauchbaren Modellvorstellungen. Die weit verbreiteten Theorieansätze von Piaget, die entscheidend unser didaktisches Handeln im Unterricht mitgeprägt haben und weiter beeinflussen, geraten dabei, wie im Punkt 1.2.1 aufgezeigt, in neuerer Zeit immer heftiger unter Beschuss und gelten zumindest in Teilen als widerlegt.

Für den Erwerb von Zahlbegriffen sind nach Moser-Opitz (2001, 61) folgende Gesichtspunkte von Bedeutung:
- Eine Zahl wird nach Radatz, Schipper (1983) durch mehrere Aspekte definiert:

– Kardinalaspekt	– Ordinalaspekt
– Maßzahlaspekt	– Operatoraspekt
– Codierungsaspekt	– Rechenzahlaspekt

Deshalb sollte man, wie bereits erwähnt, besser von Zahlbegriffen (Plural!) sprechen und diese verschiedenen Aspekte einer Zahl auch im Unterricht berücksichtigen.

- Die Zählzahl (ordinaler Aspekt) ist für den Erwerb von Zahlbegriffen u.a. nach Freudenthal (1977) wichtiger als die Anzahl (Kardinalzahl).
- Kinder erwerben im Vorschulalter bereits beachtliche numerische Kenntnisse. Sie kommen vor allem in kontextgebundenen Aufgaben mit kindlichem Lebens- und Erfahrungsbezug zum Tragen und sind daher individuell sehr unterschiedlich ausgeprägt. Aufgaben zu operationalem Denken[1] werden meist noch nicht beherrscht. Schipper spricht in diesem Zusammenhang von „Straßenmathematik", die in einem individualisierenden Erstunterricht unbedingt mit berücksichtigt werden müsse.
- Ein von Piaget angenommenes umfassendes operationales Zahlbegriffsverständnis[2] ist nicht Voraussetzung für mathematisches Lernen, sondern wird vielmehr im Umgang mit Mathematik erworben.

---

[1] Mit operationalem Denken verbindet Piaget die Fähigkeit, verinnerlichte Handlungen zueinander in Beziehung setzen zu können. So sind Kinder dann in der Lage, Gruppierungen vorzunehmen (Lösen von Klassifikations- und Seriationsaufgaben).

[2] Mit dem operationalen Zahlverständnis verbindet Piaget drei Optionen: a) die Erhaltung der Anzahlen von Mengen und deren Invarianz; b) kardinale und ordinale Eins-zu-eins-Zuordnungen; c) additive und multiplikative Kompositionen (Einsicht in das Verhältnis zwischen dem Ganzen und den Teilen, wie z.B. bei Aufgaben zu Klasseninklusionen erforderlich: Siehst du mehr Rosen oder mehr Blumen?).

- Auch die von Piaget postulierte Mengeninvarianz ist nicht unverzichtbare Voraussetzung für den Erwerb von Zahlbegriffen. Invarianz ist eine logische Operation, die erst auf bereits erworbenem mathematischem Wissen aufbauen kann. Zu beachten ist, dass sie am mathematischen Gegenstand selbst zu erarbeiten ist.
- Kinder brauchen für den Erwerb von Zahlbegriffen in erster Linie eine Umwelt mit mathematischen Lernanreizen und daraus resultierenden mathematischen Problemsituationen, die eben ihrem kindlichen Alltag entspringen. Der gezielte Umgang mit logischen mathematischen Aufgabenstellungen kommt erst an zweiter Stelle!
- Als Grundlage für den Erwerb des ordinalen und kardinalen Zahlbegriffs sind folgende Voraussetzungen erforderlich:

  - einfache Klassifikation
  - Seriation
  - Mengenvergleich durch Eins-zu-eins-Zuordnungen

Diese Fähigkeiten entwickeln sich bereits in der frühen Kindheit. Beispiele für diese grundlegenden Bereiche können den Tabellen 1 bis 3 entnommen werden:

Einfache Klassifikationen

- Ordne die Plättchen nach ihrer Form!
- Lege alle roten Plättchen in die Schachtel!
- Gib mir alle großen Plättchen! ...

Tabelle 1

Seriation

Verschieden große Klötze sollen der Länge nach geordnet werden:

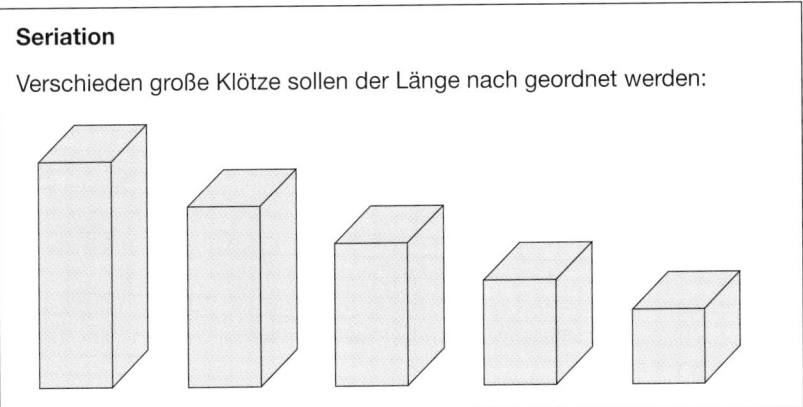

Tabelle 2

Eins-zu-eins-Zuordnung

Zwei Mengen werden einander so zugeordnet, dass jedem Element der einen Menge genau ein Element der anderen Menge gegenüberliegt.

Tabelle 3

Mit der Einschulung der Kinder erweitert sich ihr mathematisches Repertoire um sog. sekundäre oder kulturvermittelte mathematische Kompetenzen. So wird beispielsweise die linguistisch präsente Zahlwortreihe nun auch in das arabische Notationssystem übergeführt. Besondere Schwierigkeiten erwachsen dabei im Deutschen durch die Zehner-Einer-Umkehrung: Ich spreche zuerst die Einer, notiere jedoch in der Ziffernfolge zuerst die Zehner (dreiund*zwanzig* → 23).

Auf der Basis von beherrschten Zählstrategien und internalisierter Zahlbegriffsverständnisse entwickeln sich schließlich zunehmend komplexere mathematische Operationen: Additions- und Subtraktionsprozeduren usw.

Besondere Schwierigkeiten beim Erlernen der Mathematik können folglich immer dann auftreten, wenn einzelne Phasen des Prozesses zum Rechnenlernen nicht oder nur unzureichend bewältigt worden sind. Dabei kann das Phänomen ganz unterschiedlich in Erscheinung treten.

1.3 Erscheinungsformen

Im Internet finden sich verschiedenste Listen mit möglichen unspezifischen und bereichsspezifischen Erscheinungsformen des Phänomens der Rechenstörungen. Beim Umgang mit solchen Zusammenstellungen muss unbedingt berücksichtigt werden, dass einzelne Phänomene durchaus auch bei Kindern auftreten können, die nicht rechenschwach sind. Nachfolgend ist der Fragebogen des „Osnabrücker Zentrums für mathematisches Lernen" abgedruckt:

Welche Phänomene haben Sie bei Ihrem Kind beobachtet?
(Falls Phänomene zutreffen, bitte ankreuzen!)

☐	Haben Sie den Eindruck, dass bei Ihrem Kind Üben fast nichts mehr nutzt (am anderen Tag ist alles vergessen)?
☐	Verpasst Ihr Kind ständig die Lieblingssendung im Fernsehen? Hat Ihr Kind kein sog. „Zeitgefühl"?
☐	Kann Ihr Kind Fantasieergebnisse (10 + 10 = 100) nicht korrigieren bzw. fällt dieses „Vergreifen" in den Dimensionen gar nicht auf?
☐	Verdreht Ihr Kind häufiger die Zahlen bzw. schreibt Ihr Kind in der „Sprechrichtung" (z. B. neunanddreißig = 93 statt 39)?
☐	Werden Plus und Minus oder Multiplikation und Division häufig verwechselt?
☐	Werden Minuend und Subtrahend, Dividend und Divisor freihändig ganz oder teilweise vertauscht, um „leichter" rechnen zu können? Zum Beispiel: 824 : 8 = 142 (wg. 8 : 8 = 1, 8 : 2 = 4 und 8 : 4 = 2) oder 82 − 79 = 17 (wg. 80 − 70 = 10 und 9 − 2 = 7)
☐	Behandelt Ihr Kind Einer, Zehner und Hunderter nach Geschmack und nicht nach der Wertigkeit (50 + 4 = 90; 45 + 14 = 89)?
☐	Gelingen so genannte didaktische Transfers schnell und sicher (4 + 5; 14 + 5; 15 + 14) oder muss erneut gezählt bzw. erneut schematisch gerechnet werden?
☐	Gelingen häufig Größenvergleiche mehrstelliger Zahlen nicht (67 > 71)?
☐	Erkennt Ihr Kind Rechenerleichterungen nicht (z. B. Erkennung der Möglichkeit additiver Ergänzung statt rein schematischer Lösung bei Aufgaben wie 83 − 79 oder 21 − 19)?
☐	Schreibt Ihr Kind im Zahlendiktat von rechts nach links (z. B. bei 27 zuerst 7 und dann 2)?

☐	Schreibt Ihr Kind im Zahlendiktat „lauttreu" (z. B. zweihundertzwanzig = 20020)?
☐	Bemerken Sie, dass Ihr Kind im höheren Zahlenbereich beim Rechnen heimlich oder offen die Finger benutzt?
☐	Fällt es auf, dass auch bei einfachen Aufgaben im Zahlenbereich bis 100 „lange" Rechenwege dazu führen, dass die Aufgabenstellung vergessen wird? („Wie hieß noch mal die Aufgabe?")
☐	Bevorzugt Ihr Kind schriftliche Lösungen auch bei einfachen Kopfrechenvorgängen?
☐	Verrechnet sich Ihr Kind häufig um plus oder minus eins (z. B. 10 − 5 = 6 oder 4 + 3 = 6)?
☐	Ist für Ihr Kind der Umgang mit dem Taschengeld ein völliges Rätsel, obwohl es bereits im 4. Schuljahr ist?
☐	Gibt es regelrechten Familienstreit, wenn Sie Ihren Kindern Getränke, gerecht geteilt, in Gläsern mit unterschiedlichem Durchmesser anbieten? Ein rechenschwaches Kind wählt das Gefäß mit dem höchsten „Pegelstand".
☐	Tauchen bei Ihrem Kind bei so genannten „Platzhalteraufgaben" (9 − ? = 2) ungeahnte Schwierigkeiten auf, obwohl die Aufgabe „9 − 7" sofort gelöst werden kann?
☐	Gibt es bei Sachaufgaben einen plötzlichen auffälligen Leistungsabfall?
☐	Würde Ihr Kind bedenkenlos die so genannte „Kapitänsaufgabe" lösen, bei der das Alter des Kapitäns aus Länge und Breite des Schiffes berechnet werden soll? (Schiffslänge 20 m, Schiffsbreite 5 m. Man muss rechnen: 20 + 5 = 25 Jahre alt. Bei „20 − 5" wäre er erst 15 und mit 15 bekommt man noch keinen Führerschein.)
☐	Kombiniert Ihr Kind begriffslos alle Zahlenangaben bei Textaufgaben? (In der 4. Klasse gibt es 20 Mädchen und 8 Jungen. Wie viele Schüler sind in der Klasse? Rechnung: 4 + 20 + 8 = 32 Schüler)
☐	Das Kind fragt nach der Richtigkeit eines Ergebnisses in einer Weise, die völlige Orientierungslosigkeit verrät.

Quelle: http://www.os-rechenschwaeche.de/sympkat.htm

Treffen o. g. Aussagen gehäuft zu, so kann dies ein Hinweis auf eine mögliche Rechenstörung darstellen.

Solche Zusammenstellungen können jedoch keinesfalls sämtliche mögliche Auffälligkeiten erfassen und ebenso wenig eine individuelle Förderdiagnose ersetzen.

Sie sind allenfalls geeignet, um einen „Anfangsverdacht" zu erhärten oder um eine gewisse Sensibilität für das Problem zu schaffen.

1.4 Erklärungsmodelle

Treten beim Erlernen der Mathematik besondere Schwierigkeiten auf, so ist dafür stets ein individuell gelagertes Ursachengeflecht verantwortlich. Dabei ist die Annahme, dass ausschließlich Begabungsmangel oder Teilleistungsschwächen ursächlich sind, ebenso unzutreffend, wie die Verabsolutierung außerindividueller Faktoren (schulisches Umfeld, didaktisch-methodische Mängel, Eltern, ...). Ebenso können Fehler und Ursachen eindeutig aufeinander bezogen werden, sodass meist eine umfassende individuelle Förderdiagnostik (siehe S. 32 ff) notwendig wird.

Das Spektrum existierender Erklärungsansätze umfasst die gesamte Bandbreite von „Dispositionen des Kindes" bis zu „Dispositionen des Umfelds". Nachdem bis heute noch keine eindeutige, wissenschaftlich allgemein anerkannte Ursache für Rechenstörungen erforscht ist, existieren die unterschiedlichsten Erklärungsmodelle, von denen nachfolgend einige überblicksartig dargestellt werden.

1.4.1 Entwicklungspsychologisches Erklärungsmodell

Die moderne Entwicklungspsychologie geht davon aus, dass Kinder im Vergleich zu Erwachsenen über eine andere Sichtweise der „Welt" verfügen, die ihr Denken, Empfinden und Handeln leitet (Dreher, 2001, 116). Erwachsenen wird die Rolle von Entwicklungsmentoren zuerkannt, die insbesondere auf Fortschritte des Kindes achten (Kompetenzorientierung). Folglich haben sich Hilfestellungen stets am aktuellen Leistungsstand zu orientieren. Neben der Piaget'schen Stadientheorie erklärt sich die Entwicklungspsychologie die Entwicklung kognitiver Leistungen mit dem Informationsverarbeitungsansatz: Informationsverarbeitung umfasst die Aufnahme, Verarbeitung und Speicherung von Information sowie eine aus den drei genannten Prozessen resultierende zielbezogene Handlung.

Die Verarbeitung von Information wird entscheidend geprägt von der Fähigkeit, Informationen miteinander in Beziehung zu setzen, sie miteinander zu vergleichen. Nur so ist es dem Individuum möglich, Kategorien oder Klassen zu bilden, Ordnungsrelationen aufzustellen, zu generalisieren oder zu aktualisieren. All diese Fähigkeiten sind wesentlich am Mathematiklernen beteiligt.

Eine entwicklungsgemäße Förderung kognitiver Fähigkeiten hängt maßgeblich davon ab, dass Operationen unterschiedlich veranschaulicht werden und dass sich die Veranschaulichung vom Konkreten hin zum Abstrakten bewegt.

Entsprechend der didaktischen Interpretation und Modifizierung der Piaget'schen Entwicklungspsychologie durch Aebli (1991[9]) erfolgen Aufbau und Verinnerlichung von Zahlbegriffen und mathematischen Operationen durch vier Phasen:

1. Phase: Handlung mit konkretem Material
2. Phase: Bildliche Darstellung
3. Phase: Symbolische Darstellung
4. Phase: Automatisierung im Symbolbereich

Erfahrungsgrundlage für arithmetische Operationen sind stets konkrete Handlungen mit wirklichen Gegenständen bzw. mit manipulierbaren Gegenstandssymbolen, wie z. B. beim Einführen der schriftlichen Grundoperationen. Hier wird mit Materialien operiert, die Übertragungs- und Umtauschhandlungen von z. B. Einern in Zehner zulassen (Einerwürfel, Zehnerstangen, Hunderterplatten usw.).
Bei der bildlichen Darstellung werden die Mengen zeichnerisch abgebildet und die Operation durch grafische Zeichen und Markierungshilfen veranschaulicht.
Nach der Abstraktion zur ziffernmäßigen Darstellung in Form von Gleichungen müssen die Operationen jedoch immer wieder auf die beiden vorangegangenen Stufen rückgeführt werden, denn nur so können die mathematischen Symbole (Ziffern, Rechenzeichen, ...) zu Bedeutungsträgern werden.
Die letzte Verinnerlichungsstufe dient der Automatisierung im Zeichenbereich mit dem Ziel, komplexe Probleme leichter erfassen zu können.
Nach Gerster (in Abele, 1994) ist bei der methodischen Gestaltung von Lernprozessen jedoch zu beachten, dass dieses Phasenmodell nicht linear ist, sondern dass die Stufen vielmehr gegenseitig verzahnt sind.
Wurden die vier Aufbau- und Verinnerlichungsstufen mathematischer Operationen gestört, kann dies nach Grissemann und Weber (1990) zu Rechenstörungen führen. Radatz ließ von Schülern zu Rechenoperationen oder Gleichungen Rechengeschichten erfinden und auch zeichnerisch darstellen. Er konnte feststellen, dass insbesondere bei schwachen Rechnern „... oft die Bindeglieder zwischen den einzelnen Repräsentationsebenen mathematischer Problemstellungen ..." fehlen, und schreibt weiter: „Für rechenschwache Schüler existieren offensichtlich ‚Klüfte' zwischen den konkreten Handlungserfahrungen, den vermeintlichen Veranschaulichungen und der formalen Mathematik. Ein Grund dafür kann darin zu sehen sein, dass für diese Kinder in der Vorschulzeit und außerhalb des Mathematikunterrichts bei Handlungen und Darstellungen das soziale Verstehen und Lernen im Vordergrund steht, nicht aber ein mathematisches Interpretieren ... So wird Mathematik von Schülern häufig als eine Art abstraktes Regelspiel angesehen, zu dem man ein individuelles Verständnis konstruiert und bei dem man mit Symbolen manipuliert, Regeln und ‚Tricks' kennen muss – diese notfalls selber entwickelt –, ohne dass dabei die Handlungserfahrungen und anschaulichen Darstellungen integriert werden" (Radatz, 1991, 85).
Die Amerikanerin Resnick (1989) berichtet über Untersuchungsergebnisse von Gelman u. a., die herausfanden, dass bereits Babys im Alter von sechs Monaten kleinere Mengen wiedererkennen, vergleichen und unterscheiden können. Diese Leistung basiert jedoch auf Wahrnehmung, nicht etwa auf operativen Messstrategien.
Nach Resnick entwickeln sich bei Kleinkindern proquantitative Schemata, die wesentlich für den Aufbau von mentalen arithmetischen Messoperationen sind. „Die Entwicklung des Zählens, die praktisch mit der Sprachentwicklung beginnt, stellt einen ersten Schritt dar, solche proquantitativen Einschätzungen exakter zu machen" (von Aster, 1991, 42). Die Verknüpfung von gelernten Zahlennamenreihen mit diesen proquantitativen Schemata lässt eine Art von innerer Zahlenreihe entstehen, sodass drei- bis vierjährige Kinder schon recht schnell entscheiden können, ob die Zahl „3" oder „5" mehr bedeutet, ohne dabei zählen zu müssen.

Der Umstand, dass für die o. g. Untersuchungen von Gelman u. a. nicht alle Babys geeignet waren, lässt die Vermutung zu, dass ein frühes Aufmerksamkeits- und Beobachtungsverhalten als Voraussetzung für die Entwicklung von solchen proquantitativen Schemata angesehen werden kann. Das Fehlen dieser Verhaltensdimension bzw. deren mangelnde Ausprägung können somit als mögliche Ursache für spätere Beeinträchtigungen beim Rechnenlernen verantwortlich sein.

1.4.2 Neuropsychologisches Erklärungsmodell

Die Neuropsychologie liefert Modellvorstellungen für die Entwicklung komplexer psychischer Funktionen. Nach Milz (1993) werden Beeinträchtigungen des mathematischen Denkens als Auswirkung von neurologischen Störungen oder Entwicklungsverzögerungen im Sinne mangelnder Reifung gesehen. Ursachen für Minderleistungen können z. B. visuelle Wahrnehmungsstörungen, Speicherprobleme, Automatisierungsprobleme oder ein impulsiver Kognitionsstil sein.

Nach Dehaene (1999a) aktiviert Rechnen mehrere zerebrale Bereiche, weil der Mensch über kein spezielles Hirnareal verfügt, das explizit für Mathematik zuständig ist. Mathematisches Wissen scheint in viele autonome Schaltkreise eingeteilt zu sein. Eine mathematische Leistung kommt folglich erst durch die Verbindung dieser Module zustande.

Untersuchungen von Dehaene (1999b) belegen, dass Zahlen in unserem Gehirn in verschiedenen Formaten repräsentiert sind:

Zum einen als diskrete kommunizierbare Werte in Form des sog. arabischen Notationssystems und der linguistischen Zahlwortreihe, und zum anderen in Form eines imaginären Zahlenstrahls als Näherungswerte, die ein bestimmtes Gefühl für Mengen und Größen auslösen.

Wesentlich für erfolgreiches Rechnenlernen scheint die Integration dieser Repräsentationsarten zu sein. Hinweise für die Praxis des Mathematikunterrichts finden sich bei Spitzer (2002, 267 ff.).

Das Konzept der Teilleistungsstörung, das mit Jean Ayres, Ingeborg Milz u. a. stark in die Sonderpädagogik eingeflossen ist, zielt darauf ab, Bausteine für schulisches Lernen bewusst anzubahnen und auszubauen.

Für das mathematische Lernen wurden in der Handreichung für sonderpädagogische Diagnose- und Förderklassen einige dieser Bausteine zusammengestellt (Staatsinstitut für Schul- und Bildungsberatung, 1992, 13). Dazu zählen:

– Motorik
– räumliche Orientierungsfähigkeit
– auditive Wahrnehmung
– visuelle Wahrnehmung
– Wahrnehmungsgeschwindigkeit
– Zusammenwirken von Wahrnehmung und Motorik
– Gedächtnis
– Orientierung in der Zeit

Ein Beispiel aus der o. g. Handreichung soll die Bedeutung basaler Funktionen für das Rechnenlernen verdeutlichen: Kinder, bei denen die Funktion der Augenmuskeln mangelhaft ausgebildet ist, können trotz normaler Sehschärfe bei Folgendem Probleme haben:

- Fixieren eines ruhenden Objektes mit den Augen
- rascher Blickwechsel von einem Objekt zum anderen
- kontinuierliches Verfolgen eines bewegten Objektes
- Abtasten einer Reihe ruhender Punkte

Die dadurch beeinträchtigte Auge-Hand-Koordination führt oft zur Behinderung bei Aufgaben des Ordnens, Zuordnens, Vergleichens und des Zählens, da das Kind Einzelobjekte mit den Augen nur schwerlich fixieren kann, Probleme beim Abtasten einer Objektreihe hat und auch Mengenbilder oft nur mit Mühe erfassen kann. Dies wirkt sich wiederum auf die ganzheitliche wie gliedernde Mengenerfassung und damit auf die Bildung von Zahlvorstellungen aus.

Ebenso stört die mangelnde Augengeschicklichkeit das Lesen von Zahlenreihen, Textaufgaben und dergleichen und behindert auch das geistige Durchdringen bildhaft dargestellter mathematischer Sachverhalte.

„Aufgrund der häufig zu beobachtenden gleichzeitigen Störung der Rechenfähigkeit mit optischen Defekten wurde die Rolle der Visualisierung oder der bildhaften Vorstellungen in den Prozessen untersucht, die den arithmetischen Operationen zugrunde liegen.
Danach beinhaltet jede geistige Repräsentation einer Zahl notwendig eine visuelle Vorstellung im Raum, d. h. Zahlen werden als Elemente in diesem Raum aufgefasst" (Lorenz, Radatz, 1993, 22).

Wir sprechen von Zahlenräumen, erweitern und überschreiten sie, zerlegen Zahlen, messen Flüssigkeiten, Strecken oder Zeiträume. „Hat aber ein Kind keine adäquate räumliche Welt entwickelt, so wird es Schwierigkeiten haben, mit Gruppierungsphänomenen umzugehen, da Gruppen nur im Raum existieren können. Es überrascht daher nicht, dass es so viele Kinder gibt, die adäquate Schulleistungen nur bis zu dem Zeitpunkt aufweisen, wo sie mit Zahlenproblemen konfrontiert werden. Hier scheitern sie kläglich. Die Stabilisierung der räumlichen Welt ist die schwierigste unserer Fertigkeiten, und sie entwickelt sich in der Reihe dieser Fertigkeiten zuletzt. Wir erwarten daher, dass es viele Kinder gibt, die sich so lange adäquat entwickeln, bis sie dieses letzte Stadium erreichen, und dann aus irgendeinem Grund diese am weitesten entwickelte Fähigkeit nicht mehr ausbilden können. Es scheint wahrscheinlich, dass aus dieser Gruppe viele Kinder mit spezifischen Rechenschwächen kommen, die wir in unseren Schulen finden (Kephart, 1977, 126).

Rechenstörungen werden demnach als Störung neuropsychologischer Funktionen aufgefasst bzw. als Folge mangelhafter Integration von Teilleistungen interpretiert. Diese Problembereiche gilt es aufzuspüren und nach Möglichkeit zu fördern.

Dazu existieren mittlerweile eine Vielzahl von Förderprogrammen, die in Form von reinen Funktionstrainings vorgeben, einzelne Teilleistungen zu schulen, um so u. a. mathematische Minderleistungen aufzuholen. Damit wird suggeriert, „es gebe einen linearen Weg von den basalen Funktionen zu den höheren Lernprozessen. Das ist zu einfach gedacht. Es wird nicht diskutiert, ob Ausfälle in einzelnen Funktionsbereichen nicht durch andere Funktionsbereiche kompensiert werden können ..." (Nestle, 1998, 7). Der Nachweis, dass reine Funktionstrainings von basalen Fähigkeiten zwangsläufig zu einer Verbesserung mathematischer Leistungen führen, ist zumindest bis heute so nicht erbracht.

1.4.3 Fehleranalytisches Erklärungsmodell

Dieser Ansatz lenkt den Blick auf die positive Rolle von Fehlern im mathematischen Lernprozess. Es wird versucht, Fehler zu systematisieren und aus der Art der Fehler Rückschlüsse auf fehlerhafte subjektive Strategien und Informationsverarbeitungsprozesse zu ziehen. Schülerfehler sind „Bilder individueller Schwierigkeiten und Missverständnisse" (Lorenz, Radatz, 1993, 59).

> Fehler sind nicht bloß falsch,
> sondern sie geben Einblick
> in die geistige Arbeit des Kindes
> bei fortschreitender Aneignung des Rechnens.
> *(Mechthild Dehn)*

Dem Zitat von Mechthild Dehn liegt ein konstruktivistischer Lernbegriff zugrunde: Lernen wird als aktiver, selbstgesteuerter Konstruktionsprozess aufgefasst. Wissen entsteht nicht durch Informationsübertragung im Sinne des „Nürnberger Trichters". Neue Erfahrungen werden vielmehr auf der Basis vorhandener Schemata, Überzeugungen und Vorstellungen verarbeitet.

Bezogen auf den Prozess des Mathematiklernens bedeutet dies, dass sich Kinder schrittweise an das Verständnis und die Lösung mathematischer Aufgabenstellungen annähern, indem sie über die Aktivierung von Vorwissen mit subjektiven Strategien Lösungen konstruieren und erfinden.

Gerster (1982) weist mit Nachdruck darauf hin, dass durch eine intensive Analyse von Schülerfehlern auf rationelle Weise individuelle stoffliche Schwierigkeiten augenscheinlich werden, die es durch adäquate Fördermaßnahmen anzugehen gilt. Er führt weiter aus, dass man bei näherer Betrachtung der Fehler im schriftlichen Rechnen feststellt, dass es sich – entgegen verbreiteter Klischeevorstellungen – meist **nicht** um Flüchtigkeitsfehler handelt. Etwa 80 % der Schülerfehler beim schriftlichen Rechnen lassen eine bestimmte Regelstruktur erkennen. Für jedes der vier schriftlichen Rechenverfahren existiert eine Reihe von spezifischen Fehlermustern. Dies lässt den Schluss zu, dass zahlreiche Schüler auf eine bestimmte Schwierigkeit mit einem bestimmten Fehlermuster reagieren.

Ausgehend von Aufgaben (Produkten), die vom Schüler gelöst worden sind (Hausaufgaben, Probearbeiten, Hefteinträge aus dem Unterricht), versucht die sog. produktorientierte Fehleranalyse für die festgestellten Fehler Kategorien zu entwickeln.

Beispiele: 1. 36 – 17 = 91   2. 3 + 4 = 6
                    63 – 25 = 83   9 + 5 = 13
                    48 – 11 = 73   13 + 4 = 16

Fehler, die durch Vertauschung der Ziffern verursacht sind (siehe Beispiel 1), können Hinweis auf ein bestehendes Lateralitätsproblem sein (mangelnde Rechts-links-Orientierung).

Beim zweiten Beispiel dürfte es sich um sog. Minus-eins-Fehler handeln, d. h., der Aufzählungsprozess wurde jeweils um eins zu früh begonnen (**3**, 4, 5).

Schülerfehler sind nur in den seltensten Fällen Ergebnis von zufälligem Lösungsverhalten. Für auftretende Rechenprobleme, für die keine Lösungsverfahren präsent sind, entwickeln Schüler häufig „Reparaturhandlungen" oder subjektive Strategien. Schüler mit besonderen Schwierigkeiten beim Mathematiklernen dürften eine Vorstellung von Mathematik entwickelt haben, wonach jedes gestellte Problem durch eine (und eben nur eine!) bestimmte Regel lösbar ist. Lösungen, die zu den inneren Bedingungen einer Aufgabe im Widerspruch stehen oder die den kindlichen Erfahrungen in der Realität entgegenstehen, werden dabei schlichtweg übergangen. Ergebnisse zur Untersuchung logischer Denkprozesse von Piaget (1971) machen dieses Verhalten erklärbar.

Oft ist das Bemühen einer produktorientierten Fehleranalyse jedoch zu wenig aufschlussreich. Die Grenzen werden rasch deutlich, wenn die Fehlerkategorien in der Mischform auftreten, d. h., wenn bei der Aufgabenlösung mehrere Kategorien infrage kommen, sodass aus der Lösung oft keine eindeutige Zuordnung vorgenommen werden kann.

Beispiel: 12 − 3 → 11

Regel: Subtrahiere immer die kleinere von der größeren Zahl (→ 3 E − 2 E = 1 E)
oder
Klappfehler: 12 − 2 = 10; 10 + 1 = 11

Umfassendere förderdiagnostische Hinweise erhält man dadurch, dass man den Schüler zum Lösungsprozess handlungsbegleitend verbalisieren lässt („lautes Denken"). Der Vorteil dieser Methode liegt in der Prozessorientiertheit. Demonstriert wird die Vorgehensweise am Beispiel der schriftlichen Addition:

$$\begin{array}{r} 147 \\ + \ 126 \\ \hline 273 \end{array}$$

1. Beide Zahlen genau untereinander schreiben: Einer unter Einer, Zehner unter Zehner …
2. Vor den unteren Summanden ein Pluszeichen setzen – für Addieren!
3. Durch die Mitte der folgenden Kästchenreihe mit Lineal einen Strich ziehen.
4. Zuerst die Einer addieren:
   6 + 7 = 13, 3 an 1 gemerkt
5. Jetzt die Zehner addieren:
   1 + 2 = 3; 3 + 4 = 7, 7 an
6. Nun die Hunderter addieren:
   1 + 1 = 2, 2 an

Handlungsbegleitendes Sprechen stellt nicht nur ein effektives diagnostisches Mittel zur subjektiven Fehleranalyse dar, sondern unterstützt gerade Schwächere darin, sich neue Lerninhalte anzueignen. Wenn Schritt für Schritt mitgesprochen wird, bleiben die Kinder auf das Problem konzentriert und können so ein überlegtes Handeln einüben. Wagner (1991[5]) setzt diese Methode insbesondere zur Aufmerksamkeitsförderung ein.

Ausführliche Hinweise zum handlungsbegleitenden Sprechen finden sich in der Handreichung des Staatsinstituts für Schul- und Bildungsberatung (1988[2], 160 ff.).

Eine vereinfachte Mischform aus Aufgabenanalyse und handlungsbegleitendem Sprechen stellt die Möglichkeit dar, dass Aufgabenlösungen im Nachhinein vom Kind verbalisiert werden. Daraus kann sich dann ein diagnostisches Gespräch entwickeln, bei dem sub-

jektive Fehlstrategien (mangelndes Verständnis von Prozeduren, von mathematischen Begriffen oder mathematischen Zusammenhängen) aufgedeckt werden.
Dabei ist von der Lehrkraft jedoch darauf zu achten, dass Fehlschritte zunächst einmal unberichtigt akzeptiert werden.
Auch aktives Zuhören (sinngemäßes Wiederholen des Gesagten) der Lehrkraft kann für das Kind hilfreich sein, seine Lösungswege nachzuvollziehen und ggf. Fehler aufzuspüren.
Schließlich sei noch der Hinweis erlaubt, dass eine entspannte vertrauensvolle Lernatmosphäre unabdingbare Voraussetzung für eine erfolgreiche Fehleranalyse darstellt.
Umfassende Sammlungen von Fehlerkategorien zum förderdiagnostischen Einsatz finden sich bei Ganser (2003) und ansatzweise auch in Kapitel 2.2.2 (S. 43) dieses Buches.

1.4.4 Systemisches Erklärungsmodell

Die besonderen Schwierigkeiten beim Erlernen der Mathematik sind ebenso wie andere Lernschwierigkeiten stets eingebettet in ein System von Wechselwirkungen. Schulz (1994, 6) nennt in diesem Zusammenhang biologische, psychische und soziale Komponenten, die oft in ungenügender Passung zum Bildungs- und Erziehungsprozess stehen.

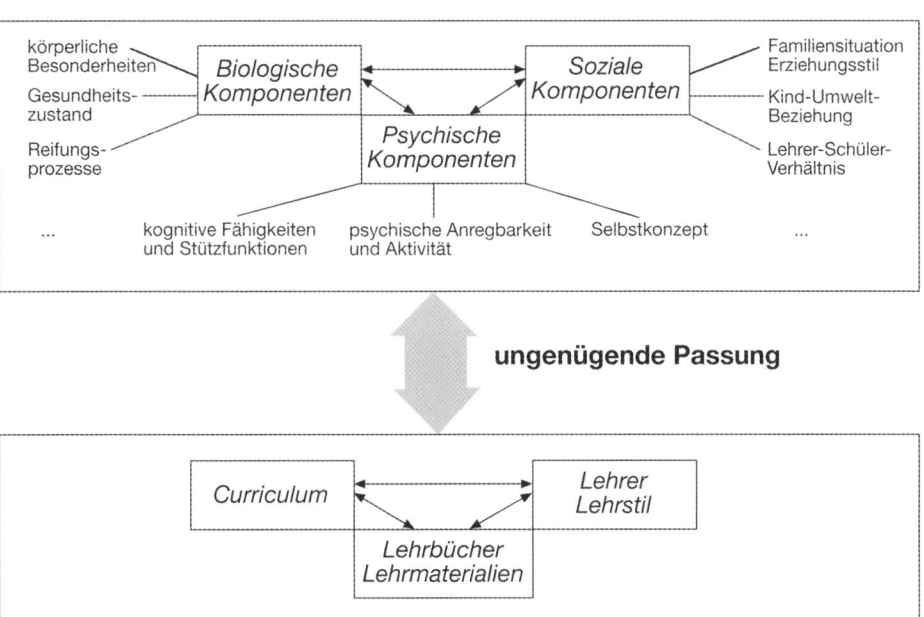

Abbildung 2: Systemische Sichtweise (Schulz, 1994, 6)

Wember (1991, 7) stellt fest, dass „Rechenschwäche zu tun hat mit den kulturell bedingten Leistungs- und Qualifikationsanforderungen, die an die einzelnen Mitglieder einer Gesellschaft gestellt werden und sich unter anderem in bestimmten Leistungserwartungen ausdrücken, die an die Lernerfolge von Schülern und an die Lehrerfolge von Schulen gesetzt werden". Vor diesem gesellschaftlichen Hintergrund wird der Lernerfolg in direkter Abhängigkeit von der Person des Schülers und indirekt von seiner familiären und sozialkulturellen Situation gesehen.

Nachdem bis heute noch keine Faktoren erforscht werden konnten, die Rechenstörungen verursachen, schlägt Schipper (2001, 18 ff.) vor, anstelle von Ursachen besser nach Risikofaktoren im Sinne von möglichen Ursachenfeldern zu suchen.

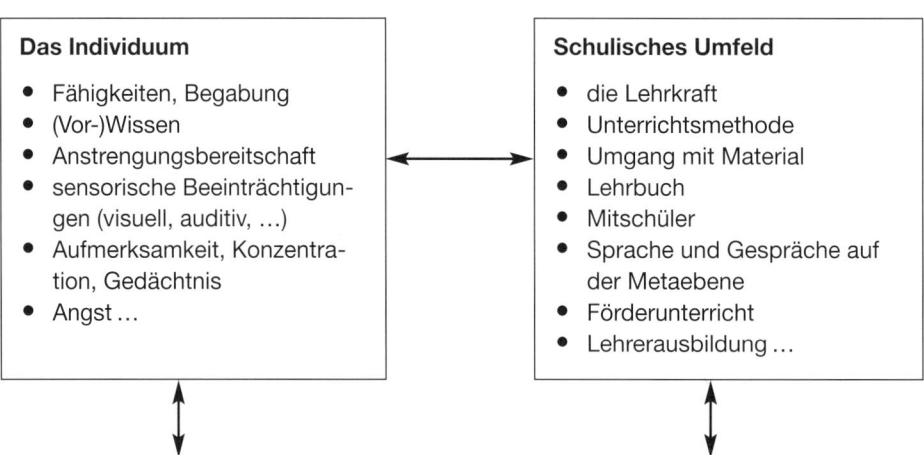

Abbildung 3: Ursachenfelder für Rechenstörungen (Schipper, 2001, 19)

Die angeführten Störfaktoren sind **nicht** kausal wirkend, d.h. es kann nicht davon ausgegangen werden, dass z.B. Probleme beim Erfassen des Körperschemas (Unterscheidung von links-rechts, oben-unten usw. am eigenen Körper) oder eine belastende familiäre Situation (Scheidung, Überbehütung ...) zwangsläufig zu mathematischen Minderleistungen führen (siehe auch Gaidoschik, 2002, 15 ff.).

Mathematiklernen ist ein hochkomplexer Vorgang, an dem viele primäre (z.B. kognitive) und sekundäre (z.B. soziale) Faktoren beteiligt sind. Folglich lassen sich dieser Lernprozess und seine möglichen Beeinträchtigungen auch nicht ausschließlich personzentriert erklären (siehe auch Grissemann, Weber, 1990).

Bei Erklärungsversuchen von Rechenstörungen ist insbesondere auch die Institution Schule (Lehrkräfte, Klassenverband, Lehrplan, Lehrmaterialien ...) mit zu reflektieren. Nach Schilling und Proching (1988, 13) begünstigen folgende Umstände die Entstehung von Rechenstörungen:

- häufiger Lehrerwechsel in den ersten Primarschulklassen und damit verbunden der häufige Wechsel von Unterrichtsstilen
- Wechsel der Rechenlehrmethode ...
- mangelndes Vertrautsein des Lehrers mit einer bestimmten Rechenlernmethode
- Unsicherheiten und Unklarheiten bei der Darbietung und Aufbereitung der neuen Mathematik
- abweichende Meinungen über Art und Weise des Einführens des Rechnens zwischen Eltern und Lehrperson oder zwischen den Eltern
- Vernachlässigung des Rechnens (Die Sprachschulung, das Lesen- und Schreibenlernen sind in den ersten beiden Schuljahren meist von größerer Bedeutung.)
- Größe und Struktur der Klasse ...
- viele Misserfolgserlebnisse im Rechnen, da beim althergebrachten Rechnen oft nur ein Lösungsweg, ein Ergebnis richtig ist
- Beschämung durch Lehrer, Eltern, Mitschüler
- Schulängste verschiedener Ursache

> Besondere Schwierigkeiten beim Erlernen der Mathematik treten in konkreten Situationen unter spezifischen Bedingungen auf. Soll sich die Leistungsfähigkeit des Kindes steigern, so muss individuell analysiert werden, welche Komponenten des Systems gut funktionieren und wo noch Veränderungsbedarf besteht.
>
> Fördern unter dem Aspekt des systemischen Ansatzes bedeutet, im Sinne einer individuellen Passung auf individuelle Bedürfnisse methodisch zu reagieren.

Heinz Schlegel

1.5 Dynamische Entwicklung von Rechenstörungen

1.5.1 Einleitung

Rechenstörungen sind mehr als die Schwierigkeit, mit Zahlen und Mengen umzugehen, Lösungswege für Aufgaben zu finden und Rechenoperationen fehlerlos zu vollziehen. Sie stehen auch in Zusammenhang mit dem jeweiligen sozialen Kontext (Eltern, Geschwister, Lehrer, Mitschüler, Freunde) und mit psychischen Variablen (Gefühle, Motivation, Selbstwert). Deshalb müssen Diagnose und Intervention von Rechenstörungen möglichst ganzheitlich angelegt sein, also nicht nur auf der (Teil-)Leistungsebene Veränderungen initiieren. Rechenstörungen vollziehen sich dadurch in einem Prozess, d. h. sie unterliegen einer Entwicklung, die mit zunehmender Dauer immer negativere Effekte beinhalten kann. Das Beispiel des hier exemplarisch dargestellten Schülers „Matthias" soll diese komplexe, dynamische Entwicklung von Rechenstörungen verdeutlichen:

Matthias, ein achtjähriger, freundlicher Junge, der die dritte Klasse der Grundschule besucht, fällt der Lehrerin immer stärker negativ auf, da er den Unterricht durch häufige Zwischenrufe, Kasperlverhalten und anderes Störverhalten beeinträchtige. Außerdem beanspruche er ständig ihre Aufmerksamkeit, da er jede sich bietende Gelegenheit ausnütze, etwas anderes zu tun, als das, was gerade gefordert sei. Dies gehe allen in der Klasse sehr auf die Nerven. Matthias sitze allein in einer Bank, da eine Reihe von Mitschülern ihn deswegen schon ablehnten und keiner neben ihm sitzen wolle. Ermahnungen, Zurechtweisungen und andere erzieherische Maßnahmen hätten keinerlei längerfristige Wirkung gezeigt.

Auch im Leistungsbereich fällt Matthias auf. Grundsätzlich geht er sehr ungern zur Schule. Nur Fächer wie Sport, Musik, Werken oder Zeichnen machen ihm Spaß, die übrigen Fächer hasst er, vor allem, wenn es gilt, schriftlich zu arbeiten. In allen wichtigen Fächern fehlt ihm bei Hefteinträgen jegliche Motivation und Konzentration. Er erledigt sie nur sehr schleppend, zögernd und unvollständig. Bis Matthias überhaupt anfängt zu arbeiten, sind die meisten anderen schon halb fertig. Seine Arbeitsweise ist unstet und oberflächlich, manchmal sogar chaotisch.

Die Lehrerin hält Matthias für unkonzentriert, außerdem sei er von zu Hause zu wenig zur Ordnung und Disziplin erzogen. Ihr falle auf, dass er bei Neuem oft ziemlich begriffsstutzig sei, aber er höre ja auch nicht aufmerksam zu, wenn sie etwas erkläre. Er frage dann manchmal etwas nach, was sie eben erst genau behandelt habe. Man könne in solchen Situationen schon an seiner Intelligenz zweifeln. Andererseits überrasche Matthias im Unterrichtsgespräch immer wieder durch sehr gelungene und kluge Beiträge, schweife aber unversehens wieder ab.

Die Mutter ist durch die schwierige Hausaufgabensituation völlig überfordert. Matthias lüge sie oft an, dass er nichts aufhabe, so nützten auch ihre regelmäßigen Kontrollen wenig. Überhaupt verschweige er sehr viel, z. B. zeige er Proben, in denen er schlechte Noten erhalten habe, von sich aus nie her. Dabei werde er dafür gar nicht bestraft. Wenn er einmal arbeite, dann tue er dies sehr schlampig und überhastet, sei ständig durch etwas anderes abgelenkt und seine Arbeit sei stets begleitet von immer wiederkehrenden Unlustäußerungen, die ihr sehr auf die Nerven gehen. Wenn die Aufgaben für ihn nur eine geringe Schwierigkeit enthielten, resigniere er sofort und verlange nach Hilfe. Über-

haupt könne man ihn bei den Hausaufgaben nicht allein lassen, da er dann überhaupt nichts mehr zustande bringe und sich die Hausaufgaben bis in den Abend hinziehen würden. Gegen jedes Üben wehre er sich vehement, vor allem wenn es etwas mit Rechnen zu tun hat.

Äußerungen der Mutter wie „Ich habe es schon vergeblich mit Strenge, aber auch mit gutem Zureden versucht" kennzeichnen die Situation der Hilflosigkeit. Der Vater könne mit Matthias jedoch auch nicht besser umgehen, obwohl er Lehrer am Gymnasium sei.

1.5.2 Zur Entwicklung der Rechenschwäche

Matthias lebt in einem Teufelskreis, er leidet unter der Schule, da er täglich Frustration, Unsicherheit, Überforderung erlebt. Nur wenn man sich in diese Situation des Teufelskreises einzufühlen versteht, besteht eine Chance, ihn überhaupt für Veränderungen, auch für Anstrengungen zur Behebung seiner Rechenschwäche, zu gewinnen. Dazu muss man auch die für viele Schüler typische Entwicklung der Lernstörung kennen:

Nach Betz und Breuninger (1998[5]) vollzieht sich die Entwicklung der Problematik von Schülern wie Matthias in mehreren Phasen:

1. Stadium

Matthias ist in der ersten Klasse anfangs mit großem Eifer bei der Sache, nimmt aber zunehmend deutlicher wahr, dass andere Kinder beim Rechnen immer schneller sind und im Gegensatz zu ihm Ergebnisse liefern, für die sie die Lehrerin lobt. Er leidet darunter, dass er etwas nicht kann, das anderen keinerlei Schwierigkeiten bereitet und erwartet, dass er niemals rechnen lernen wird. Auch Eltern und Lehrerin registrieren seine Probleme und schließen aufgrund ihrer Alltagstheorien, dass er faul oder unkonzentriert ist. Deshalb versuchen sie ihm durch vermehrte Übung und durch aufmunternde Bemerkungen zu helfen, die aber erfolglos bleiben; zudem lachen die Klassenkameraden Matthias bei so mancher Fehlleistung aus, z. B. beim Kopfrechnen, wenn er völlig falsche Ergebnisse bringt. Dies wirkt sich wiederum sehr negativ auf sein Selbstwertgefühl aus: Er spürt, dass er ein Außenseiter ist und dass Lehrerin und Eltern mit ihm unzufrieden sind. Matthias vermutet, dass er nicht normal ist, zumal seine um ein Jahr ältere Schwester sehr gut in der Schule ist und ihm von der Mutter immer als Vorbild hingestellt wird.

2. Stadium

Matthias beginnt darauf zu reagieren: Er versucht, sich das Versagen zu erklären und, um sein Selbstwertgefühl zu „retten", gibt er vor, am Rechnen kein Interesse zu haben. Das führt wiederum zu einer Zunahme des Drucks vonseiten der Eltern und der Lehrerin. Seine Mathematikhefte sind voll von negativen Korrekturen, häufig muss er Aufgaben nochmal machen. Den Förderunterricht in Mathematik hasst er und empfindet ihn als Strafe. Die damit verbundene fehlende Anerkennung untergräbt weiter sein Selbstwertgefühl. So kompensiert er sie zunehmend durch einseitige und übertriebene Betonung seiner Aktivitäten auf sportlichem Gebiet, weil er hier Erfolge erlebt. Unterrichtsstörungen, die ihm Beachtung und Aufmerksamkeit zukommen und ihn Misserfolge vermeiden lassen, sind eine weitere Konsequenz. Dieser Teufelskreis schaukelt sich kontinuierlich weiter auf und gewinnt eine Eigendynamik, die ursprünglich auf das Fach Mathematik begrenzte Problematik generalisiert auf den gesamten Unterricht.

Dadurch bedingt nimmt Matthias' Arbeitstempo im Vergleich zu den Mitschülern immer mehr ab, seine Lücken kumulieren auch in den anderen Fächern. Der Weg von der Teilleistungsschwäche zu einem generellen Schulversagen scheint vorgezeichnet.

3. Stadium

Matthias versagt immer massiver in Leistungssituationen. Er bekommt Angst, und unter dem daraus resultierenden Stress erlebt er Lernblockaden, die seine Leistungsfähigkeit weiter vermindern. Dadurch, dass Matthias schriftliches Arbeiten immer aversiver erlebt und die Umweltreaktionen zunehmend negativer werden, intensivieren sich seine Vermeidungsreaktionen weiter: Hausaufgaben werden ein aufreibender Kampf zwischen Mutter und Sohn, er vergisst und verliert Hefte und verschweigt der Mutter einen Teil seiner Aufgaben.

4. Stadium

Die zunehmenden Misserfolge führen bei Matthias zu Schuldgefühlen und zu einer generellen Misserfolgsorientiertheit. Selbst gute Leistungen nimmt er nun nicht mehr wahr. Auch die zutiefst enttäuschten Eltern und der Lehrer reagieren selbst bei guten Leistungen mit Misstrauen, statt mit Lob. Diese grundlegende Misserfolgsorientierung des Jungen macht ihn resistent gegen jede Veränderung.

Der Verlauf macht deutlich, dass die Folgen der ursprünglich ursächlichen Schwäche wesentlich dramatischere Wirkungen erzeugen: Wenn die Möglichkeiten einer konstruktiven Kompensation versagen, kann sich aus der Rechenschwäche ein generelles Schulversagen entwickeln.
HInzu kommen dann die sog. *sekundären Symptome* der Leistungsproblematik, nämlich aktive oder passive Symptome auf der Verhaltensebene, die alle dem Ziel dienen, die Überforderungssituation zu bewältigen: aggressives Verhalten, Unterrichtsstörungen, Arbeitsverweigerung oder Antriebsschwäche, Passivität, Angst, psychosomatische Störungen.
An der Entwicklung von Matthias' Problemen wird sichtbar, wie sich die sekundären Symptome im Laufe der Zeit in den Vordergrund schieben, sodass sie die Leistungsproblematik sogar verdecken können. Ursachen und Wirkungen lassen sich so bei Schülern mit Lernstörungen nicht voneinander trennen, sodass kausale Erklärungsmodelle als Handlungsgrundlage unzureichend erscheinen.
Betz und Breuninger (1998[5], 46) haben deshalb das Modell eines komplexen Wirkungsgefüges entwickelt, das die negative Lernstruktur von Kindern mit Lernstörungen verdeutlicht und auch auf rechenschwache Schüler übertragen werden kann:

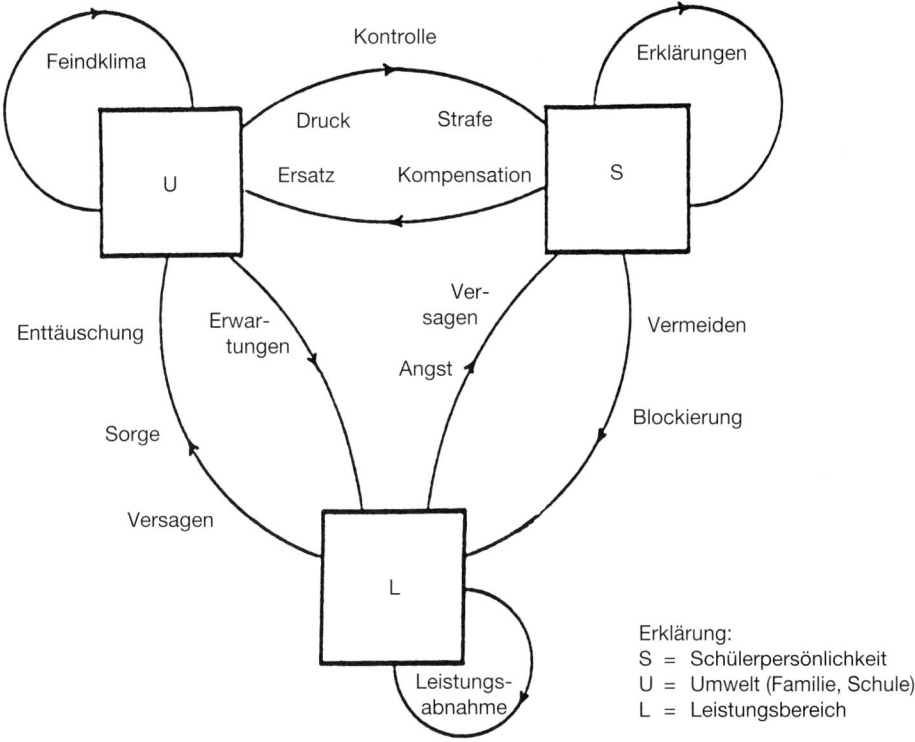

Abbildung 4: Negative Lernstruktur

1.5.3 Bedürfnisse von Schülern im Teufelskreis

Um bei Rechenstörungen ganzheitlich helfen zu können, ist es wichtig, zu spüren und zu erkennen, was Schülern wie Matthias in ihrer Rolle wichtig ist, was ihnen fehlt und was sie brauchen:
Klarheit über die eigene Situation, das Begreifen und Akzeptieren einer Schwäche als etwas Normales, das Gefühl, etwas wert zu sein, mehr (Selbst-)Sicherheit und Selbstvertrauen sind wesentliche persönliche Bedürfnisse, die in einer Fördersituation aufgebaut werden müssen.
In ihrer Beziehung mit Eltern und Lehrern brauchen sie Verständnis für die eigene Situation, Verlässlichkeit, positive Zuwendung unabhängig von Leistung, keinen Vergleich mit denen, die es besser können (Geschwister, Klassenkameraden), und vor allem keinerlei Druck.
Im Hinblick auf den Leistungsbereich stehen Bedürfnisse – wie weniger rechnen, mehr tun dürfen, was ich kann, ausreichend Zeit, erreichbare Ziele, ein klarer Ordnungsrahmen, genaue Anleitung, richtige und rechtzeitige Hilfestellungen sowie Freiraum – im Mittelpunkt.
Gewichtet man die drei Bereiche, so liegen die primären Bedürfnisse von Schülern mit Lern- und Verhaltensproblemen auf der Ebene der Person und der Beziehungen – und nicht auf dem Gebiet des „Gefördert-Werdens", des „Mehr-Leistens". Dies erklärt, warum Problemschüler zusätzliche schulische Förderangebote häufig als Benachteiligung und Bestrafung erleben, sie deshalb emotional nicht annehmen und deshalb keine Lernfortschritte machen.

1.5.4 Präventionsmöglichkeiten

Im dynamischen und komplexer werdenden Verlauf von Lernstörungen wird Hilfe umso schwieriger, je weiter die Entwicklung fortgeschritten ist. Ziel muss daher sein, zu verhindern, dass Schüler in diesen Teufelskreis geraten. Schlüssel dazu ist das Vermeiden passiver und grundsätzlicher Überforderung der Schüler von Anbeginn der Schule. Prävention erfolgt durch

– frühzeitige Diagnostik bei der Einschulung, verbunden mit einer eingehenden Beratung der Eltern;
– entwicklungsbezogene Beobachtung im Erstunterricht;
– vielfältige Hilfen auf möglichst vielen Ebenen im Rechenlernprozess;
– moderne Unterrichtsformen;
– „Ernstnehmen" von Äußerungen der Unlust und Überforderung;
– das Beachten des individuellen Lerntempos;
– das Erkennen von Verhaltensproblemen als Signale für ein gefährdetes Selbstwertgefühl;
– frühzeitige Kooperation mit Beratungsdiensten.

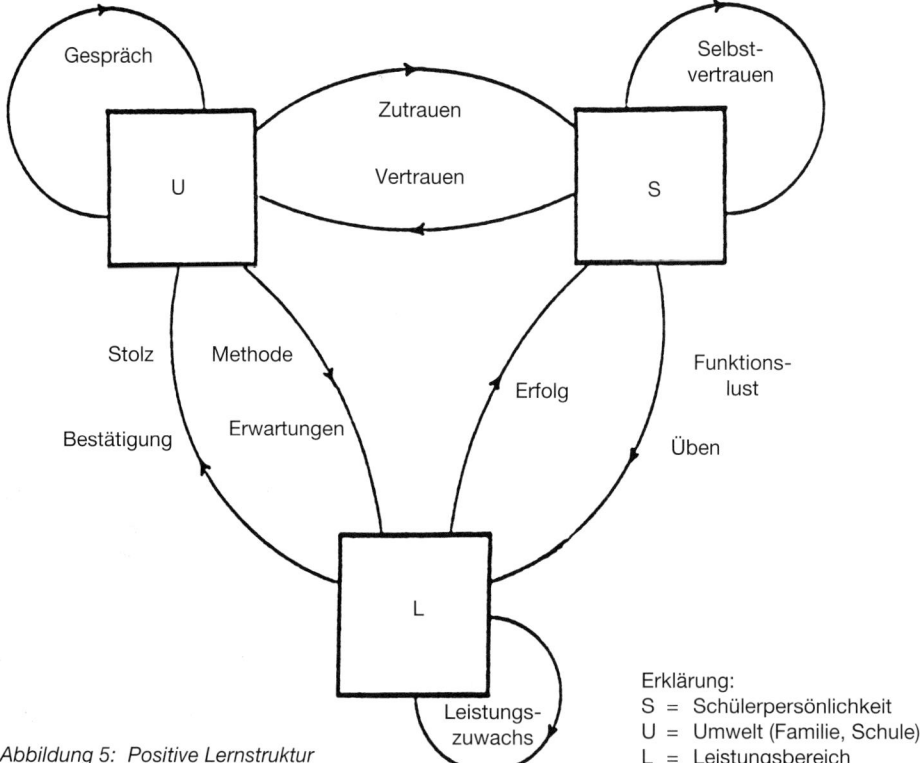

Abbildung 5: Positive Lernstruktur

Erklärung:
S = Schülerpersönlichkeit
U = Umwelt (Familie, Schule)
L = Leistungsbereich

1.5.5 Hilfen für Schüler im Teufelskreis

„Was kann langfristig helfen, den Schüler aus dem Teufelskreis der negativen Lernstruktur herauszuführen?" Dies ist Leitfrage und Zielorientierung aller Hilfen, d. h. der *Aufbau einer positiven Lernstruktur* des Schülers, wie er bei Betz und Breuninger (1998[5], 46) dargestellt wird.

Dies erfordert Beratung, Förderung, wenn nötig auch therapeutische Arbeit auf allen Ebenen, die mit der Rechenschwäche in Zusammenhang stehen.

Arbeit mit dem Schüler muss beinhalten:

- die Herstellung eines Vertrauensverhältnisses, das geprägt ist von Offenheit, Echtheit und Annahme unabhängig von Leistung
- die gemeinsame Klärung der wirklichen Gründe der Schwierigkeiten
- die Vermittlung von Sicherheit und die Stärkung des Selbstwertgefühls
- die Festlegung von Regeln und Rahmenbedingungen mit dem Ziel, Sicherheit zu geben
- Rückmeldung, dass das Vermeidungsverhalten der falsche Weg ist, das Leistungsproblem zu lösen
- Angstabbau
- den Aufbau eines positiven Selbstbildes
- Ermutigung und Geduld mit sich selbst, da Veränderungen Zeit brauchen

Nur mit begleitender intensiver *Beratung des Umfeldes (Familie, Lehrer)* ist die nötige Unterstützung der Arbeit mit dem Schüler zu erreichen:

- Aufklärung über die Zusammenhänge der Schulprobleme
- Entlastung von den Schuldgefühlen und Zukunftsängsten
- Wecken von Verständnis für die psychische Situation des Kindes
- Beratung mit dem Ziel der Reduzierung überhöhter Leistungserwartungen
- Hausaufgaben- und Lernbetreuung
- Absprache über gemeinsame Zielsetzungen und Maßnahmen

Auf der Leistungsebene muss die „Hilfe zur Selbsthilfe" im Mittelpunkt stehen, d. h. die Förderung muss geleitet sein von einem Bemühen, den Schüler zur Aufarbeitung seiner Defizite zu motivieren. Dazu ist nötig:

- die Vermittlung des Bewusstseins, dass Fehler etwas Normales sind, woraus man lernen kann
- bewältigbare Aufgaben und die Rückmeldung kleinster Fortschritte
- Entlastung in den Bereichen, die schwer fallen
- der Einsatz von Entspannungstechniken
- Hilfen zur Kompensation der Schwächen

Je nach Schwere der Rechenstörung kann die Bewältigung in der Schule an Grenzen stoßen, vor allem, wenn wesentliche und schwer veränderbare Bedingungen im Bereich der Familie liegen. Denn es ist zu bedenken, dass auch die Bezugspersonen von rechenschwachen Kindern mit ihren eigenen Zielen und Bedürfnissen im Konflikt zu denen des betroffenen Kindes stehen können, möglicherweise für sich einen Gewinn aus der Problemsituation des Kindes ziehen und so unbewusst eine Verbesserung blockieren. In diesen Fällen kann sich schulische Förderung auch als ungünstig erweisen, da sie, wenn sie erfolglos bleibt, die negative Entwicklung des Kindes noch stützt. Schule kann auch keine (einzel-)therapeutische Arbeit leisten. Deshalb ist es für jeden schulischen Berater wichtig, die Grenzen der Förderung zu erkennen und in solchen Fällen mit Beratungsdiensten und Therapieeinrichtungen zu kooperieren. Ziel der Beratung ist dann das Finden und die Anbahnung geeigneter außerschulischer Hilfe und die Koordination dieser Interventionen mit der Schule.

Dr. Werner Laschkowski

2. Diagnostik

Bei Verdacht von besonderen Problemen des Erlernens der Mathematik, müssen sinnvollerweise zuerst genauere diagnostische Feststellungen durchgeführt werden. Dabei zeigen sich das Ausmaß und die Tiefe der Probleme, Stärken und Schwächen.
Um uns nicht der Gefahr auszusetzen, Diagnostik und Förderung streng zu trennen, zeigen wir unter Punkt 2.1 unser gesamtes Förderkonzept. Hier sind im Sinne der Förderdiagnostik beide Bereiche eng verbunden; dies steht auch im Einklang mit der aktuellen Fachliteratur (Sammelband von Mutzeck, 2000). Es wird ein ständiger Prozess von Diagnostik und Förderung gefordert, der in einen laufend veränderten individuellen Entwicklungsplan mündet (IEP nach Eggert, 1997).
Kernbereich unserer Feststellungen sind informelle diagnostische Beobachtungsmöglichkeiten. Generell sollte unsere Leitlinie die „qualitative Diagnostik" darstellen (Storath, 1999). Diese kann jede Lehrkraft im Klassenunterricht leisten. Es gilt also, vor allem die Kompetenzen der Grundschullehrkräfte zu stärken (Schipper, 2002, 51). Wir brauchen dazu noch keine Fachkraft oder die Schulberatung.
Sind die Probleme umfänglicher und tiefer gehend, so sind besondere Beobachtungen in der Einzelsituation durchzuführen.
Eine genaue Feststellung des Leistungsstandes ist notwendig, um Fördermaßnahmen zu planen. Deshalb bieten wir eine Sammlung von diagnostischen Aufgabensätzen von der ersten bis zur sechsten Klasse an.

2.1 Entwicklung einer Förderstruktur

2.1.1 Zum Begriff „Fördern"

Es gibt bei besonderen Schwierigkeiten beim Erlernen der Mathematik keine Rezepte oder allgemein gültigen Konzepte. „Es gibt nicht die eine Methode und das eine Anschauungsmittel für Kinder mit Lernschwierigkeiten im Mathematikunterricht" (Lorenz, Radatz, 1993, 5). In neuerer Zeit wurden dazu umfangreiche Materialien entwickelt. Für die Eingangsstufe, aber stärker an den numerischen Leistungen orientiert, haben Moog und Schulz (1999) ein Diagnostik- und Förderkonzept entwickelt. Für den Zahlenraum bis neun liegt von Waniek (1999) ein schulnahes Konzept vor.
Wir mussten also zuerst ein Förderkonzept entwickeln. Dabei sollten wir die Begriffe „Fördern" und „Förderunterricht" genauer betrachten.

Fördern, eine Grundtätigkeit von Lehrkräften

Bereits im Jahre 1972 wurden in einer Stellungnahme der Kultusminister fünf grundlegende Tätigkeiten von Lehrkräften bestimmt:
– Unterrichten
– Erziehen

- Beurteilen
- Beraten
- Innovieren

Ich möchte aufgrund der verschiedenen Veränderungen in den letzten Jahren (Stichworte wie veränderte Kindheit, veränderte Umwelt, veränderte Familie sollen genügen) eine sechste grundlegende Tätigkeit hinzufügen, nämlich *Fördern*.

Gerade weil wir nicht mehr von einem imaginären Durchschnittsschüler ausgehen können, an dem sich der Unterricht, das Material und auch die Schulbücher orientieren, müssen wir das zusätzliche Konzept der Förderung berücksichtigen.

Bedeutungsvielfalt des Begriffs „Förderunterricht"

Leider ist der Begriff *„Fördern"* vielfältig und wenig klar, wie folgende Aufzählung zeigt (nach Drunckmühle):

1. Förderunterricht als *differenzierender Unterricht:* Förderung aller Schüler hinsichtlich ihrer Lernvoraussetzungen und Lernbedürfnisse
2. Förderunterricht als *Stützunterricht* bei Lernrückständen oder zur Prävention von Schulversagen
3. Förderunterricht als *Unterricht mit erweitertem Lernangebot* für schneller lernende Schüler
4. Förderunterricht als allgemeiner *Klassenunterricht*
5. Förderunterricht mit geteilter Klasse, wobei *homogene und heterogene Gruppen* möglich sind
6. Förderunterricht als *Neigungsunterricht* im Sinne von Wahlpflicht oder Wahlunterricht
7. Förderunterricht als *Freiarbeit*
8. Förderunterricht als *spezieller Kurs,* z. B. bei Rechenschwäche

Vielfältige Organisationsformen von Förderunterricht

Wie bei der Bedeutungsvielfalt des Begriffs „Förderunterricht" gezeigt, ist auch die Organisationsform von Förderunterricht völlig offen:

1. Förderunterricht als innere Differenzierung mit der ganzen Klasse
2. Förderunterricht mit geteilter Klasse und homogenen Fördergruppen
3. Förderunterricht mit geteilter Klasse und heterogenen Fördergruppen
4. Förderunterricht mit klassenübergreifenden Gruppen
5. Förderunterricht als Team-Teaching
6. Förderunterricht mit einem Einzelschüler

Bei der Förderung eines konkreten Schülers werden wir vielfältige Organisationsformen zu berücksichtigen haben, da eben die Gegebenheiten an jeder Schule anders sein werden. Doch dies gibt uns Gelegenheit, unterschiedliche Erfahrungen sammeln und auch weitergeben zu können. In unseren Fallbeispielen reicht das Spektrum von einer Förderung in der Klasse bis zur überwiegenden Einzelförderung.

Ein allgemeines Förderkonzept

Fördern bzw. Förderunterricht stellt ein sehr komplexes Phänomen dar. Wir müssen also versuchen, diese Komplexität zu reduzieren und für alle Lehrkräfte operationalisierbar zu machen, denn Förderunterricht soll sich nicht zu einer Art schulischer Nachhilfe entwickeln.

Die Grundlage des Förderkonzepts bildet ein *Stufenmodell,* bei dem versucht wird, einzelne überschaubare Schritte vorzuschlagen:

1. Vorüberlegungen zum Förderunterricht: grundsätzliche Überlegungen über Schwerpunkt der Förderung, Klassenstufe, Organisation und Zeitdauer
2. Auswahl der Schüler: Wer wählt die Schüler aus?
3. Eingangsdiagnostik: informelle Feststellungen oder Tests?
4. Zielbestimmung: enge fachliche Ziele oder auch Arbeit an basalen Bereichen, an der Persönlichkeitsentwicklung, oder soziales Lernen
5. Durchführung des Förderunterrichts: dazu gehören Planung und Protokollierung
6. Kontrolle, eventuell neue Ziele bestimmen

2.1.2 Förderkonzept

Die folgenden Vordrucke sind durch laufende Buchstaben gekennzeichnet, stellen aber nicht die Reihenfolge des Vorgehens dar.
Das Förderkonzept geht von einer breiten Diagnostik aus. Im Mittelpunkt stehen die mathematischen Leistungen (Vordruck „c"). Falls die Vermutung auftaucht, vor allem bei sehr jungen Schülern, dass basale und pränumerische Leistungen nicht genügend vorhanden sind, können die Vordrucke „a" und „b" verwendet werden. Uns ist sehr wohl bewusst, dass nach neueren Forschungen die Bedeutsamkeit von Teilleistungsschwächen in basalen Bereichen relativiert wurde (Breitenbach, 1997). Andererseits wollen wir nicht in die Extremposition verfallen, voraussetzungslos die Probleme in Mathematik zu betrachten (Nestle: Verhinderung von Rechenschwäche durch „entschiedene konzeptionelle Weiterentwicklung des Mathematikunterrichts", 2000, 3). Die Übertragung des Konzepts der „direkten Förderung" – nach dem Lesesystem von Wember (1999) – auf die Rechenschwäche lehnen wir jedoch ab. Es freut uns, in neuester Zeit festzustellen, dass die Bedeutung der pränumerischen Leistungen auch im neuen Lehrplan der Grundschule in Bayern verstärkt betont wird.
Mit dem Vordruck „d" können wir die Förderziele bestimmen. Die konkrete Förderung wird mit dem Vordruck „e" dokumentiert. Mit Vordruck „f" werden vorläufige Schlussfeststellungen festgehalten. Auf die Bedeutung der affektiv-sozialen Anteile beim Lernen generell hat eindrucksvoll Goleman hingewiesen (in: Mathematik Zech, 1998; Vogel, 1998, 245 [„Personality Qualities"]).

1. Eingangsdiagnostik allgemeiner grundlegender Fähigkeiten

Dieser Bereich erscheint uns wichtig, da wir bei vielen Schülern mit Rechenschwächen Defizite im basalen Bereich feststellen. Da Förderunterricht sich nicht beschränken soll auf die erneute Darbietung des aktuellen Stoffes, müssen wir tiefer gehende Bereiche beachten. Vor allem bei Auffälligkeiten in Mathematik in der ersten Klasse kann der basale Bereich bedeutsam sein. Liegen keine Hinweise auf Defizite im basalen Bereich vor, so muss dieser Bereich nicht eigens überprüft werden.

2. Diagnostik mathematischer Grundfähigkeiten

Die Mathematik der Schule baut auf eine Vielzahl von pränumerischen Fähigkeiten auf, die bei den meisten Schülern bei Schuleintritt bereits vorhanden sind. Bei rechenschwachen Kindern können diese noch nicht gefestigt sein. Deshalb ist es für eine gezielte Förderung wichtig, diese Bereiche festzustellen.

3. Diagnostik der mathematischen Leistungen

Dieser Bereich stellt den Kern der diagnostischen Vorarbeiten dar. Hier muss die Förderlehrkraft sehr sorgfältig den Leistungsstand nach unten überprüfen. Nach den Beobachtungen mit unseren Förderschülern ist der Leistungsrückstand meist größer als eine Klassenstufe.

4. Bestimmung der Förderziele

Wir müssen darauf achten, nur Ziele zu bestimmen, die vom Förderschüler zu erreichen sind. Gerade der Förderunterricht soll Gelegenheit geben, Erfolg und Anerkennung zu bekommen. Es sollte ein ausgewogenes Verhältnis von rein mathematisch orientierten Zielen zu anderen Zielen bestehen, wie Arbeits- und Lerntechniken, Abbau von Angst, Erhöhung des Selbstvertrauens oder Freude an schulischer Arbeit.

5. Konkreter Förderplan

Der konkrete Förderplan dient sowohl zur Vorbereitung auf den Förderunterricht als auch zur Beobachtung in der Förderstunde, sowie als Grundlage der weiteren Planung. Mit möglichst wenig Schreibarbeit sollte der Schwerpunkt der Förderung ersichtlich sein.

6. Zielerreichung

Die regelmäßige Kontrolle der Zielerreichung erschien uns als ein konstituierendes Element von Förderunterricht. Förderunterricht ist keineswegs gedacht als eine sich über Jahre erstreckende schulische Maßnahme. Deshalb ist die Zielerreichung ständig zu hinterfragen und ggf. sind neue, erreichbare Ziele zu formulieren. Im Förderunterricht muss ein Versagen ausgeschaltet sein!
Die folgenden kopierfähigen Formblätter sind als Vorschlag gedacht, die Komplexität von Förderunterricht zu reduzieren und einen aufeinander aufbauenden Ablaufplan zu erhalten. Es wurde auch versucht, die notwendigen Protokollarbeiten zu reduzieren.

Diagnostik allgemeiner grundlegender Fähigkeiten

a

Name: _____ Klasse: _____

Bereich	Unterbereiche	Feststellungen	Beurteilung
taktil-kinästhetische Wahrnehmung	Berührungsreize manuelle Formwahrnehmung propriozeptive Wahrnehmung		
Körperschema Lateralität	Überschreiten der Körpermitte Körperstellungen nachahmen Links-rechts-Unterscheidung		
Grobmotorik	Gleichgewicht Bewegungs-/Handlungsplanung		
Feinmotorik	Auge-Hand-Koordination Graphomotorik		
visuelle Wahrnehmung	visuo-motorische Koordination Figur-Grund-Wahrnehmung Wahrnehmungskonstanz		
Raumlage Raumorientierung	Erfassen räumlicher Beziehungen Präpositionen		
verbal-akustische Fähigkeiten	verbal-akustische Differenzierung: gleich – nicht gleich verbal-akustische Gliederung: Laute heraushören		
auditive Wahrnehmung	Schallquellen identifizieren Richtungshören Schalleigenschaften Rhythmus Sereation		

Bereich	Unterbereiche	Feststellungen	Beurteilung
Serealität, intermodale Verknüpfungen	akustisch – optisch (Buchstaben, Wörter) optisch – akustisch akustisch – handelnd		
Sprache	Artikulation Satzbau Wortschatz Sprachverständnis		
Merkfähigkeit	Sprache: Phoneme, Worte, Sätze Zahlen Formen, Bilder		
Konzentration Arbeitsverhalten	Ausdauer Genauigkeit, Güte Arbeitstempo		
emotionales und soziales Verhalten	Motivation Angst (allgemein, vor Zahlen) Selbstwertgefühl Gruppenverhalten		
Kognition	allgemeine Begabung sprachlich – nicht sprachlich (z. B. nach HAWIK) ganzheitlich – sequentiell (z. B. nach KABC)		

Diagnostik mathematischer Grundfähigkeiten

b

Name: _____ Klasse: _____

Bereich	Unterbereiche	Feststellungen	Beurteilung
Klassifikation	ein Aspekt mehrere Aspekte (z. B. eckig und rot) Klassifikation erkennen und benennen		
Mengenauffassung	konkrete Dinge Bilder Simultanauffassung		
Menge-Ziffer-Zahlwort Zuordnung	Achten auf richtige Aussprache		
Invarianz der Menge	konkret-handelnd mit Gegenständen auf Arbeitsblättern bildhaft		
Äquivalenzmengen	Teilen Verteilen (handelnd, zeichnerisch)		
Eins-zu-eins-Zuordnung	konkret-handelnd mit Dingen (z. B. Tisch decken) auf Arbeitsblättern zeichnerisch		
mathematische Begriffe	mehr – weniger, größer – kleiner kürzer – länger, halb – doppelt		
Zeitbegriffe	gestern – heute – morgen, vorher, nachher, früher, später, jetzt, zuerst, dann		
Zählen	vorwärts, rückwärts von einer Zahl aus zählend in Zweierschritten		
ordinaler Aspekt der Zahlen	bei konkreten Reihen Nachbarzahlen finden		
Verständnis der Operationen „Addition" und „Subtraktion"	konkret-handelnd Rechengeschichten zu Aufgaben erfinden		

Exemplarische Aufgaben der Klassestufe

Name: _____ Klasse: _____

c

Datum	Schwerpunkte	Übungen	Beobachtungen

d **Förderziele**

Name: _____ Klasse: _____ Datum: _____

Zeitraum von _____ bis _____

1. Arbeit an allgemeinen grundlegenden Fähigkeiten	
2. Arbeit am Persönlichkeitsbereich	
3. Arbeit an mathematischen Bereichen	
4. Arbeit am Lernumfeld	

Förderplan

Name: _____ Klasse: _____

Datum	Schwerpunkte	Übungen	Beobachtungen

f   Vorläufige Schlussfeststellungen für _____

Zeitraum von _____ bis _____

Bereiche	Feststellungen
1. Arbeit an allgemeinen grundlegenden Fähigkeiten	
2. Arbeit an mathematischen Bereichen	
3. Arbeit am Lernumfeld und am Persönlichkeitsbereich	

2.2 Informelle Diagnostik

2.2.1 Beobachtungsmöglichkeiten im Unterricht

Die Unterscheidung zu den Beobachtungsmöglichkeiten im Unterricht ist nicht trennscharf. Entscheidend ist hierbei, dass Auffälligkeiten festgestellt wurden, die in der Einzelsituation genauer überprüft werden. Grundsätzlich gehen wir davon aus, dass eine umfassende und tief gehende Diagnostik nur in der Einzelsituation möglich ist (Shin, 1998, 259). Es ist auch sinnvoll, dass diese genauere Überprüfung die Beratungslehrkraft der Schule durchführt.

Generell sollten wir bei der Beurteilung der Leistungsfähigkeit stärker kompetenzorientiert als defizitorientiert vorgehen (Neuhäusler, 2002, 404). Anderseits ist es für die Förderung hilfreich festzustellen, ob bestimmte Fehlerschwerpunkte vorliegen (Ganser, 2003). Dies ist bei eingliedrigen Aufgaben durchaus möglich. Bei komplexen Aufgaben ist eine qualifizierte Fehleranalyse oft nicht mehr möglich (Leutenbauer, 2002, 21).

BERND GANSER, MARIANNE SCHINDLER

2.2.2 Individuelle Fehleranalyse

Förderung wird dann effektiv, wenn wir Einblick erhalten, welche Prozesse beim Lösen von Aufgaben ablaufen, über welche Voraussetzungen die einzelnen Kinder verfügen bzw. welche grundlegenden Einsichten fehlen.

Es geht in erster Linie darum, fehlerhafte subjektive Lösungsstrategien aufzuspüren und über geeignete Fördermaßnahmen zu modifizieren. Für diesen Zweck wurde die nachfolgende diagnostische Aufgabensammlung entwickelt. Sie enthält exemplarische lehrplanrelevante „Musteraufgaben" für den Grundschulbereich. Eine differenziertere Darstellung mit auf individuelle Fehlerschwerpunkte bezogenen Materialien und Förderansätzen findet sich in der Publikation „Rechenschwäche überwinden" (Ganser, 2003).

Nachfolgend noch einige stichpunktartige Hinweise zur Handhabung der diagnostischen Aufgabensätze:

- Herausarbeitung möglicher individueller Fehlerschwerpunkte aus Probearbeiten, Hausaufgaben und dergleichen.
- Auswahl der relevanten Bereiche in der Aufgabensammlung und deren Durcharbeitung mit den zu fördernden Schüler/-innen:
Dadurch erhält man eine differenziertere Einsicht in den individuellen Leistungsstand (Stärken-Schwächen-Analyse).
- Schülerfehler sind meist keine Zufallsprodukte, sondern unterliegen einer Regelhaftigkeit (Gerster, 1982). Um diese „Gesetzmäßigkeiten" aufzuspüren, ist es hilfreich, subjektive Lösungsstrategien verbalisieren und begründen zu lassen.
Dabei verdeutlicht oft der Einsatz von didaktischen Materialien, welche Verständnisschwierigkeiten vorliegen.
- Das Anforderungsniveau der Aufgaben sollte sich – unabhängig vom Leistungsstand der Klasse – am vermuteten individuellen Leistungsvermögen der Kinder orientieren.
- Gerade zu Beginn der gemeinsamen Arbeit ist es wichtig, eine Überforderung unbedingt zu vermeiden.
- Es soll den Kindern vielmehr bewusst werden, über welche mathematischen Fähigkeiten sie (noch) verfügen!

Grundfähigkeiten

Aufgaben	Beobachtungen	Mögliche Erklärungen
Lagebeziehungen am eigenen Körper Zeige mir: den linken Arm, das rechte Bein, die rechte Schulter, das linke Knie ...	– zeigt falschen Körperteil – vertauscht links und rechts – kennt die Begriffe nicht	– Probleme mit der Seitigkeit – unklares Körperschema – sprachliche Defizite
Räumliche Begriffe sicher gebrauchen a) Regal einräumen – Lege das Buch in das Fach links oben! – Lege den Malkasten unter das Buch! b) Position zum Stuhl einnehmen – Stelle dich hinter den Stuhl! – Krieche unter den Stuhl! – Setze dich auf den Stuhl! – Steige auf ...	– kennt die Begriffe nicht – verwechselt Raumangaben bzw. Richtungen	– mangelndes Anweisungsverständnis – Probleme in der Orientierung – Raumlagebegriffe unbekannt
Flächenformen unterscheiden Material: Kiste mit verschiedenen Formenplättchen a) Plättchen sortieren – Nimm die Vierecke und lege sie ins linke Körbchen! – Lege die roten Kreise ins mittlere Körbchen! – Lege die blauen Dreiecke ins rechte Körbchen! b) Muster aus Plättchen legen und fortsetzen lassen Lehrer legt Muster: ☐◯☐☐ ... – Setze das Muster fort!	– kennt die Fachbegriffe nicht – unsicheres Greifen (kein Pinzettengriff) – bildet keine Reihe – Arbeitsrichtung von links nach rechts wird nicht eingehalten	– mangelndes Anweisungsverständnis – keine Formenkenntnis – keine Farbenkenntnis – Serialität – Probleme in der Rechts-links-Orientierung

Zahlen bis 10 (bis 20)

Aufgaben	Beobachtungen	Mögliche Erklärungen
Mengen bilden und auszählen Material: Kiste mit Plättchen oder Dieneswürfel a) Mengen bis 10 (20) zählend erfassen – „Wie viele … liegen auf dem Tisch?" – „Wie viele … fühlst du unter dem Tuch?"	– gibt falsche Anzahl – zählt falsch, z. B. lässt Plättchen aus oder zählt Plättchen doppelt	– keine Koordination zwischen „Sprechen und Greifen" (z. B. Kind nimmt beim Zahlwort „sieben" zwei Plättchen)
b) Mengen bilden bis 10 (20) – „Gib mir vier …!" – „Gib mir acht …!" – („Gib mir vierzehn …!")	– gibt falsche Anzahl	– mangelnde Kenntnis der Zahlwörter bzw. der Zählreihe bis 10 (20)
c) Mengenvergleich durch Eins-zu-eins-Zuordnung Lehrer legt sieben rote Plättchen: – „Lege unter jedes rote Plättchen ein blaues!"	– Ausgliedern von Mengen nach der Mächtigkeit gelingt nicht – legt falsche Anzahl darunter	– intermodale Verknüpfung gelingt nicht – Eins-zu-eins-Zuordnung gelingt nicht
d) Simultane Mengenerfassung *geordnet:* (Würfelbilder) – „Welche Zahl zeigt das Würfelbild?" z. B. [Würfelbilder] *ungeordnet:* (eins bis fünf Elemente) z. B. [Punkte] oder [Punkte] – „Wie viele Plättchen siehst du?"	– zählt mit Fingern oder Augen – schätzt falsche Anzahl – Kind ordnet jeder Zahl nur ein Plättchen zu (z. B. 1 2 3 4 5 usw.) ●●●●●	– simultane Mengenauffassung gelingt nicht – Kind versteht Arbeitsanweisung nicht

Aufgaben	Beobachtungen	Mögliche Erklärungen
e) Zuordnung von Zahlzeichen, Zahlwort, Menge im Zahlenraum bis 10 (20) – Kind zieht ein Ziffernkärtchen, legt die passende Menge dazu und nennt das Zahlwort [3] ● ● ● „drei" [13] ●●● ●● „dreizehn" ●●● ●●	– Kind legt bei zweistelligen Zahlen die falsche Menge, z. B. vier Plättchen zur Zahl 13 (1 + 3)	– Bündelung und Stellenwertsystem nicht verstanden – intermodale Verknüpfung gelingt nicht – Kind unterscheidet nicht zwischen Ziffern und Zahl – einseitiges, ordinales Zahlenverständnis
Zahlen bis 10 (20) zerlegen – mit Schüttelbox – auf der Zahlebene Zahlenhaus 10: 5/☐, ☐/3, 4/☐, ☐/1, 2/☐ 12 = 10 + ☐ 14 = ☐ + 4 20 = 10 + ☐ 19 = ☐ + 9	– Abzählen der Kugeln – fehlerhaftes Ergänzen auf zehn (z. B. 4 + 7 = 10) – falsche Zahl im Platzhalter (z. B. 14 = 18 + 4) – falsche Notation der Zerlegungsgleichung	– kein flexibles Denken – keine Automatisierung auf der Zahlebene – Ausgangszahl wird mitgezählt („Plus-eins-Fehler") – keine Teilmengenerfassung – Kind versteht Zerlegungsgleichung nicht
Mengen vergleichen < > = 5 ○ 7 14 ○ 16 8 ○ 6 11 ○ 9 9 ○ 4 17 ○ 14	– verwechselt die Zeichen – versteht die Anweisung nicht	– Bedeutungen der Zeichen unklar – Schwierigkeiten in der Orientierung (links/rechts) – falscher Zahlaspekt (Warum soll das fünfte Plättchen weniger sein als das siebte?)
Zählen: vorwärts/rückwärts 4, 5, 6, -, -, -, -, 12, 13, 14, -, -, -, -, 9, 8, 7, -, -, -, -, 20, 19, 18, -, -, -, -,	– kann nicht weiterzählen – zählt leise von eins hoch und laut, z. B. ab vier, weiter – kann nicht rückwärts zählen – Zählfehler, lässt Zahl aus	– Seriation – schlechtes Gedächtnis für Zahlen – einseitiges Zahlenverständnis (jede Zahl steht als Rangplatz für sich da)

Zahlen bis 100

Aufgaben	Beobachtungen	Mögliche Erklärungen
Zahlenkenntnis von 1 bis 100 Stellenwertschreibweise – diktierte Zahlen in die Stellenwerttabelle eintragen Z | E 1 | 3 4 | 0 | 7 7 | 6 8 | 2 – geschriebene Zahlen lesen: 46, 67, 83, 94, …	– Vertauschen der Z und E – Z und E werden in eine Spalte eingetragen – Zehnerzahlen ohne Null bei Schreibweise ohne Bündelhaus	– Schwierigkeiten in der auditiven Wahrnehmung (Zahlen werden falsch verstanden, nicht gemerkt) – Zahlenschreibweise von rechts nach links – Rechts-links-Unsicherheit

Orientierung im Hunderterraum
Zählen
– vorwärts
  46, 47 … 66
– rückwärts
  87, 86 … 74
– Zehnerschritte
  28, 38 … 88
  99, 89 … 39
	– Zählfehler bei Zehnerübergängen (27, 28, 29, 210)
	– Zahlen auslassen
	– Verwechslung Z und E
	– Zehnerschritte werden nicht erkannt
		– sprachliche Probleme (undeutliche Artikulation „-zehn" und „-zig")
		– Zahlenaufbau nicht verstanden, z. B. Zahlen als Ziffernkombination (29, 210, 211) bei schriftlicher Aufgabenstellung

Nachbarzahlen/ Zehnernachbarn
a) 36 ☐ 38   ☐ ☐ 100
   19 ☐ ☐   ☐ 51 ☐
   ☐ 60 ☐   ☐ ☐ 81
 	
b) 30 – 35 – ☐
   ☐ – 57 – 60
   ☐ – 46 – ☐
	– falsches Einordnen bei zehnernahen Ausgangszahlen (19 …, … 81)
	– Verwechseln von Nachbarzahlen
	– falsche Zehnernachbarn (40, 57, 60)
		– Schwierigkeiten in der Orientierung (links/rechts)
		– Begriff „Nachbarzahlen" unklar
		– Präposition „zwischen" nicht verstanden (zwischen welchen Zehnern liegt …)

Zahlen vergleichen: > < = 19 ○ 23 20 + 4 ○ 42 46 ○ 64 10 + 6 ○ 16 89 ○ 91 40 – 8 ○ 30	– falsches Zeichen – kein Zeichen	– Aufgabenstellung nicht vorhanden – unklare Bedeutung der Relationszeichen – Leserichtung (von rechts nach links)

Aufgaben	Beobachtungen	Mögliche Erklärungen

Zahlen darstellen (Anzahlaspekt)
Stäbe und Würfel legen
– konkret
  Zahl: 34 „vierunddreißig"
 	
– zeichnerisch
  Zahl: 76 „sechsundsiebzig"
  ||||| ||:
	– Kind legt falsche Mengen (z. B. drei Würfel als Zehner und vier Würfel als Einer) …
	– Kind vertauscht Zehner und Einer (z. B. legt vier Stangen für die Zehner und drei Würfel für die Einer)
		– Kind unterscheidet nicht zwischen Ziffer und Zahl
		– Rechts-links-Verwechslung
		– Stellenwert unklar

Zahlen bis 1.000 (1.000.000)

Aufgaben	Beobachtungen	Mögliche Erklärungen

Zahlen bis 1.000 (1.000.000) erfassen
– Lesen und Zahlendiktat:
  187, 304, 899, 450, 706 …
  (1.509, 3.017, 72.056, 247.379 …)
– Dekadische Zerlegung:
  409 = 400 + 9
  570 = 500 + 70
  763 = 700 + 60 + 3
  (1.208 = 1.000 + 200 + 8)
  24.006 = 24.000 + 6
  278.209 = 200.000 + 70.000 + 8.000 …)
 	
– Nachbarzahlen
  539 ☐ 541
  ☐ 999 ☐ ☐
  ☐ ☐ 461
  (699.999 ☐ ☐
  ☐ ☐ 100.000
  ☐ 40.100 ☐ …)
	– Stellenwertfehler (z. B. Kind schreibt 80.099 statt 899)
	– Fehler mit der Null (z. B. 34 statt 304)
	– Schreibrichtung der Ziffern nicht konsequent von links nach rechts
	– falsche dekadische Strukturierung (720 56)
	– Verwechslung klangähnlicher Zahlen
	– falsche Zerlegung (409 = 40 + 9)
	– Kind legt Zahl nur mit Einerkärtchen (z. B. 763 = 7 + 6 + 3)
	– Verwechslung bei Nachbarzahlen
	– falsche Einordnung in den Zahlenraum
		– kein Verständnis für das Stellenwertsystem
		– Probleme in der Rechts-links-Orientierung
		
		– Schwierigkeiten in der auditiven Wahrnehmung
		– Kind unterscheidet nicht zwischen Ziffer und Zahl
		– Zahlenaufbau nicht verstanden
		– Probleme in der Rechts-links-Orientierung

Aufgaben	Beobachtungen	Mögliche Erklärungen
Hunderter-/Tausendernachbarn 400 – 405 – ☐ ☐ – 798 – 800 ☐ – 276 – ☐ 24.000 – 24.300 – ☐ ☐ – 36.907 – ☐ ☐ – 128.600 – ☐	– Einordnung in Zahlenraum gelingt nicht, z. B. 405 ist zwischen 300 und 500	– mangelndes Verständnis für das dekadische System (siehe auch Zahlen bis 100) – mangelndes Aufgabenverständnis

Zahlen am unskalierten Zahlenstrahl finden
326 ├───┼────────┤
   300 326   400
289 ├─────────┼───┤
   200   289 300
 	
„Welche Zahl ist in der Mitte?"
├──────┬──────┤
5.000   10.000
 	
├──────┬──────┤
20.000   40.000
	– Kind kann Zahlen nicht einordnen
	– Kind kann Zahl in der Mitte zwischen zwei vorgegebenen Zahlen nicht benennen
		– mangelnde Orientierung im Zahlenraum

Zahlen darstellen (Anzahlaspekt) Material: Tausenderwürfel, Hunderterplatten … Zahl: 2.075 Zahl: 1.310 a) konkret b) zeichnerisch	– Kind legt falsche Mengen – Fehler mit der Null – Z und E bzw. ZT und ET werden vertauscht – Kind kann Mengen nicht zeichnerisch darstellen bzw. zeichnet falsche Mengen	– Stellenwert nicht verstanden – Kind unterscheidet nicht zwischen Ziffer und Zahl (siehe Zahlen bis 100) – Probleme in der Rechts-links-Orientierung

Aufgaben	Beobachtungen	Mögliche Erklärungen

Zahlen runden
– Runde auf volle Hunderter!
  312 ~   539 ~
  378 ~
– Runde auf volle Tausender!
  2.715 ~
  2.175 ~
	– auf falsche Stelle runden (312 ~ 310)
	– Rundungsregel nicht geläufig (0, 1, 2, 3, 4 → abrunden; 5, 6, 7, 8, 9 → aufrunden)
	– Regel falsch angewandt (z. B. 539 ~ 600, „weil man bei neun aufrunden muss")
		– Unverständnis beim Runden durch falsches Zahlverständnis, z. B. 400 ist vier mit zwei Nullen
		– falscher Zahlaspekt (ordinal)

Rechnen im Zahlenraum bis 10 (20)

Aufgaben	Beobachtungen	Mögliche Erklärungen
Addieren und Subtrahieren 3 + 4 = 9 – 3 = 2 + 6 = 8 – 5 = 4 + 5 = 10 – 0 = 12 + 7 = 17 – 6 = 13 + 5 = 15 – 3 = 11 + 8 = 20 – 4 =	– Zählfehler (3 + 4 → 3, 4, 5, 6 bzw. 9 – 3 → 9, 8, 7) – Verwechslung der Rechenzeichen „plus" und „minus"	– kein kumulatives Lernen (z. B. kann die Zahlzerlegung nicht für die Rechenoperationen genutzt werden) – zählendes Rechnen als Folge eines einseitigen Operationsverständnisses (Ergebnisse werden als Rangplätze gedacht) – fehlendes Anzahlverständnis – Analogie zur Grundaufgabe fehlt (2 + 7 → **12 + 7**)
Ergänzen 4 + ☐ = 6 3 + ☐ = 10 7 + ☐ = 9 7 + ☐ = 10 ☐ + 2 = 5 6 + ☐ = 10	– falsche Zahl im Platzhalter (4 + 10 = 6) – Zählfehler (4 + 3 = 6) („Plus-eins-Fehler")	– Aufgabenstellung unklar – Gleichungsprinzip und Bedeutung des Zeichens „=" nicht verstanden – Zahlzerlegung nicht gesichert und als Strategie nicht verfügbar

Aufgaben	Beobachtungen	Mögliche Erklärungen

Zehnerübergang
a) 8 + 6 =   4 + 9 =
   9 + 4 =   7 + 8 =
 	
b) 12 – 5 = 17 – 9 =
   14 – 8 = 13 – 7 =
   15 – 6 = 11 – 4 =
	– Lösung durch Weiterzählen
	– Zählfehler (Fehler um eins!)
	– keine Lösungsstrategien verfügbar
	– falsche Zahlzerlegung (z. B. 8 + 6 → 8 + 3 + 3)
	– Vermeidung des Zehnerübergangs (z. B. 12 – 5 → 5 – 2 = 3; Lösung: 13)
		– mangelnde Zahlvorstellung
		– geringe Merkfähigkeit
		– mangelnde Handlungsplanung (Gliederung der Lösungsschritte auch bei Arbeit mit konkretem Material nicht möglich)
		– falsche Anwendung des Vertauschungsgesetzes

Rechnen im Zahlenraum bis 100

Aufgaben	Beobachtungen	Mögliche Erklärungen
1. ZE plus E, ZE minus E 22 + 3 = 88 – 6 = 91 + 5 = 75 – 3 = 83 + 6 = 39 – 8 =	– Zählfehler (22 + 3 = 22, 23, 24) – mit Fingern rechnen – falsche Stellenwerte werden addiert oder subtrahiert (75 – 3 = 45) – Rechenzeichen werden nicht beachtet (75 – 3 = 78) – addiert die Ziffern (z. B. 91 + 5 → 9 + 1 + 5; Ergebnis: 15)	– einseitige Zahlvorstellung (ordinaler Zahlaspekt) – kein Stellenverständnis – Kind rechnet lieber „Plus" – keine Unterscheidung von Ziffer und Zahl
2. ZE plus Z, ZE minus Z, Z plus ZE 42 + 30 = 67 – 20 = 27 + 50 = 85 – 50 = 51 + 40 = 92 – 30 = 60 + 36 = 20 + 57 = 40 + 29 =	– Stellenwert vertauscht (42 + 30 = 45; 67 – 40 = 63) – Rechenzeichen werden nicht beachtet (67 – 20 = 87) – Grundoperation (Z + Z) wird falsch ausgeführt (50 + 40 = 80 → 51 + 40 = 81) – zählende Lösungsversuche	– mangelndes Stellenverständnis – mangelnde Anzahlvorstellung (Plausibilitätsprüfung, z. B. 85 – 50 = 90) – Operationszeichen werden verwechselt – unzureichendes Operationsverständnis (z. B. 42 + 30 wird nicht als „30 mehr als 42" gedacht) – keine „tragfähige" Zahlvorstellung aufgebaut

Aufgaben	Beobachtungen	Mögliche Erklärungen
3. ZE plus E, ZE minus E mit Zehnerüber- bzw. Zehnerunterschreitung 24 + 7 = 94 – 6 = 65 + 8 = 93 – 5 = 38 + 6 = 62 – 8 =	– stellengerechte Zahlenverknüpfung gelingt nicht – (94 – 6 → 9 – 6 = 3; Ergebnis: 34) Vermeidung des Zehnerübergangs durch Vertauschung der Zahlen an der Einerstelle: „4" minus geht nicht, dann rechnet man „6 minus 4" (94 – 6 → 6 – 4 = 2; Ergebnis: 92)	– fehlendes Wissen um den Wertunterschied der Stellen – verfestigtes zählendes Rechnen – mangelnde Merkfähigkeit bei Zwischenergebnissen – falsche Anwendung der Vertauschungsstrategie – Kind hat vom Entbündelungsvorgang bei der Subtraktion keine Ahnung
4. ZE plus ZE, ZE minus ZE mit Zehnerüber- bzw. Zehnerunterschreitung 26 + 35 = 94 – 28 = 32 + 49 = 82 – 36 = 68 + 33 = 61 – 47 =	– falsches Rechenzeichen – falsche Strategie (94 – 28 → 9 – 8 = 1 → 4 – 2 = 2; Ergebnis: 12) – ziffernmäßige Betrachtungsweise, z. B. 26 + 35 = 2 + 6 + 3 + 5 = 16 (wird deutlich bei Materialeinsatz!) – Zählen als einzige Lösungsstrategie	– Einsicht in den qualitativen Unterschied von Zehnern und Einern ist nicht gegeben – mangelnde Zahlvorstellung – falscher (ordinaler) Zahlaspekt – mangelnde Handlungsplanung (Aufgabe kann nicht in Teilschritte gegliedert werden) – siehe auch unter 1. bis 3.

Aufgaben	Beobachtungen	Mögliche Erklärungen

5. Multiplikation (1 x 1)
– Malbegriff
  4 + 4 + 4 + 4 + 4 = 20
  5 x 4 = 20
  2 x 8 =
  8 + 8 =
– Nachbaraufgaben
  4 x 6 =
  5 x 6 =   2 x 8 =
  6 x 6 =   3 x 8 =
– Kernaufgaben additiv zusammensetzen bzw. in Kernaufgaben zerlegen
  2 x 3 =   10 x 7 =
  5 x 3 =   2 x 7 =
  7 x 3 =   8 x 7 =
	– Multiplikation wird nicht auf Addition gleicher Summanden zurückgeführt
	– Kind kann Malaufgaben nicht konkret bzw. zeichnerisch darstellen
	  • • • •
	  • • • •
	  2 x 4
	– Kind verwechselt Multiplikand und Multiplikator (z. B. 2 x 8 = 2+2+2+2+2+2+2+2)
	– Auszählen von Ergebnissen
	– Strategiefehler bei Nachbaraufgaben
	  (z. B. 5 x 6 = 30 → 6 x 6 = 31 → 4 x 6 = 29)
	– Strategie des Zusammenfassens bzw. Zerlegens wird nicht oder fehlerhaft angewandt
	– Zerlegung neuer Einmaleinssätze in Kernaufgaben gelingt nicht (z. B. 7 x 6 = 5 x 6 + 2 x 6 = 30 + 12 = 42)
		– Begrifflichkeit unklar
		– ungesicherter Anzahlbegriff
		– Rolle des Multiplikators bzw. des Multiplikanden unklar
		– Kernaufgaben nicht automatisiert
		– fehlendes Verständnis und fehlende Vorstellung vom Malnehmen (6 x 6 ist „1 x ⑥" mehr als 5 x 6) wegen fehlender Handlungserfahrungen

6. Division (1 : 1)
– Division als Umkehrung zur Multiplikation
  15 : 3 = ☐   16 : 8 = ☐
  ☐ x 3 = 15   ☐ x 8 = 16
– Division mit Rest
  16 : 5 = ☐ R ☐
  21 : 5 = ☐ R ☐
  15 : 7 = ☐ R ☐
  19 : 9 = ☐ R ☐
  32 : 10 = ☐ R ☐
  49 : 10 = ☐ R ☐
	– Kind kann Rechenoperation nicht (auch nicht mit Material) oder nur fehlerhaft durchführen
	– Kinder finden das Vielfache des Divisors nicht (16 : 5 → 15 : 5)
		– Einmaleinssätze sind nicht automatisiert
		– Division wird nicht als Umkehroperation der Multiplikation erkannt
		– Begrifflichkeit unklar
		– siehe auch unter 5. „Multiplikation"

Rechnen im Zahlenraum bis 1.000 (1.000.000)

Aufgaben	Beobachtungen	Mögliche Erklärungen
1. Mündliches Rechnen Plus und Minus (mit Ü) 398 + 7 = 1.250 + 60 = 286 + 40 = 3.995 + 6 = 572 + 80 = 7.949 + 60 = 700 − 3 = 2.020 − 60 = 205 − 8 = 8.002 − 200 = 412 − 40 = 6.001 − 7 =	− Hunderter-/Tausenderübergänge fehlerhaft (398 + 7 = 500) (7.949 + 60 → 49 + 60 = 109; Ergebnis: 7.109) − zählendes Rechnen (Zählfehler) − falsche Stellenverknüpfung (z. B. 8.002 − 200 = 6.002)	− Zahlenaufbau nicht verstanden (Bündelung: 10 Z → 1 H, 10 H → 1 T) − mangelnde Merkfähigkeit bei Zwischenergebnissen (siehe auch Zahlenraum bis 100) − Stellenwert nicht verstanden
2. Halbschriftliche Rechenverfahren − Multiplikation 3 × 3 = 7 × 8 = 30 × 3 = 7 × 80 = 300 × 3 = 7 × 800 = 3.000 × 3 = 7 × 8.000 = 32 × 6 = 508 × 3 = _____ 420 × 4 = _____	− Fehler mit der Null (z. B. 3 × 300 = 9.000) − Kind kann didaktisches Material nicht sinnvoll einsetzen, z. B. 508 : 3 Darstellung mit Zahlenkarten \[500\] \[8\] \[500\] \[8\] \[500\] \[8\]	− unverstandenes Hinzufügen der Null − Kind erkennt Analogie nicht − fehlendes Zahl- bzw. Stellenverständnis
− Division 35 : 5 = 64 : 4 = 350 : 5 = 126 : 6 = 3.500 : 5 = 819 : 9 = 350 : 50 = 594 : 6 =	− Kind zerlegt Zahlen ohne die Stellenwerte zu beachten (32 × 6 = 3 × 6 + 2 × 6) − Zerlegung in berechenbare Teildividenden gelingt nicht 64 : 4 = oder 64 : 4 = 30 : 4 = 50 : 4 = 30 : 4 = 14 : 4 = 4 : 4 = − Kind kann Teilsummen nicht fehlerfrei addieren	− Zusammenhang der beiden Rechenoperationen „mal" und „geteilt" wird nicht erkannt − mangelnde Flexibilität des Denkens − Mängel in den Lernvoraussetzungen (Addition, Einspluseinssätze)

Aufgaben	Beobachtungen	Mögliche Erklärungen

3. Schriftliche Rechenverfahren
– Addition
  337   591   678
  +225 +342 +294
 	
  24.345 + 2.872 =
  138.286 + 9.305 =
  65.079 + 399 =
	– falsches Untereinanderschreiben, Kind schreibt nicht stellengerecht an
	  65.079
	  + 399
	  651.189
	
	– falsche Rechenrichtung (Start an der Hunderterstelle)
	– Weglassen des Übertrags bzw. Übertrag ohne Übergang
	  337 *Bündelung!*
	  +225
	  55**12**
		– kein Stellenverständnis
		
		– Probleme in der Rechts-links-Orientierung
		– unverstandene Plus-eins-Regel → formale Durchführung des Verfahrens ohne Verständnis

– Subtraktion
  782   917   810
  −256 −352 −483
 	
  4.374   24.700   500.000
  −2.146 −8.258   −328.140
 	
  256.812 − 5.070 =
  111.111 − 999 =
	– Kind kann Operation mit Material (Dienesmaterial) nicht durchführen
	– Fehler mit der Null
	– Kind vertauscht an „kritischen" Stellen Minuend und Subtrahend
	  782 „2 minus 6" geht nicht
	  −256 → „6 minus 2"
	  534
	– beim Entbündeln wird der Minuend nicht um eins verringert
	  782
	  −256
	  536
		– Entbündelungsvorgang nicht geläufig
		
		– Unsicherheiten beim Kopfrechnen
		– geringe Merkfähigkeit

– Multiplikation
  265 x 3   475 x 6
  5.370 x 8   6.073 x 5
  3.486 x 40   472 x 79
	– Fehler beim Einmaleins
	– Fehler beim Übertrag
	– Fehler mit der Null (5 x 0 = 5)
	– falsche Stellenzuordnung
	– Fehler bei der Addition
	– falsches Untereinanderschreiben der Teilergebnisse
	  472 x 79
	    3.304
	       8
	– Rechenrichtung wird nicht eingehalten
		– mangelnde Geläufigkeit der Einmaleinssätze
		
		– Rechts-links-Unsicherheit
		
		– Unsicherheiten bei den Stellenwerten
		
		– Probleme mit Merkfähigkeit bzw. Serialität
		
		– Rechts-links-Unsicherheit

Aufgaben	Beobachtungen	Mögliche Erklärungen
– Division 1.881 : 3 = 7.650 : 5 = 2.464 : 8 = 3.402 : 14 =	472 x 79 „4 mal 7 ist 28, 1.918 8 an, 2 gemerkt", „7 mal 7 ist 49 plus 2 ist …" – Verfahrensschritte werden nicht eingehalten, vertauscht oder ausgelassen – falsche Rechenrichtung – falsches Weiterrechnen, wenn der Dividend kleiner als der Divisor ist 3.402 : 14 = 231 … 28 Probleme mit 60 der Vielfachheit 42 des Divisors 18 14 4	– Serialität (Unsicherheiten bei der Abfolge der einzelnen Verfahrensschritte) – Rechts-links-Unsicherheit – mangelnde Geläufigkeit der Einmaleinssätze – Zusammenhang der Rechenoperationen „mal" und „geteilt" wird nicht erkannt bzw. nicht für die Lösung benutzt

Sachbezogene Mathematik (3. und 4. Jahrgangsstufe)
HEDWIG GASTEIGER, WOLFRAM KRIEGLSTEIN

Aufgaben	Beobachtungen	Mögliche Erklärungen
Umgang mit Größen Zeitspannen bestimmen	– falsche Verwendung der Zeiteinheiten – Umrechnungsfehler	– keinerlei Stützpunktvorstellung verfügbar – Besonderheiten der Umrechnung von Minuten in Stunden nicht erfasst
Längen messen und zeichnen	– gravierende Mess- und Zeichenfehler	– keinerlei Stützpunktvorstellung verfügbar – fehlendes mathematisches Wissen zu den Längeneinheiten – Lineal wird nicht am Nullpunkt angelegt

Aufgaben	Beobachtungen	Mögliche Erklärungen
Kommaschreibweise bei Meter und Zentimeter	– Komma falsch gesetzt	– Komma nicht als Trennzeichen zwischen den Einheiten verstanden – mangelndes Verständnis des Stellenwertsystems in Verbindung mit den Maßeinheiten
Gewichtsangaben umwandeln	– Umrechnungsfehler – unvollständiges Umwandeln	– keinerlei Stützpunktvorstellung verfügbar – fehlendes mathematisches Wissen zu den Masseeinheiten – mangelndes Verständnis des Stellenwertsystems in Verbindung mit den Maßeinheiten
Größenvorstellung bei Hohlmaßen; Anwendung von Hohlmaßen in Sachsituationen	– fehlerhafter Gebrauch der Maßeinheiten Milliliter und Liter	– keinerlei Stützpunktvorstellung verfügbar (Vergleichseinheiten wie Milchpackung u. a.)
Arbeit an Sachsituationen Informationen aus komplexeren Darstellungen entnehmen	– Entnahme irrelevanter Informationen aus Texten – wichtige Informationen in Texten werden übersehen	– mangelhaftes Verständnis des Sachzusammenhangs bzw. falsche mathematische Interpretation der Sache – fehlendes Textverständnis
	– Entnahme falscher Informationen aus Tabellen	– Technik der Informationsentnahme aus Tabellen nicht sicher verfügbar
Mathematische Fragen zu Sachsituationen finden	– Stellen nicht mathematischer Fragen bzw. unbeantwortbarer Fragen	– fehlendes Verständnis der Sache bzw. der mathematischen Zusammenhänge

Aufgaben	Beobachtungen	Mögliche Erklärungen
Grundlegende Begriffe zur Beschreibung von Sachsituationen entwickeln; Sachsituationen auf wesentliche Begriffe zurückführen	– umständliche bzw. fehlerhafte sprachliche Darstellung – mangelnde Fähigkeit zur Strukturierung der Sache	– mangelndes Begriffsverständnis bzw. mangelnde Fähigkeit zur Begriffsbildung – zu gering entwickeltes Abstraktionsvermögen
Lösungshilfen entwickeln und individuell anwenden	– grafische Lösungshilfen können nicht selbstständig genutzt werden	– Abstraktion in grafischer Form gelingt nicht – zu geringes und zu oberflächliches Verbalisieren/Durchdringen der grafischen Lösungshilfen
Lösungswege finden	– Zahlen und Größen werden beliebig mit Operationszeichen verknüpft – kein Lösungsweg wird gefunden – fehlerhafte Lösungsschritte	– mathematische Interpretation der Sache gelingt nicht – Sachsituation wird inhaltlich nicht verstanden – unstrukturierte Notation des Lösungsweges – fehlendes Operationsverständnis
Rückbesinnung	– fehlerhafte Ergebnisse (z. B. Benennungen, Größen, …) werden akzeptiert	– Plausibilitätskontrolle erfolgt nicht oder zu ungenau – logische Folgefehler aus der Lösungsphase werden wiederholt – Einordnen des Ergebnisses in den Sachzusammenhang erfolgt nicht

2.2.3 Den Entwicklungsstand des mathematischen Verständnisses erfassen

Zur Diagnostik bei Lernschwierigkeiten in den ersten Grundschuljahren:

1. Wo steht das Kind in der Entwicklung seines mathematischen Verständnisses?

Zeigt ein Kind Lernschwierigkeiten im Fach Mathematik, müssen wir dieser Frage nachgehen. Ihre Beantwortung bildet die Grundlage für begründete und auf das Kind zugeschnittene didaktisch-methodische Hilfestellungen. Im vorliegenden Beitrag werden Vorschläge für diese Ebene der Diagnostik gemacht. Sie sind aus einem Forschungsprojekt über Rechenschwächen an der Pädagogischen Hochschule in Freiburg hervorgegangen, in dem die Autorin von 1995 bis 1998 mit Prof. Hans-Dieter Gerster zusammengearbeitet hat.
Im Hinblick auf eine gute Förderung und Unterstützung des Kindes ist es bei erheblichen Lernschwierigkeiten wichtig, außerdem folgenden Fragen nachzugehen, die ich hier nur nennen kann, ohne auf ihre Bedeutung einzugehen:

Welche kognitiven Stärken und Schwächen zeigt das Kind in der Verarbeitung sprachlicher und nichtsprachlicher Informationen und in der Konzeptbildung?[1]
Wie ist die Situation der Familie, in der das Kind lebt?
Wie ist die Situation des Kindes in der Schule?
Welches Bild hat das Kind von sich selbst?
Wie geht der Lehrer/die Lehrerin im Mathematikunterricht vor und wie ist das Lehrbuch gestaltet?

2. Grundlage einer Diagnostik: Wissen über das Mathematiklernen

Das diagnostische Vorgehen und die Interpretation von Beobachtungen hängen davon ab, wie wir uns das Erlernen von Mathematik vorstellen. Wenn ein Junge zu Beginn der zweiten Klasse fast alle Aufgaben im Zahlenraum 20 zählend in kurzer Zeit lösen kann, sagt ein Lehrer vielleicht: „Den Rechenvorgang der Addition und Subtraktion hat er verstanden. Er kann Aufgaben im Zahlenraum 20 ohne zusätzliche Hilfsmittel lösen", und folgert: „Anschauungsmaterial ist überflüssig, ein Abruftraining ist nötig". Eine andere Lehrerin aber beobachtet beim selben Kind: Er löst „10 + 7" manchmal spontan, aber „17 – 10" immer zählend. Sie vermutet: „Er hat die grundlegende Zahlbeziehung, dass 17 aus zehn und sieben zusammengesetzt ist, noch nicht erfasst." Dann wird sie das Anschauungsmaterial keineswegs wegräumen.
Insbesondere das Wissen über das *Zahlverständnis* und über Wege seiner Entwicklung ermöglichen es, die Vorgehensweisen eines rechenschwachen Kindes hintergründiger – auf der Ebene der Konzeptbildung – zu verstehen und darauf gestützt Fördermaßnahmen auszuwählen. Deshalb wird in diesem Beitrag die Untersuchung des Zahlverständnisses ausführlicher behandelt. Einige *grundsätzliche Überlegungen über Diagnostik* sind vorangestellt.

---
[1] Auf den Beitrag der Neuropsychologie in der Diagnostik der Rechenschwächen kann ich hier nicht eingehen. Dazu von Aster (1996).

3. Merkmale unseres diagnostischen Vorgehens

1. Mit der Diagnostik soll *„die Mathematik des Kindes"* erhellt werden: Wir möchten herausfinden, worauf sich das Kind beim Lösen von Mathematikaufgaben stützt:

Was bedeuten die Zahlen und die Aufgabenstellung für das Kind? In welche Handlungsanweisung übersetzt es die Aufgabenstellung? Welcher Vorstellungen bedient es sich?

Nehmen wir die Lösung der Aufgabe „60 – 7": Ein Kind sagt „60, 59, 58, 57, 56, 55, 54, 53", während es zu den Zahlen ab 59 immer einen weiteren Finger streckt. Ein anderes Kind überlegt: „Sechs Zehner, fünf lasse ich in Ruhe, von einem Zehner nehme ich sieben weg, 10 minus 7 ist 3. 50 und 3 ist 53." Die beiden Kinder verbinden mit der Aufgabe und mit den Zahlen sehr verschiedene Vorstellungen.

Wie deutet das Kind das Anschauungsmaterial, das es heranzieht? Welche Strukturen erkennt es darin und wie übersetzt es sie in Beziehungen zwischen Zahlen? Wie verbindet es die Aufgabenstellung mit dem Anschauungsmaterial?

Ein Beispiel: Peter überlegt sich, was der Verkäufer einem Kunden herausgeben muss, der zwei Blumensträuße, die zusammen 9 € kosten, mit einem Zwanzigeuroschein bezahlt.[2] Er schreibt erst die Zahlen „9" und „20" auf. Dann versucht er etwas an den Fingern zu erkennen, aber es geht nicht. Nun schreibt er die Zahlreihe bis 20 auf. In dieser Reihe kreist er die „9" mit mehreren Farben ein, während er zu überlegen scheint. Dann beginnt er die Zahlen ab 20 abzuzählen. Dazu streicht er die „20" durch und schreibt dafür „1", streicht die „19" durch und schreibt dafür „2" usw., bis er die „10" durchgestrichen und dafür „11" hingeschrieben hat.

In seiner Auseinandersetzung mit der Aufgabe schaut Peter zuerst nur auf die gegebenen Zahlen und versucht dann, sie mit den Fingern abzubilden (geht nicht). Dann bettet er sie in die Zahlen bis 20 ein, indem er diese aufschreibt. Jetzt sucht er die Verbindung zwischen der Aufgabe und dieser Darstellung, bis er „die 9" mit „1 bis 9" identifiziert hat und das zurückzugebende Geld mit den Zahlen von „20 bis 10". Er findet also eine quantitative Deutung der Zahlen und zerlegt „seine 20". Die Zahlen von „20 bis 10" kann er aber nicht ohne weiteres als „10 und 1" sehen, sondern muss sie abzählen.

Je besser wir die gedankliche Arbeit nachvollziehen können, die ein Kind wie Peter leistet, desto besser können wir die Weiterentwicklung seines Verständnisses anregen.

2. Jede Lösung, falsch oder richtig, lassen wir vom Kind erläutern: „Wie hast du das herausgefunden?" Manchmal auch: „Kannst du mit diesen Plättchen (oder einem anderen Anschauungsmaterial) zeigen, wie du das Ergebnis gefunden hast? Kannst du mir (oder: einem jüngeren Kind, das noch nicht so gut mit Zahlen rechnen kann wie du) zeigen, wie du das Ergebnis mit Plättchen findest?"

3. Das mathematische Denken des Kindes ist anfangs an Darstellungen der Zahlen durch Quantitäten und konkrete Veränderungen an denselben gebunden. Allmählich löst es sich davon. In bestimmten Stadien der Konzeptbildung kann das Kind über bestimmte Eigenschaften von Zahlen nur auf Grundlage von Zahldarstellungen nachdenken und sprechen. Deshalb macht es einen Unterschied, wie Aufgaben gestellt sind und auf welcher Darstellungsebene sie gelöst werden:

– die Aufgabenstellung/Lösung erfolgt mit *konkreten* Materialien;
– auf *bildhafter* Ebene;

---

[2] Die Aufgabenstellung war der Hamburger Handreichung, 2. Teil: Zahlenraum 100, Blumenladen, entnommen.

- auf *symbolischer* Ebene;
- dazwischen liegen Formen, bei denen eine symbolische Aufgabenstellung mit konkreten Zahldarstellungen verknüpft ist, aber nicht jeder Schritt auf der konkreten oder bildhaften Ebene vollzogen wird.

Berücksichtigen wir diese Unterscheidung im Prozess der Diagnose, beobachten wir beispielsweise, dass ein Junge bei Verwendung von Zehnersystemmaterial[3] die Aufgabe „53 – 29" so löst: Er nimmt erst zwei Zehnerstangen von der „53" weg, nach kurzem Zögern noch eine dritte, und fügt ein Würfelchen hinzu. Löst er eine entsprechende Aufgabe ohne Anschauungsmaterial, so rechnet er „5 – 2 = 3, 9 – 3 = 6" und erhält „36". An diesem Ergebnis nimmt er keinen Anstoß, auch als er es noch einmal prüfen soll. Während er auf die Zahldarstellung gestützt eine kluge Strategie wählt („minus 29" ist dasselbe wie „minus drei Zehner plus eins"), gelten auf der Symbolebene für ihn ganz andere Regeln.

4. Die Aussagekraft des kindlichen Verhaltens bei einer Lösung erschöpft sich nicht in der Feststellung „kann Aufgabe mit Material lösen" oder „kann Aufgabe auf Symbolebene nicht lösen".

Der Umgang mit dem Material lässt erkennen, welche Vorstellungen und Strukturierungen das Kind entwickelt hat. So gliedert bei der Lösung der Aufgabe „17 – 9" ein Kind die 17 Plättchen in Fünfergruppen und nutzt die geschaffene Struktur, um die Lösung zu finden. Ein anderes Kind legt 17 Plättchen in eine lange Reihe und subtrahiert, indem es zählend neun davon abtrennt; auch das Ergebnis findet es durch Abzählen.

Weitere bedeutungsvolle Unterschiede bei der Lösung einer Aufgabe mit Material sind: Kann das Kind, nachdem es die Lösung mit Material gefunden hat, beschreiben, wie es vorgegangen ist? Gibt es einen Hinweis darauf, dass es im Anschluss an ein Lösungsverfahren das Vorgehen insgesamt überdenkt und einen Zusammenhang zwischen den Zahlen herstellt, oder sieht es am Ende nur noch „das Ergebnis"?

Es trifft nicht zu, dass die Lösung mit Material grundsätzlich leichter ist als die Lösung auf symbolischer Ebene: Einen Lösungsweg am Material zu zeigen, kann mehr Probleme bereiten als das Ausrechnen, so wie die Mama es gezeigt hat: Manches Kind kann sich Vorgehensweisen gut merken, sodass seine Lücken im Zahlverständnis verborgen bleiben, die es im Umgang mit konkreten Zahldarstellungen offen legt.

5. Bei der Untersuchung des mathematischen Verständnisses unterscheiden wir *Grundlagen des mathematischen Denkens, Zahlverständnis, Zahlverarbeitung und Zahlreihe, Operationsverständnis, Rechnen und Mathematisieren von Sachsituationen/Textaufgaben*. Auf das Zahlverständnis gehe ich im Folgenden ausführlicher ein, die anderen Begriffe werden am Ende des Beitrags kurz erläutert.

4. Das Zahlverständnis: Hintergrund

Wir unterscheiden zwischen *Zahlbedeutungen* und *Zahlbeziehungen*. Dabei geht es darum, was sich das Kind unter einer Zahl vorstellt[4], wie es Beziehungen zwischen Zahlen herstellt und welche Beziehungen es sicher handhaben kann.

Der Begriff „*Zahlbedeutung*" bezeichnet Vorstellungen im weitesten Sinn des Wortes, die das Kind zu Zahlen bzw. Zahlwörtern entwickelt hat und die es bei der Arbeit mit Zahlen heranzieht. Das sind beispielsweise Fingerbilder von Zahlen, Abschnitte des Zahlen-

---

[3] Das sind Einerwürfel und Zehnerstangen mit Einkerbungen, sowie halbierte Zehnerstangen.
[4] Wenn ich „Zahlen" schreibe, meine ich immer die in Ziffern geschriebene Zahl.

strahls, Darstellungen mit Würfelbildern oder Darstellungen in Zehnerrahmen oder mit Zehnersystemmaterial. Auch die Vorstellung von einer Zählprozedur, wie man etwa acht Dinge abzählt, oder wie man die Zahlen von eins bis acht aufsagt, nennen wir „Vorstellungen" zu Zahlwörtern oder Zahlen. Diese Vorstellungen entwickeln sich aus konkret erfahrenen Darstellungen der Zahl.

Darstellungen und Vorstellungen von Zahlen unterscheiden sich in wichtigen Merkmalen, die für das Zahlverständnis und das Rechnen von großer Bedeutung sind:

Quantitative und nichtquantitative Vorstellungen zu einer Zahl

Nichtquantitativ ist die Vorstellung von der Acht, bei der das Kind nur an die Position der Zahl „8" auf dem Zahlenstrahl denkt oder bei „53" an ein Feld der Hundertertafel mit Zahlen. Quantitativ hingegen ist die Vorstellung des Zahlenstrahls von null bis acht einschließlich acht, oder alle Felder der Hundertertafel mit den Zahlen „1 bis 53".

Man kann oft beobachten, dass ein Kind bei bestimmten Aufgabenstellungen die Zahl „8" in „acht viele" übersetzt, beispielsweise bei: „Gib mir acht Plättchen." Es zeigt auch keine Schwierigkeiten bei der Anwendung des Kardinalitätsprinzips[5]. Bei anderen Aufgabenstellungen aber, in der Regel bei Rechenaufgaben, bedeutet „8" nichts anderes als einen Anfangspunkt, einen Endpunkt oder die Zahl der Veränderungsschritte zwischen Anfangs- und Endpunkt. Bei diesen Aufgaben verschwindet die quantitative Bedeutung der Zahl, die „Achtheit" der „8", aus dem Bewusstsein des Kindes. Das Kind löst beispielsweise die Aufgabe „8 – 5" so: Es streckt einen Finger und sagt „sieben", einen zweiten Finger und sagt „sechs", zum dritten Finger sagt es „fünf", zum vierten „vier", zum fünften Finger „drei" und erklärt diese Drei zum Ergebnis. Von diesem Vorgang bleibt kein Bild, das die „8" als Achtheit, die „5" als einen Teil der Acht und den verbleibenden Teil der Acht zeigt.

Es gibt Kinder, die lange Zeit nicht in der Lage sind, die Zahl als Symbol für eine Quantität zu konstruieren. Wenn sie nach dem Abzählen einer Menge sagen „es sind acht", meinen sie sinngemäß „ich habe von eins bis acht gezählt" oder „bis acht bin ich gekommen". „Acht" ist dann aber keine Zusammenfassung des ganzen Zählvorgangs, sie trägt keine Achtheit in sich. Ein Beispiel: Greta sollte 10 € geben. Sie legte neun Eurostücke hin, während sie von eins bis neun zählte, und fügte einen Zehneuroschein hinzu, als sie „zehn" sagte.

„10" ist für Greta „zehn Stück", sie gibt zehn Stücke. Aber das Symbol „10" enthält für sie nicht zehn Stücke, nicht alle Zahlen bis zur Zehn, es ist nur ein einzelnes Ding von den zehn Stücken. Gretas Lösung spiegelt eine Doppeldeutigkeit unserer Zahlen: Beim Abzählen bezeichnet „zehn" das zehnte abgezählte Ding. Zugleich aber kann „zehn" die ganze Menge bezeichnen, alle Dinge umfassen, die man mit den Wörtern „eins" bis „zehn" gezählt hat.

Strukturierte und nichtstrukturierte Darstellungen/Vorstellungen

Mit „strukturiert" ist zunächst gemeint, dass wir in der visuell-räumlichen Darstellung der Zahl Fünferportionen, Zehnergruppen oder andere Gruppen feststellen können. Das Interessante am Gesichtspunkt der Strukturierung ist aber, dass es nicht darauf ankommt, welche Struktur *wir* in der Zahldarstellung sehen, sondern *welche Struktur das Kind darin sieht*. Auf diese Unterscheidung sind wir zuerst durch einen Jungen aufmerksam geworden, der die Aufgabe „8 – 5" folgendermaßen löste: Er zeigte spontan das Fingerbild der Acht und knickte dann – beim achten Finger beginnend – sukzessive fünf Finger weg, bis „die ersten drei Finger" übrig blieben. Wir wunderten uns, wieso er nicht einfach die volle Hand

---

[5] siehe Abschnitt 7.

wegklappte. Wir überlegten uns: Er sieht das Bild nicht wie wir „acht Finger sind fünf Finger und drei Finger" oder „im Achter ist ein Fünfer und ein Dreier." Er behandelt das Fingerbild so, als stehe auf jedem Finger eine Zahl geschrieben, nämlich die Zahl, die er früher ausgesprochen hat, als er das Bild zählend, die Finger nacheinander streckend, hergestellt hat. Die Finger sind für ihn eine Art Zahlenkette von eins bis acht. Und die Minusaufgabe bedeutet für ihn: Ich muss bei der Acht anfangen und dann nacheinander fünf Finger wegnehmen.

Wenn Kinder die im Unterricht der zweiten Klasse oft als Anschauungsmittel verwendete Hundert-Zahlen-Tafel aufschreiben, wechseln manche nicht nach der Zahl „10" in eine neue Zeile, sondern schreiben die erste Zeile voll. Fragt man sie, ob alle diese Zahlen in ihrer Hundertertafel in der ersten Zeile stehen, so verneinen sie und korrigieren ihre Darstellung. Sie können die Struktur der Hundertertafel also wiedergeben, aber diese Struktur hat für sie noch keine Bedeutung. Aus ihrer Sicht könnten in der ersten Zeile ebenso gut die Zahlen bis 14 stehen.

Vorstellungen von Zahlen sind mehr oder weniger „verinnerlicht"

Das Fingerbild der Acht kann spontan gezeigt werden oder es muss noch zählend hergestellt werden. Kann das Bild spontan gezeigt oder auch beschrieben werden, muss es in einer bestimmten Phase der Entwicklung doch konkret hergestellt werden, wenn das Kind sich etwas zu der Zahl überlegen, etwas abtrennen oder hinzufügen oder Portionen bilden will.

Die volle Bedeutung der Strukturierung der Zahlvorstellung erweist sich erst, wenn man sich den *Zahlbeziehungen*, dem Wissen über die Beziehungen zwischen zwei oder drei Zahlen, zuwendet:

– „7 ist eins mehr als 6": die quantitative Bedeutung der Nachbarschaft von Zahlen
– „8 sind 5 und 3": die Zerlegbarkeit der Zahl, die Beziehung zwischen der Zahl und zwei (Teil-)Zahlen
– Die Beziehungen zur „5" und zur „10" als wichtige spezielle Beziehungen: „7 ist 5 und 2", „14 ist 10 und 4"
– Größer-kleiner-Beziehung

Diese Zahlbeziehungen müssen vom Kind aus den Strukturen der Zahldarstellungen und -vorstellungen herausgearbeitet werden. Je nach Qualität und Art der Zahldarstellungen und Zahlvorstellungen muss das Kind eine andere Arbeit leisten.

Bei der Untersuchung rechenschwacher Kinder stellt man häufig fest, dass sie sich bei der Herstellung von Beziehungen zwischen Zahlen ausschließlich auf die Zahlreihe stützen. Zahlen sind für sie nur durch Zählschritte aufeinander bezogen. Gestützt auf eine „verinnerlichte" Zahlreihe, d. h. man kann von jeder Zahl ausgehend vorwärts oder rückwärts zählen, kann man eine ganze Reihe von Aufgaben lösen. Man kann Zahlen miteinander vergleichen, man kann Plus- und Minusaufgaben lösen und anderes mehr. Es ist aber schwierig, die Teil-Teil-Ganzes-Beziehung zwischen drei Zahlen oder die Zerlegbarkeit der Zahlen herauszuarbeiten, beispielsweise, dass „8" aus „5 und 3" zusammengesetzt ist.

Jede der folgenden Rechenaufgaben lässt sich auf der Grundlage der Einsicht „8 sind 5 und 3" unmittelbar lösen:

3 + 5 =   5 + 3 =   8 − 5 =
8 − 3 =   5 + ☐ = 8   8 − ☐ = 3
3 + ☐ = 8   8 − ☐ = 5

Löst man diese Aufgaben auf der Grundlage der Zahlreihe, ergibt sich bei jeder dieser Aufgaben ein anderes „Bild".

Verknüpft man dagegen die Zahlen zunächst mit *quantitativen Mustern*, beispielsweise durch Darstellungen in Zehnerrahmen, kann man die Zerlegungen der Zahlen oder ihre Teil-Teil-Ganzes-Beziehungen daran herausarbeiten.

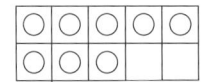

Nachdem ein solches Zahlbild vom Kind ausreichend lange (in Verbindung mit Zahlen) zerlegt und zusammengesetzt wurde, verfügt es über *eine einzige* Grundlage, auf der es die oben genannten Rechenaufgaben alle lösen kann.

5. Zahlverständnis: Diagnostische Aufgabenstellungen für den Zahlenraum bis 20

Zahlvorstellungen und die Art ihrer Verfügbarkeit beim Kind

Aufgabe 1

Eine Menge, die nicht gezählt wurde (beispielsweise acht oder 13 Elemente), wird vorgelegt: „Lege diese Plättchen so, dass du leicht sehen kannst, wie viele es sind, ohne dass du alle abzählen musst."
„Warum kannst du so leicht sehen, wie viele es sind?"

Wir beobachten dabei:

– Welche spontane Gliederung nimmt das Kind vor?
– Zählt es die Plättchen ab und versucht, die entsprechenden Ziffern mit den Plättchen nachzulegen?
– Stellt es Fünfergruppen (oder eine andere Gruppe) her?
– Wie begründet es, dass man die Anzahl am Muster leicht ablesen kann?
– Findet das Kind Varianten und kann ihre Vor- und Nachteile reflektieren?

Aufgabe 2

„Welche Zahlen kannst du mit deinen Fingern zeigen?"
„Kannst du auch die Zahl ... mit deinen Fingern zeigen?"
„Kannst du die Zahl auch anders zeigen? Wie?"
„Darf man Sechs auch so zeigen (drei Finger an einer Hand, drei an der anderen)? Warum?"
„Kann man auch Zahlen größer als zehn mit den Händen zeigen? Wie kann man das machen?"
„Wie viele Finger zeige ich?"
„Wie viele muss ich noch strecken, damit es zehn Finger sind?"
„Wie viele musst du noch zeigen, damit es zusammen 14 Finger sind?"

Wir beobachten dabei:

– Werden die Fingerbilder simultan oder sukzessiv hergestellt, d. h. zeigt das Kind das ganze Fingerbild sofort oder stellt es das Bild her, indem es Finger nacheinander streckt, während es dazu zählt?
– Akzeptiert es Nicht-Standard-Fingerbilder als Zahldarstellungen? Das heißt: Behandelt es die Fingerbilder als starre Muster oder als Zusammensetzung aus einer bestimmten Zahl von Elementen?

Aufgabe 3
Mehrere Würfelbild-Kärtchen von eins bis fünf liegen vor.
„Lege mit diesen Kärtchen ein Muster, das vier (7, 9, 13, 17) Punkte hat."
„Kannst du das Muster noch auf andere Weise legen?"

Beobachtungshinweise: Welche Bausteine verwendet das Kind? Kann es Zahlbilder mit Bezug auf „5" und „10" spontan zusammensetzen? Wann muss es zählen?

Eins mehr/eins weniger
Nicht jedes Kind, das von jeder beliebigen Zahl kleiner als zehn weiterzählen kann, weiß, dass „eins mehr als sechs" der Sieben entspricht. Dass also die Nachbarzahlen in einer Beziehung von „eins mehr" bzw. „eins weniger" zueinander stehen. Auf Grundlage dieser Einsicht kann das Kind dann Rechenstrategien verstehen, bei denen die Nachbarschaft ausgenutzt wird: bei der Ableitung von „6 + 7" aus „6 + 6", oder die Ableitung von „9 + 7" aus „10 + 7".

Erste Aufgabenvariante:
„Wie heißt die Zahl, die um eins größer ist als sechs?"
„Drei und drei sind? Weißt du auch, wie viel vier und drei sind?"

Zweite Variante:
„A hat sechs Buntstifte, B hat einen mehr (einen weniger): Wie viele hat B?"
„A hat sechs Buntstifte und B hat sieben. Wer von beiden hat mehr?" „Wie viele hat B mehr als A?"

Dritte Variante:
„Wie viele Plättchen brauchst du, um dieses Muster zu machen?   O O O
                                                                 O O O

„Wie viele brauchst du, um dieses Muster zu machen?" O O O O
                                                       O O O

Die Zahlen „5" und „10" als Teil einer Zahl
Viele der uns vorgestellten Kinder lösten die Aufgabe „13 – 10", indem sie von „13" zehn Schritte rückwärts zählten. Zu unserem Erstaunen taten sie es auch dann, wenn sie zuvor ein gut gegliedertes Bild aus 13 Plättchen gelegt hatten, beispielsweise zwei Würfelfünfen und eine Würfeldrei. Die Kinder nutzten also die Gliederung der Menge nicht. Sie behandelten das Muster so, als hätten sie nichts anderes als die Zahlreihe vor sich.
Die folgenden Aufgaben sollen untersuchen, ob das Kind ein solches Zahlbild für eine Lösung einer Aufgabe nutzen kann, indem es eine Teil-Teil-Ganzes-Analyse des Bildes in Beziehung setzt zur Aufgabe.

Aufgabe 1
Ausgehend von einer gegliederten Zahldarstellung aus einzelnen Plättchen fragt die Untersucherin:
O O   O O   O
 O   O   O
O O   O O   O
„Wenn du zehn (fünf, acht) davon wegnimmst, wie viele Plättchen liegen dann noch da?"[6]

---

[6] Wenn das Kind eine andere strukturierte Zahldarstellung gewählt hat, die keine Fünfergliederung aufweist, stellt man eine Aufgabe, die sich auf die vom Kind gewählte Struktur stützt. So legte ein Mädchen die 13 als folgendes Muster und begründete es durch „6 und 6 ist 12 und 1 ist 13".   O O O O
   O O O O
   O O O O
  O
Wir fragten: Wie viele bleiben zurück, wenn du sechs davon wegnimmst?

Aufgabe 2

Zu einer ähnlichen Darstellung einer anderen Zahl, beispielsweise „16", legt man *schriftlich* eine Reihe von Rechenaufgaben vor:
16 – 6, 10 + 6, 16 – 10, 5 + 11.
„Rechne diese Aufgaben. Wenn du das Ergebnis nicht weißt, kannst du das Bild zu Hilfe nehmen."

Aufgabe 3

Kann das Kind die folgenden Textaufgaben (mündlich gestellt) aufgrund seines Wissens über die Zusammensetzung der Zahl spontan lösen?
– „Tom hat 17 Bonbons. In einer Tasche hat er zehn davon, wie viele sind in der anderen Tasche?"
– „Lisa hat zehn Bonbons in einer Tasche, in der anderen hat sie sechs. Wie viele hat sie zusammen?"
– „Tom hat 19 Bonbons. Er gibt zehn davon einem Freund. Wie viele hat er dann noch?"
– „Lisa hat noch vier Bonbons. Gestern Abend hatte sie 14. Wie viele hat sie gegessen oder verschenkt?"

6. Zahlverständnis – diagnostische Aufgaben für den Zahlenraum 100

Die meisten der uns vorgestellten Kinder kannten Einerwürfel, Zehnerstangen und Hunderterquadrate der Zehnersystemblöcke. Sie konnten sie benennen und ihre Namen erklären. Sie konnten außerdem Zahlen in Darstellungen mit diesem Material übersetzen und umgekehrt.

Zu unserer Überraschung wussten aber viele nicht, wie viele Schachteln, die jeweils zehn Steinen Platz bieten, von 46 Steinen gefüllt würden. Auch bei der Frage, wie viele Steine es sind, wenn man auf einmal zehn dazutut, mussten sie passen. Sollten sie herausfinden, wie viele Perlen noch besorgt werden müssen, damit aus 14 Perlen 24 werden, zählten sie von 15 bis 24 und hielten die Schritte mit ihren Fingern fest. So fanden sie die Zehn.

Durch diese Beobachtungen wurde unser Interesse darauf gelenkt, zu untersuchen, ob das Kind über folgende Einsichten verfügt: „24 sind 20 und 4"; „24 sind 10 und 10 und 4"; „24 sind 10 mehr als 14", „von 24 bis 30 fehlen 6".

Wir halten folgende Betrachtungen für hilfreich: Eine zweistellige Zahl, z. B. die Zahl 24, ist für viele Kinder anfangs aus einzelnen Einerschritten oder aus einzelnen Elementen zusammengesetzt, so wie wenn man 24 Dinge abzählt. Sprech- und Schreibweise der Zahl analysieren sie nicht. Die Ziffern der 24 haben keine quantitative Bedeutung, nur insgesamt bedeutet 24 „so viele, wie man von 1 bis 24 zählen kann". Dieses Verständnis müssen die Kinder in Verbindung bringen mit der Idee: Es sind „10 und 10 und 4". Diese Einsicht wird unterstützt durch Zahldarstellungen mit Zehnerbündeln und Einzelnen. Die geschilderten Beobachtungen zeigen, dass dieses Konzept noch nicht erarbeitet ist, wenn das Kind gelernt hat, die Zahl 24 durch zwei Zehnerstangen und vier einzelne Würfel darzustellen.

Wir gehen fünf Fragen nach:

1. Kann das Kind eine Anzahl, die es abgezählt hat, gedanklich in Zehnergruppen und Einzelne gliedern?

Das Kind nimmt eine Menge von Objekten mit einer oder zwei Händen aus einem Behälter. Bei uns sind es Halbedelsteine mit einem Durchmesser von maximal einem Zentimeter. Es sollte nicht mehr als 50 Elemente auf diese Weise ergreifen können. Es soll die Anzahl schätzen, die Schätzung anschließend überprüfen. Wir achten darauf, ob das Kind beim Abzählen die Objekte spontan in Portionen gliedert. Wir bitten das Kind, die beim Abzählen erhaltene Anzahl aufzuschreiben. „Das sind also 36 Steine. Schreibe die Zahl bitte hier auf."
„Hier sind Schachteln, in denen man die Edelsteine aufbewahren kann. Wie viele Steine passen in die Schachtel, wenn man auf jeden Platz genau einen Stein legt, damit man sie gut anschauen kann?"
„Zehn Steine passen also in eine solche Schachtel. Wenn du die 36 Steine in solche Schachteln verteilen würdest, wie viele Schachteln würden dann ganz voll?"
„Wie viele Steine wären in der letzten Schachtel?"
Wenn das Kind eine falsche Antwort gibt: „Wir wollen mal eine Schachtel voll machen."
Anschließend: „Was meinst du, wie viele Schachteln brauchen wir für alle 36 Steine?"
„Wenn du 68 Steine hättest, wie viele Schachteln würdest du dann brauchen?"

Wir beobachten dabei:

– richtige Antwort erfolgt spontan
– Es zählt „10, 20, 30 (drei Schachteln werden voll), 31, 32, 33, 34, 35, 36" – dabei streckt es jeweils einen Finger – , „in der vierten Schachtel sind noch sechs". Dieses Kind versteht die Zehnerschritte schon als Abkürzung für zehn einzelne Schritte. Es weiß noch nicht, dass 30 aus drei Zehnern und 36 aus „30 und 6" zusammengesetzt ist.
– Das Kind kann nach dem Füllen einer Schachtel das Problem lösen.
– Es findet auch dann keinen Weg: Wir verteilen dann alle Steine in Schachteln und beobachten, welche Schlussfolgerungen es zieht.

2. Kann es Zahlen durch Zehnerbündel und Einzelne darstellen? Kann es im Voraus sagen, wie viele es jeweils nehmen wird?

3. Kann es solche Zahldarstellungen in Zahlen übersetzen? Wie geht es dabei vor?

Günstig ist es, die Zehnerportionen mit dem Kind zusammen herzustellen. Die Untersucherin sollte die Zehnerportionen dabei nicht „Zehner" nennen. Außer den Portionen liegt noch eine größere Menge einzelner Elemente bereit.
Die Untersucherin bittet das Kind, beispielsweise 35 Steine zu geben. Sie beobachtet, ob das Kind nur Einzelelemente verwendet oder auch Portionen und wie es damit umgeht. Ist die Herstellung durch Zählen begleitet („10, 20, 30, 31, 32, 33, 34, 35")?
Um zu überprüfen, ob das Kind im Voraus sagen kann, wie viele Zehnerportionen und Einzelne es nehmen wird, bitten wir das Kind, sich vorzustellen, wie es eine konkrete Anzahl hinlegen würde: „Wie viele Säckchen (oder Schachteln) würdest du nehmen, wie viele Einzelne noch dazulegen?"[7]

---

[7] Sinnvoll sind auch die Fragen zum Größenvergleich der durch Zehnerbündel dargestellten Zahlen.

Zur Untersuchung der dritten Frage stellt man eine Zahl mit dem vorbereiteten Material dar und bittet das Kind festzustellen, wie viele Steine dies sind.

4. Welche Beziehungen zwischen Zehnern und Einern realisiert es im Umgang mit Zahldarstellungen?

Bei den folgenden Aufgaben ist vorausgesetzt, dass die Zahlen unter Verwendung von Zehnerportionen und Einzelnen dargestellt wurden, d. h. 58 Steine durch fünf Schachteln/Säckchen mit je zehn Steinen und acht einzelne Steine.

Aufgabe 1

„Du hast 58 Steine richtig hingelegt. Jetzt nimm zehn Steine davon weg."
Verwendet das Kind bei der Aufforderung, „zehn Steine" wegzunehmen, ein Bündel, das heißt: Übersetzt es „zehn Steine" in „ein Bündel"?

Aufgabe 2

„Lege so viele Steine dazu, dass aus den 58 Steinen 78 werden."
„Wie viele hast du zu den 58 dazugeben müssen, um die 78 zu machen?"
Wie verwandelt das Kind „58" in „68" oder „78"? Fügt es Bündel hinzu oder Einzelobjekte? Das heißt: Kann es über Zahlen als Verbindung von Zehnern und Einern nachdenken, wenn die Zahlen durch Bündel und Einzelne dargestellt sind?
Oder bringt es zum Ausdruck, dass es „58" mit „78" nur auf dem Weg „59, 60, 61 usw." verbinden kann?

Aufgabe 3

„Mache aus den 58 Steinen 40 Steine und sage mir nachher, wie viele du hast wegnehmen müssen?"
Erkennt das Kind die Zahl „40" als Teil seiner Darstellung der „58"? Löst es die „40" aus der „58" heraus? Und wie bestimmt es die Differenz?
Das Kind kann bei diesen Aufgaben zeigen, in welchem Umfang es (unterstützt durch Zahldarstellungen mit Zehnerportionen und einzelnen Objekten) Zahlen durch diese beiden Einheiten strukturiert.
Es ist im Hinblick auf Fördermaßnahmen sehr wichtig, dass die Arbeit mit den Zahldarstellungen durch Zehnerbündel und Einzelne nicht verlassen wird, bevor das Kind diese Beziehungen herausgearbeitet hat. Dabei sollte das Kind nicht angeleitet werden, dass es „auch Zehner nehmen kann", um eine bestimmte Beziehung herzustellen. Es sollte selbst herausfinden, dass „ich auch die Schachteln nehmen kann, wenn ich 78 aus den 58 machen will".

5. Welche grundlegenden Beziehungen realisiert es spontan im Umgang mit Zahlen?

Aufgabe 1

Wir legen dem Kind folgende Rechenaufgaben vor:

84 + 10   47 – 10
84 + 3   47 – 5
84 + 13   47 – 15
70 – 6   40 + ☐ = 54
30 – 8   35 – ☐ = 20

Wir fragen, *wie* es das Ergebnis gefunden hat.

Aufgabe 2

Die folgende Aufgabenform wird dem Kind so erklärt:
„Du hast zwei und möchtest zehn haben: Wie viele musst du zufügen?" „Schreibe die Zahl auf den Pfeil."

$2 \rightarrow 10 \rightarrow 40 \rightarrow 100$
$10 \rightarrow 17 \rightarrow 27 \rightarrow 37$
$4 \rightarrow 14 \rightarrow 20 \rightarrow 45$
$10 \rightarrow 23 \rightarrow 43 \rightarrow 50 \rightarrow 56$

Aufgabe 3

Einige dieser Beziehungen werden in Textaufgaben eingekleidet, wie z. B.:
„Du hast 14 Perlen. Du möchtest ein Armband für dich machen. Dafür brauchst du 24 Perlen. Wie viele musst du noch besorgen?"

7. Andere Aspekte des mathematischen Verständnisses

Unter *Grundlagen des mathematischen Verständnisses* verstehen wir Fähigkeiten, die man von Schulanfängern erwartet und die notwendige Ausgangspunkte der schulischen Entwicklung bilden. Dazu zählen:

Das simultane Erfassen kleiner Mengen mit bis zu vier oder fünf Elementen

Kann das Kind kleine Mengen spontan unterscheiden und mit dem Zahlwort bezeichnen? Diese Fähigkeit gilt als grundlegend, weil sie der Keim einer Verknüpfung von Zahlwort und Menge ist, einem zentralen Aspekt der Zahlbedeutung. Zeigt das Kind hier Schwierigkeiten, kann man erwarten, dass dieser Abschnitt der Entwicklung seines mathematischen Verständnisses besonderer Fürsorge bedarf.[8]

Urteile über „mehr", „weniger", „gleichviel"

Weiß das Kind, dass eine Menge nur dann mehr (weniger) wird, wenn etwas hinzugefügt (weggenommen) wird? Kann es eine Folge von zwei Veränderungen erfassen und beurteilen, ob diese Veränderungen sich aufheben oder nicht?
Entsprechende Aufgaben können gestellt werden, nachdem die Menge gezählt wurde. Dann bekommt man Einblick, ob diese Urteilsfähigkeit schon auf Anzahlen übertragen wurde.[9]

Das Zählprinzip der Eins-zu-eins-Zuordnung und das Kardinalitätsprinzip

Nimmt das Kind beim Abzählen zum Feststellen einer Anzahl eine Eins-zu-eins-Zuordnung von Zahlwort und Element vor?[10]
Bezeichnet es die Anzahl einer Menge („wie viele es sind") mit dem letzten Zahlwort, das es beim Abzählen brauchte (Kardinalitätsprinzip)?

---

[8] von Glasersfeld (1987, 261–272): Die Simultanerfassung bedeutet noch keinen Zahlbegriff bis vier. Es handelt sich um eine Zuordnung von Muster zu Wort, ähnlich wie das Kind auch lernt, alle möglichen Tassen als „Tasse" zu bezeichnen.

[9] Sehr differenzierte Untersuchung dieser Denkprozesse bei Kutzer/Probst und in der Broschüre „Der aktuelle Lernstand Mathematik" vom saarländischen Ministerium für Bildung, Kultur und Wissenschaft, die in Zusammenarbeit mit Kutzer und Mitarbeiterinnen entstanden ist.

[10] Bemüht sich das Kind um eine Eins-zu-eins-Zuordnung, hat aber Schwierigkeiten visuo-motorischer Art, hat es das Prinzip erfasst.

Mit *Zahlverarbeitung* ist die Übersetzung zwischen Zahl und Zahlwort gemeint.[11] Diese Übersetzungsleistungen können erbracht werden, ohne dass die Zahlbedeutung berücksichtigt wird: Um „dreiundfünfzig" in 53 zu übersetzen oder umgekehrt, muss keine quantitative Vorstellung von 53 ins Spiel gebracht werden. Vertauscht ein Kind im Umgang mit zweistelligen Zahlen die Stellenwerte, sollte auch das Zahlverständnis geprüft werden. Es handelt sich in der Regel nicht nur um ein Problem der Zahlverarbeitung.

Mit *Zahlwortreihe* bezeichnen wir die sprachlichen Fähigkeiten, die benötigt werden, um die Reihe der Zahlwörter zu bilden und fortzusetzen.

Das *Operationsverständnis* verstehen wir als die Fähigkeit, ein mathematisches Problem von jeder der drei folgenden Darstellungsebenen in jede andere zu übersetzen:
– einer Sachsituation oder Textaufgabe;
– einer Rechenaufgabe;
– einer Darstellung der Aufgabe und ihrer Lösung mit konkreten Mengen und Veränderungen, bzw. einer zeichnerischen Abbildung einer solchen Aufgabe.

Das bedeutet unter anderem, das Kind soll zu einer Rechenaufgabe eine Rechengeschichte erfinden und die Aufgabe mit Plättchen darstellen.

Unter dem Blickwinkel des *Rechnens* gilt unsere Aufmerksamkeit den abrufbaren Fakten und den Rechenstrategien. Wir analysieren das Vorgehen des zählend rechnenden Kindes wie auch die nicht zählenden Rechenstrategien. Wir beachten, wie das Kind die Strategien auswählt und wie es sie erklärt und begründet. Die Rechenfertigkeiten sehen wir in einem engen Zusammenhang mit dem Zahlverständnis.

Die *Mathematisierung von Sachsituationen* stellt über das Operations- und Zahlverständnis hinaus Anforderungen an die sprachlich-logischen Fähigkeiten, an das Planen und Durchführen von mehreren Schritten, an die Rekonstruktion von zeitlichen Abläufen oder räumlichen Strukturen aus einer sprachlichen Problemstellung und anderes mehr. Man findet durchaus Kinder, die hier ein gutes Verständnis zeigen, jedoch das Rechnen nicht beherrschen und Lücken im Zahlverständnis zeigen.

Literaturhinweise

Gerster, H.-D., Schultz, R. (1998): Schwierigkeiten beim Erwerb mathematischer Konzepte im Anfangsunterricht. Bericht zum Forschungsprojekt Rechenschwäche – Erkennen, Beheben, Vorbeugen. Pädagogische Hochschule Freiburg, Institut für Mathematik und Informatik und ihre Didaktiken

Glasersfeld, E. von (1987): Wissen, Sprache und Wirklichkeit. Braunschweig: Vieweg

Diagnostische Instrumente

Amt für Schule, Hamburg (1991): Beobachtung des Lösungsweges beim Rechnen in der Grundschule. Handreichung zur Feststellung von Schwierigkeiten beim Rechnen

Kutzer, R., Probst, H. (o. J.): Strukturbezogene Aufgaben zur Prüfung mathematischer Einsichten, Teil 1 und 2 – nur zum internen Gebrauch

SAARLAND, Ministerium für Bildung, Kultur und Wissenschaft (Hrsg.) (1996): Der aktuelle Lernstand Mathematik. Diagnose und Fördermöglichkeiten. Saarbrücken

von Aster, M. (2001): Testverfahren zur Dyskalkulie (ZAREKI). Swets

Krajewski, K., Küspert, P., Schneider, W. (2002): Deutscher Mathematiktest für erste Klassen (DEMAT 1+). Göttingen: Beltz

---

[11] Aufgabenstellungen dazu findet man im ZAREKI (siehe 2.3.2, S. 78)

Zur Zahlenverarbeitung

von Aster, M. (1996): Die Störungen des Rechnens und der Zahlverarbeitung in der kindlichen Entwicklung. Habilitationsschrift. Medizinische Fakultät der Universität Zürich

Zu Textaufgaben

Stern, E. (1997): Erwerb mathematischer Kompetenzen: Ergebnisse aus dem SCHOLASTIK-Projekt. In: Weinert, F., Helmke, A. (Hrsg.): Entwicklung im Grundschulalter
(S. 157–170). Weinheim: Psychologie Verlags Union
Reusser, K. (1997): Erwerb mathematischer Kompetenzen: Literaturüberblick. In: Weinert, F., Helmke, A. (S. 141–155)

Zur Autorin:

Rita Schultz, Jahrgang 1956, erstes und zweites Staatsexamen für das Lehramt an Gymnasien (Mathematik, Deutsch), Diplom-Psychologin. Sie arbeitet an einer Erziehungsberatungsstelle sowie in freier Praxis mit Kindern und Jugendlichen mit Lernschwierigkeiten in Mathematik.

Anschrift:
Unterer Mühlenweg 33, 79114 Freiburg

2.3 Standardisierte Testverfahren

2.3.1 Überblick

Standardisierte Testverfahren informieren über eine Auswahl von Fähigkeiten, die zum Erlernen von Mathematik mehr oder weniger von Bedeutung sein können. Durch eine Standardisierung ermöglichen sie einen Vergleich der erreichten Ergebnisse mit einer Eichstichprobe. Ältere Normwerte, wobei hier kein „Verfallsdatum" gegeben werden kann, sind eher zurückhaltend zu interpretieren, da sich interindividuelle Leistungen im Verlauf der Jahre verändern können. Standardisierte Testverfahren dürfen nur von autorisierten Personen nach gründlicher Einarbeitung durchgeführt werden.

Bisher existieren nur wenige Verfahren, die aufgrund ihrer theoretischen Grundlegung beanspruchen, ausschließlich Untertests zur Überprüfung mathematischer Grundlagen anzubieten. Ein Gesamttestwert gibt lediglich Aufschluss über die Stellung eines Probanden innerhalb einer bestimmten Bezugsgruppe, liefert jedoch keine Anhaltspunkte für konkrete Fördermaßnahmen. Dazu ist es vielmehr erforderlich, eine Analyse der Lernvoraussetzungen des jeweiligen Kindes in einer jeweiligen Schule mit seinem jeweiligen familiären und sozialen Umfeld vorzunehmen. Untertestergebnisse in formellen Testverfahren geben einen Teilausschnitt der Stärken und Schwächen eines Kindes wieder. Die Bedeutung dieser Hinweise für die Förderung kann darin gesehen werden, diese im mathematischen Lernprozess besonders zu akzentuieren, sei es im Sinne der Erarbeitung oder Festigung von Lerninhalten oder auch kompensatorisch, indem das Kind durch Erfolg zur Mitarbeit motiviert wird. Wenig erfolgversprechend ist das isolierte Training einzelner Teilfähigkeiten.

Abhängig von der Ausgangslage und der Fragestellung kann besonders der Einsatz von Testverfahren zur Überprüfung der Motorik, der Wahrnehmung, der Kognition, der Schulleistungen und der Persönlichkeit Aufschluss über den Förderbedarf des Kindes beim Erlernen der Mathematik liefern.

Im Folgenden wird exemplarisch eine Reihe von Verfahren angeführt, die häufig Anwendung finden und Aufgabenstellungen enthalten, die im Bereich des Mathematiklernens eine Rolle spielen. Bei der Durchführung sollte auf die eingesetzten Lösungsstrategien geachtet werden, da diese wertvolle Hinweise zur Interpretation der Ergebnisse über den rein quantitativ ermittelten Wert hinaus liefern und damit zur Ableitung von Fördermaßnahmen beitragen.

Übersicht standardisierter Testverfahren zur diagnostischen Abklärung von Schwierigkeiten beim Erlernen der Mathematik

Testverfahren	Untertests
Adaptives Intelligenz – Diagnostikum 2 (AID 2)	Verbal-akustische Fähigkeiten: Alltagswissen, Angewandtes Rechnen, Unmittelbares Reproduzieren – numerisch (vorwärts, rückwärts), Synonyme finden, Funktionen abstrahieren, Soziales Erfassen und sachliches Reflektieren Manuell-visuelle Fähigkeiten: Realitätssicherheit, Soziale und sachliche Folgerichtigkeit, Kodieren und Assoziieren (Kodiermenge, Assoziationen), Antizipieren und Kombinieren – figural, Analysieren und Synthetisieren – abstrakt
Allgemeiner Schulleistungstest für 2., 3. und 4. Klassen (AST 2, AST 3, AST 4)	Spezifische Leistungen in den Fächern Deutsch und Mathematik (Zahlenrechnen, Textaufgaben)
Coloured Progressive Matrices (CPM) Standard Progressive Matrices (SPM)	Geometrische Muster oder Figuren ergänzen
Deutscher Mathematiktest für 1. Klassen (DEMAT 1+)	Mengen – Zahlen, Zahlenraum, Addition, Subtraktion, Zahlenzerlegung – Zahlenergänzung, Teil – Ganzes, Kettenaufgaben, Ungleichungen, Sachaufgaben
Diagnostikum: Basisfähigkeiten im Zahlenraum 0 bis 20 (DBZ 1)	Mündliche Addition und Subtraktion, Schriftliche Addition und Subtraktion, Zeichnerische Darstellung, Handelnde Darstellung
Frostigs Entwicklungstest der visuellen Wahrnehmung (FEW)	Symbole zuordnen, Labyrinthe durchfahren, Klassifizieren, Differenzieren, Matrizen ergänzen
Grundintelligenztest Skala 1 (CFT 1)	Substitutionen, Labyrinthe, Klassifikationen, Ähnlichkeiten, Matrizen (Gesamttestwert: Lösen und Erfassen nonverbaler Problemstellungen/Teil 1: Wahrnehmungsgeschwindigkeit, Wahrnehmungsumfang und Umfang der visuellen Aufmerksamkeit sowie visuo-motorischer Entwicklungsstand/Teil 2: Beziehungsstiftendes Denken, Erkennen von Regelhaftigkeiten und Gesetzmäßigkeiten)

Testverfahren	Untertests
Grundintelligenz Skala 2 (CFT 20) mit Wortschatztest (WS) und Zahlenfolgentest (ZF)	Reihen fortsetzen, Matrizen, Klassifikationen, Topologische Schlussfolgerungen
Hamburg-Wechsler-Intelligenztest für Kinder (HAWIK-III)	Verbalteil: Allgemeines Wissen, Gemeinsamkeitenfinden, Rechnerisches Denken, Wortschatztest, Allgemeines Verständnis Handlungsteil: Bilderergänzen, Zahlen-Symbol-Test, Bilderordnen, Mosaik-Test, Figurenlegen Zusatztests: Zahlennachsprechen, Symbolsuche, Labyrinth-Test
Kaufman-Assessment Battery for Children (K-ABC)	Skala Einzelheitlichen Denkens: Handbewegungen, Zahlen nachsprechen, Wortreihe Skala Ganzheitlichen Denkens: Zauberfenster, Wiedererkennen von Gesichtern, Gestaltschließen, Dreiecke, Bildhaftes Ergänzen, Räumliches Gedächtnis, Fotoserie Fertigkeitenskala: Wortschatz, Gesichter und Orte, Rechnen, Rätsel, Lesen/Verstehen Fakultativer Untertest: Lesen/Buchstabieren
Kognitiver Fähigkeitstest für 1. bis 3. Klassen (KFT 1–3)	Sprachverständnis, Beziehungserkennen, Schlussfolgerndes Denken, Rechnerisches Denken
Kognitiver Fähigkeitstest für 4. bis 12. Klassen, Revision (KFT 4–12 + R)	Neun Untertests verteilen sich auf die Fähigkeitsbereiche „sprachliches Denken (V)", „quantitative (numerische) Fähigkeiten" (Q) und „anschauungsgebundenes (figurales) Denken" (N).
Mathematiktest für 2. Klassen (MT 2)	Gegenstände klassifizieren und ordnen, Zahlen – Zahlen ordnen, Zahlenraum, Zahlenverständnis, Grundlegung der Zahlenoperationen, Addition, Subtraktion und Multiplikation
Osnabrücker Test zur Zahlbegriffsentwicklung (OTZ)	Vergleichen, Ordnen, Eins-zu-eins-Zuordnen, Nach Reihenfolge ordnen, Zahlwörter benutzen, Synchrones und verkürztes Zählen, Resultatives Zählen, Anwenden von Zahlenwissen

Testverfahren	Untertests
Prüfsystem für Schul- und Bildungsberatung für 4. bis 6. Klassen und für 6. bis 13. Klassen – revidierte Fassungen (PSB-R 4–6, PSB-R 6–13)	Allgemeinwissen, Zahlenreihen, Buchstabenreihen, Figurale Reihen, Wortflüssigkeit, Gliederungsfähigkeit, Raumvorstellung, Gemeinsamkeiten finden, Zahlenaddition, Zahlenvergleich
Testverfahren zur Dyskalkulie (ZAREKI)	Abzählen, Zählen rückwärts mündlich, Zahlenschreiben, Kopfrechnen (Additionen und Subtraktionen), Zahlenlesen, Anordnen von Zahlen auf einem Zahlenstrahl, Zahlenvergleich (Worte), Perzeptive Mengenbeurteilung, Kognitive (kontextuelle) Mengenbeurteilung, Textaufgaben, Zahlenvergleich (Ziffern)

Testverfahren	Autor(en)	Erscheinungsjahr	Altersbereich	Jahrgang	Dauer
Adaptives Intelligenz-Diagnostikum 2 (AID 2)	Kubinger K. D., Wurst E.	2001	6–15		30–70
Allgemeiner Schulleistungstest für 2. Klassen (AST 2)	Rieder O. (Hrsg.: Ingenkamp K.)	1991		2	80
Allgemeiner Schulleistungstest für 3. Klassen (AST 3)	Fippinger F. (Hrsg.: Ingenkamp K.)	1991		3	90
Allgemeiner Schulleistungstest für 4. Klassen (AST 4)	Fippinger F. (Hrsg.: Ingenkamp K.)	1992		4	90
Coloured Progressive Matrices (CPM)	Raven J. C.	2002[3]	4–11		20–30
Standard Progressive Matrices (SPM)	Raven J. C. (Dt.: Heller K. A., Kratzmeier H., Lengfelder A.)	1998	6–18		45
Deutscher Mathematiktest für 1. Klassen (DEMAT 1+)	Krajewski K., Küspert P., Schneider W.	2002		Ende 1 bis Anfang 2	20–35

Testverfahren	Autor(en)	Erscheinungsjahr	Altersbereich	Jahrgang	Dauer
Diagnostikum: Basisfähigkeiten im Zahlenraum 0 bis 20 (DBZ 1)	Wagner H.-J., Born C.	1994		1 bis Mitte 2	je 10–20
Frostigs Entwicklungstest der visuellen Wahrnehmung (FEW)	Frostig M. (Dt.: Lockowandt O.)	2000[9]	4–9		35–45
Grundintelligenztest Skala 1 (CFT 1)	Cattell R. B., Weiß R. H., Osterland J.	1997[5]	5–9		30
Grundintelligenztest Skala 2 (CFT 20) mit Wortschatz-Test (WS) und Zahlenfolgen-Test (ZF)	Weiß R. H.	1997[4]	8–18		45–75
Hamburg-Wechsler-Intelligenztest für Kinder (HAWIK-III)	Tewes U., Rossmann P., Schallberger U. (Hrsg.)	2000	6–16		60–90
Kaufman-Assessment Battery for Children (K-ABC)	Kaufman A. S., Kaufman N. L. (Dt.: Melchers P., Preuß U.)	1994[3]	2–12		90
Kognitiver Fähigkeitstest für 1. bis 3. Klassen (KFT 1–3)	Heller K., Geisler H. J.	1983		1–3	45–60
Kognitiver Fähigkeitstest für 4. bis 12. Klassen, Revision (KFT 4–12 + R)	Heller K. A. Perleth C.	2000		4–12	150
Mathematiktest für 2. Klassen (MT 2)	Feller G., Hugow K. (Hrsg.: Ingenkamp K.)	1992[2]		2	90
Osnabrücker Test zur Zahlbegriffsentwicklung (OTZ)	van Luit J. E. H., van de Rijt B. A. M., Hasemann K.	2001	5–7		25

Testverfahren	Autor(en)	Erscheinungsjahr	Altersbereich	Jahrgang	Dauer
Prüfsystem für Schul- und Bildungsberatung für 4. bis 6. Klassen – revidierte Fassung (PSB-R 4–6)	Horn W. (Neubearbeitung von Lukesch H., Korman A. und Mayrhofer S.)	2002		4–6	45
Prüfsystem für Schul- und Bildungsberatung für 6. bis 13. Klassen – revidierte Fassung (PSB-R 6–13)	Horn W. (Neubearbeitung von Lukesch H., Korman A. und Mayrhofer S.)	2002		6–13	45
Testverfahren zur Dyskalkulie (ZAREKI)	von Aster M.	2001		2–4	15–30

2.3.2 Testverfahren zur Dyskalkulie (ZAREKI)

Autor: Michael von Aster (unter Mitwirkung von M. Weinhold)
Erscheinungsjahr: 2001
Preis: komplett 91,– EUR
Altersbereich: 90 bis 132 Monate

Testaufbau:

Erkenntnisse der modernen kognitiven Entwicklungsneuropsychologie bilden das Fundament des vorliegenden Verfahrens (insbesondere das „Triple-Code-Model" nach Dehaene, 1992, sowie die Theorie der „Minimalen kognitiven Architektur" nach Anderson, 1992).
Als theoretisches Modell für die Entwicklung der aus elf Subtests bestehenden ZAREKI diente die von Deloche (1995) entwickelte Akalkuliebatterie für Erwachsene.
Ziel ist, mit diesem Testverfahren qualitative und quantitative Einblicke in wesentliche Aspekte der Zahlenverarbeitung und des Rechnens bei Grundschulkindern zu ermöglichen.
Die Testbatterie ist als Individualverfahren in einer Papier-Bleistiftform konstruiert. Die Aufgaben werden nach vorgegebenen Testinstruktionen mündlich bzw. mittels Testvorlagen präsentiert und sind von den Kindern durch motorische, mündliche oder schriftliche (Antwortbögen) Reaktionen zu beantworten.
Es besteht kein Zeitlimit; die Testdurchführung dauert im Durchschnitt zwischen 15 und 30 Minuten, wobei jüngere Kinder mehr und ältere Kinder weniger Zeit zur Bearbeitung benötigen.
Die Eichstichprobe umfasst 238 Grundschüler der Klassen zwei bis vier des Kanton Zürichs, die in drei Altersgruppen aufgeteilt wurden. Die klinische Stichprobe beträgt 40 Kinder.
Jeder Subtest prüft einen möglichst umschriebenen Fertigkeitenbereich. Die Mehrzahl der Subtests wurde so konstruiert, dass sie zudem mit ihren einzelnen Items (Anzahl der Items liegt zwischen eins und zwölf) qualitativ unterschiedliche Schwierigkeiten abdecken.

Beschreibung der Subtests:

1 Abzählen
Vier Elemente abzählen (Anzahl von 8 bis 18)
→ 1. Beherrschen der verbalen Sequenz; 2. Herstellen einer Eins-zu-eins-Beziehung zwischen verbaler und Zeigesequenz; 3. jeder Punkt entspricht einem Zahlwort; 4. Ziffernform

2 Zählen rückwärts mündlich
Rückwärtszählsequenz von 22 bis 1
→ Aufbau eines gegliederten Vorstellungsbildes von einem Zahlenstrahl in umgekehrter Richtung

3 Zahlenschreiben
Sechs gesprochene Zahlen (14, 38, 1.200, 503, 169, 4.658) in Ziffern aufschreiben
→ Transkodieren in die arabische Ziffernform

4 Kopfrechnen (Additionen und Subtraktionen)
Sechs Additionen (5 + 8, 12 + 6, 4 + 13, 9 + 7, 15 + 12, 13 + 19) und sechs Subtraktionen (17 − 5, 14 − 6, 24 − 17, 19 − 6, 15 − 9, 25 − 12) im Kopf lösen
→ Prüfung einfacher Rechenoperationen

5 Zahlenlesen
Sechs in Ziffernform präsentierte Zahlen (15, 57, 1.900, 305, 138, 6.485) laut lesen
→ Transkodieren in die Wortform

6 Anordnen von Zahlen auf einem Zahlenstrahl
Fünf Ziffern einer von vier zwischen 0 und 100 liegenden Markierungen zuordnen (86, 48, 32, 5, 62)
→ Prüfung des analogen Zahlenverständnisses durch das Zuordnen von Zahlen zu einer räumlich analogen Position

7 Zahlenvergleich (Worte)
Acht Aufgaben dazu, die größere von zwei mündlich präsentierten Zahlen über eine einfache motorische Antwortreaktion bestimmen (49/51, 546/465, 2.009/2.090, 800/108, 389/612, 34.601/9.678, 46/64, 186/322)
→ Verständnis der Bedeutung von Zahlen im Hinblick auf ihre Größenbeziehungen

8 Perzeptive Mengenbeurteilung
Zwei Anzahlen von Gegenständen (57 Bälle, 89 Becher) in unstrukturierter Anordnung angeben
→ Weg der visuellen Aufnahme des Zahlverständnisses im Sinne eines Schätzvorgangs

9 Kognitive (kontextuelle) Mengenbeurteilung
Sieben durch Zahlwort benannte Mengen im Hinblick auf einen spezifischen situativen Kontext als „viel", „mittel" oder „wenig" beurteilen (zwei Wolken am Himmel, acht Lampen in einem Zimmer, zwei Kinder in einer Familie, zehn Blätter an einem Baum, vier Lehrer in einem Klassenraum, zwölf Zuschauer in einem Fußballstadion, fünfzehn Wörter in einem Lesebuch)
→ Bedeutung einer Zahl im Hinblick auf den Kontext vom abstrakten numerischen Wert relativieren

10 Textaufgaben
Vier vorgelesene Textaufgaben lösen („Peter hat 12 Murmeln. Er gibt 5 Murmeln seiner Freundin Anne. Wie viele Murmeln behält er übrig?")
→ Anwenden mathematischer Prinzipien auf situative Modelle

11 Zahlenvergleich (Ziffern)
Acht Zahlenpaare in Ziffernform (13/31, 79/81, 1.007/1.070, 511/298, 654/546, 9.768/35.201, 96/69, 201/102) vergleichen
→ Verständnis der Bedeutung von Zahlen im Hinblick auf ihre Größenbeziehungen

Auswertung:
- Prozentrang-Tabellen mit kritischen Bereichen für jeden Subtest und den Gesamttest
- Prozentränge für drei Indizes:
    1. Kulturvermitteltes Zahlenwissen
    2. Rechnen
    3. Visuell-analoge Zahlenrepräsentanz
- Bestimmung des kritischen Cut-Off-Wertes anhand der Regressionsgeraden
- Angabe von Kriterien, bei deren Vorliegen die Diagnose einer Dyskalkulie gerechtfertigt erscheint

2.3.3 Bemerkungen zum Osnabrücker Test zur Zahlbegriffsentwicklung (OTZ)

Neben formellen Tests zur allgemeinen kognitiven Intelligenz gibt es einige Tests, die ausschließlich mathematische Inhalte überprüfen. Meist beziehen sich diese Verfahren auf bestimmte Schuljahre oder einzelne Themenbereiche. Inwieweit diese Tests im Zusammenhang mit Rechenstörungen Auskunft geben über spezielle mathematische Fähigkeiten und Fertigkeiten sowie individuelle Schwierigkeiten kann hier nicht näher beurteilt werden. Wenn man jedoch den schon lange Zeit vor der Einschulung beginnenden Erwerb mathematischer Fähigkeiten und Fertigkeiten als Fundament für gelingende oder nicht gelingende Lernprozesse im Mathematikunterricht ansieht, kann der *Osnabrücker Test zur Zahlbegriffsentwicklung (OTZ)* Hinweise zur Klassifizierung von Rechenstörungen geben. Vermutungen über vorschulische Strategien wurden besonders geprägt durch die Untersuchungen Piagets, mit der Folge, dass wesentliche Teile des Anfangsunterrichts auf die Entwicklung des Zahlbegriffs ausgerichtet sind. Insbesondere im Mathematikunterricht der Sonderschule – also der „klassischen Einordnung rechenschwacher Schüler" – nehmen die Einsicht in Klassifikation, Invarianz und Seriation sowie die Konzepte „Kardinalzahl" und „Ordinalzahl" einen großen Stellenwert ein. Dass diese Kompetenzen zwar wichtig und notwendig sind, hat Zur Oeveste (1987) in an die Piaget'schen Arbeiten angelehnten eigenen Untersuchungen nachgewiesen. Jedoch kommt er zu dem Schluss, dass sich diese Inhalte nicht notwendig in der von Piaget angegebenen Reihenfolge, sondern durchaus individuell verschieden entwickeln können.

Ganz andere vorschulische Fähigkeiten in den Bereichen mathematische Vorerfahrungen inklusive zuviel ausgefeilter Zählstrategien, die im schulischen Anfangsunterricht kaum aufgegriffen werden, sind in den letzten 20 bis 30 Jahren wiederholt nachgewiesen worden (Schmidt; Schmidt, Weiser; Schipper; Selter; Grassmann).

Der Vorgänger des OTZ wurde als UGT (Utrechtse Getalbegrip Toets) in den Niederlanden an der Universität Utrecht entwickelt und erprobt. Der Test bezieht sich auf die frühe mathematische Kompetenz fünf- bis siebenjähriger Kinder, die in ihrer ganzen Breite erhoben werden soll. So wurden die acht Grundbereiche des Tests in Anlehnung an Piaget, Fuson und Gelman/Gallistel entwickelt. Ziel des Tests ist es nicht, eine Rechenstörung zu diagnostizieren und einzuordnen. Aber er ist dazu geeignet, Kinder zu identifizieren, bei denen die Zahlbegriffsentwicklung in bestimmten Bereichen relativ zu der ihrer Altersgenossen verzögert ist.

Angelegt ist dieser Test für Kinder im vorschulischen Bereich. Bei der Überprüfung des Tests hat sich gezeigt, dass mit den Aufgaben erhebliche Unterschiede in den Leistungen bei bestimmten Altersgruppen gemessen werden können. Für altersgemäß entwickelte Kinder im Schulanfangsalter ist der Test bereits zu leicht. Kinder, die zu Schulbeginn jedoch eine unterdurchschnittliche Zahlbegriffsentwicklung aufweisen, lassen sich mit diesem Test auch im Hinblick auf mögliche Rechenstörungen und Ursachenfaktoren für diese Rechenstörungen untersuchen.

Zum Aufbau

Der Test besteht aus zwei Versionen mit jeweils 40 Aufgaben (Testform A und Testform B). Diese 40 Aufgaben jeder Testform sind in acht Kompetenzbereiche des frühen Zahlbegriffs zu je fünf Aufgaben eingeteilt. Diese Aufgaben werden den zu überprüfenden Kindern mündlich gestellt. Zu vielen Aufgaben gibt es Bildkarten, anhand derer z. B. eine Auswahl getroffen werden soll oder in anderer Art eine Lösung verdeutlicht wird. Einige Aufgaben werden mithilfe von Holzwürfeln bearbeitet. Jede der 40 Aufgaben wird nach Bearbeitung mit „korrekt gelöst" oder „nicht gelöst" bewertet.

Vier dieser Bereiche orientieren sich an klassischen Versuchen Piagets zum logischen Denken. Hierunter fällt als ein wesentlicher Aspekt des frühen Zahlbegriffs: die Invarianz der Menge. Die ersten vier Bereiche beinhalten Aufgaben zu den Stichworten *Qualitatives Vergleichen, Klassifizieren, Eins-zu-eins-Zuordnungen herstellen und Reihenfolgen erkennen.* Angesprochen werden die Piaget'schen Operationen *Klassifikation, Invarianz, Korrespondenz und Seriation.*

Darüber hinaus gibt es jedoch Kompetenzen im Bereich des frühen Zählens zu beachten, denen durch drei weitere Bereiche Rechnung getragen wird. In den Komponenten *Zahlwörter gebrauchen, Zählen mit Zeigen, Zählen ohne Zeigen* sollen Kompetenzen überprüft werden, die bei den Piaget'schen Operationen nur am Rande eine Rolle spielen.

Den Abschluss bildet ein Bereich zum *einfachen Rechnen*.

Neben der Beschreibung der einzelnen Teiltests geben die Autoren Hinweise auf Beobachtungsmöglichkeiten, die über die reine Testauswertung hinausgehen. Auf diese Weise ist es möglich, mithilfe des strukturierten Tests bestimmte Bereiche näher zu betrachten und daraus Schlüsse über das individuelle Vorgehen bei der Lösung der Aufgaben zu ziehen. Im Hinblick auf die Planung einer Förderung können somit wertvolle Hinweise gewonnen werden.

Zu den einzelnen Bereichen

Vergleichen

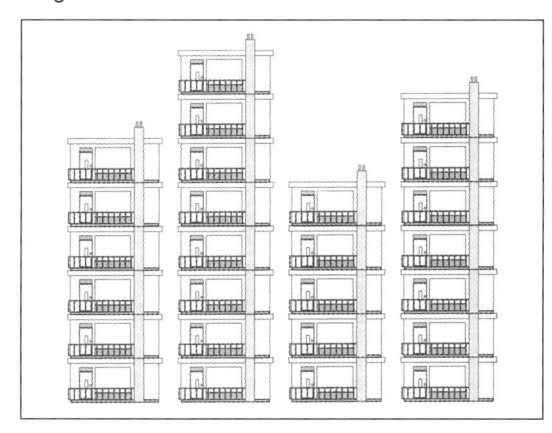

Um im Mathematikunterricht Situationen beurteilen zu können, müssen Schüler in der Lage sein, sich auf bestimmte Merkmale in einer Aufgabenstellung zu konzentrieren. Eine wesentliche Anforderung ist die Fähigkeit, Objekte anhand quantitativer und qualitativer Merkmale zu vergleichen. Dies kann sich auf die Anzahl, aber auch auf die Unterscheidung bezüglich der Größe beziehen. So wird z. B. eine Testkarte mit mehreren Häusern gezeigt, bei der das zu überprüfende Kind auf das niedrigste Gebäude zeigen soll. Es darf zwar nicht übersehen werden, dass bei einer solchen Aufgabenstellung das Sprachverständnis von Bedeutung ist. Es zeigt sich aber, dass die Fragen in der Regel von den Probanden eindeutig verstanden werden.

Die Lösungen werden meist auf einen Blick erfasst. Schwache Kinder werden hier häufig länger brauchen, eventuell versuchen, die Antwort durch Zählen zu bestimmen.

Klassifizieren

Wenn verschiedenartige Objekte zu einer Menge zusammengefasst werden, muss man sich darauf verständigen, nach welchem Kriterium entschieden wird, ob ein Objekt hinzugenommen wird oder nicht. Es gibt Bildkarten, bei denen die Kinder Übereinstimmungen feststellen sollen, aber auch Karten, die eine Differenzierung nötig machen. Ein Beispiel: Auf einer Karte mit verschiedenen Formen sollen alle grauen Kreise gezeigt werden.

Nach Aussage der Autoren kann auch hier eine über das Testergebnis hinausgehende Beurteilung der Fähigkeiten erfolgen. Kinder ohne Schwierigkeiten in diesem Bereich sähen sich die Bilder häufig sehr sorgfältig an, bevor sie eine Antwort gäben.

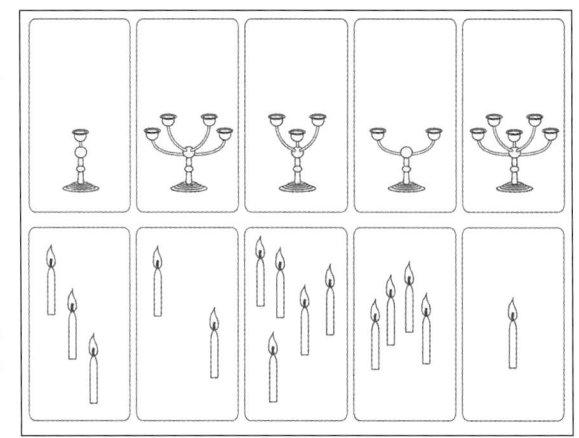

Eins-zu-eins-Zuordnung

Der wohl bekannteste Versuch von Piaget berührt diesen Bereich. Die Vergleichbarkeit von verschiedenen Mengen soll laut Piaget durch Zuordnungen überprüft werden. Es ist zu beobachten, dass manche Kinder die Mengen einzeln durchzählen, andere hingegen die Lösung simultan erfassen. Das Zählen kann Probleme bereiten, aber auch durch fortgeschrittene Zählstrategien eine wirksame Hilfe sein. Ebenso erlaubt ist die Kennzeichnung zusammengehöriger Elemente durch Bleistiftlinien. Eher schwache Kinder werden kaum auf solche Hilfsstrategien zurückgreifen.

Nach Reihenfolge ordnen

Nachdem im ersten Bereich Objekte verglichen wurden, soll hier eine Anordnung aller Elemente nach einem bestimmten Kriterium erfolgen. Zu unterscheiden ist die Aufforderung zur selbstständigen Sortierung verschiedener Elemente von der Beurteilung verschiedener schon vorgenommener Anordnungen. Beides wird überprüft, beginnend mit der Beurteilung korrekter oder inkorrekter Anordnungen.

Auch hier lässt sich beobachten, wie sorgfältig verschiedene Kinder mit der Gesamtsituation umgehen. Während sich die stärkeren Probanden wiederum zunächst einen Überblick verschaffen, betrachten schwache Kinder häufig nur direkt benachbarte Elemente und vergleichen diese miteinander.

Zahlwörter benutzen

Dass Kinder Zahlwörter benutzen, ist unumstritten. In welcher qualitativen Art und Weise dies geschieht, muss näher geprüft werden. Hier geht es zunächst lediglich um die Verwendung von Kardinal- und Ordnungszahlen. Qualitative Unterschiede ergeben sich z. B. aus der Fähigkeit des Rückwärtszählens neben dem reinen Aufsagen der Zahlwortreihe bei Eins beginnend. Überprüft wird an dieser Stelle der Zahlenraum bis 20.

Synchrones und verkürztes Zählen

Geordnete, aber auch ungeordnete Mengen lassen sich durch Gruppieren von Einzelelementen oft besser zählen, als wenn alle Elemente einzeln abgezählt werden. Hilfreich kann es sein, umzugruppieren oder auch Finger zum Abzählen zu nutzen.

Die bekannteste Gruppierung von Elementen ist bei Spielwürfeln zu finden. Bezeichnend ist es, wenn ein Kind auch diese Gruppierungen immer wieder einzeln auszählen muss.

Resultatives Zählen

Zum einen finden sich hier ähnliche Aufgaben wie im vorausgegangenen Bereich. Allerdings mit dem Unterschied, dass hier keine Hilfsmittel wie Umgruppierungen oder Antippen erlaubt sind. Zum anderen sollen Anzahlen bestimmt werden, wenn nicht alle Elemente gleichzeitig zu sehen sind. Der Versuchsleiter schiebt hierzu mit sprachlichem Kommentar mehrere Würfel unter seine Hand und wiederholt diesen Vorgang mit einer anderen Anzahl. Anschließend soll das Kind bestimmen, wie viele Würfel sich unter der Hand des Versuchsleiters befinden. Es kommt hier eine zeitliche Komponente hinzu, die durch das Nacheinanderausführen das „Zählen" versteckter Quantitäten ermöglicht.

Anwendung von Zahlenwissen

Zahlen kommen im Alltagsleben aller Kinder vor. Hier soll überprüft werden, ob Kinder mit den Zahlen bis 20 umgehen können, ob sie Zahlen in einfachen Problemsituationen sinnvoll anwenden können. Wie bei allen Bereichen, in denen es um die Anzahl von Elementen geht, lässt sich beobachten, in welcher Weise Kinder Anzahlen gewinnen, ob sie dazu direkt in der Lage sind oder eventuell Hilfsmittel wie Zählen mit Kopfnicken, Zählen mit den Fingern, mit Antippen benötigen.

Zur Durchführung

Es mag äußerst anspruchsvoll klingen, Kindern in 30 Minuten die Lösung von 40 Aufgaben abzuverlangen. Es hat sich jedoch gezeigt, dass 25 bis 30 Minuten ausreichend sind, um alle Aufgaben zu bearbeiten. Es ist notwendig, sich bei der Durchführung genau an die detailliert aufgeführten Anweisungen zu halten, um eine Vergleichbarkeit zu gewährleisten. Während selbstverständlich keinerlei Hilfe über diese Anweisungen hinaus erlaubt ist, soll das Kind gelegentlich durch Belobigungen ermuntert werden, sich weiter auf die Aufgaben zu konzentrieren. Wird eine Aufgabe nicht verstanden, kann die vorgegebene Frage einmal wiederholt werden.

Es ist nicht vorgesehen, einzelne Teile des Tests auszulassen oder in einer anderen Reihenfolge anzuordnen, da von den Erstellern bereits ein ausreichender Wechsel von verschiedenen Aufgabenarten bezüglich der Verwendung von Material u. a. vorgesehen wurde. Auch wenn die Durchführungsanleitungen sehr genau wiedergeben, was im Einzelnen zu beachten ist, sollte man sich vor der ersten Testdurchführung genauestens mit den Fragestellungen, den einzelnen Karten sowie der Handhabung des Materials vertraut machen.

Im Testhandbuch mitgeliefert werden sowohl Vergleichsskalen als auch standardisierte Kompetenzniveaus, die es dem Testdurchführer ermöglichen, das ermittelte Ergebnis eines einzelnen Kindes mit dem einer Normgruppe zu vergleichen und dadurch einzuschätzen.

Fazit

Das Testergebnis kann ein Hinweis sein, wie ein Kind mit der Entwicklung des frühen Zahlbegriffs vorangeschritten ist. Sollten sich deutliche Defizite herausstellen, ist kaum die Gesamteinordnung von Bedeutung. Vielmehr sind es die einzelnen Bereiche, die konkrete Hinweise auf diese Defizite geben. Die von den Autoren genannten Möglichkeiten der Beobachtung nennen wesentliche Aspekte für eine individuell zu planende Förderung. Hierzu ist die genaue Beobachtung der Lösungsstrategien des überprüften Kindes notwendig. Hilfreich ist die klar strukturierte Unterteilung des Tests in die wesentlichen Anforderungsbereiche früher mathematischer Kompetenzen.

Mit dem OTZ bekommt man ein Hilfsmittel zur Hand, mit dem sich zwar nicht gezielt Rechenstörungen diagnostizieren lassen, das aber eine Diagnose in ausgewählten Bereichen der frühen Zahlbegriffsentwicklung ermöglicht.

2.3.4 Frühe Diagnose und Prognose von Rechenschwäche mit dem DEMAT

Im Gegensatz zu Verfahren zur Erfassung von Schriftsprachkompetenzen sind geeignete Verfahren zur Erfassung mathematischer Kompetenzen im Bereich der Grundschule noch immer Mangelware. Gerade die jüngsten bildungspolitischen Diskussionen um das schlechte Abschneiden deutscher Schüler in internationalen Vergleichsstudien und die damit verbundene Suche nach frühen Ursachen zeigen jedoch, dass auch im mathematischen Bereich ein erheblicher Bedarf an objektiver Leistungsfeststellung besteht. Mit der für die Klassenstufen eins bis sechs entwickelten Serie „Deutsche Mathematiktests", aus der hier der DEMAT 1+ (Deutscher Mathematiktest für erste Klassen) und der sich noch in Vorbereitung zum Druck befindliche DEMAT 2+ (Deutscher Mathematiktest für zweite Klassen) vorgestellt werden, möchten die Herausgeber der Reihe „Deutsche Schultests" Möglichkeiten zur Erfassung mathematischer Kompetenzen bereitstellen. Neben der Entwicklung dieser beiden Tests zur frühen Diagnostik mathematischer Schulleistungen in den ersten beiden Grundschuljahren wurde am Lehrstuhl für Psychologie IV der Universität Würzburg zudem eine Langzeitstudie zur frühen Vorhersage von Rechenleistungen aus vorschulischen Fähigkeiten durchgeführt, deren Ergebnisse hier ebenfalls angesprochen werden sollen.

Diagnose von Rechenschwäche mit DEMAT 1+ und Demat 2+

Die Diagnose einer Rechenstörung fordert ein Kriterium, anhand dessen eine auffällige, aus dem Rahmen fallende mathematische Leistung definiert wird. Zieht man das ICD 10, das Internationale Klassifikationsschema psychischer Störungen heran, beinhaltet diese Störung „eine umschriebene Beeinträchtigung von Rechenfertigkeiten, die nicht allein durch eine allgemeine Intelligenzminderung oder eine eindeutig unangemessene Beschulung erklärbar ist ... Die Rechenschwierigkeiten dürfen nicht ... direkt auf Defizite im Sehen, Hören oder neurologische Störungen zurückzuführen sein. Ebenso dürfen sie nicht als Folge irgendeiner neurologischen, psychiatrischen oder anderen Krankheit erworben worden sein" (ICD 10; Dilling, Mombour, Schmidt, 1999, S. 277). Während der Ausschluss medizinischer Ursachen nahezu allen Definitionen von „Rechenstörung", „Rechenschwäche" oder „Dyskalkulie" gemein ist, bleibt die Frage offen, ob ebenso das Diskrepanzkriterium (spezifische Defizite im Rechnen bei normaler bis überdurchschnittlicher Intelligenz) gerechtfertigt ist oder ob den schlechten Mathematikleistungen weniger begabter Kinder nicht dieselben Defizite zugrunde liegen, was die Erhebung intellektueller Fähigkeiten überflüssig machen würde. Unabhängig von der Feststellung der Intelligenz bleibt jedoch in beiden Fällen die Erfassung der mathematischen Leistung das Hauptkriterium. Ob man hier den schwächsten 5, 15 oder 25 % der Kinder schwache mathematische Leistungen im Sinne einer „Schwäche" oder „Störung" zuschreibt, stellt ein weiteres Definitionsproblem dar, auf das hier nicht näher eingegangen werden soll. In jedem Fall muss ein Test zur Feststellung einer Rechenschwäche besonders gut zwischen den Leistungen der schwächeren Schüler differenzieren können, um dort genau zwischen den schwachen und schwächsten Leistungen zu unterscheiden. Dies vermag der DEMAT 1+ zu leisten, da er ein sehr leichter Test ist, dessen Aufgaben üblicherweise von mindestens der Hälfte der Erstklässler gelöst werden können. Auch der DEMAT 2+ wird eine sehr gute Differenzierung im unteren Leistungsbereich erlauben und zudem Leistungen im oberen Bereich recht gut unterscheiden können. Da beiden Tests die Lehrpläne aller deutschen Bundesländer zugrunde liegen und sie in nahezu allen Bundesländern geeicht wurden, ist mit dem DEMAT 1+ und dem DEMAT 2+ die Feststellung einer Rechenschwäche (Leistung im untersten Leistungsbereich deutscher Erst- bzw. Zweitklässler) im Gruppentestverfahren möglich. Durch Betrachtung der Untertestleistungen in einem Fehlerprofil können zudem erste Tendenzen gefunden werden, in welchen speziellen Teilbereichen Schwächen liegen; diese ersetzen jedoch keinesfalls eine zusätzliche Feindiagnostik.

Bei der Entwicklung beider Verfahren war die Orientierung an den Mathematiklehrplänen oberstes Ziel. Nach Studium der Curricula aller Bundesländer wurden im Sinne länderübergreifend gültiger Anforderungen jeweils neun Subtests erstellt; es werden demnach Themengebiete überprüft, die in ganz Deutschland im Lehrplanstoff zu finden sind. Lässt der DEMAT 1+ beispielsweise Aufgaben zur Geometrie vermissen, ist dies darauf zurückzuführen, dass die Beschäftigung mit geometrischen Inhalten nicht explizit in allen Lehrplänen gefordert war. Da die Themenreihenfolge des Lehrplanstoffs zudem von Bundesland zu Bundesland stark variiert, kann erst am Schuljahresende sicher davon ausgegangen werden, dass alle in unseren Testverfahren geforderten Inhalte gelöst werden können. Aus diesem Grund sollten beide Instrumente erst am Ende des jeweiligen Schuljahres (erste bzw. zweite Klasse) sowie zu Beginn des folgenden Schuljahres (zweite bzw. dritte Klasse) eingesetzt werden. Normen für diese Zeitspannen wurden an jeweils ca. 3.000 Kindern erhoben. Sowohl DEMAT 1+ als auch DEMAT 2+ sind als Gruppentests mit zwei Parallelformen (A und B) konzipiert und damit zur ökonomischen Erfassung der Rechenleistung der gesamten Schulklasse geeignet. Als großer Vorteil beider Verfahren erweist es sich hierbei, dass sie im Gruppentest innerhalb einer Schulstunde durchführbar sind; im Einzeltest kann sich die Testzeit auf bis zu 20 Minuten reduzieren. Da zur Korrektur Schablonen angelegt werden können, kann ebenso auf eine rasche Auswertung der Testhefte verwiesen werden. Die maximale Durchführungsdauer von 45 Minuten für beide Tests wird durch Zeitbegrenzungen fast aller Subtests gewährleistet. Hierdurch erhalten die Verfahren zwar eine Speed-Komponente; diese sollte jedoch nicht überinterpretiert werden, da die Zeiten so gewählt sind, dass der Großteil der Kinder die Aufgaben im vorgegebenen Zeitrahmen lösen kann. Zudem wird von einem engen Zusammenhang zwischen mathematischer Problemlösefähigkeit und der Geschwindigkeit der Problemlösung ausgegangen, sodass nicht bearbeitete Aufgaben durchaus mit fehlerhaft bearbeiteten Aufgaben gleichgesetzt werden können. Um sicherzustellen, dass die Lösungsalgorithmen der einzelnen Untertests verstanden werden, gibt es zu vielen Aufgabenblöcken sehr einfache Beispiele, welche vorab gemeinsam gelöst werden.

Im DEMAT 1+ finden sich neben Aufgaben zur „Addition", „Subtraktion" und „Kettenaufgaben", die vornehmlich auf den Umgang mit Rechenoperationen und automatisiertes Faktenwissen zielen. Die Subtests „Mengen und Zahlen", „Zahlenraum" und „Ungleichungen" operieren mit der bildlichen Darstellung von Mengen bzw. der Orientierung im Zahlenraum. „Zahlenzerlegung – Zahlenergänzung" und „Teil-Ganzes" fokussieren auf das grundlegende mathematische Prinzip, dass sich Zahlen in verschiedene Teile zerlegen lassen. „Sachaufgaben" erfassen die Fähigkeit, in anschaulichen Kontext eingebundene Rechenaufgaben zu lösen. Tabelle 1 gibt Beispiele für diese Subtests.

„Mengen und Zahlen" überprüft die Anzahlerfassung und das Zahlverständnis unter Bezugnahme auf die Ebene bildlich dargestellter Mengen und bezieht sich damit auf das grundlegende Verständnis der hinter Zahlen und Rechenoperationen stehenden Mengenverhältnisse. Darauf folgen Aufgaben, die die Orientierung im „Zahlenraum" erfassen. Zunächst sind an einem ersten Zahlenstrahl zwei Zahlen zu benennen. Bei der Zuordnung

Mengen und Zahlen	Mengen müssen aufgrund ihrer Anzahl verglichen, zugeordnet oder aufgeteilt werden: Es wird z. B. verlangt, zu sieben Kindern, die mit Bällen spielen wollen und bisher nur einen Ball haben, die fehlenden Bälle einzuzeichnen, sodass genauso viele Bälle da sind wie Kinder.
Zahlenraum	Verständnis für das Anordnen von Zahlen am Zahlenstrahl: Zwei Zahlen, die durch Pfeile am Zahlenstrahl (bis 20) gekennzeichnet sind, sollen benannt werden. Von drei weiteren vorgegebenen Zahlen ist der Platz am Zahlenstrahl zu finden.
Addition, Subtraktion	Gemischt dargebotene Additions- und Subtraktionsaufgaben im Zahlenraum bis 20, teilweise mit Zehnerübergang: z. B. „9 + 8 = ", „14 – 6 ="
Zahlenzerlegung – Zahlenergänzung	Platzhalteraufgaben im Zahlenraum bis 20, eine Seite der Gleichung ist zweigliedrig: z. B. „5 + □ = 15"
Teil-Ganzes	Platzhalteraufgaben im Zahlenraum bis 10, beide Seiten der Gleichung sind zweigliedrig: z. B. „7 + 2 = 8 + □"
Kettenaufgaben	Viergliedrige Additions- und Subtraktionsaufgaben im Zahlenraum bis 20, teilweise mit Zehnerübergang: z. B. „5 + 4 + 2 + 4 ="
Ungleichungen	Verständnis für „größer als", „kleiner als" oder „ist gleich": z. B. „6 + 12 □ 9"
Sachaufgaben	Sachaufgaben werden je zweimal vorgelesen, das Ergebnis ist in ein dazu passendes Bild zu schreiben: z. B. „Klaus und Andy haben zusammen 9 Spielzeugautos. Klaus hat 6 Autos. Wie viele Autos hat Andy?"

Tabelle 1: Inhalte und Beispiele der Subtests im DEMAT 1+

weiterer Zahlen an drei andere Zahlenstrahlen wurde bewusst auf Zwischeneinteilungen verzichtet und Markierungen nur in Fünfer- bzw. Zehnerschritten vorgenommen. Dadurch wird ein Abzählen der Lösung anhand von Einerschritten verhindert und die „spontane" Orientierung im Zahlenraum erfasst. Aufgaben zur „Addition" und „Subtraktion" verlangen Rechenfertigkeiten im Zahlenraum bis 20 und beinhalten teilweise den Zehnerübergang. Um die Flexibilität beim Umgang mit Lösungsalgorithmen einzubeziehen, werden beide Rechenoperationen gemischt dargeboten. Im Subtest „Zahlenzerlegung – Zahlenergänzung", der durch Platzhalteraufgaben gestaltet ist, sind Zahlen im Zahlenraum bis 20 in zwei Komponenten zerlegt bzw. müssen aus zwei Komponenten zusammengesetzt werden. Bei den „Teil-Ganzes"-Aufgaben beinhalten schließlich beide Seiten der Gleichung ein Operationszeichen, was das Berechnen des jeweiligen Teams ohne Platzhalter (z. B. „7 + 2") als Zwischenschritt notwendig macht, bevor das Ergebnis für den Platzhalter auf der anderen Seite der Gleichung („= 8 + □") bestimmt werden kann. Da diese Aufgaben das Arbeitsgedächtnis stark beanspruchen, beschränken sie sich auf den Zahlenraum bis 10. Auch bei den „Kettenaufgaben" spielt – neben dem einfachen Faktenwissen des Einspluseins bis 20 – die Gedächtniskapazität eine größere Rolle. Hier sind viergliedrige Summen bzw. Differenzen zu berechnen, bei denen auch der Zehnerübergang einbezogen ist. „Ungleichungen" erfragen anschließend das Wissen um Relationen. Eine Zahl auf einer Seite der Ungleichung ist mit der Summe oder Differenz zweier weiterer Zahlen auf der anderen Seite zu vergleichen und das Zeichen für „größer als", „kleiner als" oder „ist gleich" einzutragen. Schließlich wird mit „Sachaufgaben" auch das Verständnis mathematischer Beziehungen im Kontext überprüft. Um Einflüsse der gerade im ersten Schuljahr stark variierenden Lesegeschwindigkeit und des Leseverständnisses zu eliminieren, werden diese Aufgaben vom Testleiter jeweils zweimal laut vorgelesen. Das Ergebnis ist anschließend in ein zur Aufgabe passendes Bildchen zu schreiben.

Zahleneigenschaften	Aus verschiedenen Zahlen sind die geraden bzw. ungeraden herauszufinden und anzukreuzen.
Längen	Längen sind miteinander zu vergleichen und das entsprechende Zeichen (<, >, =) ist einzutragen: z. B. „3 m 37 cm □ 1 m 50 cm"
Addition, Subtraktion	Gemischt dargebotene Additions- und Subtraktionsaufgaben im Zahlenraum bis 100: z. B. „37 + □ = 54", „56 – □ = 36"
Multiplikation, Division	Aufgaben zum kleinen Einmaleins: z. B. „24 : 4" Von Zahlen im Zahlenraum bis 100 ist das Doppelte bzw. die Hälfte zu nehmen: z. B. „die Hälfte von 58, das Doppelte von 43"
Geld	Vier Geldbeträge sind auf einen Betrag von 1 Euro zu ergänzen: „Wie viele Cent fehlen noch, wenn du 1 Euro haben möchtest? Bei 63 Cent fehlen noch __"
Geometrie	Erfassung räumlichen Vorstellungsvermögens: Bei Figuren, die aus Würfeln zusammengesetzt sind, muss herausgefunden werden, aus wie vielen Würfeln sie bestehen.
Sachaufgaben	Sachaufgaben werden je zweimal vorgelesen, die Kinder lesen leise mit. Rechnung und Ergebnis sind mit Antwortsatz aufzuschreiben: z. B. „Lilli, Leo und Timo kaufen sich Eis. Jeder von ihnen isst 7 Eiskugeln. Wie viele Eiskugeln essen die Kinder zusammen?"

Tabelle 2: Inhalte und Beispiele der Subtests im DEMAT 2+

Der DEMAT 2+ wird neun Bereiche der zweiten Grundschulklasse beinhalten, die durch die Subtests *Zahleneigenschaften, Längen, Addition und Subtraktion, Multiplikation und Division, Geld, Geometrie und Sachaufgaben* abgedeckt werden. „Zahleneigenschaften" beziehen sich auf das Wissen um gerade und ungerade Zahlen; aus verschiedenen zweistelligen Zahlen sind entweder die geraden oder ungeraden herauszufinden. Kenntnis von Größenverhältnissen wird in den Aufgaben zu „Längen" verlangt. Hier sind in Metern und Zentimetern dargestellte Längen miteinander zu vergleichen. Wie im DEMAT 1+ werden auch im DEMAT 2+ Aufgaben zu „Addition" und „Subtraktion" gemischt dargeboten. Diesmal wird jedoch der Zahlenraum bis 100 repräsentiert. Zudem finden sich hier ausschließlich Aufgaben, die einen Platzhalter bei den Summanden bzw. bei Minuend oder Subtrahend aufweisen. „Multiplikation" und „Division" überprüfen mit Aufgaben zum Verdoppeln, Halbieren und zum Faktenwissen das hinter den Rechenoperationen stehende Verständnis, dass es sich bei der Multiplikation um eine Addition gleicher Summanden handelt und dass die Division die Umkehroperation der Multiplikation darstellt. Der Umgang mit „Geld" wird im gleichnamigen Subtest behandelt. Diese Aufgabe ist sehr alltagsnah formuliert und erfordert das Ergänzen eines Cent-Betrages auf einen Euro. Räumliches Vorstellungsvermögen ist anschließend bei der „Geometrie" gefragt. Hier ist die Anzahl der Würfel, aus denen verschiedene Figuren zusammengesetzt sind, zu bestimmen. Schließlich beinhaltet auch der DEMAT 2+ „Sachaufgaben", welche jeweils zweimal vom Testleiter laut vorgelesen werden, während die Kinder leise mitlesen. Die Rechnung zur Aufgabe ist aufzuschreiben und das Ergebnis in einem vorgegebenen Antwortsatz zu ergänzen.

Wie eingangs schon erwähnt, sei nochmals ausdrücklich darauf verwiesen, dass diese Verfahren zur Überprüfung mathematischer Leistungsfähigkeit in der ersten und zweiten Klasse lehrplanorientiert sind, denn sie wurden auf Grundlage der Lehrpläne aller deutschen Bundesländer konstruiert. Sie besitzen also curriculare Gültigkeit und stellen zudem auch wegen ihrer Standardisierung in ganz Deutschland ein objektives (quantitatives) Kriterium zur Diagnostik einer Rechenschwäche dar. Da jedoch nur der Gesamttestwert interpretierbar ist, vermögen sie keine (qualitative) Feindiagnostik zu leisten.

Vorschulische Prognose von Mathematikleistungen und von Rechenschwäche

Mit DEMAT 1+ und DEMAT 2+ wurden zwei kriteriumsorientierte Verfahren entwickelt, die eine Rechenschwäche diagnostizieren können, wenn sie bereits vorliegt. Dies ist frühestens am Ende der ersten Klasse möglich. Interessant scheint zudem, ob schon früher als zu diesem Zeitpunkt eine Rechenschwäche vorhergesagt werden kann, ob also beispielsweise bereits im Kindergartenalter ein Kind als „Risikokind" identifiziert werden kann. Dies hätte den großen Vorteil, frühzeitig präventive Maßnahmen ergreifen und der Entstehung einer Rechenschwäche von Beginn an entgegenwirken zu können. Nachdem im Bereich der Schriftsprache die Bedeutung früher phonologischer und sprachlicher Kompetenzen sowie der frühen Buchstabenkenntnis für den Erwerb des Lesens und Schreibens nachgewiesen werden konnte und vorschulische Förderung dieser Fertigkeiten entscheidend dazu beitrug, dass Lese-Rechtschreib-Schwierigkeiten in geringerem Ausmaß auftraten (vgl. Schneider, 2001; Schneider, Ennemoser, Roth, 2000; Schneider, Marx, Weber, 2002), untersuchte eine ebenfalls an unserem Lehrstuhl durchgeführte Langzeitstudie, ob sich spezifische Vorläuferfertigkeiten auch für den Erwerb der Grundschulmathematik finden lassen. Betrachtete man die bisherigen Ansätze zur Vorhersage von Mathematikleistungen in der Grundschule, so ließen nahezu alle eine methodisch saubere und umfassende Untersuchung relevanter Vorläuferfertigkeiten vermissen. Mängel zeigten sich nicht nur in der theoretischen Fundierung der Studien, sondern auch in ihrem Vorgehen, eine Vielzahl an unspezifischen Prädiktoren zu erheben und deren Vorhersagekraft auf mehrere Leistungsbereiche (statt spezifisch nur auf die Mathematikleistungen) zu untersuchen (Gordon, 1988; Stevenson, Newman, 1986; Weerdenburg, Janzen, 1985; Birrell, Phillips, Stott, 1985). Studien, die jedoch tatsächlich spezifische Vorhersagemerkmale identifizieren wollen, sollten nach Schneider (1989) drei Forderungen erfüllen. Sie sollten „bei der Auswahl der Prädiktormerkmale theoriegeleitet vorgehen, in methodischer Hinsicht Maßnahmen treffen, über die sich klären lässt, ob von kausalen Beziehungen oder lediglich von korrelativer Verknüpfung ausgegangen werden kann, und Bewertungen darüber zulassen, ob die gewählten Prädiktormerkmale tatsächlich nur die theoretisch spezifizierten Beziehungen … aufweisen" (S. 161).

Um tatsächlich von „Ursachen" sprechen zu können, müsste man demnach rechenschwache Kinder nicht nur mit normal rechnenden Kindern hinsichtlich vermeintlicher Verursachungsfaktoren (wie z. B. einer visuellen Koordinationsstörung) vergleichen, sondern es müsste auch nachgewiesen werden, dass diese Defizite schon vor der Rechenschwäche bestanden und dass sie ganz speziell nur diese Schwäche (und nicht etwa ebenso eine Lese-Rechtschreib-Schwäche) bedingen. Ein vermuteter Ursache-Wirkungs-Zusammenhang müsste zudem theoretisch begründet sein. So wurde in bisherigen Studien zwar gezeigt, dass bestimmte Fertigkeiten, wie beispielsweise die vorschulische visuell-motorische Integrationsfähigkeit (Weerdenburg, Janzen), das Instruktionsverständnis (Gordon) oder sogar Buchstaben-, Schreib- und Lesekenntnisse (Stevenson, Newman), Zusammenhänge mit den späteren Mathematikleistungen aufweisen. Alle genannten Fähigkeiten könnten jedoch durchaus plausibel auch im Zusammenhang mit Lese-Rechtschreib-Leistungen diskutiert werden, und stellen damit keine spezifischen mathematischen Vorläuferfertigkeiten dar. Um solche zu finden, müssen entwicklungspsychologische Konzepte einbezogen werden, die Annahmen darüber enthalten, wie ein Kind zum Verständnis der Zahl und damit zum späteren Verständnis der Mathematik gelangt. Diese Ansätze betonen das Wissen um Mengenrelationen (Resnick, 1989; Piaget, Szeminska, 1975; Aebli, 1976) sowie das Wissen um Zahlen, Zählfertigkeiten und Zählstrategien (Karmiloff-Smith, 1992; Fuson, 1988; Gelman, 2000; Gelman, Gallistel, 1978; Siegler, Shrager, 1984; Siegler, Jenkins, 1989).

Kingma und Koops (1983) konnten beispielsweise Effekte vorschulischer Leistungen in Aufgaben zur Seriation und Invarianz auf das spätere Verständnis für Nachfolger, Vorgänger und Zahlvergleiche sowie den Umgang mit Vergleichswörtern (wie „größer" und „weniger") zeigen. In der Münchner LOGIK-Studie hatte sich die Zahlinvarianz zudem als gutes Vorhersagemerkmal für das Lösen von Textaufgaben herausgestellt (Stern, 1997). Neben entwicklungspsychologischen Ansätzen sollten aber ebenso Modelle zur Verarbeitung von Zahlen und zu Prozessen beim Rechnen Hinweise auf mögliche Problembereiche schwacher Rechner liefern. Diese Modelle stellen für einen erfolgreichen Rechenvorgang beispielsweise die Bedeutung von Transformationen zwischen der auditiven Wortform und der visuellen Ziffernform von Zahlen sowie deren Repräsentation auf einem inneren Zahlenstrahl heraus (Dehaene, 1992).

Auf diesem Hintergrund entwickelte Krajewski (2002) ein an entwicklungspsychologischen und informationsverarbeitenden Ansätzen angelehntes Testverfahren, das sie mit 153 Vorschülern erprobte. Anhand dieser Aufgaben sollten sich geeignete Prädiktoren finden lassen, mit denen sich schon im letzten Kindergartenjahr der Erfolg eines Kindes im Mathematikunterricht der Grundschule hinreichend gut vorhersagen lässt. Die mathematische Entwicklung der Vorschulkinder wurde bis zum Ende der zweiten Klasse verfolgt, um zu

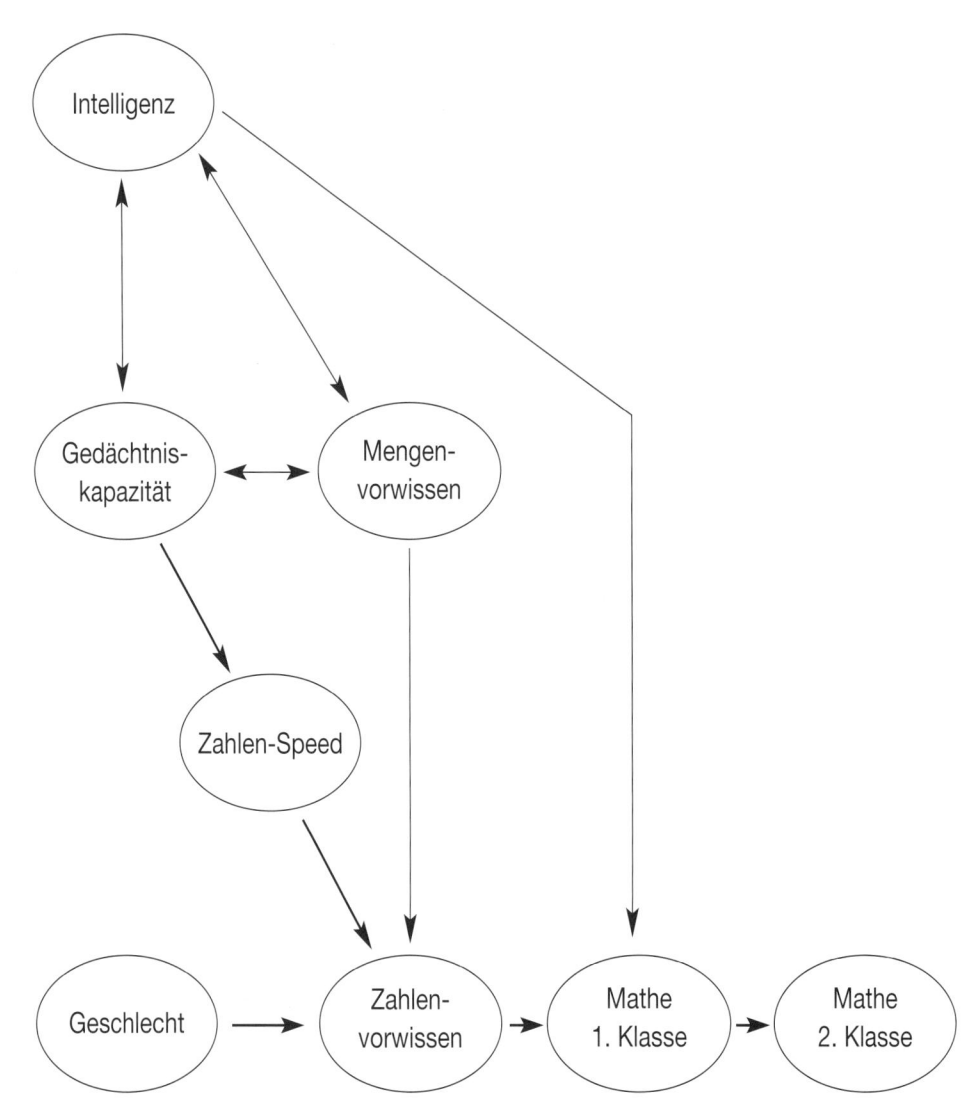

Abbildung 1: Vorhersage der Mathematikleistungen in der 1. und 2. Klasse aus den Leistungen im Kindergartentest ein halbes Jahr vor Schuleintritt (nach Krajewski, in Vorb.)

prüfen, ob tatsächlich diejenigen Kinder mit schwachen Leistungen in den Vorläuferfertigkeiten auch jene waren, die ein bis zwei Jahre später schwache mathematische Leistungen (im DEMAT 1+ und DEMAT 2+) erbrachten. Es ließ sich demonstrieren, dass die Kinder tatsächlich schon im Vorschulalter z. T. erhebliche Unterschiede in ersten mathematischen Fähigkeiten aufwiesen, die bis zum Ende der zweiten Klasse bestehen blieben. So zeigte sich, dass – über die allgemeine intellektuelle Fähigkeit hinaus – das schon vor der Einschulung vorhandene mengen- und zahlbezogene Vorwissen einen entscheidenden Faktor dafür darstellt, wie gut ein Kind am Ende der ersten Klasse den Lehrplanstoff des Mathematikunterrichts beherrschen wird. Unter dieses Vorwissen fallen neben der Fähigkeit zur Seriation (ein Element in eine vorgegebene Reihe einordnen) und zum Mengenvergleich (Erkennen, dass die Anzahl einer Menge nicht durch deren räumliche Ausdehnung gekennzeichnet ist) auch das Zahlwissen (wie die Kenntnis der Zahlbilder bis 10 und das Zuordnen von Zahlbildern zu vorgesprochenen Zahlen im Zahlenraum bis 20), Zählfertigkeiten (wie vorwärts und rückwärts zählen, Vorgänger und Nachfolger von Zahlen bestimmen) und erste Rechenfertigkeiten im Umgang mit konkretem Material. Diese schon im Kindergarten erfassten Fertigkeiten klärten ein Jahr später mehr Varianz in den Mathematikleistungen der Kinder auf als die Intelligenz. Abbildung 1 stellt diese Vorhersagemerkmale im größeren Zusammenhang in einem Strukturgleichungsmodell dar.

Die im März des letzten Kindergartenjahres erhobenen Vorläuferfertigkeiten sowie die kurz nach Schuleintritt erfasste Intelligenz sind im Modell links dargestellt. Die beiden vorherzusagenden Kriterien (Mathematikleistungen) finden sich rechts. Der große Einfluss des Zahlenvorwissens (Zahlwissen, Zähl- und Rechenfertigkeiten) stellt sich im Modell als stärkster Pfad auf die Leistung in der ersten Klasse dar; es beeindruckt hierbei, dass ca. 37 % der Unterschiede in den Mathematikleistungen der ersten Klasse allein durch Unterschiede im vorschulischen Zahlenvorwissen aufgeklärt werden konnten. Die Mathematikleistungen in der ersten Klasse werden zwar auch direkt von der Intelligenz beeinflusst; diese kann aber nur 9 % der Unterschiede erklären. Das Mengenvorwissen (Seriation und Mengenvergleich) wirkt sich nur indirekt über das Zahlenvorwissen auf die Mathematikleistungen aus. Gute Fähigkeiten im Umgang mit Mengen führen demnach zunächst zu guten Fähigkeiten im Umgang mit Zahlen, bevor sie sich schließlich auf mathematische Fähigkeiten auswirken. Ebenso findet sich nur ein indirekter Einfluss von der Kapazität des Arbeitsgedächtnisses über die Schnelligkeit zur Wahrnehmung von Zahlen (Zahlen-Speed) und das Zahlenvorwissen auf die mathematische Kompetenz. Zudem spielt das Geschlecht eine Rolle: Jungen sind ein halbes Jahr vor Schuleintritt im Zahlenvorwissen überlegen. Die im Kindergarten erfassten Fertigkeiten haben schließlich über ihren Einfluss auf die Mathematikfähigkeit der ersten Klasse auch einen indirekten Einfluss auf die zweite Klasse. Insgesamt können mithilfe aller Vorhersagemerkmale in diesem Modell beachtliche 65 % der Varianz in den Mathematikleistungen der ersten Klasse und 78 % in denen der zweiten Klasse erklärt werden. Das heißt, schon ein halbes Jahr vor Schuleintritt und mehr als ein Jahr vor der Feststellung einer möglichen Rechenschwäche am Ende der ersten Klasse konnte durch das Abschneiden im Kindergartentest ein Großteil der Unterschiede in den späteren mathematischen Kompetenzen der Kinder vorhergesagt werden. Betrachtet man speziell diejenigen Kinder, die in der Vorschule, besonders schwache Leistungen aufgewiesen hatten, im Hinblick auf ihre schulischen Mathematikleistungen, so kann die Bedeutung des Mengen- und Zahlenvorwissens auch hier bestätigt werden: Ein Großteil derjenigen Kinder, die in diesen Aufgaben im Kindergarten schlecht abgeschnitten hatten („Risikokinder"), zeigten auch in der Schule eine Rechenschwäche. Dabei erwiesen sich diese Vorhersagemerkmale zudem als spezifische Prädiktoren der Mathematikleistung: Anhand des mengen- und zahlbezogenen Vorwissens ließen sich weder Unterschiede in den Rechtschreib- noch in den Leseleistungen der Kinder erklären. Betrachtet man die Ergebnisse dieser Studie in Zusammenhang mit Befunden aus der Münchner LOGIK-Studie (Longitudinalstudie zur Genese individueller Kompetenzen), welche einen bedeutsamen Zusammenhang des mathematischen Vorwissens der zweiten Klasse mit der mathematischen Kompetenz der elften Klasse belegen (Stern, 2002), wird die Relevanz früher mathematischer Fähigkeiten und Vorläuferfertigkeiten besonders deutlich. Demnach dürfte auch im mathematischen Bereich ein wichtiger Grundstein für das viele Jahre später vorhandene Wissen schon im Vorschulalter gelegt werden.

Abschließend möchten wir aber auch darauf verweisen, dass es wohl zu einfach wäre, Rechenschwäche in der Grundschule alleine auf Defizite in frühen mathematischen Fähigkeiten zurückzuführen, wie sie im Kindergartenalter auftreten. Eine neuere Studie von Schwenck und Schneider (2002) bei Grundschulkindern der ersten Klasse fokussierte auf Zusammenhänge zwischen Rechen- und Schriftsprachdefiziten. Es fanden sich Subgruppen spezifisch lese- und rechenschwacher Kinder, dazu aber auch eine Subgruppe von Schülern, die sowohl im Schriftsprach- als auch im mathematischen Bereich unterdurchschnittliche Leistungen zeigte. Wenn auch die Internationale Klassifikation psychischer Störungen (ICD-10; Dilling Mombour, Schmidt, 1999) davon ausgeht, dass bei einem geringen Prozentsatz von Schülern kombinierte Störungen zu beobachten sind, lässt sich aus den Befunden von Schweck, Schneider (2002) ableiten, dass diese Gruppe numerisch umfangreicher ist als erwartet und durchaus nicht als „Restkategorie" abgetan werden kann. Zur genaueren Analyse der Genese unterschiedlicher Störungsbilder im Fall von Rechenschwäche scheinen weitere Längsschnittstudien unabdingbar, die breiter ansetzen und relevante Vorläuferfähigkeiten sowohl für den Schriftsprach- als auch den mathematischen Bereich erfassen.

3. Förderung

3.1 Fallbeispiele

Wie im Kapitel 6 näher erläutert, haben sich die 32 Teilnehmer an diesem Multiplikatorenprojekt verpflichtet, jeweils ein rechenschwaches Kind über den Zeitraum eines Schuljahres zu fördern und die damit verbundenen Maßnahmen zu dokumentieren. Es wurden aus diesen Fallbeispielen fünf ausgewählt, anhand derer – exemplarisch – mögliche Wege von der Diagnose über die Förderung hin zur Überprüfung des Fördererfolgs aufgezeigt werden. Damit soll unterstrichen werden, dass die Förderung rechenschwacher Kinder nicht in Form von allgemeinnützigen Rezepten erfolgen kann. Sie muss sich vielmehr am individuellen Problemfall orientieren, unter Berücksichtigung der spezifischen situativen Gegebenheiten.
Die ausgewählten Fallbeschreibungen verdeutlichen unabhängig von der Jahrgangsstufe die Bandbreite möglicher Förderansätze, von stark am Stoff orientierten Maßnahmen bis hin zur Stabilisierung der Persönlichkeit.

3.1.1 Steigerung des Selbstwertgefühls

Fall: „Caroline"
Alter: 11 Jahre
Schulart: HS
Jahrgangsstufe: 6

1. Förderanlass

Die Schülerin wurde von der Klassenlehrerin bei der Beratungslehrerin wegen großer Schwierigkeiten im Fach Mathematik vorgestellt.
Ein allgemeines Absinken der Leistungen in den Fächern Deutsch, Englisch und in den Sachfächern wurde in zunehmendem Maße festgestellt.

2. Anamnese

2.1 Chronologie bis zum Schuleintritt

- Geburt 14 Tage über Termin
- 3 Monate: Umzug
- bis 2 Jahre: verzögerte körperliche Entwicklung, Ernährungsstörungen, sehr klein und schwach
- 2½ bis 3 Jahre: erste Fortschritte in der Sprachentwicklung
- 3 Jahre: Tod des Großvaters, zu dem C. eine sehr innige Beziehung hatte.
- 4 bis 5 Jahre: Eintritt in den Kindergarten, bis zu diesem Zeitpunkt hatte C. nur Kontakt zu Gleichaltrigen, ab jetzt Probleme im Umgang mit Gleichaltrigen.
- 6 Jahre: Schuleintritt, gleichzeitig Geburt der Schwester, die in den ersten Lebensjahren sehr krank war, und die Mutter somit keine Zeit für C. hatte.

2.2 Familiäre Situation

C. wächst in einer „vollständigen" Familie auf. Die Mutter, Frau A., ist nur an zwei Vormittagen berufstätig. Die übrige Zeit widmet sie sich nahezu ausschließlich dem Haushalt und nachmittags den Kindern. Probleme möchte Frau A., ihrer Aussage nach, möglichst von ihren Kindern fern halten, allerdings gelänge es ihr nicht immer, ihre Kinder in einer „heilen Welt" aufwachsen zu lassen.

Die noch lebenden Großeltern mischen sich, so Frau A., intensiv in die Erziehung der Enkel ein.

Herr A. kümmert sich um schulische Ereignisse nicht. Erwähnt wurde er in den Gesprächen nicht.

3. Leistungsentwicklung

3.1 Notenübersicht

	2. Jg.	3. Jg.	4. Jg.	5. Jg.	6. Jg.
Mathematik	4	5	5	5	6
Deutsch	4	4	4	4	5
Heimat- und Sachkunde	4	4	3	–	–
Erdkunde				4	5
Biologie				3	3
Geschichte				3	3
Englisch				4	4
Physik/Chemie					5

3.2 Verbale Zeugnisformulierungen, die auf mathematische Probleme hinweisen:

1. Jahrgangsstufe:

In Mathematik erfasst C. nur langsam die Zusammenhänge; sie ist auch im Umgang mit kleinen Zahlenmengen auf Hilfsmittel angewiesen. Sie hat aber jetzt einfache Gleichungen verstanden und kann sie mit entsprechenden Rechenhilfen selbstständig lösen.

Im unteren Zahlenbereich sollte sie jedoch allmählich zu einer Zahlvorstellung kommen, um den Anforderungen am Jahresende gerecht zu werden.

2. Jahrgangsstufe:

In Mathematik kann C. geübte Rechenoperationen ausführen, den geübten Zahlenraum erfasst sie noch nicht sicher genug. Bei schwierigen Aufgabenstellungen und bei Sachaufgaben hat sie große Schwierigkeiten.

3. Jahrgangsstufe:

Die willige Schülerin bemüht sich mit lobenswertem Fleiß, ihre Unsicherheit selbst bei einfachen Rechenaufgaben durch zusätzliche Übungen zu beheben.

4. Jahrgangsstufe:

In Mathematik scheitert sie noch an einfachen Aufgaben, Zusammenhänge erfasst sie kaum.

Zusammenfassende Schülerbeurteilung der 4. Jahrgangsstufe:
Durch häufige Nachhilfe wurde versucht, die fehlenden mathem. Grundlagen nachzuarbeiten; jedoch hat die geplagte Schülerin nach wie vor eine sehr schwache Zahlvorstellung und Schwierigkeiten beim Zehnerübergang. Durch ihr gutes Wortgedächtnis konnte sie sich teilweise Einmaleinszahlen einprägen. Rechnerische Zusammenhänge durchschaut sie nicht, sie begnügt sich, angegebene Zahlen irgendwie zu kombinieren.
C. fällt es schwer, das durch das Versagen in Mathematik beeinträchtigte Selbstbewusstsein zu heben …, von ihren Mitschülerinnen wird C. nicht akzeptiert.

5. Jahrgangsstufe:

C. konnte trotz eifrigen Übens in Mathematik wenig Fortschritte erreichen, da sie keine Zahlvorstellung hat. Selbstständiges Lösen von Aufgaben gelang ihr selten.

6. Jahrgangsstufe:

C.s Konzentration ließ schnell nach … Mit größerem Selbstvertrauen wird C. sicher auch in anderen Bereichen (wie in den Sachfächern) bessere Leistungen erzielen können.

4. Sozialer und emotionaler Bereich

4.1 In der Schule

C. hat in ihrer Klasse häufig wechselnde, nur kurz dauernde Freundschaften.
Bereits geringfügige Negativäußerungen der Mitschüler ihr gegenüber lassen bei C. große Niedergeschlagenheit aufkommen. Nur sehr schwer kann C. auf ihre Klassenkameraden zugehen, Konflikte mit ihnen versucht meist die Mutter für sie zu lösen.
Im Unterrichtsgespräch beteiligt sich C. durchschnittlich. In Mathematikstunden allerdings meldet sie sich nie; hier scheint die Schülerin abwesend und in keiner Weise aufnahmebereit zu sein. Lehrkräften gegenüber zeigt C. sich immer höflich und zuvorkommend. Insgesamt macht C. einen gehemmten, stark verunsicherten Eindruck. Bei Tadel und Lob, Misserfolg und Erfolg wirkt sie auf Außenstehende teilnahmslos.

4.2 Zu Hause

Häufige Konfliktsituationen erlebt C. mit ihrer Schwester. In einer Rangliste „Was mag ich gar nicht", gibt C. an erster Stelle an: „Mit meiner Schwester spielen."
Nach Angaben der Mutter zeigt C. sich im häuslichen Bereich sehr hilfsbereit.
Kontakte zu Gleichaltrigen am Nachmittag sind wechselhaft und nicht regelmäßig.
Wie bereits erwähnt, werden auch hier Konfliktlösungen von der Mutter vorgenommen.

5. Diagnose

5.1 Informelle Schulleistungsdiagnostik nach Storath

Ergebnis:
sehr saubere und übersichtliche Darstellung

Problembereiche:

– Zahlengrößen erkennen, einordnen und sinnvoll anwenden
– Benennungen
– sinnvolles Verknüpfen von Operationen bei Sachaufgaben
– systematisches Anwenden von Rechenregeln

5.2 PSB

(Dieser Test wurde von der Schülerin als sehr schwierig empfunden.)

Ergebnis:
193 Gesamtpunkte
C-Werte von 4,5 bis 8 = PR ~ 25 bis 93
Ausnahme: <9> Addieren von Zahlenreihen => PR2!

Niedrigste Werte:
<1+2> Wahrnehmung von RS-Fehlern (C = 4,5)
<3+4> Reihenfortsetzungen bei Formen
                        bei Buchstaben   > (C = 4,5)
                        bei Zahlen   >
<9> Zahlenreihen addieren (C = 2)

Höchste Werte:
<8> Wahrnehmung von Zeichen in vorgegebenen Grafiken (C = 8 => PR 93!)
Hier war C. 40 Sekunden vor der Zeit fertig.
<7> Geometrische Netze zusammensetzen, Berührungspunkte, Berührungskanten erkennen (räumliche Vorstellung) (C = 5,5 = PR 68)

Zusammenfassung:
In allen Bereichen durchschnittlich bis gut durchschnittliche Ergebnisse, außer in Subtest 9. Hier ist für C. Mathematik wohl zu eindeutig erkennbar, daher auch eine mögliche Blockade.

5.3 CFT

Dieser Test wurde im November von einem Ergotherapeuten durchgeführt.
Über die Art der Durchführung ist nichts bekannt, die Ergebnisse sind unglaubwürdig, da nicht altersnormiert.

Auszug aus Ergotherapiebericht:
„Wie angenommen hat sich bestätigt, dass das Abstraktionsvermögen bei C. besonders im Bereich der räumlichen Orientierung, der Formkonstanzwahrnehmung und der Figur-Grund-Wahrnehmung unter dem altersgemäßen Durchschnitt liegt."

5.4 Teste für die DiaFö im ersten Schuljahr

Bei der zuständigen Förderschule waren die Testunterlagen zurzeit nicht greifbar.

6. Förderziele und Fördermaßnahmen

6.1 Arbeit an grundlegenden Fähigkeiten

Beispiele:
- beidhändiges Zeichnen
- Raumorientierungsübungen
- Tasten von Mengen → Zuordnen zu Zahlenkarten
- Zuziehung eines Ergotherapeuten

6.2 Persönlichkeitsbereich

Selbstwertgefühl stärken!
- Entspannungstraining
- Erlernen von Strategien in Prüfungssituationen

- Aufbau von positiver Beziehung zur Schulmathematik (z. B. durch Korrigieren von Schülerarbeiten)
- Bewusstmachen von (auch Kleinst-)Erfolgen im schulischen und häuslichen Bereich („Was ich gut kann")
- Übertragen von Aufgaben im Alltag (Einkaufen, Organisation von Tafelstiften o. Ä., Kopien, Planung der Geburtstagsfeier …)
- Lösungsmöglichkeiten bei Konfliktsituationen aufzeigen und einüben

6.3 Arbeit am Lernumfeld
- Gespräche mit der Mutter
- Gespräche mit der Lehrerin
- familiäre Situation entlasten (z. B. Druck bei Hausaufgabenhilfe nehmen)
- Verhaltensbeobachtungen
  (z. B. Selbstbeobachtung der Mutter: Wann habe ich mich zurückgenommen? Wann durfte C. selbstständig handeln? Wann ließ ich C. Konflikte selbstständig lösen?)
- Vaterbeziehung klären

Dieser Teil der Arbeit erscheint am wichtigsten. Er erfordert den größten Zeitaufwand und steht und fällt mit der Bereitschaft der Beteiligten. Der Erfolg bei der Bearbeitung schulischer Defizite ist im Wesentlichen davon abhängig, inwieweit das Lernumfeld die besondere Situation C.s akzeptiert und die bisherigen negativ wirkenden unspezifischen Strukturen aufbricht.

6.4 Arbeit im mathematischen Bereich
- mathematische Begriffe sichern
- Zahlenmengen erfassen und bezeichnen lernen
- Eingehen auf aktuelle Lernprobleme
- individuelle Förderung in den Mathematikstunden durch eine Förderlehrkraft
- eventuell innere Differenzierung durch geringere Aufgabenmenge, durch konkretes Material, durch eigene einfachere Aufgaben

7. Vorläufige Schlussfeststellung

Von September bis April konnte C. in 16 Förderstunden betreut werden. Davon wurden vier Stunden zur Anamnese und Diagnostik verwendet.
Bis zum Halbjahreszeugnis im Februar wurden lediglich neun Förderstunden durchgeführt. Die anderen vorgesehenen Stunden entfielen wegen Krankheit der Schülerin bzw. der Lehrerin, wegen Wandertag, Schullandheimaufenthalt und Vertretungsstunden.
Nach dieser relativ kurzen Zeit konnte lediglich eine kleine Veränderung im Persönlichkeitsbereich festgestellt werden. C. traute sich mittlerweile eigenständiges Handeln in der Klasse und im Schullandheim zu.
Mathematische Leistungen jedoch sanken weiter ab, auch in den anderen Fächern nahm das Leistungsvermögen deutlich ab. Das Vorrücken schien sehr gefährdet.
Nach einem intensiven Gespräch mit Frau A. und der Lehrerin – zusammen mit der Beratungslehrerin und dem Ergotherapeuten – entschloss sich Frau A. im Einvernehmen mit C., sie ab sofort in die fünfte Jahrgangsstufe zurückversetzen zu lassen.
C. kam als 32. Schülerin in ihre neue Klasse. Sie gewöhnte sich außergewöhnlich rasch in die neue Klassengemeinschaft ein, fand auch bald eine bis jetzt andauernde freundschaftliche Beziehung.

Im Fach Mathematik neigt sie immer noch zu „Träumereien", bringt aber bereits ihre ersten mündlichen Beiträge im Unterrichtsgespräch ein. Der Fachbereich Geometrie, der zurzeit schwerpunktmäßig behandelt wird, erweckt in ihr Interesse, sie sieht dabei keinen direkten Zusammenhang zum Rechnen. Hier konnte sie bereits durch die intensive pädagogische Mithilfe der Lehrkraft befriedigende bis gute (!) Erfolge erzielen.
C. wird bis zum Schuljahresende weiterhin in mathematischen Förderstunden betreut werden.

3.1.2 Schließen von Lücken

Schülerin Anita, 10 Jahre, 3. Jahrgangsstufe, GS, 4. Jahr des Schulbesuchs

Förderanlass

Die Schülerin zeigte seit Schulanfang schwache Leistungen in Mathematik. Zu Beginn der dritten Jahrgangsstufe erhielt sie in der ersten Mathematikprobe die Note „Sechs" (Wiederholung des Zweitklassstoffes: Addition und Subtraktion im Zahlenraum bis 100).

Anamnese

Anita lebt in einer vollständigen Familie mit vier älteren Geschwistern.
Sie besuchte zwei Jahre den Kindergarten und wurde normal eingeschult. Aus dem Vorschulalter liegen keine Angaben vor.

Leistungsentwicklung

Anita hatte am Ende der ersten Klasse in allen Fächern große Leistungsrückstände und musste deshalb die erste Jahrgangsstufe wiederholen. In Mathematik fiel auf, dass sie im Zahlenraum bis 20 keine klare Zahlvorstellung entwickeln und Plus- und Minusaufgaben auch mit Anschauungsmaterial meist nicht lösen konnte. Durch die Wiederholung der Jahrgangsstufe trat eine Leistungsverbesserung ein. Sie konnte nun Plus- und Minusaufgaben langsam selbstständig lösen.
Bei Platzhalteraufgaben und Rechengeschichten zeigte sich jedoch, dass sie die operativen Zusammenhänge nicht verstanden hatte.
In der zweiten Jahrgangsstufe bereitete ihr die Erweiterung des Zahlenraums bis 100 Schwierigkeiten, besonders die Plus- und Minusaufgaben mit Übergang. Im Jahreszeugnis erhielt sie in Mathematik die Note „Fünf".

Sozialer Bereich und Arbeitsverhalten

Anita ist eine unauffällige, ruhige und freundliche Schülerin, die mit ihren Mitschülern gut auskommt. Im Unterricht zeigte sie wenig Interesse und mangelnde Konzentration. Sowohl die Hausaufgaben als auch ihre Schulsachen waren seit Schulbeginn oft unvollständig.
Nur während der Wiederholung der ersten Jahrgangsstufe arbeitete sie gut und interessiert mit. In dieser Zeit erledigte sie ihre Hausaufgaben vollständig. Die Eltern zeigten wenig Interesse an der Schule.

Diagnose

Bei der Fehleranalyse ihrer Probearbeiten und bei der Durchführung eines informellen Schulleistungstests konnte Folgendes festgestellt werden:
- zählendes Rechnen (mit Fingern, alle Aufgaben)
- Zahlzerlegungen im Zahlenraum bis 10 nicht automatisiert
- Zehnerübergang im Zahlenraum bis 20 unklar
- Vertauschen von Rechenoperationen („+" und „–"/„x" und „:")
- keine klare Vorstellung des Stellenwertsystems
- mathematische Begriffe unklar (Nachbarzahlen: Vorgänger/Nachfolger, größer/kleiner, mehr/weniger)
- Platzhalteraufgaben nicht verstanden
- bei Textaufgaben willkürliches Rechnen mit dargebotenem Zahlenmaterial

Zusätzlich wurde der AID durchgeführt. In diesem Verfahren lag ihre Intelligenz im unterdurchschnittlichen Bereich. Besonders auffällig waren große Defizite im sprachlich-begrifflichen Bereich. Gute Ergebnisse erzielte Anita in den Subtests, in denen Konzentrationsleistungen zu erbringen waren.

Förderziele und Fördermaßnahmen

1. Förderziele

1.1 Arbeit an grundlegenden Fähigkeiten
- Förderung der Wahrnehmung (optisch/akustisch)
- Förderung der Motorik
- Förderung der Raum-Lage-Vorstellung

1.2 Persönlichkeitsbereich
- Stärkung des Selbstwertgefühls
- Erfolgserlebnisse vermitteln
- Aufbau einer positiven Beziehung zum Rechnen

1.3 Arbeit im mathematischen Bereich
- Zahlenmengen erfassen
- Zahlenraum bis 20 sichern
- Zehnerübergang klären
- mathematische Begriffe sichern
- Zahlenraum bis 100 sichern
- Zahlenraum bis 1.000 erweitern
- Stellenwertsystem klären und sichern

2. Konkrete Fördermaßnahmen

Da die einzelnen Bereiche in wechselseitiger Beziehung zueinander stehen, wurden die konkreten Fördermaßnahmen den verschiedenen Zahlenräumen zugeordnet, und zwar in der Reihenfolge, in der in den Förderstunden vorgegangen wurde.

2.1 Zahlenraum bis 20
Zahlzerlegungen
(10, 9, 8, 7, ..., 0)

- konkret mit Steckwürfelstangen
  (an verschiedenen Stellen brechen)

  9 = 9 + 0
  9 = 8 + 1
  9 = 7 + 2
  9 = 6 + 3
  usw.

- Zahl und Mengenbilder zuordnen
  (Kärtchen mit Mengenbildern in unterschiedlicher Strukturierung)

Zum Zehner ergänzen
(0 + 10, 1 + 9, 2 + 8, …, 10 + 0)

- Zehnerstange brechen
- Aufgabenschlange

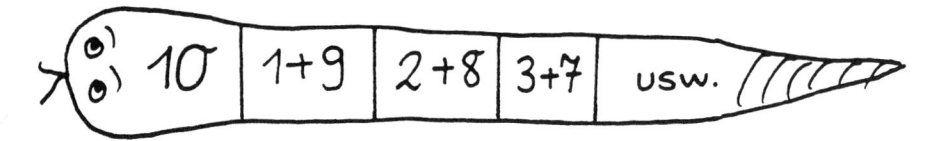

Zerlegung schreiben → knicken → weitergeben
Schülerin 1: < > < >
Schülerin 2: < > < > < > < > < > < > < > < >
Plusaufgabe wird genannt: 2 + 8 = 10

- Ballspiel
  S 1 wirft und sagt: „3"
  S 2 wirft zurück und sagt: „7"
  (es wird immer schneller geworfen)
- Tauschaufgaben
  (konkret: Stuhlplätze mit Zahlenkärtchen tauschen)
- Aufgabenmemory mit Zahlenkärtchen

  | 3 + 7 | | 7 + 3 | | 4 + 6 | | 6 + 4 |

(Aufgabe und Tauschaufgabe bilden ein Paar)

Analoge Übungen
(im Zahlenraum von 11 bis 20: 11 + 9, 12 + 8 usw.)

Zahlenstrahl bis 20

Plus- und Minusaufgaben im Zahlenraum bis 20 hüpfen.
– Plus: vorwärts hüpfen (Bögen oben am Zahlenstrahl eintragen)
– Minus: rückwärts hüpfen (Bögen unten am Zahlenstrahl eintragen)

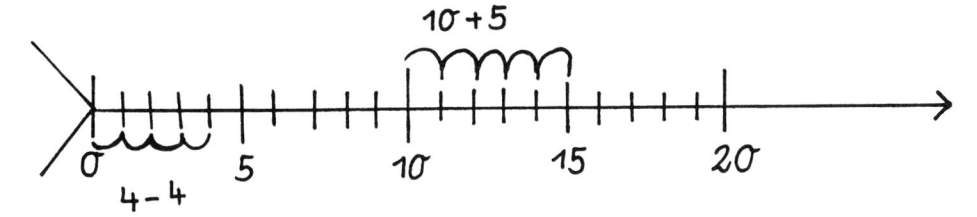

Hüpfen, Bögen eintragen, Aufgabe schreiben

Zehnerübergang
– am Zahlenstrahl hüpfen, Bögen eintragen und Aufgabe schreiben
– mit Zehner (blau) und Einer (grün) legen

Plusaufgabe: 8 + 2 + 3 = 13
     8 + 5 = 13

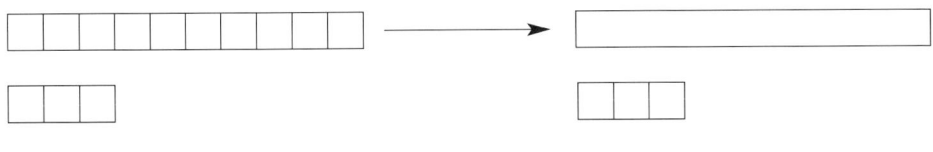

Minusaufgabe: 13 – 5 = 8
     13 – 3 – 2 = 8

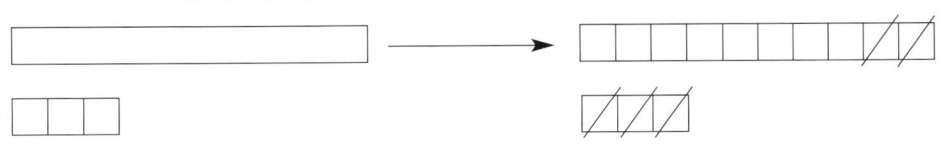

2.2 Orientierung im Zahlenraum bis 100

Zahlen darstellen
(Zehner: lang, Einer: kurz)
– visuell (Zehner: 1 Armspanne – Einer: Faust auf Faust)
– akustisch (Zehner: mit Zeigestab 1-mal über Heizkörper fahren – Einer: 1-mal klatschen)
– motorisch (Zehner: 1 Hampelmanngrätsche springen, ohne Arme – Einer: 1 Schlusssprung)

Zahlen legen
(Hunderter: rot, Zehner: blau, Einer: grün)

– mit Zahlenkarten: 47 = |40| + |7| |4|7|
– mit Zehnern und Einern

– Seguintafel: Zahl stecken und mit Perlen legen
– Hunderterbrett: Zahl suchen, umdrehen (Nachbarzahlen nennen)
– Hunderterfeld (mit und ohne Zahlen)

mit Zahlen
- Zahl suchen
- Zahl ankreuzen
- Nachbarzahlen

ohne Zahlen
- Zehner/Einer auflegen
- Zahl eintragen

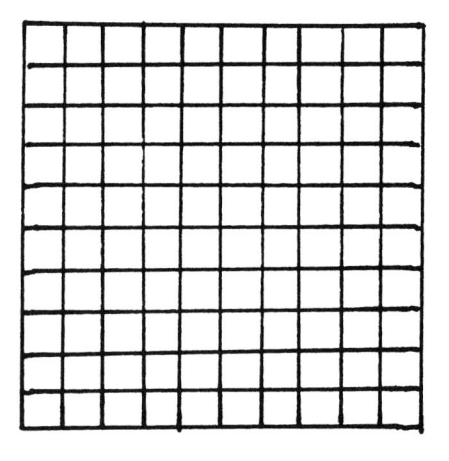

Zahlenband bis 100
- Zehnerstreifen werden ausgelegt
- Vorgänger/Nachfolger, Nachbarzehner nennen (Orientierung links/rechts)

| 1 | 2 | 3 | 4 | 5 | 6 | 7 | 8 | 9 | 10 | 11 | 12 | 13 | 14 | 15 | 16 | 17 | 18 | 19 | 20 | | 91 | 92 | 93 | 94 | 95 | 96 | 97 | 98 | 99 | 100 |

Plus- und Minusaufgaben im Zahlenraum bis 100
(Zur Festigung der Stellenwerte: immer wieder Zahlen darstellen, mit Zehnern und Einern legen, Zahlenkarten)
- Markenspiel
- Tauschaufgaben/Umkehraufgaben (Karten zuordnen/Wendekarten)
- Zehnerübergang

2.3 Orientierung im Zahlenraum bis 1.000

- Tausenderwürfel/Platten/Stangen/Einzelne
- Hundertertafeln
  (1 bis 100, 101 bis 200, 201 bis 300, ..., 901 bis 1.000)
- Zahlenband bis 1.000
  (mit Zehnerstreifen auslegen)
- Markenspiel

2.4 Arbeit am aktuellen Stoff

Ab April wurde das Förderkonzept umgestellt. Die Förderstunde beinhaltet nun zwei Teile:

a) Am Anfang der Stunde wurde nach wie vor an den langfristigen Fördermaßnahmen gearbeitet.
b) Im zweiten Teil wurde der aktuelle Unterrichtsstoff aufgearbeitet.

Vorläufige Schlussfeststellung

Im Zeitraum von Oktober bis April wurden 18 Förderstunden abgehalten, davon waren vier Stunden Diagnostik.
Die Rahmenbedingungen waren ideal:
In der Fördergruppe waren drei Kinder aus der dritten Klasse mit etwa den gleichen Rechenschwierigkeiten. Die Förderung fand am Freitag in der vierten Stunde parallel zum Klassenförderunterricht statt. Dadurch hatten die Kinder keinen zusätzlichen Unterricht.

Anita kam sehr gerne in die Förderstunden. Es machte ihr Spaß, sich in der kleinen Gruppe mit mathematischen Inhalten auseinander zu setzen und mit dem Material umzugehen. Im Förderunterricht wirkte sie aufgeschlossen und konnte an Selbstbewusstsein gewinnen.

Sie machte in folgenden Bereichen deutliche Fortschritte:
- der Zahlenraum bis 20 war gesichert
- nur noch selten zählendes Rechnen im Zahlenraum bis 100
- mathematische Begriffe konnten gefestigt werden
- Rechenoperationen wurden nicht mehr vertauscht
- größere Sicherheit im Stellenwertsystem und in der Orientierung im Zahlenraum bis 1.000

Bei Textaufgaben und neuen Lerninhalten hatte sie nach wie vor große Probleme, da sie mathematische Operationen nur mechanisch anwendete.
Anita wird bis zum Schuljahresende im Förderunterricht weiter betreut werden.

3.1.3 Entwicklung von Strategien

Falldarstellung des rechenschwachen Kindes Karl-Heinz

Meldegrund:
Schwierigkeiten in Mathematik im ersten Schuljahr, trotz freiwilliger Wiederholung der ersten Jahrgangsstufe

Anamnese:
Einzelkind, Mutter ganztags berufstätig, wenig Zeit für ihr Kind, auch am Wochenende. Kind besucht seit dem zweiten Lebensjahr den Hort, zuerst die Krabbelstube, anschließend den Kindergarten und seit der Einschulung den Hort, jeweils ganztags von 7.00 Uhr bis 16.30 Uhr. Der Vater ist nicht der leibliche Vater des Kindes, was jedoch das Kind nicht weiß. Die Erziehungsarbeit obliegt zum größten Teil der Mutter.

Diagnostik:
HAWIK-R: Gesamt-IQ: 80
Verbal-IQ: 87, Handlungs-IQ: 78
– auffallend ist die geringe Wertpunktzahl im Mosaiktest (4 WP) sowie beim Zahlennachsprechen (6 WP)
CFT 1: Gesamt-IQ: 96
– auffallend im Untertest 1: die schwache Konzentrations- und Merkfähigkeit im Bereich des Kurzzeitgedächtnisses; im Untertest 2: kein vorausschauendes Denken; im Untertest 3: Schwierigkeiten im Umgang mit den Lagebeziehungen

TEKO
Ausfälle in den Bereichen:

– Zahlerhaltung (= Äquivalenzrelationen bei unterschiedlichen räumlichen Anordnungen)
– Matrizen (= doppelte Klassenzugehörigkeit einzelner Elemente)

Unsicherheiten in den Bereichen:

– Raumlage
– Asymmetrische Sereation
– Reihenfolgen

Informelle Schulleistungsdiagnostik nach Storath:
– zählt innerhalb des ersten Zehners
– Additions- und Subtraktionsaufgaben bis 20 nur handelnd am Steckbrett
– Zahlvorstellung bis 20 nicht vorhanden
– keine Vorstellung von Zehnern und Einern
– Zahlzerlegung bis 10 nicht automatisiert
– unsystematisches und unstrukturiertes Arbeiten während der Testsituation

Außer den oben beschriebenen Tests erfolgte eine weitere detaillierte Diagnostik nach dem unten aufgeführten Raster. Die Ergebnisse der oben beschriebenen Tests wurden in das Raster eingearbeitet.

Diagnostik allgemeiner grundlegender Fähigkeiten

Name: <u>Karl-Heinz</u>　　Klasse: <u>2</u>

Bereich	Unterbereiche	Feststellungen	Beurteilung
taktil-kinästhetische Wahrnehmung	• Berührungsreize • Finger erkennen • manuelle Formwahrnehmung • propriozeptive Wahrnehmung	wird erfüllt	kein Förderbedarf
Körperschema, Lateralität	• Überschreiten der Körpermitte • Körperstellungen • Links-rechts-Unterscheidung	verdeckte Linkshändigkeit	**Förderbedarf**
Grobmotorik	• Gleichgewicht • Bewegungs-/Handlungsplanung	Probleme beim Gleichgewichthalten	**Förderbedarf**
Feinmotorik	• Auge-Hand-Koordination • Graphomotorik	wird erfüllt	kein Förderbedarf
visuelle Wahrnehmung	• visuo-motorische Koordination • Figur-Grund-Wahrnehmung • Wahrnehmungskonstanz	Detailwahrnehmung fehlt	**Förderbedarf**
Raumlage, Raumorientierung	• Erfassen räumlicher Beziehungen • Präpositionen	Raumlage ist normal entwickelt, Arbeitsstil jedoch unsystematisch und unstrukturiert	**Förderbedarf hinsichtlich strukturiertem Arbeiten**
verbal-akustische Fähigkeiten	• verbal-akustische Differenzierung: gleich – nicht gleich • verbal-akustische Gliederung: Laute heraushören	wird erfüllt	kein Förderbedarf

Bereich	Unterbereiche	Feststellungen	Beurteilung
auditive Wahrnehmung	• Schallquellen identifizieren • Richtungshören • Schalleigenschaften • Rhythmus • Sereation	wird erfüllt	kein Förderbedarf
Serealität, intermodale Verknüpfungen	• akustisch – optisch (Buchstaben, Wörter) • optisch – akustisch • akustisch – handelnd	optische Serealität unsicher	**Förderbedarf**
Sprache	• Artikulation • Satzbau • Wortschatz • Sprachverständnis	wird erfüllt	kein Förderbedarf
Merkfähigkeit	• Sprache: Phoneme, Worte, Text, Zahlen, Formen, Bilder	Merkfähigkeit bei Zahlenreihen gering	**Förderbedarf**
Konzentration, Arbeitsverhalten	• Ausdauer • Genauigkeit, Güte • Arbeitstempo	Konzentration und Ausdauer gering entwickelt	**Förderbedarf**
emotionales und soziales Verhalten	• Motivation • Angst (allgemein, vor Zahlen) • Selbstwertgefühl • Gruppenverhalten	geringes Selbstwertgefühl, Neigung zu Aggression bei Versagen in Mathematik, Angst vor Misserfolg	**Förderbedarf**
Kognition	• sprachlich – nichtsprachlich • ganzheitlich – sequentiell	kein signifikanter Unterschied	kein Förderbedarf

Diagnostik mathematischer Grundfähigkeiten

Name: **Karl-Heinz**   Klasse: **2**

Bereich	Unterbereiche	Feststellungen	Beurteilung
Klassifikation	• ein Aspekt • mehrere Aspekte • Klassifikation erkennen und benennen	Erkennen mehrerer Aspekte nur nach Hinweis	**Förderbedarf**
Mengenauffassung	• konkrete Dinge • Bilder • Simultanauffassung	bis sechs, ohne zählen	kein Förderbedarf
Menge-Ziffer-Zahlwort-Zuordnung	• Achten auf richtige Aussprache	wird erfüllt	kein Förderbedarf
Invarianz der Menge	• konkret-handelnd • auf Arbeitsblättern	Ausfälle, festgestellt im TEKO	**Förderbedarf**
Äquivalenzmengen	• Teilen • Verteilen	wird erfüllt	kein Förderbedarf
Eins-zu-eins-Zuordnung	• konkret-handelnd • auf Arbeitsblättern	wird erfüllt	kein Förderbedarf
mathematische Begriffe	• mehr – weniger • größer – kleiner • kürzer – länger • halb – doppelt	wird erfüllt	kein Förderbedarf
Zeitbegriffe	• gestern – heute – morgen • vorher – nachher • früher – später • jetzt, zuerst, dann	unsaubere Begriffsbildung, teilweise keine Vorstellung vorhanden	**Förderbedarf**
Zählen	• vorwärts, rückwärts • von allen Zahlen aus zählend • in Zweierschritten	rein mechanisch möglich, aber keine Sicherheit	**Förderbedarf**
ordinaler Aspekt der Zahlen	• bei konkreten Reihen • Nachbarzahlen	Unsicherheiten	**Förderbedarf**
Verständnis der Operationen Addition und Subtraktion	• konkret-handelnd • Rechengeschichten zu Aufgaben erfinden	kann Operationen nicht selbstständig herauslösen	**Förderbedarf**

Förderziele für Karl-Heinz

Zeitraum von November bis Mai

Förderziele	Methode, Medien
1. Arbeit an allgemeinen grundlegenden Fähigkeiten	
visuelle Wahrnehmung	Spiele wie „Schau genau" oder „Differix"
Festigung der Links-rechts-Orientierung	Auffädeln von Perlen von links nach rechts
Übungen zur Raumlage und zur Raumorientierung	Such- und Laufübungen im Klassenzimmer, Schulhof und Schulhaus
Serealität	• Legen von Plättchen nach vorgeschriebener Reihenfolge • Auffädeln von Perlen nach Vorlage
2. Arbeit an mathematischen Grundfähigkeiten	
Klassifikation	Arbeit mit strukturiertem Material
Festigung des Zahlaufbaus in Zehner und Einer	Erstellen von Zehnerstangen mit Steckwürfeln, Perlen etc.
Zeitbegriffe	Legen von Bildergeschichten mit zeitlicher Abfolge
Herauslösen von Operationen aus Rechengeschichten	szenische Darstellung bzw. Nachspielen von Alltagssituationen zum Ein- und Verkaufen
3. Arbeit am Lernumfeld	
Gespräche mit der Mutter hinsichtlich der Förderung	Aufklärung der Mutter über Förderbedarf, über Ziele des Förderunterrichts
Gespräche mit der Hortbetreuerin	Gespräche über Förderziele, unterstützende Maßnahmen des Hortes herausarbeiten
Gespräche im Klassenverband	• Morgenkreis • wöchentl. Gesprächskreis mit dem Ziel, das Selbstwertgefühl aufzubauen: „Mir gefällt an dir ...", „Ich habe mich wohlgefühlt, als ... "
Stärkung des Selbstwertgefühls	Schaffen von Erfolgserlebnissen im Förderunterricht und während des Klassenunterrichts

Förderplan   Name: __Karl-Heinz__   Klasse: __2__

Die Förderung des Schülers erfolgt wöchentlich mit einer Unterrichtsstunde.
Für jede Förderstunde wird ein Schwerpunkt festgelegt, entweder aus dem allgemeinen grundlegenden oder dem mathematischen Bereich. Dabei wird darauf geachtet, dass jeweils der Bereich „Entwicklung und Festigung einer Arbeitsstrategie" berücksichtigt und eingebaut wird. Dazu einige Beispiele:

Datum	Schwerpunkte	Übungen	Beobachtungen
	Visuelle und taktile Wahrnehmung ohne und mit Zahlenmaterial bis zehn	• Ertasten von Gegenständen aus dem Spiel „Blinde Kuh" • Fühlzahlen bis neun • Erkennen von Formzahlbildern bis neun	• zunächst unsicher, im weiteren Verlauf und vor allem in den darauf folgenden Stunden zunehmende Sicherheit bezüglich der taktilen Wahrnehmung
	Sereation in Verbindung mit dem Erlernen einer Arbeitsstrategie	• Legen von strukturiertem Material nach Vorgabe • Arbeitsrichtung festlegen und einhalten	• Die Festlegung der Arbeitsrichtung wurde als große Hilfe empfunden. • Der Umgang mit dem strukturierten Material in Verbindung mit einer Arbeitsstrategie führte rasch zu Erfolgserlebnissen.
	Arbeitsstrategie erfassen	• Handlungsplan erstellen, bevor mit dem Spiel „Schau genau" begonnen wird • Erarbeiten einer Strategie für das Ergänzen auf zehn • Handlungsplan erstellen für den Zehnerübergang	• Nach mehrmaligem Durchführen des Spieles gelang das Spiel fehlerlos. Die erarbeitete Strategie wurde beibehalten und auf andere Spiele (z. B. „Differix") übertragen. • Das Erstellen eines Handlungsplanes vor Beginn des Rechnens wurde allmählich internalisiert.
	Festigen des Selbstwertgefühls	• Körperwahrnehmung mithilfe eines Tennisballes • Erstellen eines Selbstbildnisses • persönliche Eigenheiten erkennen und positiv bewerten	• Verminderung der Aggressionen gegenüber anderen Kindern • aktive Teilnahme am Unterricht • Abbau von Minderwertigkeitsgefühlen im Mathematikunterricht

Die angeführten Beobachtungen beziehen sich auf längere Zeiträume, in denen die obigen Ziele mehrfach wiederholt geübt wurden. Die Defizite im mathematischen Bereich wurden vor allem aufgrund der gelernten Arbeitsstrategien zusehends geringer.

Vorläufige Schlussfeststellungen für Karl-Heinz

Zeitraum von November bis Mai

Bereiche	Feststellungen
1. Arbeit an allgemeinen grundlegenden Fähigkeiten	
visuelle Wahrnehmung	zunehmende Sicherheit in der Wahrnehmung
Links-rechts-Orientierung	Die Einhaltung der Arbeitsrichtung von links nach rechts ist gefestigt.
Raumlage und Raumorientierung	zunehmende Sicherheit
Serealität	zunehmende Erfolge, dennoch weiterer Übungsbedarf
2. Arbeit an mathematischen Grundfähigkeiten	
Festigung des Zahlaufbaus in Zehner und Einer	Der Zahlaufbau des dekadischen Systems wurde erfasst und auf den Zahlenraum bis 100 ausgeweitet. Es treten keine Verwechslungen von Zehnern und Einern mehr auf.
Zeitbegriffe	Zeitliche Reihenfolgen werden erkannt, zeitliche Begriffe konnten gefestigt werden. Es sind auch Auswirkungen auf den Aufsatzunterricht festzustellen.
Herauslösen von Operationen aus Rechengeschichten	Die Strategie, eine Rechengeschichte aufzuschlüsseln, konnte im Bereich der Addition und Subtraktion gefestigt werden.
3. Arbeit am Lernumfeld und an emotionalen und sozialen Bereichen	
Gespräche mit der Mutter	Aufgrund der Gespräche erkannte die Mutter das Problem. Sie verringerte den psychischen Druck auf ihr Kind und unterstützte es hinsichtlich seiner Erfolge.

Bereiche	Feststellungen
Gespräche mit der Hortbetreuerin	Die Hortbetreuerin unterstützte die Förderziele bei der täglichen Hausaufgabenarbeit vor allem im Bereich der Einhaltung von Arbeitsstrategien.
Gespräche im Klassenverband	In der wöchentlich in der Klasse stattfindenden Gesprächsrunde wurde K.-H. zunehmend selbstbewusster, beteiligte sich aktiv und äußerte seine Meinung.
Stärkung des Selbstwertgefühls	Aufgrund der gewonnenen Sicherheiten im Rechnen verringerten sich die aggressiven Verhaltensweisen gegenüber Mitschülern. Die aktive Teilnahme am Mathematikunterricht ist nun regelmäßiger.

Zusammenfassung der Fördermaßnahme:

In der Zeit von November bis Mai konnten 17 der möglichen 23 Förderstunden gehalten werden. Sechs Förderstunden mussten wegen Krankheit des Kindes, der Lehrkraft oder wegen der Teilnahme der Lehrkraft an der Fortbildungsmaßnahme entfallen.

Die Förderstunden wurden von der Klassenlehrerin gehalten. Dies wirkte sich für den Schüler aus folgenden Gründen positiv aus:
- Es war von Beginn an eine Vertrauensbasis vorhanden.
- Die Zusammenarbeit mit Mutter und Hort war bereits gegeben.
- Die Lehrkraft konnte während des Klassenunterrichts Rücksicht auf den Schüler bezüglich seiner Schwächen und seines augenblicklichen Leistungsstandes nehmen.
- Die Stärkung des Selbstwertgefühls erfolgte sowohl im Förderunterricht als auch im Klassenunterricht.
- Kooperationsgespräche mit Kollegen mussten nicht organisiert und durchgeführt werden.

Ausblick:

- Die Fördermaßnahme bedarf einer Weiterführung, vor allem wenn der Schüler in die dritte Klasse wechselt.
- Der nachfolgende Klassenlehrer muss über die vorangegangene Fördermaßnahme informiert werden.
- Es wäre auch denkbar, dass der Schüler im nächsten Schuljahr im Rahmen der inneren Differenzierung hinsichtlich wieder auftauchender Probleme gezielt gefördert wird.

3.1.4 Grundlegende Förderung

Peter wurde normal eingeschult und fiel bald durch aggressives Verhalten gegenüber seinen Mitschülern auf. Er ärgerte seine Klassenkameraden gerne und schlug sofort zu, oft ohne Grund. Große Probleme zeigten sich beim Erlernen der Buchstaben, Erfassen und Unterscheiden von Mengen und Zahlen sowie beim Verstehen der Rechenoperationen. Die Konzentration schwankte, hielt nur kurzzeitig an. Seine Bewegungen wirkten teilweise unbeholfen und unkoordiniert. Er schrieb ungelenk und verkrampft. Seine Leistungen waren sehr schwach. Der Besuch einer Diagnose- und Förderklasse wurde empfohlen.

Anamnese

Peter stammt aus einer vollständigen Familie und hat einen jüngeren Bruder. Vor der Wiederheirat der Mutter waren die Familienverhältnisse etwas schwierig. Die Eltern sehen die Probleme ihres Kindes und unterstützen es beim Lernen. Einer Einweisung in eine Diagnose- und Förderklasse stehen sie jedoch ablehnend gegenüber.

Tests

Hawik (handelnde und sprachliche Intelligenz):   85
CPM (sprachfreier Intelligenztest):   103

1 Diagnostik allgemeiner grundlegender Fähigkeiten

Name: <u>Peter</u>   Klasse: <u>2</u>

Bereich	Unterbereiche	Feststellungen	Beurteilung
taktil-kinästhetische Wahrnehmung	• Berührungsreize • Finger erkennen • manuelle Formwahrnehmung • propriozeptive Wahrnehmung	• Probleme beim Aufnehmen von Plättchen • merkt nicht, wenn er andere im Vorbeigehen berührt	Förderbedarf
Körperschema, Lateralität	• Überschreiten der Körpermitte • Körperstellungen • Links-rechts-Unterscheidung	• Links-rechts-Unterscheidung • vorne–hinten, oben–unten • lässt linke Heftseite frei • beginnt in der Mitte des Heftes	Förderbedarf

Bereich	Unterbereiche	Feststellungen	Beurteilung
Grobmotorik	• Gleichgewicht • Bewegungs-/ Handlungsplanung	• unkoordinierte Bewegungen • Unsicherheit im Gleichgewicht	**Förderbedarf**
Feinmotorik	• Auge-Hand-Koordination • Graphomotorik	• Probleme, Zeilen und Kästchen einzuhalten • langsames Abmalen von Buchstaben und Zahlen	**Förderbedarf**
visuelle Wahrnehmung	• visuo-motorische Koordination • Figur-Grund-Wahrnehmung • Wahrnehmungskonstanz	• „malt" Buchstabe für Buchstabe, schaut immer wieder zur Tafel, nach jeder Zahl, nach jedem Rechenzeichen; Bsp.: Schreibweise der Ziffer „5" (nach jedem Teilstrich innegehalten) • Probleme, Zahlen auf einem diffusen Hintergrund wahrzunehmen und zu erkennen	**Förderbedarf**
Raumlage, Raumorientierung	• Erfassen räumlicher Beziehungen • Präpositionen	• vertauscht Zahlen, schreibt sie spiegelverkehrt • beginnt in der Heftmitte zu schreiben	**Förderbedarf**
verbal-akustische Fähigkeiten	• verbal-akustische Differenzierung: gleich – nicht gleich • verbal-akustische Gliederung: Laute heraushören	• Probleme beim Unterscheiden ähnlicher Laute (z. B. hart – weich), Position eines Lautes im Wort	**Förderbedarf**
auditive Wahrnehmung	• Schallquellen identifizieren • Richtungshören • Schalleigenschaften • Rhythmus • Sereation	• Klatschen einfacher Rhythmen fällt sehr schwer, zum Teil unkontrolliertes Klatschen	**Förderbedarf**

Bereich	Unterbereiche	Feststellungen	Beurteilung
Serialität, intermodale Verknüpfungen	• akustisch – optisch (Buchstaben, Wörter) • optisch – akustisch • akustisch – handelnd	• nur Gliederung kurzer Wörter möglich • Terme gliedern fällt schwer • Zahlzerlegung problematisch	**Förderbedarf**
Sprache	• Artikulation • Satzbau • Wortschatz • Sprachverständnis	• undeutliche Artikulation • spricht in Wörtern oder „Zwei-, Dreiwortsätzen" • gering ausgeprägter Wortschatz • einfache Anweisungen versteht er, Sinnerfassung fällt schwer	**Förderbedarf**
Merkfähigkeit	• Sprache: Phoneme, Worte, Text • Zahlen	Zahlen und Buchstaben merkt er sich schwerfällig, mit viel Übung und Wiederholung ist dann Behalten möglich	**Förderbedarf**
Konzentration, Arbeitsverhalten	• Ausdauer • Genauigkeit, Güte • Arbeitstempo	arbeitet sehr langsam, leicht ablenkbar, klinkt sich aus, schwankendes Arbeitsverhalten, will aber lernen, zeigt Anstrengungsbereitschaft in Ansätzen	**Förderbedarf**
emotionales und soziales Verhalten	• Motivation • Angst (allgemein, vor Zahlen) • Selbstwertgefühl • Gruppenverhalten	• grundlegende Motivation vorhanden, keine Angst vor Zahlen • in der Gruppe klinkt er sich aus der Arbeit aus • Probleme im Umgang mit anderen, haut schnell zu, fühlt sich „angegangen"	**Förderbedarf**
Kognition	• sprachlich – nichtsprachlich • ganzheitlich – sequentiell	siehe Tests	**Förderbedarf**

2 Diagnostik mathematischer Grundfähigkeiten

Name: Peter   Klasse: 2

Bereich	Unterbereiche	Feststellungen	Beurteilung
Klassifikation	• ein Aspekt • mehrere Aspekte • Klassifikation erkennen und benennen	• schafft beim Ordnen von Plättchen zwei Aspekte • Reihen fortzusetzen gelingt kaum	**Förderbedarf**
Mengenauffassung	• konkrete Dinge • Bilder • Simultanauffassung	• Simultanauffassung bis drei vorhanden, ansonsten muss er zählen • beim Zuordnen von Zahlen zu konkreten und zeichnerischen Mengen zählt er oft beides	**Förderbedarf**
Menge-Ziffer-Zahlwort-Zuordnung	Achten auf richtige Aussprache	kann Menge, Ziffer, Zahl zuordnen, langsam, hat aber Probleme beim genauen Verbalisieren und Begründen	**Förderbedarf**
Invarianz der Menge	• konkret-handelnd • auf Arbeitsblättern	nur mit Hilfe nur mit Hilfe	**Förderbedarf**
Eins-zu-eins-Zuordnung	• konkret-handelnd • auf Arbeitsblättern	wird erfüllt	**Förderbedarf**
mathematische Begriffe	• mehr – weniger • größer – kleiner • halb – doppelt • plus – minus • kürzer – länger	• wird beherrscht • mit Anschauung • bereitet Probleme • wird beherrscht • nur mit Anschauung	**Förderbedarf**
Zeitbegriffe	• gestern – heute – morgen • vorher – nachher • früher – später • jetzt, zuerst, dann	• „heute – morgen" vorhanden • Rest unklar, wird nicht angewendet	**Förderbedarf**
Zählen	• vorwärts, rückwärts • von allen Zahlen aus zählend • in Zweierschritten	• wird beherrscht • wird beherrscht • bereitet Probleme	**Förderbedarf**

Bereich	Unterbereiche	Feststellungen	Beurteilung
ordinaler Aspekt der Zahlen	• bei konkreten Reihen • Nachbarzahlen	Vorgänger, Nachfolger findet er, wendet Begriffe schwer an, bei veränderter Reihenfolge Probleme	**Förderbedarf**
Verständnis der Operationen Addition und Subtraktion	• konkret-handelnd • Rechengeschichten zu Aufgaben erfinden	• verwechselt Addition und Subtraktion, kann die Handlungen ausführen, aber dies in einem Term auszudrücken fällt schwer • Rechengeschichten zu finden gelingt nach viel Übung und mit Hilfe	**Förderbedarf**

4 Förderziele für Peter
Schwerpunkte: Grundlegende Förderung

Förderziele	Methode, Medien
1. Arbeit an allgemeinen grundlegenden Fähigkeiten	
taktil-kinästhetische Wahrnehmung	Mengen, Gegenstände ertasten, erraten; Zahlen, Buchstaben fühlen; auf den Rücken schreiben, Handrücken schreiben; „Blinde Kuh" mit Führen: der Sehende führt den Blinden
Körperschema, Lateralität	Bewegungsspiele mit Richtungsänderung, Nachahmen von Posen, Fingerspiele, Koordinationsübungen: z. B. Heben rechtes Bein, rechter Arm, linkes Bein, linker Arm; Markieren, wo ich im Heft, im Kästchen, in der Zeile anfange; Bälle fangen, dabei Entfernung verändern
Grobmotorik	Balancierübungen im Sport: auf der Langbank, auf dem Seil am Boden, auf Markierungen gehen, Tiere in ihrer Bewegung nachahmen, Kästchenhüpfen, Seilhüpfen
Feinmotorik	Fingerspiele, Falten, Basteln, Kneten, mit Handpuppen spielen, Bauen mit Würfeln, Plättchen, Nachfahren von Zahlen an der Tafel und im Heft, mit Tüchern jonglieren, Trainieren von Abschreibetechniken

Förderziele	Methode, Medien
visuelle Wahrnehmung	Mengenbilder gliedern durch Farbe; Suchbilder: Wo ist die Zahl versteckt, oder welche Zahl hat sich versteckt?; Memory mit Mengen und Zahlen, alle Memoryspiele, Kimspiele; Zuordnen von Mengenbildern, Würfeln, Strichbildern zu Zahlen; Sitzordnung: Sehfeld berücksichtigen; Sortieren von Gegenständen, Mengen
Raumlage, Raumorientierung	Einteilung an Arbeitsblättern vorgeben, Nachspuren von Zahlen; mit Pfeilen die Schreibrichtung vorgeben, auf Bildern Dinge einzeichnen: oben, unten, links, rechts …
auditive Wahrnehmung	Unterscheiden von Geräuschen aus dem Alltag, Rhythmusübungen, Zahlfolgen merken und wiedergeben, Rechengeschichten erzählen, treffende Bilder dazu anmalen
Sprache	ambulante Sprachtherapie, auf artikuliertes Sprechen achten, genaues Beschreiben von Merkmalen, Erzählen zu bildlich dargestellten Rechengeschichten, eigene Vorgehensweise beschreiben
Merkfähigkeit	Ratespiele: Mein Gegenstand ist rot, rund und dreieckig; selber Rätsel erfinden; Memoryspiele, Zahlendomino
2. Arbeit an mathematischen Grundfähigkeiten	
Klassifikation	Was gehört zusammen: Ordnen konkreter Dinge aus dem Alltag, z. B. Kleidung; Welche Tiere gehören zusammen? Ordnen unter verschiedenen Gesichtspunkten: der Größe nach, nach Farben; Gegenstände suchen mit einem gemeinsamen Merkmal; Spielzeugautos ordnen, diese auf Garagen verteilen. Was gehört ins Klassenzimmer, ins Wohnzimmer usw. ….?; Plättchen ordnen nach Merkmalen; zeichnerische Mengen richtig zusammenfassen

Förderziele	Methode, Medien
Mengenauffassung	Mengen mit Kindern bilden: alle Kinder mit langen Haaren, rotem Pullover usw., dann Anzahl nennen (darauf achten, dass die Menge nicht zu groß wird – langsam steigern); Marienkäfer ordnen: Käfer mit gleichen Punkten; Mengenmemory; Würfelspiel: Erfassen der gewürfelten Anzahl
Menge-Ziffer-Zahlwort-Zuordnung	Laufspiel: beim Zeigen oder Nennen einer Zahl bilden die Kinder diese Menge; Zuordnen von Würfel- oder Strichbildern zu Mengen; Mengen-Zahlen-Memory; Partnerspiele: zu einer Zahl legt oder zeichnet der Nachbar die entsprechende Menge
mathematische Begriffe	Vergleichen der oben genannten Mengen nach mehr – weniger – gleich viel; Ordnen der Kinder nach der Größe; Türme bauen, vergleichen; Rechenstäbe vergleichen; Addition handelnd erleben: Kinder bekommen dazu, ich bekomme Stifte geschenkt usw.; Subtraktion: Kinder verstecken sich, laufen weg, Kegel fallen um, Schusser werden verloren, Obst wird aufgegessen usw.
Zeitbegriffe	Handlungen beschreiben: Zuerst habe ich …, dann …; Vorher waren es …, nachher sind es …; Zuerst lege ich …, dann lege ich …; Gestern habe ich einen größeren Turm gebaut als …, heute baue ich …
Zählen	Kaiser, wie viel Schritte darf ich reisen? (Spiel); Mensch ärgere dich nicht; alle Spiele, bei denen Zählen verlangt ist (vor allem auch solche, bei denen man zurückgehen muss)
3. Arbeit am Lernumfeld	
Elternberatung	begleitende Ergotherapie, Sonderturnen; regelmäßige Gespräche: Fortschritte von Peter, Hilfen zum häuslichen Üben; Vereinbarung: bei positiven oder negativen Auffälligkeiten kurze gegenseitige Mitteilung im „Hausaufgabenheft"

Förderziele	Methode, Medien
Individualisierung und Differenzierung im Unterricht	Einzelbetreuung des Schülers; Arbeit mit einem „sicheren Partner" (Helfersystem); Arbeit in der Kleingruppe; Arbeitsmaterial mit Rückmeldung (LÜK, Logico Piccolo, Kontrollblätter); fächerübergreifende Verknüpfungen; längerfristiges Benutzen von Abschauungshilfen; Konzentrationsübungen; Übungen im Sportunterricht einbauen; Musik- und Bewegungserziehung nutzen; positive Verstärkung; dem Schüler Zeit lassen; Mathematikspiele im Klassenzimmer
4. Arbeit am Persönlichkeitsbereich	
soziales Verhalten	• Gespräche mit Peter über sein Verhalten: Was mache ich, wenn …, ohne zuzuschlagen? Erreiche ich durch mein Verhalten etwas? Was geht in mir vor? Wie fühlen sich die Betroffenen? Gewinne ich dadurch Freunde? Wie kann ich Freunde gewinnen? (Bevor ich zuschlage, hole ich tief Luft. Probleme kann man auch gemeinsam in der Klasse lösen.) • Gespräche mit der Klasse: Warum ist Peter oft so aggressiv? Wie können wir ihm helfen? Wie kann ich reagieren? • Regeln aufstellen, Vereinbarungen treffen • Einfühlübungen: Wie geht es mir, wenn … Wie würde ich mich fühlen, wenn ich der … oder die … wäre? • Geschichten zum Problemlösen
Selbstbild	Lob und Zuwendung; Verstärkung positiver Verhaltensweisen; Anleitung zur Eigenverstärkung: Das kann ich jetzt schon! Heute habe ich nicht zugeschlagen!

Würdigung des Falles:

Peter entwickelte sich im Laufe des Jahres positiv weiter, sowohl in seinem sozialen Verhalten als auch in seinen schulischen Leistungen. Er kann einfache Rechenaufgaben selbstständig lösen. Zusammenhänge zu erkennen, fällt ihm ohne Hilfe noch schwer.

Diese positive Entwicklung war meines Erachtens aus folgenden Gründen möglich:
- Die Eltern arbeiteten eng mit der Schule zusammen und waren gegenüber außerschulischen Fördermöglichkeiten aufgeschlossen (Ergotherapie).
- Da ich Peter im Klassenverband betreuen konnte, war eine fachübergreifende Förderung möglich. Allgemeine grundlegende Übungen konnten in den Sportunterricht, in Musik- und Bewegungserziehung, Kunsterziehung, in Lesen und Schreiben einbezogen werden.
- Auf soziale Verhaltensweisen konnte sofort eingegangen werden.

3.1.5 Arbeit mit Eltern

Förderanlass

Die Schülerin zeigte seit Jahren schwache Leistungen in Mathematik (siehe Leistungsentwicklung). Zu Beginn des fünften Schuljahres sanken ihre Noten auf den bisherigen Tiefpunkt. Das Selbstwertgefühl des Mädchens war so weit gesunken, dass eine Generalisierung des Problems befürchtet werden musste. Im Zusammenhang mit dem Fortbildungsmodell „Rechenstörungen" bot sich die Gelegenheit, einen wöchentlich einstündigen Förderkurs an der Schule einzurichten, in dem insgesamt sechs Schüler mit niedrigen Leistungen in Mathematik zusammengefasst wurden. Aus diesem Grund konnte Angela mit einbezogen werden.

Anamnese

Angela stammt aus einer Teilfamilie. Sie lebt bei ihrer Mutter, zusammen mit der Großmutter. Aus dem frühkindlichen Alter liegen keine Angaben über besondere Erschwernisse in der körperlich-seelischen Entwicklung der Schülerin vor. Die Mutter des Mädchens ist berufstätig, und tagsüber wird Angela von der Großmutter betreut. Angela wächst in einer liebevollen, etwas überbehüteten häuslichen Situation auf. Inzwischen hat sich die Mutter wieder verheiratet. Dieser Einschnitt hat für die Schülerin keine negativen Folgen gebracht. Angela besuchte zwei Jahre lang den Kindergarten. Sie bewegt sich gerne in der Klassengemeinschaft, reagiert aber empfindlich, wenn sie von Mitschülerinnen einmal zurückgewiesen wird.

Leistungsentwicklung

	1990/91		1991/92		1992/93		1993/94		1994/95	
	1. Klasse		2. Klasse		3. Klasse		4. Klasse		5. Klasse	
	1. Hj.	2.Hj.	1. Hj.	2.Hj.	1. Hj.	2.Hj.	1. Hj.	2.Hj.	1. Hj.	2.Hj.
D	–	–	–	4	4	3	3	3	4	( )
Ma	a)	b)	c)	4	4	4	4	4	5	( )
HSK	–	–	–	5	4	4	4	4	4 (d)	( )

a) „In Mathematik kann sie Aufgaben im bisher gelernten Zahlenraum mit Arbeitsmaterial sicher lösen."
b) „In Mathematik sucht sie bei schwierigen Aufgaben das Anschauungsmaterial, …"
c) „Sehr nachgelassen hat sie in Mathematik. Selbst bei einfachen Aufgaben braucht sie das Anschauungsmaterial und schafft dadurch nur sehr wenig."
d) Englisch

Entwicklung der Schulleistungen im Fach Mathematik im laufenden Schuljahr:

Zwischenzeugnis

5	5	4	5	3	?	?

Sozialer und emotionaler Bereich

Angela ist in ihrem Arbeitsverhalten sehr wechselhaft. Sie arbeitet zögernd und verhält sich ausgesprochen leistungsängstlich. Arbeitsergebnisse teilt sie mit sehr leiser Stimme mit. Sie hat Angst vor Tadel, fühlt sich ihrer Sache nie ganz sicher und zweifelt selbst dann an sich, wenn sie eine Sache offensichtlich beherrscht. Dieses Lernverhalten behindert sie vor allem in Leistungsnachweisen, wo sie bei komplexeren Aufgaben aufgibt, gelegentlich auch in Tränen ausbricht und kaum mehr zu beruhigen ist. Ihr Selbstvertrauen ist sehr gering. Zu Beginn des fünften Schuljahres sanken die Leistungen (siehe Übersicht) auf die Note „Fünf" ab. Vorher konnte sie dank Fleiß und Übung immer die Note „Vier" halten. Ein Wechsel im Bereich der Klein- und Arbeitsgruppe im Klassenverband wirkt sich bei Angela ungüns-tig aus. Sobald sich ihre Banknachbarin wegsetzen möchte, wird sie unsicher und reagiert mit Tränen und Leistungsversagen. In individualisierenden Lernsituationen ist sie zugänglich und lernwillig. Gut kann sich Angela in Phasen der freien Unterrichtsarbeit entfalten. Nach anfänglicher Unsicherheit hat sie gelernt, sich selbst die Arbeit einzuteilen und auszuwählen.
Erhält sie sofort eine Rückmeldung, ob sie eine Aufgabe richtig oder falsch gelöst hat, dann arbeitet sie sicher und motiviert weiter.
Auch das Arbeitstempo konnte sie dadurch steigern. Im Fach Sport verhält sich Angela sehr ängstlich. Wenn es ihr freigestellt ist, vermeidet sie unbekannte Übungen und setzt sich auf die Bank. Bei Übungen wirkt sie oft unsicher und hält sich dann an der Wand oder an Geräten fest. Bei Spielen steht sie häufig abseits.

Diagnostik

1. Qualitative Fehleranalyse durch informelle Schulleistungsdiagnostik nach Storath

- langsame Wiedergabe der Einspluseins- und Einsminuseinssätze mit Zehnerübergang
  Beispiel: $6 + 8 = 14$, $12 - 7 = 5$

  Unsicherheit beim Finden von Vorgängern und Nachfolgern im Zahlenraum bis 1.000 und darüber hinaus bis zur Million – Probleme mit dem Stellenwertsystem

  Beispiel: 1.400 – 1.500 – 1.600   falsche Lösung
  1.499 – 1.500 – 1.501   richtige Lösung

- leichte Unsicherheit bei Tausch- und Umkehraufgaben

  Beispiel: 110 + ☐ = 310

- große Schwierigkeiten bei mündlichen Rechenaufgaben im Zahlenraum bis 100 mit Zehnerübergang (Addition und Subtraktion)

  Beispiel: $47 + 35 = 812$ $7 + 5 = 12.$ $40 + 30 + 10 \rightarrow 8\ldots$
  $92 - 38 = 66$ $--\rightarrow$ $8 - 2 = 6$

  $136 + 14 = 14\ 10$ $--\rightarrow$ $6 + 4 = 10$ $--\rightarrow$ 1.410
  $13 + 1 = 14$
  $624 - 32 = 612$ $--\rightarrow$ $4 - 2 = 2$
  $> 30 - 20 = 10$

- Das Teilen mit Rest gelingt nicht.

  Beispiel: $55 : 8 = 7$ Rest 1 $--\rightarrow$ $56 : 8 = 7\ (-1 = 55)$

- Das halbschriftliche Multiplizieren gelingt ihr teilweise, das Dividieren schafft sie nicht.

  Beispiel: $9 \times 83 =$ ☐ $9 \times 80 = 720$
  $9 \times\ \ 3 =\ \ 27\ \ldots$

- Bei Sachaufgaben verwechselt Angela die Multiplikation mit der Addition und die Division mit der Subtraktion.

  Beispiel: „Vater kauft 8 Meter Gartenschlauch. 1 Meter kostet 90 Cent. Wie teuer ist der Schlauch?"
  Rechnung: $90 + 8 = 98$ Euro

  Beispiel: „36 Stifte sollen abgepackt werden. In jede Schachtel kommen 6 Stifte."
  Rechnung: $36 - 6 = 30$ Stifte

2. Testergebnisse des AID

	Items	T-Wert
1	Alltagswissen/Allgemeines Wissen	36
2	Bilderergänzen	52
3	Rechnerisches Denken	34
4	Bilderordnen/Soziale und sachliche Richtigkeit	59
5	Zahlennachsprechen/ Unmittelbares Reproduzieren – numerisch	45/52
6	Wortschatztest/Synonyme finden	46
7	Zeichen-Symbol-Test/ Kodieren und Assoziieren	47/41
8	Figurenlegen/ Antizipieren und Kombinieren – figural	57
9	Gemeinsamkeiten finden/ Funktionen abstrahieren	45
10	Mosaik-Test/ Analysieren und Synthetisieren – abstrakt	30 (!)
11	Allgemeines Verständnis/ Soziales und sachliches Erfassen	40
IQ ~ 90	Summe	584

verbal – akustisch	manuell – visuell
1 --> 36	2 --> 52
3 --> 34	4 --> 59
5 --> 45	7 --> 47
6 --> 46	8 --> 57
9 --> 45	
10 --> 40	10 --> 30 (!)

Interpretation der Testkennwerte:

Dass die Schülerin bei „Item 10" ihren niedrigsten Testkennwert erreichte, überrascht nicht. Es zeigt die bestehende Wahrnehmungs- und Vorstellungsschwäche der Raumlage sehr klar an. Dass auch der Wert beim „Rechnerischen Denken" schwach ist, ist wesentlich eine Folge geringer Erfolge im Mathematikunterricht. Die Resultate bei den verbal-akustischen Items sind signifikant niedriger als bei den manuell-visuellen, mit Ausnahme von „10" (s. o.).

Förderziele und Fördermaßnahmen

1. Arbeit an allgemeinen grundlegenden Fähigkeiten
- Blinde-Kuh-Spiele, Orientierungsspiele
- Einsatz von Spielen und Materialien im Förderunterricht, die geeignet sind, die Raumwahrnehmung und Raumvorstellung zu entwickeln: Tangram, Nikitin-Würfel, Bergedorfer Geometriehefte, Bilder aus Katalogen mit Suchspielen, zeichnerische Lösungsversuche bei Rechenoperationen, „blindes" Ertasten von Merkmalsplättchen, Zahldarstellungen und einfache Operationendarstellungen mit Perlen, Stäben und dergleichen (auch im Tastsack)
- Übungen im Fach Sport, die dazu dienen, dass Angela mehr Sicherheit und Selbstvertrauen gewinnt (Balanceübungen, Sprungübungen mit steigender Distanz, Ballfangübungen, vermehrtes Druck- und Stoßkrafttraining, Gymnastikband, Gleichgewichtsübungen und Seilhüpfen)
- Verbessern der Raum-Lage-Vorstellung, Gewinnen einer räumlichen Vorstellung von Zahlen durch E-, Z-, T-, ZT-, HT- und Millionenkörper (Montessori-Material → „Hierarchie der Zahlen"/„Markenspiel")

2. Arbeit an mathematischen Bereichen
- Wendekarten zum besseren Einprägen und zur schnelleren Wiedergabe von Einpluseins- und Einsminuseinssätzen

$$\boxed{6 + 7} \qquad \boxed{1 + 3}$$

- Arbeit an der Tausenderkette (Montessori) zum Auffinden und Bestimmen von Vorgängern und Nachfolgern größerer Zahlen

```
        390              400              410
ooooooooooOooooooooooOooooooooooOooooooooooOooooooooo
           Vorgänger 399 | 401 Nachfolger
```

- Darstellung von Rechenoperationen der vier Grundrechenarten mit Wortkartenstreifen, um die Umkehrung von Operationen zu verdeutlichen

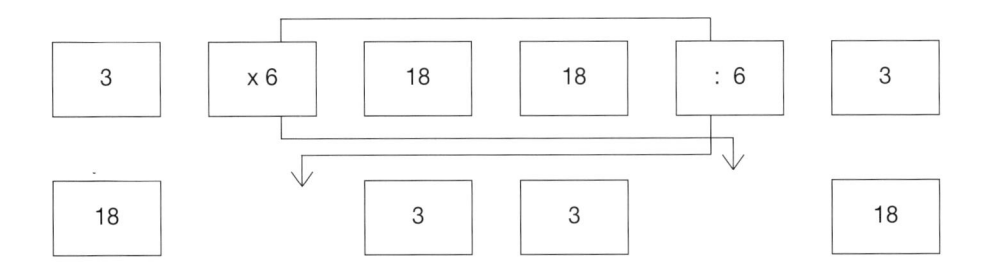

$$3 \to \times 6 \to 18 \qquad 18 \to : 6 \to 3$$
$$\downarrow \qquad\qquad\qquad \downarrow$$
$$18 \qquad 3 \qquad\qquad 3 \qquad 18$$

- Üben des Zehnerübergangs (Kategorienwechsel) am Rechenbrett (Stellenwertbrett) und mit Marken (Montessori); Analogieaufgaben in anderen Hundertern bzw. Tausendern

T	H	Z	E
		□ □ □ □ □ □ □ □ □ □ □	

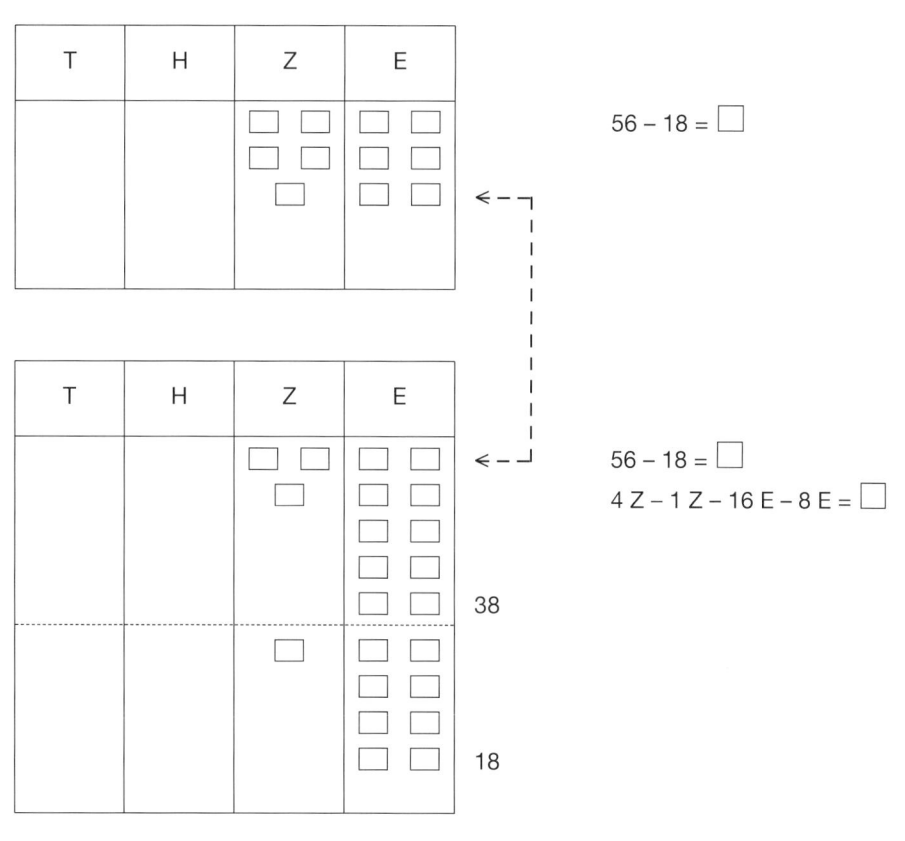

$56 - 18 = \square$

T	H	Z	E

		□ □ □ □
		□ □ □
		     □ □
		     □ □
		     □ □
			38

		□ □ □
		     □ □
		     □ □
		     □ □
			18

$56 - 18 = \square$

$4\,Z - 1\,Z - 16\,E - 8\,E = \square$

– Aufsuchen von Perlen auf der Einmaleins-Kette und Bestimmen der jeweiligen Aufgabe mit Rest

o o o o o o **O** o o o o o o o **O** o o o o o o o **O** o o o o o o o

$2 \times 7 + 2 = 16$

– Multiplizieren und Dividieren mit dem Markenspiel ($\stackrel{\circ}{\triangle}$ = Personenstellvertreter). Stellenwertfarben und -anordnung sind eine Hilfe zum besseren Verstehen des Stellenwertsystems.

Beispiel:

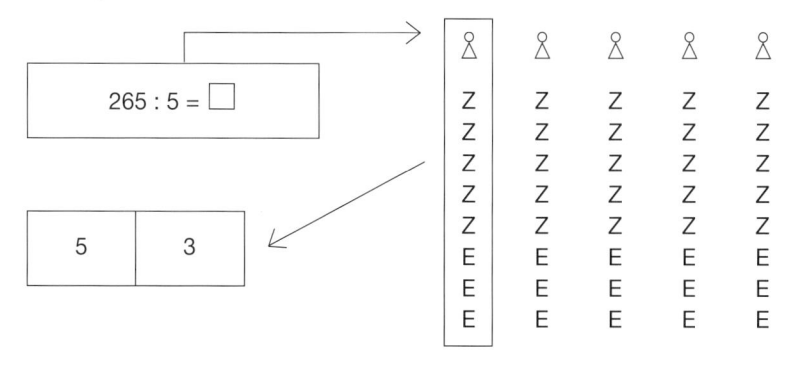

$265 : 5 = \square$

5	3

$\stackrel{\circ}{\triangle}$	$\stackrel{\circ}{\triangle}$	$\stackrel{\circ}{\triangle}$	$\stackrel{\circ}{\triangle}$	$\stackrel{\circ}{\triangle}$
Z	Z	Z	Z	Z
Z	Z	Z	Z	Z
Z	Z	Z	Z	Z
Z	Z	Z	Z	Z
Z	Z	Z	Z	Z
E	E	E	E	E
E	E	E	E	E
E	E	E	E	E

- Zeichnerische Lösungsversuche an ausgewählten Sachaufgaben, die sich auch mit Spielgegenständen darstellen lassen. Sachrechenaufgaben, die sich eng an Lese- und Sachtexte aus dem Unterricht anlehnen.

  Beispiel: „Ein Maulwurf wiegt etwa 80 g. Den fünften Teil seines Körpergewichts frisst er jeden Tag an Würmern. Wie viel macht das in einem Monat aus?"

3. *Arbeit am Lernumfeld und an emotionalen und sozialen Bereichen*

Als wesentlich wird angesehen:
- Gespräch mit der Mutter mit dem Ziel, ihr die spezifischen Lernschwierigkeiten der Tochter zu verdeutlichen, überzogene Leistungserwartungen abzubauen und Angela zu mehr Selbstständigkeit und Selbstvertrauen zu erziehen
- Einbeziehen der Großmutter ins Gespräch, um besonders den Aspekt der Erziehung zur Selbstständigkeit zur Geltung zu bringen
- Treffen von Vereinbarungen, in welchen Situationen durch verändertes Erzieherverhalten die Selbstständigkeit der Schülerin verbessert werden kann (Übertragen von Aufgaben, selbstverantwortliches Ausführen alltäglicher Arbeiten, z. B. zuständig für Blumen, Hausarbeit, Mülltrennung, Einkäufe etc., Zurücknahme der Hausaufgabenhilfe, Möglichkeiten der Selbstkontrolle, ...)
- Individualisieren bei neuen Lerninhalten und in Phasen des offenen Unterrichts
- Arbeiten in der Kleingruppe
- Arbeitsmaterial mit sofortiger Rückmeldung (LÜK o. Ä.)
- Einsatz des Angstfragebogens (AFS) erforderlich, jedoch noch nicht erfolgt
- Beachten der Generalisierungseffekte in anderen Fächern
- Übungen zur Entspannung, besonders vor Leistungsnachweisen
- Zulassen von Rechenmitteln bei Probearbeiten erwägen
- mehr Zeit zur Lösung von Aufgaben geben
- pädagogische Notengebung, eventuell Aussetzung in Betracht ziehen
- Konzentrationsübungen (AOK, Ott, AOL, PSB, ...)
- Veränderung des Arbeitsstils der Schülerin:
  - Selbstinstruktion: „Ich überlege erst, ich richte den Arbeitsplatz her, ich hole Hilfsmittel, ich lese ..."
  - vom Leichten zum Schweren
  - Eselsbrücken und Gedächtnishilfen finden
  - Hilfen zum Einprägen
- im Sportunterricht Übungen zur Angstüberwindung gezielt einbauen (s. o.)
- nach mehreren Wochen ein erneutes Gespräch mit Mutter und Großmutter anberaumen, Überprüfung oder Modifizierung der getroffenen Vereinbarungen

Vorläufige Schlussfeststellungen für Angela

Zeitraum von Oktober bis April

1. Arbeit an allgemeinen grundlegenden Fähigkeiten

Die Schülerin arbeitet zurzeit gerne mit den Nikitin-Würfel-Sätzen. Anfangs hatte sie Probleme, mit dem Material umzugehen. Inzwischen kann sie sich mit den Plänen zurechtfinden und sie Zug um Zug besser nachbauen. Im Sportunterricht ist ihr freigestellt, an welchen Übungen sie teilnehmen möchte. Bei einfachen Gruppenspielen, wie z. B. Ball über die Schnur, macht sie mit. Gerne übt sie mit heilpädagogischen Übungsgeräten wie dem Pedalo, der Schüssel zur Übung des Gleichgewichts, der Rolle oder dem Rollbrett. Dabei nimmt sie an Gewandtheit zu.

2. Arbeit an mathematischen Fähigkeiten

Von den ursprünglichen Förderzielen haben sich einige schnell erledigt. Einspluseins- und Einsminuseinssätze beherrscht die Schülerin jetzt gut. Der Zahlenraum bis zur Million und die Abfolge der Zahlen sind inzwischen kein großes Problem mehr. Auch das halbschriftliche Multiplizieren und Dividieren gelingt der Schülerin gut, wenn auch nicht allzu schnell. Eine neue Hürde war zunächst das Runden und Überschlagen großer Zahlen und das schriftliche Multiplizieren (Stoff der vierten Klasse). Da Angela mit dem Einmaleins nie besondere Schwierigkeiten hatte, waren die neuen Lerninhalte mithilfe von Veranschaulichungsmaterial (Markenspiel/Millionenwürfel/Stellenwertbrett) auch nicht lange ein Problem und konnten im Förderunterricht bald aufgearbeitet werden.

Angela konnte inzwischen ihr Rechentempo bei mechanischen Aufgaben deutlich steigern. Sie hat in der Kleingruppe nicht mehr unter dem Konkurrenzdruck zu leiden, der sonst in der Klasse herrscht, kann beim Rechentempo mithalten und hat dadurch an Selbstsicherheit gewonnen. Die schriftlichen Normalverfahren der Addition, Subtraktion und Multiplikation vertiefte sie mithilfe des Stellenwertbretts, des Markenspiels und des Rechenrahmens (siehe Materialteil). Angela rechnet zwar noch langsam, aber doch einigermaßen sicher. Den Zahlenraum bis zur Million kann sie sich nun besser vorstellen, seit sie mit dem Material „Hierarchie der Zahlen" eine dreidimensionale Vorstellung der Million handelnd erfahren und üben konnte. Die schriftlichen Rechenverfahren gelingen ihr fast leichter als das mündliche Lösen von Additions- und Subtraktionsaufgaben im Zahlenraum bis 100. Hier werden noch Probleme deutlich, die beim Zehnerübergang und beim Rechnen mit zwei Stellen (Zehner/Einer) eine starke Beanspruchung der Konzentrationsfähigkeit verlangen. Mithilfe des Markenspiels geht diese Aufgabe Angela leichter von der Hand. Die Marken dienen dabei als Merkhilfe.

Besonders die schriftliche Division stellt für Angela immer noch eine Hürde dar. Durch den Einsatz des Markenspiels und der damit möglichen Übung des Aufteilens gelingt es ihr jetzt, die Operation der Division besser zu verstehen. Die Geläufigkeit des abstrakten Verfahrens erfordert allerdings noch einige Übung.

Schwierigkeiten bereiten ihr nach wie vor eingekleidete Aufgaben und Sachaufgaben. Mithilfe von Lösungsstrategien ist sie gerade dabei, mehr Routine und Sicherheit beim selbstständigen Lösen der Aufgaben zu erhalten. Dabei helfen ihr bewegliche Lösungspläne, die sie hantierend selbst zusammenstellen kann und deren Richtigkeit sie auf einem Kontrollblatt bestätigt findet.

3. Arbeit am Lernumfeld und an emotionalen und sozialen Bereichen

In der kleinen Fördergruppe wurde der Lernfortschritt in Mathematik auch für Angela selbst augenscheinlich, sodass sich ihr anfänglicher Unwillen über die zusätzliche Unterrichtsstunde in Freude am Umgang mit spielerischen Rechenmaterialien gewandelt hat. Sie greift z. B. ohne Aufforderung zu den beweglichen Lösungsplänen und bearbeitet damit selbstständig Sachaufgaben. Die Schülerin hat gelernt, ihre eigenen Fähigkeiten besser und vor allem höher als bisher einzuschätzen. Sie scheut sich nicht mehr, um Hilfe zu bitten. Dies erfolgt nur noch, wenn es unbedingt notwendig ist. Zur Mutter besteht weiterhin guter Kontakt. Sie reagierte auf die Verbesserung der Schulleistungen erfreut. Sie trug aber auch ihren Teil dazu bei, indem sie nun Angela mehr Verantwortung im häuslichen Bereich übertragen hat. Angela wirkt in letzter Zeit weniger hilflos, d. h. sie tritt selbstsicherer auf. Vor Leistungsnachweisen zeigt sie weit weniger Angst als vor den Fördermaßnahmen.

3.1.6 Kritische Aspekte zur Förderarbeit

Aus den oben beschriebenen und auch aus allen anderen durchgeführten Förderprogrammen lassen sich folgende *Anmerkungen* zusammenstellen:
- Förderunterricht muss unbedingt regelmäßig durchgeführt werden, da der Erfolg wesentlich von kontinuierlicher Arbeit abhängt.
- Nach anfänglicher Ablehnung des zusätzlichen Förderunterrichts durch die Kinder konnte durch motivierende Spiele und Materialien, die nicht unbedingt einen mathematischen Bezug erkennen ließen, diese in eine Akzeptanz umgewandelt werden.
- Auch Kleinsterfolge konnten hier anerkannt werden, sodass auch eine Steigerung der Leistungsmotivation erfolgte.
- Positiv wirkte sich aus, wenn der Förderlehrer zugleich Klassenlehrer war, da die Vertrauensbasis zum Kind, den Eltern und eventuell weiteren Institutionen vorhanden war. Es war ebenso mehr Rücksichtnahme gegenüber dem Kind im Klassenverband möglich (z. B. bei Proben, innerer Differenzierung und Freiarbeit). Außerdem war es dem Klassenlehrer möglich, das Selbstwertgefühl des Kindes innerhalb der Klasse und der Kleingruppe zu fördern. Zudem erübrigten sich Organisation und Durchführung von Kooperationsgesprächen zwischen Klassenlehrer und Förderlehrer.
- Andererseits ist zu bedenken, dass Förderunterricht bei nicht vorhandenem Vertrauensverhältnis zwischen Schüler und Klassenlehrer unbedingt in die Hand eines eigenen Förderlehrers gehört.
- Oft wirkte es sich schon positiv aus, dass Kinder in einer kleinen Gruppe die volle Zuwendung einer Lehrkraft erfahren, die ihnen im Klassenverband oftmals versagt bleibt.
- Die Scheu der Nachfrage bei nicht verstandenem Unterrichtsstoff verringerte sich in der Kleingruppe. Auch ängstliche Schüler profitierten von der besonderen Situation und gelangten allmählich zu stressfreierem Arbeiten.
- Die Chancen, auch im mündlichen Unterricht einmal zum Zuge zu kommen, erhöhten sich im Förderkurs, da alle Kinder etwa den gleichen Leistungsstand hatten.
- Aufgrund des besonderen Materials kamen sich die oftmals benachteiligt fühlenden Kinder bevorzugt vor.
- Besondere Bedeutung kam der Kollegenberatung zu. Dabei haben sich häufig unspezifische positive Veränderungen im allgemeinen Klassenunterricht ergeben, z. B. Sensibilisierung für das Fach Mathematik und seine Problematik, tolerantes Verhalten gegenüber Kindern mit Rechenschwäche, Einsatz neuer Übungsformen, Akzeptieren und durchgängiges Zulassen von konkreten Anschauungsmaterialien, Offenheit für andere, von den Kindern selbst erarbeitete Lösungsstrategien.
- Intensive Elterngespräche zeigten dem Kind, dass es mit seinen Problemen ernst genommen wird. Die meisten Eltern konnten für die Problematik ihres Kindes sensibilisiert werden. Zusammen mit dem durchgeführten Förderunterricht, dem wachsenden Selbstwertgefühl des Kindes und einer gezielten Beratung der Klassenlehrkraft konnte der Teufelskreis der mathematischen Lernstörung unterbrochen werden.

Wünschenswert für die weitere Arbeit wäre:
- Förderunterricht in Kleinstgruppen, auch über kurze Zeiträume, sodass die Möglichkeit besteht, mehr Kinder schwerpunktmäßig zu fördern
- als „pädagogische Feuerwehr" bei kurzfristig auftretenden Problemen schnell eingreifen zu können
- angemessen mit Material ausgestattet zu werden
- bei Lehrerwechsel des Förderkindes die neue Lehrkraft über Problematik, Förderstand und über weiteren Förderbedarf in emotionaler, arbeitstechnischer, mathematischer und motorischer Hinsicht zu informieren

Grenzen der Förderarbeit sind erreicht, wenn:
- die Eltern das Problem ihres Kindes nicht erkennen wollen
- die Eltern nicht zur Zusammenarbeit bereit sind
- die Klassenlehrkraft nicht konform arbeitet
- die Förderung nur sporadisch ist
- die Förderung nicht zielorientiert ist
- die Förderung nicht persönlichkeitsumfassend ist
- die Förderung nicht genügend Motivationscharakter hat
- die Begabung des Kindes nicht ausreicht und eine andere Schulart besser wäre

3.2 Beratung im Umfeld

HEINZ SCHLEGEL

3.2.1 Eltern und Lehrkräfte

1. Zur Bedeutung der Beratung von Eltern und Lehrern bei Rechenschwäche:

In Kapitel 1.3 wurde bereits ausgeführt, dass Rechenstörungen in der Regel nicht allein als Probleme eines Schülers im Leistungsbereich gesehen werden dürfen, da sie auch aus dem jeweiligen sozialen Kontext (Eltern, Geschwister, Lehrer, Mitschüler, Freunde) heraus erklärt werden können und mit psychischen Variablen (Gefühle, Motivation, Selbstwert) des Kindes in Verbindung stehen.

An einem Beispiel aus der Beratung kann dies verdeutlicht werden: *Jan, der die vierte Klasse der Grundschule besucht, hat massive Schwierigkeiten in Mathematik. Er leidet vor allem darunter, dass sein Vater, selbst Informatiker, ihm immer wieder vorwirft: „Ich kann überhaupt nicht verstehen, wie man so blöd sein kann, so einfache Aufgaben nicht zu kapieren." Er stellt Jan zudem ständig den jüngeren Bruder Mark als Vorbild hin. Ihn bevorzugt er, da er in ihm mehr seine eigenen Eigenschaften entdeckt. Die Mutter bemüht sich dagegen mit großer Anstrengung, Jan gegen dessen permanenten Widerstand das Rechnen beizubringen. Sie fühlt sich verantwortlich und schuldig, dass er versagt und fühlt sich auch von ihrem Mann unter Druck gesetzt, der unbedingt möchte, dass Jan das Gymnasium besucht. Mark wiederum genießt diese Situation, weil er im täglichen Streit um Jans schulische Probleme selbst großen Freiraum genießt, aber auch eine Möglichkeit hat, in der Rivalität mit dem älteren Bruder stark und groß zu sein.*

Die Schilderung macht transparent, dass alle Mitglieder der Familie von einer Verbesserung der Rechenleistungen Jans in ihrer eigenen Stellung betroffen wären: Der Bruder müsste fürchten, seine starke Rolle in der Familie zu verlieren und selbst mit mehr Anforderungen konfrontiert zu werden, die Mutter würde ihre Aufgabe verlieren, sich tagtäglich für den Fortschritt ihres Sohnes „aufzuopfern" und damit Gefahr laufen, sich überflüssig, vielleicht sogar unwichtig zu fühlen. Aber auch der Vater müsste damit rechnen, dass er seine dominante Stellung in der Familie verlöre, falls seine Frau den neu entstandenen Freiraum für die Verwirklichung ihrer eigenen Bedürfnisse entdecken würde. So tragen eine Reihe unbewusster Mechanismen dazu bei, Jan in seiner Persönlichkeitsentwicklung und psychischen Situation zu hemmen: ein positives Selbstbild aufzubauen, Selbstsicherheit zu gewinnen, Zutrauen zu sich und zu seiner Leistungsfähigkeit zu fassen, seine Ängste zu überwinden. Ohne Veränderung dieser emotionalen und motivationalen Faktoren jedoch fehlt eine wichtige Basis für die Überwindung der Rechenschwäche. Der Erfolg von Förderbemühungen erscheint gefährdet.

Beratung und Arbeit auch mit den anderen Mitgliedern der Familie erscheinen daher als Grundvoraussetzungen für den Erfolg der Bemühungen um den Schüler.

Bei vielen Schülern, bei denen Lernstörungen mit Verhaltensauffälligkeiten verbunden sind, hemmen jedoch auch schulische Faktoren die Wende in Richtung einer positiven Entwicklung. Unser Praxisbeispiel „Jan" zeigt dies auf:

Da Jan gelernt hat, seine Rechenprobleme durch ständiges Stören des Unterrichts zu kompensieren und so seine Aufgaben nie vollständig zu erledigen, verschlechtert sich auch seine Beziehung zur Lehrerin. Die schlechten Noten und Ermahnungen, die er von ihr bekommt, interpretiert er als persönliche Ablehnung. Aber auch die Lehrerin fühlt sich gekränkt, da ihre Bemühungen von ihm ständig zurückgewiesen werden, gehänselt, wenn er einfachste Rechnungen nicht kann. Besonders Max, ein sehr ehrgeiziger Schüler, hetzt die Klassenkameraden öfters auf, ihn durch Hinweise auf seine „Dummheit" zu ärgern.

Es ist leicht zu erkennen, dass in der Schule ähnliche Prozesse wie zu Hause eine Verbesserung blockieren: die Klassenkameraden würden ihren „Sündenbock" verlieren, die Lehrerin könnte aus der gestörten Beziehung zu Jan heraus kleine Fortschritte nur schwer wahrnehmen, weil sie auf sein Störverhalten fixiert ist. Sie würde möglicherweise aber auch in ihrem pädagogischen Selbstbild bedroht, da sie eine Verbesserung selbst nicht geschafft hat.

Da zwischen Familie und Schule in Problemfällen nicht selten auch gegenseitige Schuldzuweisungen eine Rolle spielen, sind Schüler wie Jan „hin- und hergerissen". Es gibt daher wichtige Gründe für eine begleitende Beratung von Lehrern, die Fördererfolge beschleunigen kann.

Da die konkrete Beratung und Arbeit mit Eltern und Lehrern von der jeweiligen Situation und Problemkonstellation, aber auch von den Kompetenzen des Beraters abhängt, gibt es keine „Rezepte", wohl aber Grundsätze, die die Offenheit, das Vertrauen und die Kooperation erleichtern.

2. Beratungsgrundsätze:

Wichtigste Bedingungen für das Herstellen eines Vertrauensverhältnisses als Voraussetzung jeder Beratung von Eltern und Lehrern ist die Grundhaltung des Beraters im Sinne der Variablen nach ROGERS:

- *Akzeptanz (emotionale Wärme, Verständnis)*
- *Empathie (Einfühlungsvermögen in den Ratsuchenden)*
- *Kongruenz (Echtheit des Beraters)*

Daraus leiten sich weitere Grundsätze ab:

- *das Prinzip der Freiwilligkeit:*

Berater können auf Eltern und Lehrer zugehen, ihnen Angebote machen, ohne Beratung aufzudrängen, Druck zu machen, sie nicht zu verpflichten versuchen.

- *das Prinzip der Vertraulichkeit:*

Absolute Schweigepflicht gegenüber Dritten muss unter allen Umständen gewahrt sein, da sonst das Vertrauensverhältnis empfindlich gestört und zerstört werden kann. Mit Eltern und Lehrern ist gerade in Konfliktfällen genau abzusprechen, was der anderen Seite an Informationen gegeben wird.

Konkret bedeutet dies in der Beratungssituation:
- die Regeln der Beziehung definieren, um Voraussetzungen zur Kooperation zu schaffen
- die eigene Rolle als Berater präzise definieren
- die eigenen Kompetenzen, aber auch Grenzen erläutern
- Zusammenarbeit anbieten
- Konflikte, Schwierigkeiten offen, aber für den Ratsuchenden in einer akzeptablen Form (möglichst als Ich-Botschaften) ansprechen, keinesfalls überspielen, mit dem Ziel, Klärungen herbeizuführen

Rausch (1990) nennt eine Reihe von Grundakzenten von Beratung, die Grundlage für das Selbstverständnis jedes Beraters sind:
- „die Hilfe zur Selbsthilfe" als oberstes Prinzip jeder Beratung
- das Verständnis des Beraters für die Sicht des Ratsuchenden
- die Unterstützung und Förderung der Eigenverantwortlichkeit

Beratung steht somit im Spannungsverhältnis zwischen Lenkung und Führung durch den Berater und Selbstentscheidung durch den Ratsuchenden. Folgendes Bild kann dies veranschaulichen: Beratung heißt, ein Stück gemeinsamen Weges miteinander zu gehen und den Ratsuchenden im Beratungsprozess zu befähigen, sich zunehmend besser zu orientieren und seinen eigenen Weg deshalb selbst leichter zu finden. Beratung kann somit nicht bedeuten, dem anderen zu sagen, „wo es lang geht".

Die Praxis zeigt, dass im Hinblick auf den (langfristigen) Beratungserfolg dieses Grundverständnis ganz wesentlich ist. Beratung funktioniert nur scheinbar, wenn Berater glauben, Probleme selbst besser lösen zu können, fertige Lösungen für die Bereiche des anderen zu haben glauben und dann ihre eigene Sicht, ihre eigenen Ziele und Wege den zu Beratenden aufdrängen wollen. Im Gegensatz mancher Beratung im Alltag misst sich daher gute Beratung nicht an schneller Zustimmung, Einverstandensein mit den „Ratschlägen" des Beraters, sondern an der tatsächlichen, eigenverantwortlichen Umsetzung von Beratungsergebnissen. Denn Eltern und Lehrer erkennen oft erst beim Versuch der Umsetzung vieler Ratschläge, dass sie für sie nicht „passen", sind dann im Nachhinein umso enttäuschter oder schreiben den Misserfolg sich selbst und ihrer eigenen Unfähigkeit zu. Veränderungen können also nur erreicht werden, wenn alle Beteiligten mithilfe des Beraters selbst neue Bedürfnisse entwickeln, neue Ziele definieren und anstreben, die auch von den anderen akzeptiert werden.

3. Besonderheiten der Beratung von Lehrern:

„Verhaltensweisen eines Individuums oder einer Gruppe von Individuen (Familie, Schulklasse) können nur dann angemessen beschrieben und verstanden werden, wenn wir sie als Bestandteil eines umfassenden Netzwerkes betrachten" (Käser, 1993, 321).

Diese Betrachtung von Ratsuchenden in ihrem Kontext ist bei der Beratung von Lehrern besonders wichtig, weil ihre Probleme, Einstellungen und Verhaltensweisen in Abhängigkeit von den Bezugssystemen des Betroffenen zu sehen sind, vom Kollegium und von der Schule. Durch diese Sichtweise eröffnet sich in der Beratung ein viel weiteres Handlungsfeld für Veränderungen.

Diese sog. „systemische Sichtweise", also die Orientierung an den Grundlagen der System- und Familienberatung ist bei der Beratung von Lehrern von besonderer Bedeutung: Handlungen von Lehrern werden verständlich und erhalten Sinn, wenn sie begriffen werden in ihrem Zusammenhang zu drei Bezugssystemen: ihrer eigenen Familie, der Klasse, in der sie unterrichten, und dem Lehrerkollegium, dem sie angehören. In jedem der Subsysteme „Klasse" und „Kollegium" gelten eigene Regeln, die ähnlich sind denen im System „Familie" (vgl. Hennig, Knödler, 1987). Neben den offensichtlichen, festgeschriebenen Strukturen (explizit und formell) sind aber weitere, eher verborgene, unausgesprochene Regeln (implizit und informell) in jedem der Systeme sehr wirksam. Am Beispiel des Subsystems „Kollegium" sei dies veranschaulicht:

explizite Regeln		*formelle Regeln*
(EUG, Schulordnung, LDO …)	*Struktur*	(Funktionsstellen)
implizite Regeln		*informelle Regeln*
(Haltungen, Einstellungen wie z. B.: in wessen Klasse es laut ist, der ist ein schlechter Lehrer; wir sind eine besonders strenge Schule)		(Lehrer mit starkem Rückhalt, Gruppen im Kollegium, Außenseiter, „Neulinge")

Das bedeutet: In jeder Schule herrscht eine ganz individuelle Struktur, ein eigenes Bild davon, wie Schüler und Lehrer sind und zu sein haben, ja wie Schule funktioniert und zu funktionieren hat. Bei dieser Festschreibung kommt dem Schulleiter eine sehr zentrale Bedeutung zu, im positiven wie im negativen Sinn. Die jeweilige Schulstruktur und -kultur hat großen Einfluss auf alle Handlungen jedes Lehrers, sie stellt seinen Kontext dar und definiert seinen Handlungsspielraum.

Diese Strukturen können sogar die Rollen aller Mitglieder eines Kollegiums definieren. Bei den einzelnen Lehrern kann dies dann zu Konflikten führen, wenn Wunsch- und Pflichtrollen im Gegensatz zueinander stehen. Die Folge davon ist, dass sich Kollegen in ihren Aufgaben nicht als kongruent und echt erleben und somit nicht klar, nicht berechenbar, nicht transparent gegenüber Schülern, Eltern und Kollegen damit umgehen können. So werden innerpsychische Konflikte leicht zu Beziehungs-, Disziplin- oder Autoritätskonflikten.

Offene oder verdeckte Kämpfe zwischen Einzelnen oder Gruppen, die Bildung von Koalitionen, die Beziehungen zwischen Lehrern und Schulleitung, globale Einstellungen im Kollegium gegenüber Schülern und Eltern, all diese Facetten der Gruppendynamik können Veränderungen und Umorientierungen hemmen und blockieren, aber auch erleichtern. Deshalb wird Beratung von Lehrern größere Perspektiven für Veränderungen eröffnen, wenn diese Kontextbedingungen in die Analyse einbezogen werden.

Für die Beratung bei Rechenschwäche bedeutet dies konkret, einzubeziehen, wie die Schule insgesamt schwachen und auffälligen Schülern gegenüber eingestellt ist, z. B. ob der Einrichtung von Förderkursen, einer Differenzierung und Individualisierung hinsichtlich der Leistungsbewertung grundsätzliche Offenheit entgegengebracht wird.

Da Beratungslehrer und Schulpsychologen interne Berater sind, ist es nach Hennig/Knödler (1987) besonders wichtig:

- die Kollegen als gleichberechtigte Kooperationspartner anerkennen und ihre eigene Verantwortung betonen
- die bisherigen schulischen Bemühungen des/der Kollegen positiv bewerten (vor allem am Anfang einer Beratung)
- das Bedürfnis des Kollegen nach Selbstständigkeit und Unabhängigkeit zu achten, d. h. Lösungswege anzubieten, ohne sie aufzudrängen
- die hierarchische Ordnung an der Schule in das Vorgehen einzubeziehen, d. h. keinen Verantwortlichen (wie den Schulleiter) zu übergehen
- Beraterrolle und Lehrerrolle zu trennen und die Teilung der Verantwortung zu beachten, d. h. Stellung zu nehmen, ohne in Konkurrenz zu treten (keine „Oberlehrer-Mentalität" zu entwickeln)
- keine Koalitionen eingehen, sich nicht verbünden mit einem Lehrer gegen Kollegen, aber auch nicht mit Lehrern gegen Eltern oder umgekehrt

4. Konsequenzen für den Berater selbst:

Dieses Spannungsfeld, in dem sich jeder Lehrer befindet, muss zwangsläufig auch Auswirkungen auf Berater von Lehrern haben: „Es ist deshalb enorm wichtig, sich selbst nicht als Außenstehenden, sondern als Teil des Ganzen, des Systems zu sehen" (Käser, 1993, 339). Die auch in der Schule weit verbreitete Ansicht, man könne objektiv und rein sachlich beurteilen und beraten, übersieht wesentliche Tatsachen:

- alle Wahrnehmungen sind vom eigenen Standpunkt geprägt
- Emotionen beeinflussen zu ca. 80 % unsere Entscheidungen, selbst die, die wir rein rational zu treffen glauben
- die Beziehungsebene bestimmt selbst bei sachorientierten Nachrichten das Geschehen mit (Schultz v. Thun, 1991, 29)

Wichtige Impulse zur Selbstreflexion vor jeder Beratung sind deshalb folgende Fragen: *„Wie stehe ich selbst zu dem/den betreffenden Lehrer/n? Wie ist meine Wertschätzung ihm/ihnen gegenüber?"*

Aber auch die Akzeptanz von Beratern durch Lehrer ist wesentlich, d. h. wie sie von den Lehrern erlebt werden: als Kollegen im Schulalltag, die selber Schwierigkeiten haben, als „graue Eminenz", die von außen kommt und keinen Bezug zu den eigenen Problemen hat oder als jemand, der sich bemüht, sich in die Situation des anderen einzufühlen, der das „Verstehen", das Sicheinfühlen vor das „Ratschlägeerteilen", also das Anleiten setzt.

Fragen an sich selbst als Berater, z. B. *„Wie werde ich von dem/den Lehrer/n gesehen? Wie präsentiert sich mir dieses Kollegium? Welche Einstellungen spüre ich mir gegenüber?"*, können sehr hilfreich sein, um auf Lehrer gesprächsfördernd statt hemmend zuzugehen.

5. Grenzen der Beratung:

Die Ausführungen machen deutlich, dass das Aufdrängen von Beratung eher Schwierigkeiten hervorruft: Eltern und Lehrer verschließen sich, blocken ab, zeigen offene Aversion oder machen scheinbar mit, gehen also im Gespräch auf die Ratschläge ein, ohne daraus Konsequenzen zu ziehen. Sie verhalten sich sozial erwünscht.

Die Akzeptanz von Beratungsangeboten hängt aber auch ab vom Image der Berater, das sie in den Augen der Lehrer genießen. „Regelmäßiger Kontakt wirkt sich im Sinne einer positiven Einstellung zum Schulpsychologen aus" (Käser, 1993, 120).

Die Annahme von Beratungs- und Fortbildungsangeboten bedeutet auch für Eltern und Lehrer eine Überwindung von Schwellen. Dieses „Sicheinlassen" auf Beratung kann sehr erleichtert werden, wenn genaue Informationen über Ziele und Arbeitsweisen bereits im Vorfeld gegeben werden und wenn Berater in ihrem Auftreten und Handeln transparent sind.

ELFIE SCHLOTER

3.2.2 Rechenstörungen aus familiendynamischer Sicht

Neben vielen Faktoren, die bei Rechenstörungen von Kindern und jugendlichen Schülern verursachend mitbeteiligt sind, sind auch familiendynamische Zusammenhänge ein wichtiger Aspekt, sowohl diagnostisch als auch bei therapeutischen Maßnahmen.

Wenn Kinder Symptome entwickeln, beruhen diese selbstverständlich auch auf individuellen Fakten und psychodynamischen Verarbeitungsmechanismen. Dieser Hintergrund soll aber hier nicht Gegenstand der Aufmerksamkeit sein.

Um den systemischen Bereich der Familie auf die Symptomatik „Rechenstörungen" zu beziehen, erfolgen zunächst einige Anmerkungen zur Funktion von Symptomen bei Kindern und Jugendlichen in deren Familien.

Auf die Frage: „Welche Funktion hat das Symptom des Kindes in seiner Familie?", erhalten wir eine andere Antwort als auf die Frage nach den Ursachen von Störungen.

Die Symptomatik von Kindern hat in der Familie häufig die Aufgabe, den inneren Zusammenhalt der Familie zu erhalten und zu stärken. Wenn das Symptom durch therapeutische Arbeit mit dem Kind allein wegfällt, besteht in der Regel die Gefahr, dass der eigentliche Beziehungskonflikt bewusst wird.

Kinder lenken ihre Eltern durch ihre Schwierigkeiten von deren eigenen Auseinandersetzungen ab und kanalisieren nicht selten dadurch die in deren Beziehung wirkenden destruktiven Energien auf sich.

Wenn die Eltern nicht zum Streiten über sich selbst kommen, wenn es immer wieder um die Schwierigkeiten und um ihre Sorge – das Kind betreffend – geht, bleibt ihnen in ihrer Suche nach Lösungen als Eltern ihr Konflikt auf der Paarebene verborgen. Eltern, die sich um ein Kind sorgen, können sich nur schwer trennen.

So haben Kinder bestimmte Rollen in ihrem Familienverband, die auf Loyalitäten, Koalitionen oder Familiengeheimnissen beruhen, die Defizite ausgleichen und der „Ganzheit" der Familie dienen.

Das ist der Grund, warum es so schwer ist, in der eigenen Ursprungsfamilie, die in der Kindheit eingespurten Verhaltensweisen zu vermeiden, wenn wir z. B. bei einem Besuch wieder mit unserer Primärfamilie in Kontakt kommen. Wir haben uns längst unabhängig und in unserer individuellen Persönlichkeit ausgeprägt geglaubt und erfahren uns plötzlich „trotzig", „konkurrierend", „beleidigt", „gekränkt", „besserwisserisch", „still" oder „böse" wie früher. Die Frage, *wie* das eigene Familiensystem dieses Verhalten bei uns auslöst, stellen wir uns meist gar nicht. Wir ärgern uns höchstens, dass das gleiche Beziehungsmuster – wie früher – uns wieder gefangen hält, sobald wir die Schwelle der elterlichen Wohnung überschreiten.

Es lohnt sich aber, die Verstrickung der Familienmitglieder genauer zu betrachten und „verstehen" zu lernen, wie unser Verhalten dem Ganzen dient.

Nach diesen allgemeinen Überlegungen will ich zum Thema „Rechenstörungen" ein Fallbeispiel schildern, das uns eine Betrachtung der Beziehungsebene im Sinne „das Tun des Einen ist das Tun des Anderen" (Titel eines kleinen Buches von Helm Stierlin) ermöglicht.

Annas Eltern haben vor 13 Jahren geheiratet. Sie ist zum Zeitpunkt der Beratung zwölf Jahre alt und hat große Schwierigkeiten in Mathematik. Anna besucht die sechste Klasse eines neusprachlichen Gymnasiums. In den letzten beiden Schulaufgaben hatte sie eine „Fünf".

Die Mutter macht täglich Hausaufgaben mit Anna. Diese wirkt oft abwesend, hört nicht genau zu, wenn die Mutter ihr erklärt, wie eine mathematische Aufgabe angegangen werden kann, sagt nur „ja", wenn sie gefragt wird, ob sie die Erklärung verstanden hat, kann aber Fragen dazu nicht beantworten.

Das macht die Mutter auf sie wütend. So entstehen oft Verknüpfungen von Mathematik und schimpfender Abwertung. Die Mutter nennt Anna „stinkfaul" und „strohdumm", erreicht aber keinen aktiveren Einstieg in dieses Schulfach bei Anna. Im Gegenteil, Anna entzieht sich immer mehr, sitzt stundenlang über Mathe-Hausaufgaben, erreicht aber keine guten Ergebnisse. Sie schreibt immer schlechtere Noten.

Der Vater, der in der Industrie leitend tätig und wenig bei seiner Familie zu Hause ist, macht die Mutter verantwortlich, weil sie nicht erreicht, dass Anna Mathematik begreift und sich damit wirklich auseinander setzt.

Bis zur zweiten Grundschulklasse rechnete Anna unauffällig. Als ihr kleinerer Bruder dann in die Schule kam und nach und nach schneller rechnen konnte als sie, war sie plötzlich der Meinung, dass sie nicht gut rechnen kann. Ihre Benotung im Rechnen war durchschnittlich, aber ihr Übertritt ins Gymnasium war fraglich, weil sie in Deutsch und Sachkunde zwar eine Zwei – in Mathematik aber gerade noch eine „Drei" hatte, aber sehr zur „Vier" tendierte. Sie wurde deshalb in eine Privatschule aufgenommen und brauchte täglich die ganze Aufmerksamkeit ihrer Mutter bei ihren Hausaufgaben.

Familiendiagnostische Überlegungen:

Mutter und Tochter sind in dieser Familie in einer Koalition. Die Mutter brauchte Anna für ihr eigenes seelisches Gleichgewicht, weil ihre Beziehung zu Annas Vater nicht so gut war.

Familienanamnese:

Der Vater konzentrierte sich ganz auf den Beruf. Wenn er abends heimkam, setzte er sich vor den Fernseher und schlief dann meist auf der Couch schon ein. Die Mutter vermisste persönliche Gespräche mit ihrem Mann. Jede Freizeit verbrachte er auf dem Tennisplatz. Von seiner Frau erwartete er, dass sie sich um Haushalt und Kinder kümmerte. Wenn sie sich mit Freunden traf, war er eifersüchtig und beschimpfte sie. Er umarmte sie nur flüchtig. Wenn er morgens wegging oder abends kam, hauchte er ihr einen Kuss auf die Wange. Mehr Intimität und Nähe gab es schon seit der letzten Schwangerschaft nicht mehr zwischen den Eheleuten.

Zwischendurch hatte Annas Vater ab und zu mal „eine Affäre" mit einer Sekretärin oder einer der Frauen im Tennisclub – nichts Ernstes, aber er verheimlichte es seiner Frau.

Zu den beiden Kindern war er extrem streng und abwertend, Anna kritisierte er ständig beim Essen, sodass die Mutter Anna oft in Schutz nahm. Als Anna auf das Gymnasium kam, hatten die Eltern immer öfter Streit miteinander. Sie fanden keine Lösung für ihre unterschiedlichen Bedürfnisse. Der Vater verbrachte seine Freizeit bei Tennis und Fußball, die Mutter liebte Gespräche, wollte mit ihrem Mann gerne Tanzen gehen und wäre gern mit ihm Ski gefahren. Auch mit ihrem Freundeskreis wollte der Vater nicht zusammenkommen.

So hatten sie eigentlich außer ihren Kindern fast nichts Gemeinsames mehr. Es breitete sich immer mehr Feindseligkeit unter den Partnern aus, die Anna durch die schulischen Probleme, die sie hatte, mehr und mehr auf sich zog.

Die Enttäuschung der Partner aneinander übertrugen sie auf Anna. Sie fanden keine Lösung für ihr Problem, und Anna konnte mathematische Probleme nicht lösen. Sie empfand sich zunehmend als dumm, und begann ihren Einsatz in Mathe zu minimieren.

Die Hilflosigkeit der Eltern diesem Problem gegenüber machte sie wütend auf Anna. Wenn sie stritten, dann stritten sie mehr und mehr über Anna, weniger über sich selbst.

Eines Tages fand die Mutter eine fremde Frau in ihrer Küche vor, als sie vorzeitig mit den Kindern vom Besuch ihrer Eltern zurückkehrte. Sie war so geschockt, dass sie einen Selbstmordversuch machte und sofort in die Klinik eingeliefert werden musste. Sie überlebte. Die Eltern trennten sich. Anna und ihr Bruder gingen mit der Mutter zu den Großeltern. Der Vater heiratete die junge Frau, die seine Sekretärin war. Das gemeinsame Haus wurde verkauft. Dabei stellte sich heraus, dass der Vater den Käufer dazu überreden konnte, notariell 100.000 Euro weniger anzugeben als das Haus gekostet hatte. Er zweigte diese Summe für sich allein ab und gab seiner Frau nur ein Drittel des notariell verbrieften Erlöses.

Auch der Unterhalt und die Aufteilung von Möbeln und Hausrat fielen zu Ungunsten der Mutter aus. Anna kannte dieses „Geheimnis", durfte aber der Mutter nicht davon erzählen. Die Mutter hatte inzwischen einen Freund, der sie finanziell unterstützte. Diese Tatsache mussten die Kinder vor dem Vater geheim halten, weil er sonst seinen Unterhalt gekürzt hätte. So wurden sie von beiden Eltern als Koalitionspartner missbraucht.

Die Eltern redeten nicht miteinander, sondern verkehrten über ihre Rechtsanwälte miteinander.

Für die Leser ist hier unschwer zu erkennen, wie sehr Besitzprobleme und emotionale Verletzungen, besonders bei der Mutter, miteinander verwoben sind. Die Verstrickungen der Kinder, insbesondere von Anna, in die Eheproblematik und in die spätere Trennungsproblematik ihrer Eltern, bewirkte, dass sie nicht unbelastet mit Zahlen und den mathematischen Problemlösungen umgehen kann. Zum Teil waren diese Schwierigkeiten ein unbewusster Versuch, die Eltern miteinander zu befassen, zum Teil wird Anna emotional blockiert, klar zu denken und mit Zahlen unbefangen umzugehen. Zahlen haben in Annas Leben die Färbung von „austricksen" und „den anderen benachteiligen". Außerdem ist der Konflikt zwischen den Eltern für Anna unlösbar. So traut sie sich überhaupt wenig selbstständige Problemlösungen zu und packt rechnerisch-mathematische Problemstellungen erst gar nicht an.

Die therapeutische Arbeit mit dieser Familie gelang in unserer Beratungsstelle nur sehr holprig, weil der Vater sich einer Mitarbeit immer wieder entzog. Wir konnten aber die Familiendynamik aufdecken. Schließlich gelang es über eine psychotherapeutische Einzelbehandlung von Anna, sie behutsam aus der Koalition mit der Mutter zu lösen. Sie begann, sich mehr um ihre eigenen Dinge zu kümmern, gewann Freundinnen und traute sich mehr zu.

Das trug dazu bei, dass sie ihre Schwierigkeiten in Mathe begrenzen kann. Sie schreibt jetzt wenigstens „Vierer" in den Schulaufgaben und sie braucht ihre Mutter nicht mehr für die täglichen Hausaufgaben.

Als Geheimnisträger in der Familie wurden beide Kinder durch unsere therapeutische Hilfe entlastet.

3.2.3 Private Institute

ALEXANDER VON SCHWERIN

1. Institut zur Behandlung der Rechenschwäche/Arithmasthenie München

Konzept zur Behandlung der Rechenschwäche/Arithmasthenie

Das Institut begann mit seiner therapeutischen Arbeit Mitte 1989 in München. Mittlerweile betreuen 35 Mitarbeiter über 400 rechenschwache Kinder, Jugendliche und Erwachsene in München, Augsburg, Rosenheim, Wasserburg und Mühldorf. Diese Entwicklung verweist auf den enormen Problemdruck, der zu diesem Themenkomplex besteht.

Dem hier skizzierten *Konzept zur Behandlung der Rechenschwäche* lagen bei seiner Entwicklung seinerzeit folgende Gesichtspunkte zugrunde:

A:

Die Rechenschwäche, evident oft erst durch ihre psychischen Erscheinungsweisen, nur als Gegenstand der Psychologie zu fassen, wird weder der Eigenart ihrer Phänomenologie noch ihres Wesens gerecht. Entsprechend greifen psychotherapeutische Maßnahmen als Schwerpunktkonzeption für ihre Behebung, wie oft versucht, zu kurz. Dies gilt selbst bei eindeutig psychogenen Ursachen, wie sie in der Praxis selten isoliert auftreten. Die Mathematik als logisch aufgebautes Gebäude verlangt in der Regel vom Klienten einen zu seinen Verständnislücken sich taktisch verhaltenden Umgang mit ihnen, da eine Abgrenzung der Mängel als punktuell aufzuholendes (Fakten-)Wissen weniger denn sonstwo gelingen kann. Subjektive Regeln sind gefragt, Einfälle, wie die Technik ausgesehen haben könnte, welches Zahlenbild als Lösung noch plausibel wäre. Mischformen von Denken, Sicherinnern und fantasiereicher Schöpfung subjektiver Vorstellungen von einem undurchschauten Regelkanon gehören zum Arsenal täglicher Überlebensstrategien rechenschwacher Kinder. So bekommt die Rechenschwäche eine eigenständige Existenz als besondere „Behinderung", genannt *Teilleistungsschwäche*. Dem hat ein Therapiekonzept ebenso in besonderer Weise Rechnung zu tragen.

B:

Alle Schul- und schulbegleitende Literatur, Übungsmaterialien, Nachhilfekonzepte etc. vernachlässigen ein mögliches (vielleicht auch psychogenes) Ursachengeflecht und reduzieren zudem das genuin Mathematische dieser Schwäche auf einen angenommenen Mangel an Automatisation, entsprechend das „Nachhelfen" auf eine Vielfalt in der Methodik, einer Formalisierung von bereits vorfindlichen Schematismen, auf eine schier unend-

liche und sinnlose Ausdehnung des Übens, obwohl dem Klienten nur allzu oft die begriffliche Grundlage jedes sinnvollen Übens fehlt, also auch das Wissen für und die Konzentration auf das, was er da eigentlich übt.
Diesen vorangestellten Überlegungen trägt das Therapieprogramm Mathematik (auch in Abgrenzung zu den herkömmlichen Formen privaten kompensatorischen Paukens) Rechnung.

1. Die Diagnose

einer Rechenschwäche (Arithmasthenie/Dyskalkulie) in der bisher üblichen Weise basiert im Grunde auf einer dem Anschein nach sehr umfassenden Diagnostik. Neben Rechentests, deren Bewertung unter dem Gesichtspunkt der Quantifizierung und dem Messen an der Alters- und Schulnorm erfolgt, wird die Testung durch eine Anamnese und übliche psychologische Diagnostikverfahren ergänzt, die die individuelle psychologische und schulische Entwicklungsgeschichte des Kindes erheben. Diese sind jedoch, *was therapeutisch verwertbare Aussagen zur Eigengesetzlichkeit einer Rechenschwäche angeht,* nur sehr bedingt und eher ergänzend brauchbar.
Unerlässlich dafür ist eine *qualitative Fehlerdiagnose*, die die falschen Ergebnisse nicht bloß als Nichtkönnen charakterisiert, sondern einer genaueren Analyse unterzieht, welche einen Beitrag zum Offenlegen „subjektiver Algorithmen" leistet. Das Aufgabenmaterial umfasst – logisch aufbauend sortiert – verschiedene Anforderungen an das mathematische Denken und wird sowohl als mündliche, schriftliche und als Sachaufgabe dargeboten. Solche Fehleranalysen können vor allem in Kombination mit der Anleitung des einzelnen Schülers zum *„lauten Denken"* während des Problemlösungsprozesses wichtige Hinweise auf subjektive Rechenstrategien geben. Dies erfordert jedoch seitens der testenden Person eine genaue Kenntnis der gängigen Fehlertypologien sowie Fingerspitzengefühl und Testroutine im Umgang mit dem misserfolgsgewohnten und -orientierten Kind, dies zumal, weil die problematischen Bereiche in aller Regel sich in Mischformen mit anderen mathematischen Defiziten äußern.
Darüber hinaus bedarf es möglicherweise weiterer diagnostischer Mittel. Neben der Befragung der Schüler und Eltern, eventuell auch Grundschullehrer, sind auch Angaben zur schulischen Leistungsentwicklung sowie zum praktischen Umgang mit rechnerischen Problemen beim Einkaufen, Spielen mit technischem Spielzeug oder beim Erlernen der Uhr unter dem genannten Aspekt wichtig. Das Gedächtnis für willkürliche Zahlenreihen, das bloße Schreiben nach Gehör und andere Voraussetzungen für das Mathematik-Treiben sind ebenfalls zu überprüfen.
Hinweise zur physiologischen oder neurologischen *Ätiologie* einer Arithmasthenie (Rechenstörung) ergeben sich, wenn das Auftreten von Fehlern von der visuellen oder auditiven Darbietung der Aufgaben abhängig ist. Im Einzelfall ist eine einfache Ursachen-Wirkungs-Zuordnung nicht möglich, denn auch auf die Arithmasthenie trifft zu, was allgemein zu Lernbedingungen und -störungen gesagt werden muss: „Solche Einengungen sind problematisch wegen der neueren Einsichten in die kumulative und interaktionelle Ätiologie von Lernschwächen unter Beteiligung verschiedener ätiologischer Faktoren" (Grissemann, Weber, 1996, 16).
Mangelhaftes Aufgabenverständnis, Schwierigkeiten bei der Verbalisierung des Lösungsweges und ein geringes Problembewusstsein bei der Diskussion über falsche Lösungen können auch Hinweise sein auf eine generelle Intelligenzschwäche. Hier empfiehlt sich eine Abklärung der intellektuellen Kapazität mit *nichtnumerischem Material*. Intelligenz-

tests sind wegen ihrer relativ hohen Korrelation mit mathematischen Leistungen hier mit Vorsicht zu genießen.

Entsprechende Ergebnisse differenzialdiagnostischer Untersuchungen bedeuten dabei in der Regel nicht, dass die Rechenschwäche des Betreffenden nicht therapierbar ist. Sie sind vielmehr für die Erstellung eines differenzierenden Therapieplans wichtig.

Aufgrund der Ergebnisse eines wie oben skizzierten Rechentests wird sodann ein *qualitatives Fehlerprofil* erstellt, das die Fehlerschwerpunkte des Klienten darstellt und sie auf ihre möglichen Ursachen zurückführt. Dieses Auswertungsverfahren liefert die Basis für die Erstellung eines speziellen und individuellen Therapieplans, mit dem die diagnostizierten Defizite *systematisch* abgebaut werden können.

2. Therapie

Aufgrund der zentralen Bedeutung mathematischer Fertigkeiten in Schule, Beruf und allgemeiner Lebenspraxis macht sich eine Rechenschwäche als ernsthaftes Hindernis der Lern- und Bildungschancen der Betroffenen geltend. Im Lernraum Schule treten über die Behinderung durch die Rechenschwäche demotivierende Begleiterscheinungen wie schlechte Noten, Tadel, Angst, Gehänseltwerden, Hilflosigkeit und anderes mehr auf. So kommen häufig zu den mathematischen Defiziten Verhaltensschwierigkeiten, Depressionen, Aggressionen und anderes hinzu. Schulangst überträgt sich auch auf andere Fächer.

Die Therapie, die das Institut praktiziert, berücksichtigt diese Erfahrungen in der Weise, dass sie auf einem Bedarfsprogramm von Maßnahmen aufbaut, die dem Einzelfall gemäß ausgewählt werden. Dies gilt für die psychologische wie für die sachliche Seite. Je nach den individuellen Defiziten der Wahrnehmung, der Kognition und des Gedächtnisses sowie der subjektiven Verarbeitung können zu dem *Therapieprogramm Mathematik (TPM)* auch weitere Therapieformen hinzutreten. Darunter fallen spieltherapeutische Übungen genauso wie ausgewählte verhaltenstherapeutische Verfahren oder gesprächstherapeutische Interventionen.

Das Therapieprogramm Mathematik (TPM)

ist eine eigene Entwicklung des Instituts. Es zu entwickeln war notwendig, da es für die praktischen Schritte zur Behebung einer Rechenschwäche keinerlei geeignetes Material auf dem Büchermarkt gab: einerseits eben nur „stofforientiertes" Nachhilfematerial in Form von zusätzlichem Übungsmaterial mit den oben besprochenen Mängeln, orientiert an Lehrplänen und Klassenzielen, statt an der Logik einschlägiger Defizite. Andererseits universitäre, d. h. in der Regel psychologische Abhandlungen zu Formen des Auftretens von Rechenschwäche, der Ursache wie der Behebung nach aufgelöst als Probleme der (Kinder-)Psychologie.

Die Erfahrung, dass der normale Schulunterricht wie auch der Förder- und Nachhilfeunterricht bei rechenschwachen Kindern nicht zum Erfolg führt, heißt, dass mit den üblichen didaktischen Methoden einer Rechenschwäche nicht beizukommen ist. Das TPM verbindet die Schulung in Mathematik mit den speziellen Therapiebedürfnissen, die sich aus der Rechenschwäche ergeben. Seine Leistungskraft verdankt es der Kombination zweier Gedankenfelder: dem Wissen um die Entwicklungsstufen kindlichen Denkens einerseits und dem Durchforsten des komplexen Feldes der Grundschulmathematik andererseits. In intensiver Forschungsarbeit wurde jede einzelne gedankliche Voraussetzung innerhalb des mathematischen Systems überprüft und offen gelegt. Dadurch wird es dem

Therapeuten ermöglicht, bei der Behandlung jedes beliebigen Teilgebietes der Mathematik spezielle Wissens- und Verständnislücken aufzudecken und – isoliert – systematisch zu schließen.

In der Anwendung des TPM kommt es wesentlich darauf an, das *Verständnis* für mathematische Operationen zu wecken, denn erfahrungsgemäß wird der Umgang mit der Mathematik erst dann sicher und flexibel, wenn der Sinn einer Operation einsichtig ist.

Das TPM berücksichtigt dies, indem es den logischen Aufbau der Mathematik in seiner Therapiekonzeption verarbeitet: Sortieren und Vergleichen, Invarianz, Zahlbegriff und Stellenwertsystem. Jede einzelne Grundrechenart wird gesondert behandelt und systematisch entwickelt. Die therapeutischen Übungen sind dabei so aufgebaut, dass jeweils nur *ein mathematischer Gedanke* trainiert wird. Der Klient kann sich ausschließlich darauf konzentrieren, ohne dass sich ihm weitere Fehlerquellen eröffnen. Die Aufgabenstellungen sind dabei so gewählt, dass bloßes Auswendiglernen nicht möglich ist.

Ist das Grundprinzip einer Operation verstanden, wird dieses Verfahren „ausgereizt". Dabei werden, je nach Alter und Schulklasse des Klienten, die innermathematischen Konsequenzen und die Anwendungsmöglichkeiten dieser einen Operation erarbeitet. Das konsequente Beharren auf der Erarbeitung jeweils eines Problems und das therapeutische Vorgehen in kleinsten Lernschritten sind für das rechenschwache Kind absolute Voraussetzung, um zu einem Verständnis der mathematischen Operationen zu gelangen. Erst wenn auf diese Weise der sichere Umgang mit jeder einzelnen Rechenart erreicht ist, wird die kombinatorische Anwendung der Rechenarten in die Therapie mit einbezogen.

In der Praxis bedeutet dies: Neuaufbau des mathematischen Fundaments dort, wo keine, falsche, verschwommene oder widersprüchliche Vorstellungen herrschen. Nicht selten haben Kinder der vierten Grundschulklasse einen völlig falschen Zahlbegriff und Kinder der dritten fassen Mengen je nach Farbe, Räumlichkeit oder Repräsentation ihrer Elemente als variant auf. Größenvorstellungen haben sich nie entwickelt, stattdessen wurde die Mathematik ab Beginn der ersten Klasse unter rein technischen Aspekten und darin in Form unverstandener Eselsbrücken angeeignet und praktiziert. Schließlich operieren solche Kinder im Zahlenraum bis zur Million, ohne ihre begrenzte Vorstellungswelt der Zahlen „1 bis 20" je verlassen zu haben. Idealtypisch an der Sache entlang formuliert, besteht die therapeutisch zu erbringende Leistung darin, den betroffenen Kindern transparent zu machen, was sie zu einem bestimmten Problembereich überhaupt denken, *dass* und *warum* das Gedachte falsch ist, um so die bis dahin geltenden kindlichen Vorstellungen mit der richtigen Einsicht zu verbinden. Das ist sehr aufwendig und erfordert ein hohes Maß an Teamarbeit und -besprechungen und gelingt erfahrungsgemäß am besten in Einzeltherapie.

3. Therapiebegleitende Maßnahmen

Einer der u. U. wichtigsten Schwerpunkte der therapiebegleitenden Maßnahmen ist die *Elternarbeit*. Probleme der Erziehung und des Erziehungsstils werden besprochen, soweit sie auf eine Verbesserung der erzieherischen Kompetenz der Eltern zielen. Familiendynamische Aspekte der Therapie werden transparent gemacht. Fragen einer sinnvollen Hausaufgabenbetreuung zu klären, sind für eine erfolgreiche Therapie unerlässlich. Ebenso ist es für den Erfolg einer Therapie unabdingbar, Eltern von einer *leistungs- und notenorientierten Erwartungshaltung* abzubringen. Dies erfordert einen engen Kontakt zu den Eltern und regelmäßige Elternabende. Auf diesen werden die Eltern auch – so gut es geht – zu den einzelnen Sachthemen in sinnvollem Üben geschult.

Die *Kontaktpflege mit den Lehrern* dient der Informationsvervollständigung und vor allem aber dem Wecken von Verständnis für die Schwierigkeiten des Kindes, sodass ein Mindestmaß an Abstimmung von schulischer Anforderung und therapeutischer Maßnahme erzielt werden kann, unterscheidet sich doch die therapeutische Situation vom Schulalltag erheblich.

4. Das Hausaufgabenprogramm

Das sehr umfangreiche institutseigene Hausaufgabenprogramm gehorcht folgender Systematik: Das Üben spezieller Problemfelder soll aus der Therapiestunde selbst in die Hausarbeit verlagert werden. Da jedoch Übungsmaterial in der Handhabung des Kindes recht schnell zur rein mechanischen Erledigung einlädt, veranlasst dieses individuell einsetzbare Hausaufgabenprogramm das übende Kind durch gezielte Fragestellungen zu einer reflektorischen Stellung bezüglich des eigenen Übens und stellt so die begriffliche Brücke zur Grundlagenlegung in der Therapie selbst dar.

5. Personelle Struktur der Mitarbeiter des Instituts

Entsprechend dem bei Marianne Frostig formulierten Teamgedanken versucht das Institut, alle Momente von Unterricht akademisch abzudecken. Deshalb konnten Volksschullehrer, Schulpsychologen, klinische Psychologen, Mathematiker, ein Mediziner und ein Wissenschaftler im Bereich Psychologie und Sonderpädagogik für die Mitarbeit gewonnen werden. Alle praktizierenden Therapeuten haben eine Zusatzausbildung in Arithmasthenietherapie (Dyskalkulietherapie) absolviert.

Für eine erfolgreiche therapeutische Arbeit halten wir dieses Zusammenspiel von entwickelter Therapiekonzeption, Hausaufgabenprogramm und qualifiziertem Team von Mitarbeitern für unabdingbar.

Kontakt:
Mathematisches Institut zur Behandlung
der Rechenschwäche/Arithmasthenie
Brienner Str. 48
80333 München
Tel.: 0 89/5 23 31 42, Fax: 0 89/5 23 42 83

2. A.L.F. e.V. Nürnberg

Rechenprobleme – Diagnose und Förderung

Das Kind und sein soziales Umfeld

Kinder, die bei uns vorgestellt werden, haben nie ausschließlich Probleme mit dem Rechnen. Immer stellen wir fest, dass die Rechenschwierigkeiten von psychischen und sozialen Problemen überwuchert sind. Es kann sein, dass ein Kind sich wegen immer wiederkehrender Misserfolge beim Rechnen selbst nichts mehr zutraut, und oft ist auch der Erwartungsdruck seitens der Eltern so stark, dass dem Kind die innere Freiheit und Unbeschwertheit verloren gegangen sind. Die psychischen Belastungen können ebenso durch Ereignisse in der Familie hervorgerufen sein: Scheidung der Eltern oder ein Todesfall. Oft setzt sich ein Kind auch im Vergleich mit seinen Schulkameraden selbst so unter Druck, dass es nicht mehr effektiv lernen kann. Für die Förderung ist es irrelevant, ob die letztgenannten Probleme vor den Mathematikschwächen da waren oder wegen ihnen entstanden sind. In jedem Falle ist es unsere erste Aufgabe, die psychosozialen Probleme so weit aufzuarbeiten, dass das Kind überhaupt einmal wieder bereit und in der Lage ist, sich mit Zahlen ohne Angst oder Abscheu auseinander zu setzen. Dazu muss zunächst ein partnerschaftliches Vertrauensverhältnis zwischen dem Kind und demjenigen, der es betreut, hergestellt werden. Das Kind soll erfahren, dass es nicht zur Prüfung bei uns ist, dass es wegen seiner Probleme nicht als Sonderling und Außenseiter behandelt wird; es soll spüren, dass es alle seine Probleme offen ansprechen kann. So verlieren auch die Schwierigkeiten beim Rechnen ihre zentrale, alles erdrückende Bedeutung und werden zurückgeführt auf das, was sie sind: Schwierigkeiten, die nichts mit der Wertigkeit der Person des Kindes zu tun haben, sondern lediglich Verständnislücken, die Schritt für Schritt aufzuarbeiten sind.

Die Förderung

Nach einer ausführlichen Eingangsdiagnose, Anamnesegesprächen mit den Eltern und einem Austausch mit zuständigen Lehrkräften, gegebenenfalls auch mit anderen Fachkräften, wird ein erster Förderplan erstellt.
Die erste Phase der Förderung dient dem Aufbau eines Vertrauensverhältnisses und des Selbstwertgefühls des Kindes. Diese Phase ist in erster Linie geprägt von Gesprächen und dem Interesse des Kindes entsprechenden, oft spielerischen Beschäftigungen. Ist der Zeitpunkt erreicht, wo es für das Kind Sinn macht, ins eigentliche Rechnen einzusteigen, kommt es darauf an, möglichst genau den Punkt zu treffen, an dem die rechnerischen Schwierigkeiten des Kindes beginnen. Es wird zusammen mit dem Kind herausgearbeitet, was es bereits kann, und schon durch diese Erfahrung sieht sich das Kind oft in einem neuen Licht und fasst Zutrauen zu seinen eigenen Fähigkeiten. In kleinen, systematischen und für das Kind durchschaubaren Abschnitten werden dann die ausstehenden Lernschritte angegangen. Kleine Lernschritte sind deshalb unabdinglich, weil ein Kind nur so schnelle Erfolgserlebnisse hat, also erfahren kann, dass es das, was ihm bisher als „Buch mit sieben Siegeln" erschien, wirklich begreifen kann. Bei dieser Arbeit werden verschiedenste Darstellungsformen, Materialien und Medien verwendet, weil jedes Kind seinen eigenen Zugang zum Gegenstand finden muss und deshalb auch eine Vielfalt von Ange-

boten erforderlich ist. Die Möglichkeiten reichen von Papier und Bleistift über Sprechen und Hören, Handeln mit verschiedenen Materialien bis zur spielerischen Verarbeitung eines mathematischen Problems. Wir verwenden auch den Computer als Lernmedium, wobei neben anderen Softwareprogrammen vor allem das Programm „Alfons Lernwelt" zum Einsatz kommt, das zusammen mit unseren Kindern entwickelt wurde, und in dem unsere Erfahrungen umgesetzt sind. Der Computer als Hilfsmittel kann gerade bei rechenschwachen Kindern oft helfen, das Eis zu brechen, weil er als Maschine eine „unbedrohliche" Bewertung der Leistung des Kindes abgibt. Kinder, deren Hauptproblem es nicht ist, *dass* sie Fehler machen, sondern dass diese Fehler *ruchbar* werden, brauchen sich hier vor niemandem zu fürchten.

Der wichtigste Schritt zum Erfolg einer Förderung ist dann erreicht, wenn ein Kind einmal erlebt hat, dass es schaffen und verstehen kann, was es bisher für aussichtslos erachtet hat; wenn es Mathematik als etwas entdecken lernt, das nicht nur zur Kinderdrangsal erfunden ist, sondern für es selbst Spaß und Nutzen bringt. Dazu ist es natürlich erforderlich, dass es die Anwendung des Rechnens auch auf seine eigene Erfahrungswelt beziehen kann und Mathematik nicht nur in unendlichen Rechenkästchen und mehr oder weniger abgehobenen Sachaufgaben „für die Schule" absolviert.

Der Verein für angewandte Lernforschung, A.L.F. e. V.

Die Tätigkeitsfelder: Beratung, Diagnose bei Lese-, Rechtschreib- und Rechenproblemen

Einzelförderung für Kinder, Jugendliche und Erwachsene

Entwicklung, Erprobung und Bewertung von Fördermaterialien und pädagogischer Software

Forschung und Durchführung von Modellprojekten in den Bereichen Erziehung und Bildung

Fortbildung für Lehrkräfte, Sozialpädagogen und andere Fachleute

Die Mitarbeiter: Psychologinnen und Psychologen, Pädagoginnen und Pädagogen, Lehrerinnen und Lehrer mit vereinsinterner Zusatzausbildung für die Behandlung von Lese-, Rechtschreib- und Rechenschwäche

---

Kontakt:
Fürther Str. 212
90429 Nürnberg
Tel.: 09 11 / 2 46 12, Fax: 09 11 / 24 11 10

Lore Walter

3.2.4 Elterninitiative

Lernstörungen im Mathematikunterricht – aus der Sicht der Eltern

Seit der Vereinsgründung im Januar 1990 beantworten die aktiven Mitarbeiter der „Initiative zur Förderung rechenschwacher Kinder (IFRK) e. V." jede Woche mehrere Briefe verzweifelter Eltern und ratsuchender Lehrer/-innen, die mit dem Problem Rechenschwäche tagtäglich konfrontiert werden, und sind bestürzt, wie viel Hilflosigkeit auf beiden Seiten herrscht. Aus der Vielzahl der uns vorliegenden Berichte von Leidenswegen rechenschwacher Kinder sollen die beiden folgenden beispielhaft angeführt werden.

Martin wird 1975 eingeschult. Die Beurteilung der Lehrerin nach dem ersten Schuljahr fällt folgendermaßen aus: im Lesen sehr gut. In Mathematik sollte er im Unterricht sehr konzentriert mitarbeiten und im Mündlichen soll er endlich zeigen, dass er doch wirklich etwas weiß! Im dritten Schuljahr schlägt der Rektor der Schule für Martin die Lernbehindertenschule vor, wegen Mathematik und weil er so ruhig sei. Daraufhin wird Martin in einer Beratungsstelle für Eltern und Jugendliche getestet. Die Beratungsstelle stellt fest: Martin hat einen IQ von 105, was einer normalen bzw. durchschnittlichen Intelligenz entspricht. Seine schlechtesten Leistungen zeigen sich beim rechnerischen Denken und im Zahlen-Symbol-Test. In einem Rechtschreibtest macht er kaum Fehler, was „gut" bis „sehr gut" entspricht. Zusammenfassend lässt sich sagen, dass es sich bei Martin um eine Rechenschwäche, vergleichbar mit der Lese-Rechtschreib-Schwäche, handelt. Die Empfehlung der Beratungsstelle für Martins Schule lautet:

1. Stützkurs in Mathematik

2. keine rote Tinte bei Rechenarbeiten, um weitere Misserfolgserlebnisse des Jungen zu verhindern. Die Schule macht leider nichts. Eine Sonderschuleinweisung ist daraufhin nicht mehr spruchreif.

Das dritte Schuljahr wiederholt Martin freiwillig. Er kämpft sich mit einem steten „mangelhaft" in Mathematik durch die gesamte Schulzeit, bis hin zum Hauptschulabschluss, den er jedoch durch seine „Sechs" in Mathematik nicht schafft. Danach folgt ein Berufsvorbereitungsjahr.
Archäologie wäre Martins Traumberuf. Bereits in der Schulzeit wird Geschichte sein Lieblingsfach, und er ist wenigstens in diesem Fach der Beste. Die Archäologie fasziniert Martin so sehr, dass er bei Ausgrabungsarbeiten in Rottenburg mithilft. Er überlegt sich, ob er nicht Ausgrabungstechniker werden könnte, aber auch in diesem Beruf ist Mathematik gefragt. Martin beginnt daraufhin über das Arbeitsamt eine Lehre, bricht sie jedoch nach einem Jahr ab, wegen zu großer nervlicher Belastung. Die Prüfung vor der IHK traut sich Martin nicht zu, er hat Angst, wieder einmal zu versagen. Mittlerweile ist Martin arbeitslos und ist stundenweise im elterlichen Betrieb tätig.
Martin, der sich noch nicht aufgeben will, drückt als 24-Jähriger nochmals die Schulbank. Über die Schülerhilfe bekommt er einen verständnisvollen Nachhilfelehrer, der mit ihm den Mathematikstoff aus der Grundschule übt ...

Sabine, im dritten Schuljahr, ist tief unglücklich wegen ihres ständigen Rechenversagens. In Deutsch und Sachunterricht zeigt sie beste Leistungen.

Vorschulische Entwicklungsauffälligkeiten, wie Schwierigkeiten beim Laufenlernen und Treppensteigen, Lispeln mit vier Jahren, Entwicklungsverzögerungen der Handmotorik, zwischen fünf und sechs Jahren noch kein Verständnis für Zahlen und Mengen, können wohl heute als Vorboten schulischer Lernschwierigkeiten gesehen werden.

Mit Schuleintritt hat Sabine zunächst noch Spaß am Rechnen, ein großer Leistungsabfall erfolgt jedoch mit Verlassen des ersten Zehners. Der unentwegten häuslichen und außerschulischen Nachhilfe läuft der Klassenunterricht in immer größerem Abstand davon. Die Schule bietet keine Fachhilfe an.

Auch in der vierten Klasse bekommt Sabine von der Lehrperson keinerlei Sonderförderung und sie wird – so die Eltern des Kindes – auch im übrigen Unterricht „übersehen". Zum Ende des Schuljahres wird das Kind wegen einer „Sechs" in Mathematik – sonst lag keine unterdurchschnittliche Zeugnisnote vor – nicht versetzt. Da die anschließende Klassenwiederholung keinen Lernfortschritt erbringt, willigen die Eltern notgedrungen in den Besuch einer Lernbehindertenschule ein. In einem Brief schreibt die Mutter: „Wir haben den Kampf verloren."

Was wir betroffenen Eltern leider oft spüren, ist fehlende Bereitschaft bzw. Fähigkeit, eine Diagnose „Rechenschwäche" zu stellen, meist weil der Bekanntheitsgrad der Rechenschwäche weit hinter dem der Lese-Rechtschreib-Schwäche zurückhinkt[1]. Dabei kann man, wenn man von neuesten Untersuchungen ausgeht, mit Recht annehmen, dass die Rechenschwäche als Teilleistungsschwäche prozentual genauso oft vorkommt wie die Lese-Rechtschreib-Schwäche.

Rechnenlernen ist jedoch nicht nur für den Mathematiker, Ingenieur oder Bankkaufmann wichtig, sondern gehört zum elementaren Grundwissen eines jeden Menschen.

Die Koppelung von fehlender fachspezifischer Lernhilfe (Inkompetenz, Mangel an Bereitschaft, fehlende Stunden) durch die Schule und dem Drängen auf klassengerechte Rechenleistung ihres Kindes ist für die Eltern geradezu zermürbend.

Probleme der Kinder und Eltern

Die eigentlichen Probleme rechenschwacher Kinder treten meist in den ersten Grundschuljahren auf. Es folgen Eltern/Lehrergespräche, die häufig in allgemeiner Rat- und Hilflosigkeit enden. Schulische (Mathe-Stützkurse) und häusliche Nachhilfen (oftmals Drill) sowie außerschulische Hilfen bringen oft nicht den erwarteten Erfolg. Die häusliche Atmosphäre ist sehr gespannt, da Eltern berechtigte Zukunftsängste um ihr Kind entwickeln.

In der Kette der Betroffenen bildet das Kind das schwächste Glied. Es muss sich täglich mit Rechenaufgaben herumplagen, die es überhaupt nicht versteht, und oftmals stundenlang Hausaufgaben bewältigen, wobei die bereits ungeliebte Mathematik den Hauptanteil einnimmt. Hinzu kommen Vorurteile von Lehrkräften und Mitschülern, die auf dem Wege der sich selbsterfüllenden Prophezeiung („Ich kann ja doch nicht rechnen") wirksam werden. Vorwürfe, Abwertungen, Strafen, Frustrationen in der bisherigen Schullaufbahn sowie die gesamte negative Einstellung zum Lernen lassen das Kind immer mehr an sich selbst zweifeln, vor allem aber an seinen mathematischen Fähigkeiten. Die täglichen Misserfolge und Kränkungen in der Schule und zu Hause führen zur systematischen Entwertung seines Selbstbewusstseins. Es wird so zum totalen Schulversager.

Schulversager werden nicht geboren, sondern „gemacht"!

---

[1] Klauer, K. J. (1992): Zeitschrift für Entwicklungspsychologie u. Pädagogische Psychologie, Band XXIV, Heft 1

Schulversagen aber hat lange negative Folgen für Kinder und führt zu sozialer Isolation, psychischer Deformation und zu körperlichen Krankheiten[2].

Viele Kinder mit einer Rechenschwäche werden viel zu früh einer Sonderschule (Förderschule) zugeführt, noch ehe sie zu einer speziellen Diagnostik in Beratungsstellen (schulpsychologischer Dienst) vorgestellt wurden, bzw. bevor sonderpädagogische Hilfen durch entsprechend vorgebildete Sonderschullehrer/-innen in der Grundschule unterstützend hinzukommen. Frau M. Malchau schreibt in ihrer Diplomarbeit, dass hier von einer hohen Dunkelziffer ausgegangen werden muss[3]. Wir sind überzeugt, dass diese Annahme stimmt, da uns dies in vielen Gesprächen mit Betroffenen bestätigt wird.

Da gravierende Fehler vor allem in den ersten beiden Grundschulklassen gemacht werden, sind nachfolgend Beispiele und Anregungen aufgeführt. Diese sollten nicht von vornherein als vermeintlich reaktionär oder unmodern abgelehnt werden; sie kommen aus der *Sicht von betroffenen Eltern*, entsprechen vielfach der Auffassung von Pädagogen, Kinderpsychologen, -medizinern, Ergotherapeuten etc., die bei Gesprächskreisen der IFRK e. V. referierten, und sollten als Denk- und Diskussionsanstoß dienen:

- Ausgangspunkt sind die „natürlichen Zahlen". Es wird erwartet, dass alle Kinder bei ihrer Einschulung an dieser Startlinie stehen, was tatsächlich nicht der Fall ist (und nicht sein kann). Dadurch sind vom ersten Schultag an Schwierigkeiten vorprogrammiert.
- Der pränumerische Bereich kommt beim Mathematikunterricht im Lehrplan der Grundschule zu kurz.
- fehlende Diagnostik bezüglich Rechenschwäche (Wo steht das Kind? Was kann es? Was kann es nicht?)
- zu wenig handlungsorientierter Mathematikunterricht
- Vielen Kindern wird der Mathematikstoff einfach übergestülpt, sie lernen Mathematik wie einen fremdsprachigen Hit, dessen Laute sie nachahmen, ohne Text und Inhalt zu verstehen.
- eine Vielzahl von unbrauchbaren, nicht kindgerechten Mathematikbüchern (zu bunt, zu verwirrend, keine klaren Konzepte)
- Unserer Elterninitiative bekannte Pädagogen, die aus eigener Erfahrung von vornherein der Bildung einer Rechenschwäche entgegenwirken wollen, führen die Begriffe „plus" und „minus" frühestens im dritten Schuljahr ein und benutzen im ersten und zweiten Schuljahr die den Kindern bekannten und vorstellbaren Begriffe „und" bzw. „wegnehmen".
- richtiger und gezielter Einsatz von Hilfs- bzw. Anschauungsmaterial im Mathematikunterricht
- Die Benutzung der kleinsten und besten Rechenmaschine unserer Kinder (Finger) sollte wenigstens in den ersten Grundschulklassen nicht verboten werden.
- Ein Kind einer Grundschulklasse braucht die Anweisung, wann, wie lange, wie es arbeiten soll. Außerdem brauchen alle Kinder unserer heutigen Zeit eine reizarme Umgebung: Reizreduktion ist nötig! Rahmenstrukturen müssen sein, Regeln, die klar definiert sind und konsequent und gleichmäßig eingehalten werden. Alle Kinder brauchen Orientierung: Der Erwachsene muss einschätzbar sein.[4]
- Abzulehnen ist auch Mathematikunterricht als Gruppenarbeit. Ein rechenschwaches Kind wird sich hier immer zurückziehen, anderen, besseren Rechnern den Vorrang lassen (vor allem, wenn es durch sein „Nichtkönnen" schon geprägt ist).

---

[2] Bergler, C. (1994): Ratgeber bei Rechenschwäche, Herausgeber: IFRK e. V.
[3] Malchau, M. (1992): Dyskalkulie bei Kindern, Dipl.-Arbeit, Univ. Lüneburg
[4] Neuhaus, C. (1994): Ratgeber bei Rechenschwäche, Herausgeber: IFRK e. V.

- Der Lehrplan ist vollgestopft und für die Vertiefung der grundlegenden Dinge (wie z. B. Mathematik) ist keine Zeit mehr.
- Es ist verhängnisvoll, die Anstrengungen für mathematikschwache Schüler nur auf die Vermittlung fertiger Kenntnisse zu reduzieren.

Viele der in den beiden vorangehenden Abschnitten angesprochenen Probleme entspringen einer kurzsichtigen, an finanziellen und parteipolitischen Zwängen orientierten Bildungspolitik (zu hohe Klassenfrequenzen, fehlende Förderstunden, unsinnige Lehrpläne …). Die daraus resultierende Misere führt dazu, dass in Deutschland an allen Ecken kommerzielle Förderinstitute wie Pilze aus dem Boden schießen.

Als reinen Sarkasmus empfinden Rechenschwäche-Betroffene die Aussage von Bildungspolitikern, dass „Förderung nicht grenzenlos auf alle Sonderfälle ausweitbar sei", dies bei einem Fach, das für die spätere Laufbahn so extrem wichtig ist. Ebenso bedenklich ist der Versuch eines medizinischen Erklärungsansatzes, wodurch die Schule aus ihrer Verantwortung entlassen wird.

Einerseits sollte es jedem einleuchten, dass ganz zuletzt an der Ausbildung unserer Kinder, dem höchsten Gut der Gesellschaft, gespart werden darf; andererseits muss die Gesellschaft für nicht geleistete Förderung später bezahlen: fehlende Lebensperspektiven mit all ihren Folgen wie Radikalismus, Suizidgefahr und so weiter.

Wünsche und Hoffnungen

Was unsere rechenschwachen Kinder dringend benötigen, ist eine adäquate Pädagogik mit gezielten Förderprogrammen und einem handlungsorientierten Mathematikunterricht. Der Erfolg einer Fördermaßnahme hängt natürlich auch von der Lernatmosphäre und von der Inszenierung des Lernens ab. Dabei sind Lob und Glaube an das Kind zwei Grundvoraussetzungen für eine erfolgreiche Förderung.

Ein gutes Zusammenspiel zwischen Eltern und Lehrern wäre sehr wünschenswert, anstatt oft gegeneinander zu arbeiten.

Stress, überfüllte Klassenzimmer und die Zwänge unserer Leistungsgesellschaft, die nur „Normkinder" akzeptiert, sollten unsere Kinder weniger drücken.

Besondere Beachtung sollte auch der Früherkennung einer möglichen Rechenschwäche geschenkt werden[5]. Bereits im Vorschulalter kann man feststellen, ob ein Kind die für das Rechnenlernen notwendigen Grundfertigkeiten beherrscht. Durch spielerisches Üben könnte man diese Entwicklung nachholen bzw. beschleunigen. Zu erwähnen ist hier die Ergotherapie und Kinesiologie, die speziell bei Entwicklungsverzögerungen sehr gute Arbeit leisten.

Unsere Kultusbürokratie darf nicht weiterhin den Rotstift an falschen Stellen ansetzen, sonst wird es auch in Zukunft Jugendliche geben, die durch ihr Versagen in Mathematik keinen Schul- bzw. Berufsschulabschluss schaffen und somit weder eine Berufs- noch Zukunftsperspektive entwickeln können. (Dies wird uns von Betroffenen, Berufsschulen, Arbeiterwohlfahrt usw. in unserer Vereinsarbeit immer wieder bestätigt.)

Von den Lehrenden wünschen wir uns das Beschreiten ungewöhnlicher Wege, Kreativität in den Methoden – und natürlich eine hohe Fachkompetenz im mathematischen Bereich.

Rechenschwäche ist weder eine Krankheit noch eine Behinderung, unsere Kinder sind auch nicht lernbehindert – wie uns das manchmal eingeredet wird –, sondern oftmals nur lerngehindert.

---

[5] J. H. Lorenz, Erscheinungsbild und Diagnose von Rechenschwächen

3.2.5 Eingliederungshilfe nach § 35a KJHG

Kinder und Jugendliche mit Teilleistungsstörungen im Bereich der Kulturtechniken des Lesens, Schreibens und Rechnens haben Anspruch auch auf außerschulische Förderung, wenn die Störungen so gravierend sind, dass sie zu seelischen Behinderungen geführt haben, oder zukünftig dazu führen würden:

§ 35a
[Eingliederungshilfe für seelisch behinderte Kinder und Jugendliche]

(1) Kinder und Jugendliche, die seelisch behindert oder von einer solchen Behinderung bedroht sind, haben Anspruch auf Eingliederungshilfe. Die Hilfe wird nach dem Bedarf im Einzelfall

1. in ambulanter Form,
2. in Tageseinrichtungen für Kinder oder in anderen teilstationären Einrichtungen,
3. durch geeignete Pflegepersonen und
4. in Einrichtungen über Tag und Nacht sowie sonstigen Wohnformen geleistet.

Aufgabe und Ziel der Hilfe, die Bestimmungen des Personenkreises sowie die Art der Maßnahmen richten sich nach folgenden Bestimmungen des Bundessozialhilfegesetzes, soweit diese auf seelisch behinderte oder von einer solchen Behinderung bedrohte Personen Anwendung finden:

1. § 39 Abs. 3 und § 40,
2. § 41 Abs. 1 bis 3 Satz 2 und Abs. 4 mit der Maßgabe, dass an die Stelle der Vereinbarungen nach § 93 des Bundessozialhilfegesetzes Vereinbarungen nach § 77 dieses Buches treten,
3. die Verordnung nach § 47 des Bundessozialhilfegesetzes.

(3) Ist gleichzeitig Hilfe zur Erziehung zu leisten, so sollen Einrichtungen, Dienste und Personen in Anspruch genommen werden, die geeignet sind, sowohl die Aufgaben der Eingliederungshilfe zu erfüllen als auch den erzieherischen Bedarf zu decken. Sind heilpädagogische Maßnahmen für Kinder, die noch nicht im schulpflichtigen Alter sind, in Tageseinrichtungen für Kinder zu gewähren und lässt der Hilfebedarf es zu, so sollen Einrichtungen in Anspruch genommen werden, in denen behinderte und nichtbehinderte Kinder gemeinsam betreut werden.

Voraussetzung für eine derartige Förderung ist ein diagnostisches Gutachten. Als Gutachter kommen hierbei folgende Personen in Frage:

– Kinder- und Jugendpsychiater
– Fachärzte
– Diplompsychologen mit Zulassung der Heilpraktiker
– Ärzte von Gesundheitsämtern mit entsprechender Fachausbildung

Bescheinigt das Gutachten, dass infolge der vorliegenden Rechenstörung eine seelische Behinderung eingetreten ist, bzw. aller Wahrscheinlichkeit nach eintreten wird, und reichen schulische Fördermaßnahmen nicht aus, so treten die Jugendämter in die Zuständigkeit der örtlichen Sozialhilfeträger ein. Die Entscheidung auf Kostenübernahme liegt bei den Jugendämtern in Eigenverantwortung.

Klaus Freitag, Bernd Ganser, Hedwig Gasteiger, Wolfram Krieglstein, Dr. Werner Laschkowski, Stefan Pielmeier, Marianne Schindler

3.2.6 Kinder mit besonderen Schwierigkeiten beim Erlernen der Mathematik in Volks-und Förderschulen – Kurzinformation

Sichtweise und Phänomenologie

Das Auftreten von besonderen Lernschwierigkeiten in der Mathematik ist ein anerkanntes Phänomen, das meist nur auf den Bereich des Zahlenrechnens bezogen wird.

Lernschwierigkeiten können jedoch in allen lehrplanrelevanten Bereichen der Mathematik auftreten: räumliche Vorstellung (Geometrie), Zahlvorstellung und Zahlaspekte (Zahlen), Operationen (Rechnen) und mathematische Interpretation der Umwelt (sachbezogene Mathematik).

Was damit umschrieben wird, basiert häufig auf mangelnden mathematischen Vorerfahrungen, einer Reihe von Vorstellungsdefiziten und fehlerhaften Konzepten.

In vielen Fällen ist keine eindeutige kausale Bestimmung möglich. Man spricht in diesem Zusammenhang von Ursachenfeldern, die das Kind, die schulischen Bedingungen sowie das familiäre und soziale Umfeld betreffen.

Kinder mit besonderen Lernschwierigkeiten weisen häufig grundlegende, schwerwiegende oder auch bereits länger bestehende Lerndefizite auf (z. B. im Zahlenaufbau, bei den Operationen, in der sachbezogenen Mathematik).

Mithilfe individueller Strategien versucht das Kind seine Verständnismängel zu kompensieren. Nicht jeder Schüler, der deutliche Schwächen in Mathematik *zeigt*, zählt automatisch zur oben beschriebenen Gruppe.

Es sind jene Kinder gemeint, die trotz differenzierender Maßnahmen innerhalb des Regel- und Förderunterrichts in der Klasse den Anschluss an die Lerngruppe nicht erreichen.

Von besonderen Schwierigkeiten beim Erlernen der Mathematik sind nach aktuellen wissenschaftlichen Untersuchungen ca. 5 % der Schüler betroffen. Das bedeutet konkret, dass pro Schulklasse etwa ein Kind diese besonderen Lernauffälligkeiten aufweisen kann.

Förderung

Im Mittelpunkt einer umfassenden, ganzheitlichen Diagnostik steht eine genaue Lernstandserhebung. Der erfolgreichste Förderansatz ist nach derzeitigen Erkenntnissen in einer Förderung der fachspezifischen Inhalte *(z. B. Zahlbegriff, Stellenwertsystem, räumliche Orientierung, ...)* zu sehen.

Die Förderung von Persönlichkeit, Wahrnehmung, Sprache oder Motorik dient zur Unterstützung und zur Verbesserung der mathematischen Kompetenzen. Sie sollte wenn möglich innerhalb des Klassenverbands erfolgen.

Fachspezifische Inhalte

und zusätzlich unterstützend:

→ **Persönlichkeit**   → **Sprache**   → **Motorik**

Gezielte Förderung und Hilfe ist schon jetzt auf der Grundlage des Lehrplans für die Grundschule sowie der Schulordnung für die Volksschulen in Bayern (§ 18 Abs. 3) möglich.

Fördermöglichkeiten in den aktuellen schulrechtlichen Bestimmungen
Lehrplan für die Grundschulen in Bayern
(KMBek vom 9. August 2000 Nr. IV/1-S7410/1-4/84000

Grundlagen und Leitlinien

...

2.4 Differenzierung und Individualisierung

Differenzierung und individualisierender Unterricht orientiert sich am Leistungsspektrum der Klasse und soll auf die unterschiedlichen Lernvoraussetzungen, auf den Leistungsstand der Schüler sowie ihre Fähigkeiten und ihr Lerntempo abgestimmt sein. Dies setzt eine sorgfältige Beobachtung der individuellen Lernwege und -fortschritte der Schüler voraus. Berücksichtigt werden mit dem Ziel der umfassenden Persönlichkeitsentwicklung nicht nur kognitive, sondern auch emotionale Aspekte und alle Bereiche des Handelns ...

Schüler, die besondere Hilfe oder einer sonderpädagogischen Förderung bedürfen, werden von der Grundschule mit ihren Mitteln und Möglichkeiten, z. B. auch durch den Einsatz von Förderlehrern unterstützt. Dabei arbeitet die Schule je nach Gegebenheiten mit den Beratungsdiensten und den Mobilen Sonderpädagogischen Diensten zusammen.

Fachprofil Mathematik

Hinweise zum Unterricht/Individuelle Förderung

... Leistungsschwächere Schüler bedürfen mehr als die übrigen einer konstruktiven Auseinandersetzung mit ihren Fehlern, eines längeren Verweilens beim konkreten und zeichnerischen Handeln, sowie einfacher Aufgaben und einer intensiven Lehrbetreuung ...

Insbesondere in den Jahrgangsstufen 1 und 2 kann das Leistungsbild einzelner Schüler oder auch der Klasse ein längeres Verweilen bei den Lernzielen und -inhalten einer Jahrgangsstufe bzw. ein schnelleres Voranschreiten zum Stoff der nächsten Jahrgangsstufe erfordern. Die Lehrkraft entscheidet nach sorgsamer Prüfung, ob ein solcher Schritt angemessen und verantwortbar ist ...

Vor allem Schüler mit gravierender Rechenschwäche ... können zeitweise in klassen- oder jahrgangsübergreifenden Lerngruppen gefördert werden, ohne dass die gemeinsame Arbeit in der Klasse aufgegeben wird.

Schulordnung für die Volksschulen in Bayern (VSO)
§ 9 Klassen- und Gruppenbildung

...

(3) Unterricht in Wahlpflichtfächern und Wahlfächern, Arbeitsgemeinschaften sowie Fördermaßnahmen können klassenübergreifend, in besonderen Fällen auch jahrgangsstufenübergreifend eingerichtet werden. Sie können in unabweisbaren Fällen auch für Schüler mehrerer Schulen gemeinsam durchgeführt werden.
Arbeitsgemeinschaften können für das ganze Schuljahr oder für Teile des Schuljahres eingerichtet werden. Über die Errichtung von Wahlpflichtfächern, Wahlfächern, Arbeitsgemeinschaften und Fördermaßnahmen entscheidet die Lehrerkonferenz.
(Nähere Einzelheiten über Gruppengrößen, über Jahrgangsstufen, in denen der Förderunterricht eingerichtet werden kann oder über sonstige organisatorische Voraussetzungen regelt die Schulordnung nicht.)

§ 18 Bewertung der Leistungen

...

(3) Auf eine Bewertung durch Noten kann aus pädagogischen Gründen in begründeten Einzelfällen zeitweilig verzichtet werden.

Bestimmung zur Stundentafel

1. Zahl der Unterrichtsstunden
Die Zahl der Pflichtstunden ist zugleich die Höchstzahl der Unterrichtsstunden, soweit nicht der Schüler den Förderkurs für Schüler mit besonderen Schwierigkeiten beim Erlernen des Lesens und Rechtschreibens, den Sonderunterricht für sprachbehinderte Schüler, den Förderunterricht für deutsche Sprache, den muttersprachlichen Ergänzungsunterricht oder den Sportförderunterricht besucht.
...

3. Förderunterricht
Der Förderunterricht dient in allen Jahrgangsstufen der Behebung von individuellen Lernrückständen einzelner Schüler und Gruppen sowie der allseitigen zusätzlichen Förderung. Er ist für alle Schüler Pflichtunterricht.

4. Aspekte zur Prävention

Margret Schmassmann

4.1 Ganzheitlicher Mathematikunterricht für alle

Mathematik ist nichts Neues – und muss doch von jedem Kind wieder neu erfunden werden. Ein Mathematikunterricht, der dies ermöglicht, wird lebendig, spannend und effizient und kann dazu beitragen, das Ausgrenzen und Therapieren von Schülerinnen und Schülern zu vermeiden.
Unterricht als das verstehen, was das Wort meint: sich untereinander und mit dem zu erlernenden Thema gut einrichten, hilft zudem das „Burn-out-Syndrom" bei Lehrpersonen verhindern. Sich mit den Kindern auf das Abenteuer Mathematiklernen einlassen und gemeinsam Neuland – neue Denkprozesse, neue Wege, neue Fehler und neue Hilfen – entdecken, bedeutet täglich auftanken, bedeutet mehr „Schule nehmen" und weniger „Schule geben".

Im ersten Teil meiner Ausführungen zeige ich auf, wie Mathematik in ihrer ganzen Bandbreite zwischen Handeln und Denken, zwischen konkret und abstrakt, zwischen Realität und Symbol, zwischen „Kinder-" und „Erwachsenenmathematik" den ganzen Menschen anzusprechen vermag.

Im zweiten Teil werde ich mich mit Schwierigkeiten auf dem Weg zur Mathematik, den Schwerpunkten und Erscheinungsformen von Dyskalkulie sowie der Prävention von Lehr- und Lernschwierigkeiten im Bereich Mathematik durch einen effizienten Unterricht befassen.

Im dritten Teil lege ich meine Vorstellungen eines ganzheitlichen Mathematikunterrichts dar und füge im vierten Teil „Sieben Denkanstöße für einen ganzheitlichen Mathematikunterricht für alle" – anstelle einer Zusammenfassung – an.

1. Mathematik – fürs Leben gern

Ausgerechnet Mathematik, mit der viele Menschen (nicht nur solche mit Lernschwierigkeiten) in der Schule Mühe haben, soll geeignet sein, sie anzusprechen, zu bewegen und womöglich mitzureißen?

Die meisten Leute haben doch ganz andere Sorgen und sind froh, wenn sie nichts mehr mit Mathematik aus der (früheren) Schulzeit zu tun haben. Hauptsache, sie kommen im (späteren) Leben – in Alltag und Beruf – zurecht, wo es ja in erster Linie um Aktivitäten geht wie: Zeit einteilen, sich in der Umgebung orientieren und zurechtfinden, mit Geld und Maßangaben umgehen, Tabellen, Anleitungen und Informationen lesen und interpretieren, Entscheidungen treffen, Prioritäten setzen und Beziehungen pflegen.

Sie wissen nicht, dass sie dabei – unbeabsichtigt und ungewollt – eine ganze Menge Basismathematik betreiben.

1.1 Mathematisierung der Welt – Verweltlichung der Mathematik

Das dem Wort „Mathematik" zugrunde liegende griechische „manthánein" bedeutet „kennen lernen, erfahren".

„Mathematik" wörtlich nehmen heißt, das Kennenlernen der Welt als einen möglichen Zugang zur Mathematik zu verstehen und zu pflegen.

Im Gegenzug lässt sich die Mathematik auch „verweltlichen", etwa wenn sich partielle Differentialgleichungen – völlig unerwartet – zur Entwicklung einer neuartigen Bildverarbeitung einsetzen lassen, um Schuld oder Unschuld von Angeklagten zu beweisen.

Schon ein Kind macht sich Mathematisierung und Verweltlichung zunutze, wenn es für sich und seine drei Spielkameraden vier Kekse in der Küche holen geht. Für den Hinweg genügt es, den abstrakten Begriff „vier" mitzunehmen – es darf nur nicht vergessen, ihn für den Rückweg in vier real existierende Kekse umzutauschen… Denn Abstraktionen kann man nicht essen.

Fähigkeiten wie das „Mathematisieren, d. h. reale Situationen in die Sprache der Mathematik übersetzen, mit Mitteln der Mathematik Lösungen bestimmen und das Ergebnis für die reale Situation interpretieren", zählen denn auch zu den „allgemeinen Lernzielen, die Grundprozesse des mathematischen Arbeitens beschreiben und dem Mathematiklernen von der Grundschule bis zur Universität zugrunde liegen" (nach Wittmann, Müller, 2000).

Die Bewältigung der eingangs erwähnten lebenspraktischen Fähigkeiten erfordert ein gutes Stück Basismathematik oder „survival mathematics skills", die „(…) grundlegend (sind), um den täglichen Herausforderungen bei der Arbeit und im Haushalt zu begegnen" (Levine, 1993).

Zugleich kann das Ausüben lebenspraktischer Tätigkeiten zur Entwicklung des mathematischen Denkens beitragen. Dieses wiederum trägt zur allgemeinen Denkentwicklung bei und fördert Strategien zur Problemlösung (vgl. Levine, 1993), die im Alltag wieder hilfreich sind.

1.2 Verschiedene Sprachen – verschiedene Mathematiken

Nicht jeder Blick auf die Uhr, nicht jede auswendig eingetippte Telefonnummer, nicht jeder gute „Fang" im Ausverkauf, also nicht jeder Umgang mit Zahlen und Größen im Alltag, nicht jedes Quantifizieren ist schon reine Mathematik.

Einen Stein ins Wasser werfen und sich von den konzentrischen Kreisen faszinieren lassen, mit dem Finger den Rand des Glases nachfahren, die Ecke eines rechteckigen Tisches als blauen Fleck auf dem Oberschenkel spüren, die Wurfbahn eines Stückes Holz beobachten, die spiralförmig angeordneten Kerne der Sonnenblume betrachten (und zählen – einmal links herum und einmal rechts herum) – das alles gehört zu den wichtigen Erfahrungen, ohne die Mathematik nur „dünne Luft"[1] wäre.

Ähnliches gilt auch für die Umsetzung in Symbole. Wenn wir Kindersprache und Erwachsenensprache, Umgangssprache und Hochsprache, Prosa und Poesie, Inserat und Roman als sprachliche Äußerungen gelten lassen, so müssen wir auch eine breite Palette mathematischer Ausdrucksformen anerkennen: Körpersprache (Gesten für „viel", „klein", „groß", „ungefähr", „genug"); nichtnumerischer und numerischer Alltagswortschatz (so lang wie breit, weiter Weg, tief in die Augen schauen, auf eins mehr oder weniger kommt es nicht an); mathematischer Wortschatz, der Ausdrücke der Umgangssprache oft mit anderen Bedeutungen belegt (gleich mächtig, erweitern, kürzen, Produkt, integrieren), sowie

---

[1] So hat eine junge Frau „Mathematik" bezeichnet.

die mathematischen Symbole (x : ! , . / – +), die je nach Kontext auch noch ganz „gewöhnliche" Bedeutungen haben.

1.3 Mathematik: Abstrahieren und Umgang mit Abstraktem

Um sich weiter auf den Weg zur Mathematik zu begeben, genügt das bloße Kennenlernen von realen Handlungen und Situationen nicht. Erst wenn unterschiedlichste real erlebte Situationen zu Bildern und Geschichten werden, erst wenn sie „erinnert" und zueinander in quantitative, räumliche oder zeitliche Beziehung gebracht werden können, wandeln sie sich von bloßen Handlungen und Situationen zu Erfahrungen.

Und erst wenn diese Erfahrungen in einer symbolischen Sprache und Schrift ausgedrückt und die Symbole losgelöst von realen Handlungen nach bestimmten Regeln zu neuen Symbolen verknüpft werden können, beginnt – als „Pseudohandlung" gewissermaßen – das, was für die „eigentliche" Mathematik gehalten wird.

Der Übergang von der Realität zur Abstraktion, der Prozess des Abstrahierens, geschieht nicht abrupt, sondern fließend. Er ist nicht eine lästige Verzögerung auf dem Weg zur Mathematik, sondern als „Bereich der konkreten und semi-abstrakten mathematischen Erfahrungen" eigenständig. Zugleich ist er Quelle für die mathematische Entwicklung, gleichsam die „Kindheit der Mathematik". Aus dieser Quelle schöpft die Mathematik immer wieder, etwa wenn für das Lösen abstrakter Probleme Anschauung, Skizzen oder Spielszenen eingesetzt werden.

Mathematik wurzelt im realen Erleben der Welt, verdichtet viele Erfahrungen zu abstrakten Begriffen, baut mit diesen eine eigene Welt mit Regeln und Gesetzmäßigkeiten auf und kann von dort wieder auf den Boden der Realität geholt werden (vgl. Jost, Erni, Schmassmann, 1997).

Auch die Mathematik hat eine „Kindheit", sie hat vor Tausenden von Jahren begonnen – auch entwickelt aus dem Bedürfnis heraus, das Überleben zu sichern –, das Leben zu vereinfachen und zu erleichtern. Mathematik hat mit dem Wunsch der Menschen nach friedlichem Auskommen miteinander, nach Kommunikation, zu tun: Anstatt jedes Jahr nach der Nil-Überschwemmung zu streiten, wie groß die Felder waren, versuchte man, sie zu messen und dies auf Plänen festzuhalten.

In unserer Kindheit machen wir eine ähnliche Entwicklung wie die Menschheit durch – im Zeitraffertempo allerdings –, und ausgestattet mit allen Erfahrungen der jeweiligen Kultur, aus der wir stammen.

Wenn z. B. ein sieben- bis achtjähriges Kind auf einem Blech 15 Kekse in drei Reihen zu je fünf anordnet und dann meint: 16 Kekse könne es in drei Reihen zu je sechs legen, dann ist es auf dem Weg zur Abstraktion. Es beginnt, Handlungen in der Vorstellung auszuführen (eben „Pseudohandlungen"), beginnt Schlüsse zu ziehen und zu verallgemeinern, also mathematisch zu denken und zu abstrahieren. Die Mathematik ist im Entstehen begriffen, auch wenn sie noch nicht der Norm entspricht.

Wenn wir diese „Kindermathematik" wachsen lassen und nicht abklemmen durch vorschnelle Regeln, so können wir zwar nicht alle möglichen Schulschwierigkeiten verhindern, aber wirksam zur Prävention beitragen.

2. Lernschwierigkeiten in Mathematik (Dyskalkulie)

Schwierigkeiten im mathematischen Verständnis oder mit der rechnerischen Ausführung werden unter dem Namen „Dyskalkulie" zusammengefasst. So vielfältig Mathematik ist, so verschieden können auch die Schwerpunkte und Ursachen von Dyskalkulie sein.
Fragen wir zuerst die Kinder, wie sie ihre Schwierigkeiten sehen:
„Ich merke nicht, wenn etwas falsch ist. Sonst würde ich es ja verbessern."
„Es geht länger als bei den anderen."
„Ich finde das Rechnen ganz normal, bloß die anderen nicht."
Die Aussagen zeigen, wie kompetent Kinder ihre Schwierigkeiten einordnen können und geben Hinweise auf geeignete Förderung im Unterricht, wie z. B. Fehleranalyse, Temporeduktion, Erarbeitung geeigneter Protokollformen.
Die letzte Antwort kommt von Katja (erste Klasse), die die Rechnung „70 weg, wie viel ist 4?" selbst erfindet (in der Schule hat sie erst den Zahlenraum bis 20 kennen gelernt!) und sie mündlich richtig löst. Sie schreibt in mehreren Anläufen auf: „70 + = 66 4". Und das ist nicht „normal", d. h. es entspricht nicht der Norm „70 – 66 = 4".

2.1 Ursachen und Schwerpunkte von Dyskalkulie

Die Ursachen von Dyskalkulie sind vielfältig: Sie können neuropsychologischer Art sein, psychischer, sozialer, emotionaler Art (Angst, Blockierungen, negatives Bild von der Mathematik, negative persönliche Mathematikgeschichte) oder didaktogener Art (d. h. durch den Unterricht mitverursacht). Da häufig mehrere Ursachen für eine Dyskalkulie verantwortlich sind und diese Ursachen von Mensch zu Mensch ganz verschieden sein können, wird Dyskalkulie heute auch „multikausale" Lernschwierigkeit im Bereich Mathematik genannt.
Das Wissen um die Ursachen kann eine Entlastung für die Betroffenen und deren Umgebung sein – es befreit von „Schuld" und zeigt, dass es sich nicht um ein Nichtwollen, sondern um ein Nichtkönnen handelt. Zudem ist dieses Wissen wichtig, um die jeweils individuellen Fördermöglichkeiten auszuarbeiten.
Mangelnde basale Voraussetzungen[2] – wie Wahrnehmung, Motorik, Speicherung, Raumorientierung, seriale Leistung – können sich negativ auf die Entwicklung des mathematischen Verständnisses oder auf die (rechnerische) Ausführung auswirken. In Tabelle 1 sind Beispiele für Schwerpunkte der Schwierigkeiten dargestellt und die jeweils nötigen basalen und mathematischen Voraussetzungen angegeben. Für die Schwierigkeiten in der Ausführung (rechte Spalte) sind meist nicht mangelnde mathematische Voraussetzungen verantwortlich, sondern oft mangelnde Speicherung oder Raumorientierung.
Katjas Schwierigkeiten im Gebiet „Operation, Kopfrechnen" sind deshalb in der rechten Spalte unter „Erschwerte Ausführung" einzuordnen. Die Förderung muss nicht beim Operationsverständnis, sondern bei der Entwicklung von Lese- und Schreibkonventionen und der formalen mathematischen Schreibweise unter Einbezug von Übungen zur Raumorientierung einsetzen. In einem Unterricht nach zeitgemäßen mathematikdidaktischen Konzepten, wie etwa das aktiv-entdeckende Lernen und das Lernen auf eigenen Wegen (Wittmann, Müller: Konzept mathe, 2000), können mangelnde basale Voraussetzungen durch den Einsatz geeigneter Materialien, Darstellungs-, Übungs- und Protokollformen kompensiert werden, sodass alle Kinder auf ihre Rechnung kommen.

---

[2] In Moser-Opitz, E.; Schmassmann, M.: Heilpädagogischer Kommentar zum Zahlenbuch 1 (Schweizer Ausgabe des Zahlenbuches). Hier finden sich Hinweise auf die basalen Lernvoraussetzungen und Förderhinweise für Kinder mit mathematischen Lernschwierigkeiten (voraussichtliches Erscheinungsdatum: Ende 2001 bei Klett und Balmer Zug).

2.2 Prävention von Schwierigkeiten im Unterricht

Speziell für Kinder mit Lernschwierigkeiten ist es wichtig, dass im Mathematikunterricht das Fördern mathematischen Denkens Priorität hat und sich sowohl Eltern wie Lehrpersonen vom Bild des einseitigen Rechentrainings lösen. Denn gerade diese Kinder sind darauf angewiesen, operative Beziehungen herzustellen und mathematisches Verständnis aufzubauen, da sie sich vorgegebene Regeln und Rezepte gar nicht merken könnten. Ein Mathematikunterricht, der – wie es auch neue Lehrpläne anregen – von den vorhandenen Fähigkeiten und Schwierigkeiten der Kinder ausgeht, trägt sowohl zur Hilfe bei manifester Dyskalkulie wie auch zur Prävention bei, und stellt außerdem eine Erleichterung für die Lehrperson dar.

Neue Lehrpläne befreien Lehrpersonen vom Erstellen und Korrigieren umfangreicher Prüfungen, da sie lehr- und lernzielorientierte Tests mit einigen wenigen aussagekräftigen Aufgaben vorsehen. Sie befreien sie vom undankbaren Ausrechnen eines Notendurchschnittes (auf Hundertstel oder gar Tausendstel genau), weil sie eine Gesamtbeurteilung vorsehen. Sie geben zudem die Möglichkeit, Kinder und Jugendliche mit Dyskalkulie oder anderen Lernschwierigkeiten während der Aufarbeitung von Noten zu befreien.

Ein Unterricht, der zur Prävention von Lernschwierigkeiten beiträgt, ist auch ein effizienter Unterricht. Effizient – also wirksam und leistungsfähig – deshalb, weil er sparsam und kreativ mit Gütern wie Zeit, Energie und Ressourcen aller – der Lehrenden wie der Lernenden – umgeht. Er nutzt die zur Verfügung stehende Zeit durch Konzentration auf das Wesentliche der Mathematik, setzt die vorhandenen Energien für das Suchen von eigenen Wegen ein und schöpft die vorhandenen Ressourcen, wie Staunen, Neugier und Lernbereitschaft, für Eigenaktivitäten und den Austausch der Ideen aus.

Ein solcher Unterricht ist – nebenbei bemerkt – auch finanziell effizient: Er sorgt für den optimalen Einsatz der vorhandenen finanziellen Mittel, indem er heilpädagogisches Wissen präventiv und für alle wirksam werden lässt, statt es allein für individuelles Fördern einzusetzen.

2.3 Individuelle Förderung

In einigen Fällen wird eine individuelle Erfassung der Lernvoraussetzungen durch Fachstellen (z. B. schulpsychologischer Dienst, Kinderarzt) nötig sein, um die Art und die Ursachen der Schwierigkeiten sowie die entsprechende Therapieform (Dyskalkulie, Logopädie, eventuell kombiniert mit Ergotherapie oder Wahrnehmungstherapie) herauszufinden.

Auf dieser Grundlage kann die Therapeutin, der Therapeut eine eigene Förderdiagnose erstellen (Übersicht s. Tabelle 2) und die Förderung planen und durchführen. Diese kann integriert im Unterricht oder außerhalb geschehen, in jedem Fall aber in enger Zusammenarbeit mit der Lehrperson und den Eltern.

Im Zentrum der Förderung müssen die Mathematik und die Freude am mathematischen Denken stehen, auch wenn im Schulunterricht das Rechnen im Vordergrund stehen sollte! Der Aufbau des mathematischen Denkens ermöglicht es den Kindern, nach und nach Selbstvertrauen und Sicherheit zu erlangen, sodass sie auch die rechnerischen Anforderungen der Schule (wo sie in einem sinnvollen Rahmen stehen) besser erfüllen können.

Vor lauter Aufarbeiten von Lücken darf nicht vergessen werden, auch das zu tun, was das Kind kann und gerne macht: z. B. Spiele, Rätsel, Zeichnungen. Auch das Ernstnehmen und Eingehen auf Erzählungen, Fragen und Probleme des Kindes sind wichtig. Dies hat neben dem persönlichen auch einen mathematischen Aspekt, weil dabei meist ganz selbstverständlich mit Zahlen und Größen umgegangen wird.

Zur optimalen Gestaltung der Förderung gehört auch der Austausch von Erfahrungen zwischen den betroffenen Eltern und Lehrkräften. So können Anregungen aus den Förderstunden in den Schulunterricht und in die Familie einfließen und Erfahrungen aus Schule und Familie in die Förderarbeit mit einbezogen werden.

Allmählich lernt das Kind, ein Stück weit die Rolle der Vermittlung zwischen den Bereichen Schule, Förderstunde und Familie zu übernehmen, indem es seine Arbeitsweisen selbst weitergibt. So entsteht Mitverantwortung an der eigenen Entwicklung – und dies ist wohl eine der besten Voraussetzungen für den Erfolg jeder Förderung.

3. Ganzheitlicher Mathematikunterricht

„Mathematik ist in erster Linie eine Einstellung, eine Art, Probleme anzugreifen. Die zu lernen, bedeutet Mathematikunterricht für alle. Und jedermann ist es vorbehalten, es anders zu machen als der andere, einer schneller und oberflächlicher, der andere langsamer und seine Wurzeln tiefer treibend, der eine schlauer, der andere in weiterem Gesichtskreis" (Freudenthal, zitiert in Schütte, 1994).

3.1 Eigene Wege

„Ich möchte einfach so rechnen können, ohne alles", sagt eine achtjährige Schülerin, die in der Schule immer die farbigen Stäbchen benützen muss. Dieses als „rechenschwach" eingestufte Kind spürt die Faszination, die von der Welt der Zahlen ausgeht und hat etwas Wesentliches der Mathematik erfasst: ohne Handlung und Material, ohne Zeichnung und Geschichte, „einfach so" – nur mit Symbolen umgehen können.

Ein anderes Kind hat das umgekehrte Problem: „Das Rechnen mit dem Tausenderhaus geht gut. Ohne Material brauche ich viel länger."

Nimmt der Mathematikunterricht solche Kinderäußerungen ernst, kann er viel zur Prävention von Lernstörungen beitragen. Neugier, Fantasie und Interesse werden wach gehalten, wenn die Aufforderung „Zeige, wie du es machst" im Vordergrund steht. In dieser ersten Phase der Auseinandersetzung mit einem Sachverhalt gehen die Kinder ihren eigenen Weg zum mathematischen Denken und Rechnen.

Hier – im Stadium der Entdeckung – gibt es noch keine Fehler, da die jeweiligen Normen und Regeln ja noch nicht bekannt sind, sondern erst entwickelt werden. In gemeinsamer Diskussion – angeleitet von der Lehrperson – werden die Entdeckungen verglichen. Es entstehen Regeln, Normen, Gesetze und Verfahren. Stures Üben erübrigt sich dann meist, da auf dem Weg zur Theorie ja schon Rechnen und mathematisches Denken praktiziert und ausgeübt wurde.

Wenn es gelingt, Denken, Fühlen und Handeln (wobei die Reihenfolge zufällig ist) gleichermaßen anzusprechen, Kinder mit unterschiedlichen Lernvoraussetzungen gleichermaßen einzubeziehen und so wenig wie möglich zu trennen zwischen „lernstarken" und „lernschwachen" Kindern und Jugendlichen, aber auch zwischen Mathematik, die im Entstehen begriffen ist und fertiger Mathematik, zwischen Falsch und Richtig, zwischen Exaktheit und Fantasie, zwischen Leben und Mathematik – dann ist der Unterricht nicht nur effizient, sondern er nähert sich auch der Idee „ganzheitlich" (im Sinne von „universell" und „umfassend", sowohl in Bezug auf die beteiligten Menschen wie auf die Mathematik).

3.2 Produktive Übungsformen

Kinder und Jugendliche mit unterschiedlichen Lernvoraussetzungen können in einem ganzheitlichen Mathematikunterricht gleichermaßen mittun. Sie können sich am Unterrichtsgeschehen gleichberechtigt und gleich gültig beteiligen und Fähigkeiten einbringen, die in einem nur auf das Liefern von richtigen Ergebnissen ausgerichteten Unterricht zu wenig oder gar nicht „zählen". Dies wird durch reichhaltige Lernumgebungen, die ein differenziertes Bearbeiten – je nach Lernstand und Fähigkeiten – ermöglichen sowie durch produktive Übungsformen gewährleistet.

Das operative Üben ermöglicht das Erkennen und Nutzen von Zusammenhängen zwischen den Operationen und somit den Aufbau von mathematischem Verständnis. Für Kinder mit mangelnden basalen Voraussetzungen, wie z. B. einer Speicherschwäche, ist diese Übungsform unerlässlich. Das problemorientierte Üben bietet interessante mathematische Konfigurationen an und animiert zum Forschen, Probieren und Experimentieren. Da diese Übungsform häufig von einer Grundstruktur ausgeht und diese in vielen Variationen anbietet, trägt sie durch den „Wiedererkennungseffekt" viel zur emotionalen Sicherheit bei. Sachorientiertes Üben knüpft an den Alltagserfahrungen der Kinder an, regt zum Mathematisieren, Schätzen, Überschlagen und Interpretieren von Lösungen an und stellt den Bezug zwischen Mathematik und Alltag her.

Bekommen alle Kinder auf diese Art die Gelegenheit, sich eine mathematische Landschaft mit Bezugspunkten aufzubauen, in der sie verloren gegangene Ergebnisse wieder holen können, so erlangen sie Sicherheit, Selbstvertrauen und mathematische Kompetenz. Ein solcher Unterricht wird auch effizient, weil er nach kreativen pädagogischen und didaktischen Alternativen sucht – statt auf Leistungen zu beharren, die heute nicht mehr so wichtig sind (wie z. B. schriftliches Rechnen) und nach neuen Lehrplänen oft auch gar nicht mehr erbracht werden müssen.

3.3 Ganzheitliche Beurteilung

Mathematik hat bisher häufig die Rolle des klassischen Selektionsfaches gespielt. Wenn ganzheitlicher Mathematikunterricht – ein Unterricht also, der die beteiligten Menschen sowie die Mathematik in all ihren Aspekten einbezieht – wünschenswert ist, dürfen wir ihn als Lehrpersonen oder Eltern, Behördenmitglieder oder Verantwortliche für Lehrpläne nicht isoliert von allgemeinen gesellschafts- und schulpolitischen Fragestellungen wie Bewertung und Selektion betrachten. Die Leistungen in einem Unterricht nach neuen mathematikdidaktischen Konzepten lassen sich nicht mehr nach dem Schema „richtig – falsch" beurteilen. Ein Umdenken bezüglich Beurteilung und Selektion ist unerlässlich. Und dafür ist auch Ganzheitlichkeit gefordert! Und ganze Arbeit.

4. Sieben Denkanstöße für einen ganzheitlichen Mathematikunterricht für alle (anstelle einer Zusammenfassung)

1 Mathematik mit dem Leben und mit anderen Fächern verbinden – und nicht nur als isoliertes Wissen darstellen und behandeln.

2 Mathematik als Kultur- und Bildungsgut pflegen – und nicht zu einer Technik des Ausführens degradieren.

3 Das mathematische Staunen erhalten – und nicht durch vorzeitig dargebotene Regeln oder Sätze verschütten.
4 Mathematik, die im Entstehen begriffen ist, ernst nehmen – und nicht nur „fertige" Mathematik gelten lassen.
5 Menschen mit unterschiedlichen Lernvoraussetzungen und -schwierigkeiten einbeziehen – und nicht aussondern nach „gut" oder „schlecht", nach schnell oder langsam, nach fähig oder unfähig.
6 Tun und Lernen, Üben und Ausüben, Lehren und Lernen, Einmaleins und Mathematik immer wieder zusammenbringen – und nicht aufteilen in ein „Zuerst" und ein „Dann", in „Schule" und „späteres Leben".
7 Menschen mit unterschiedlichen Denkweisen ermuntern, ihren je eigenen Weg zur Mathematik zu gehen – und nicht „die einzig echt und wahre Methode" vorschreiben.

Tabelle 1: Schwerpunkte der Schwierigkeiten

Mathematische Gebiete	Erschwertes Verständnis in den Bereichen	Erschwerte Ausführung in den Bereichen
Abzählen im Zahlenraum bis 20	Verbindung zwischen der letzten gezählten Zahl und der Anzahl der gezählten Dinge; Schätzen von Anzahlen *Basale Lernvoraussetzungen:* antizipatorisches (= voraus) Denken; Serialität (Ablauf, Reihenfolge) *Mathematische Voraussetzungen:* Größenrelation; Kardinales Prinzip, Abstraktionsprinzip (Zahl ist unabhängig von der Art der gezählten Dinge); Ordnungsirrelevanz (Anordnung spielt keine Rolle)	• Abzählen von Gegenständen: jeder Gegenstand muss genau einmal gezählt werden; gezähltes Ergebnis speichern • bei Benützung der Finger als Zählhilfe: Zählrichtung beibehalten • Zählen: Reihenfolge einhalten *Basale Lernvoraussetzungen:* visuo-motorische Koordination (Sehen und Bewegung koordinieren); Speicherung; Serialität
Zahlbegriff	Bedeutung: wie viel? / das Wievielte? / aus wie vielen Einheiten?; Verbindung von Menge und Zahl; Simultanerfassung; Anwendung von Zahlen und Größen im Alltag; Verbindung „Handlung – Bild – Sprache – Rechnung"	Lesen oder Schreiben von Ziffern: Verwechslung visuell, z. B. „6" und „9"; Raumlage falsch (spiegelverkehrt); Verwechslung auditiv: z. B. vier und sieben, sechs und acht

Mathematische Gebiete	Erschwertes Verständnis in den Bereichen	Erschwerte Ausführung in den Bereichen
Operationen/ Kopfrechnen	*Basale Lernvoraussetzungen:* auditive und visuelle Wahrnehmung; Motorik; Handlungsfähigkeit; Raumerfassung; Serialität; Abstraktionsfähigkeit *Mathematische Voraussetzungen:* Mengenbildung; Eins-zu-eins-Zuordnung Bedeutung der Grundoperationen (Finger werden als Verständnishilfe eingesetzt); Vernetzung innerhalb und zwischen den Operationen; Bedeutung von Leerstellenaufgaben *Basale Lernvoraussetzungen:* Wahrnehmung; Handlungsfähigkeit, Umstellungsfähigkeit; Voraus- und Zurückdenken; Sprachverständnis; Serialität; Abstraktionsfähigkeit *Mathematische Voraussetzungen:* Größenbeziehungen; Zahlbegriff; Invarianz der Zahl; Inklusion (Beziehung „Ganzes–Teil")	*Basale Lernvoraussetzungen:* Speicherung; Serialität; visuelle und auditive Wahrnehmung Automatisierung der Grundoperationen im Basisbereich des Einspluseins und Einmaleins und der Umkehroperationen (Finger werden als Speicherhilfe eingesetzt); Operationszeichen visuell und auditiv unterscheiden; geschriebene Darstellung von Operationen, insbesondere von Leerstellenaufgaben *Basale Lernvoraussetzungen:* Speicherung; Raumorientierung

Mathematische Gebiete	Erschwertes Verständnis in den Bereichen	Erschwerte Ausführung in den Bereichen
Dezimalsystem	Bedeutung des Dezimalsystems: Größe und Zusammenhang von Einheiten, Schreibweise im Stellenwertsystem, Mehrdeutigkeit der Einheiten (1 Tausender = 1.000 Einer); Bedeutung der Kommastellen; Addition/Subtraktion von 10, 100; Multiplikation einer Zahl mit 10 oder 100 (0,5 x 10 = 0,50); Zählen: Übergänge (309, 400); Prinzip des Sammelns und Umtauschens; Abzählen von großen Anzahlen: Strukturieren, Gruppieren in (Zehner-)Gruppen; Schätzen von großen Anzahlen; Überschlagen von Ergebnissen *Basale Lernvoraussetzungen:* Wahrnehmung; Handlungsfähigkeit; Vorausdenken; Raumvorstellung und -orientierung; Serialität *Mathematische Voraussetzungen:* Zahlbegriff; Operationsverständnis (additiver und multiplikativer Aufbau der Zahlen); hierarchischer Aufbau der Einheiten	Schreibweise von Zahlen beim Lesen oder Schreiben; Zahl „x" oder „:" durch 10: Komma auf die richtige Seite verschieben; Zählen: Richtung beibehalten; große Zahlen speichern, um sie richtig schreiben oder um sicher weiterzählen zu können *Basale Lernvoraussetzungen:* Raumorientierung; Speicherung; Serialität

Tabelle 2: Förderdiagnose

Beobachtungen	
Allgemein	
Alltagsbezug	
Basale Lernvoraussetzungen	
Körper, Lateralität	
Wahrnehmung	
Speicherung	
Serialität	
Basale Lernvoraussetzungen und zugleich mathematische Gebiete	
Raum I: Topologie Lage, Richtung, Beziehungen	
Raum II: Geometrie Figuren, grafische Darstellung, Symmetrie	
Zahl und Operation	
Eigenschaften von Gegenständen	
Invarianz	
Menge/Logik	
Relationen: Größe, Ordnung	
Zählen, Abzählen, Herauszählen	
Ziffern	
Simultanerfassung	
Schätzen	
Zahlbegriff	
Operationsverständnis	
Dezimalsystem	
Hierarchischer Aufbau	
Notation	
Zahlenraum	
Arithmetik/Maß	
Kopfrechnen	
Schriftliches Rechnen	
Messen/Maßeinheiten	
Weitere Gebiete	
Bruch	
Algebra	
Textaufgaben, Problemlösung	

(aus: Schmassman, M.: Gesamtunterlagen (unveröffentlichte Kursdokumentation). Zürich, 1995)

Hans-Dieter Gerster

4.2 Vom zählenden Rechnen zur Abrufbarkeit der Basisfakten – ein zentrales Ziel der Prävention und der Förderung

1. Hängenbleiben am zählenden Rechnen – Beginn eines Teufelskreises

Wohl alle Kinder lösen Rechenaufgaben anfangs zählend, d. h.
„6 + 7" durch Weiterzählen: (6), 7, 8, 9, 10, 11, 12, 13;
„13 – 7" durch Rückwärtszählen: (13), 12, 11, 10, 9, 8, 7, 6;
„7 x 8" und „56 : 8" durch Hochzählen in der Achterreihe: 8, 16, 24, 32, 40, 48, 56.
Für viele Kinder bleibt zählendes Rechnen lange Zeit die einzige Lösungsstrategie, an die sie sich klammern und die ihnen vermeintlich Sicherheit gibt.

Zählendes Rechnen führt nicht zur Abrufbarkeit

Die Hoffnung, häufiges zählendes Ausrechnen würde allmählich zum Auswendigwissen der Basisfakten, also des kleinen Einspluseins und dessen Umkehrungen (Abziehen, Ergänzen), des kleinen Einmaleins und Einsdurcheins führen, ist trügerisch. Dies zeigen empirische Untersuchungen und lernpsychologische Überlegungen.

Alle etwa fünfzig „rechenschwachen" Schülerinnen und Schüler, die wir (der Autor und Studierende der Pädagogischen Hochschule Freiburg) in den vergangenen Jahren betreuten, waren in der Sackgasse des zählenden Rechnens stecken geblieben. Sie wussten nur sehr einfache Fakten wie „5 + 5 = 10", „2 x 4 = 8", „10 x 7 = 70", „10 : 2 = 5" auswendig. Eine empirische Untersuchung aus England (Gray, 1991) zeigt, dass ohne geeignete Förderung schwächere Kinder bis zum zwölften Lebensjahr – so weit reicht die Untersuchung – Zählstrategien bevorzugen und sich mehr auf diese verlassen als auf ihr Gedächtnis.

Aus verschiedenen Forschungsbereichen der Psychologie (Neuropsychologie, Biologische Psychologie, Kognitionspsychologie, Lernpsychologie, Gedächtnispsychologie usw.) ist bekannt, dass Wissenserwerb vor allem darin besteht, einem Netzwerk miteinander verbundener Knoten weitere Knoten hinzuzufügen und mehr und stärkere Verbindungen zwischen den Knoten des Netzwerkes zu knüpfen (Kail, 1992, 72). Beim Wort „fahren" fällt uns gleich ein ganzes Netz zusammengehöriger Wörter ein (abfahren – Abfahrt – anfahren – Anfahrt – einfahren – Einfahrt – vorfahren – Vorfahrt – Vorfahren usw.), also eine ganze „Wortfamilie", oder ein „Wortfeld" wie: „fahren – Eisenbahn – Auto – Räder – Motor – Benzin" usw. Entsprechend ist es bei (oder sollte es sein) Zahlbegriffen. Bei „8" beispielsweise könnte uns einfallen: „zwischen 7 und 9", „5 + 3", „10 – 2", „2 x 4" usw.

Isolierte Fakten werden entweder gar nicht im Langzeitgedächtnis gespeichert oder können, wenn geeignete Abrufreize fehlen, nicht aus dem Langzeitgedächtnis abgerufen werden. Kinder, die am zählenden Rechnen festhalten, benutzen aber gerade *nicht* Beziehungen zwischen Zahlensätzen. Nachdem sie zählend „3 + 3" berechnet haben, tun sie dasselbe anschließend mit „3 + 4", ohne sich den Zusammenhang zwischen den beiden Aufgaben bewusst zu machen und ihn zu nutzen. Die beiden nacheinander gestellten Aufgaben „3 + 4" und „13 + 4" berechnen sie jeweils zählend, ohne die dekadische Analogie zu verwenden. Zählendes Rechnen liefert nur Einzelfakten. Diese werden aber nicht in ein Beziehungsgeflecht eingebettet, gehen also leicht aus dem Gedächtnis verloren.

Zählmethoden erfordern hohe Konzentration beim Mitzählen der zurückgelegten Schritte. Notgedrungen richtet sich die Aufmerksamkeit von zählend rechnenden Kindern mehr auf die Zählprozedur als auf den Zusammenhang zwischen Aufgabe und Ergebnis. Das Lernen von Assoziationen zwischen Aufgabe (= Reiz) und Ergebnis (= Reaktion) gelingt jedoch am besten, wenn diese zeitlich dicht aufeinander folgen, etwa innerhalb einer Halbsekunde (Birbaumer, Schmidt, 1991, 533). Selbst durch häufiges zählendes Rechnen werden nicht Assoziationen geknüpft, es werden lediglich Zählprozeduren perfektioniert.

Zählendes Rechnen führt zu negativem Selbstkonzept

Kinder, die auf zählendes Rechnen angewiesen sind, bleiben trotz großer Anstrengung deutlich langsamer als Kinder, die viele Basisfakten auswendig wissen und weitere daraus rasch ableiten können. Der unvermeidbare Vergleich mit den schnelleren Klassenkameraden führt zu Selbstattribuierungen wie: „Ich kann nicht gut rechnen, die anderen sind besser als ich". Überdies sind Ergebnisse beim zählenden Rechnen oft falsch, da die Rolle des Anfangs- oder Endgliedes der Zählsequenz unklar ist. Dies führt zu Misserfolgserwartungen.

Zählendes Rechnen überfordert das Arbeitsgedächtnis und erschwert das Erlernen komplexer Inhalte

Der Teufelskreis des Hängenbleibens am zählenden Rechnen wird dadurch verschärft, dass auch das Erlernen komplexer Stoffe erschwert wird. Die Kapazität des Arbeitsgedächtnisses ist bekanntlich auf sieben plus/minus zwei Informationseinheiten begrenzt (bei Kindern gilt als Richtwert: Lebensalter minus drei). Komplexe Anforderungen können nur bewältigt werden, wenn Teilprozesse bereits automatisiert sind, also keine oder fast keine Aufmerksamkeit mehr erfordern.

Bei der schriftlichen Multiplikation einer vierstelligen mit einer dreistelligen Zahl müssen zwölf Einmaleinsaufgaben gelöst werden. Beträgt bei einer Einmaleinsaufgabe die Wahrscheinlichkeit für ein richtiges Ergebnis 95 % (was hoch erscheint), so ist die Wahrscheinlichkeit, dass alle zwölf Ergebnisse richtig sind, nur ($0,95^{12} = 0,54 =$) 54 %. Wenn die Einmaleinsaufgaben bereits viel Aufmerksamkeitsressourcen beanspruchen, stehen für das Einhalten der Verfahrensregeln eventuell nicht mehr genügend Ressourcen zur Verfügung. Wenn Kinder beim Lösen von Textaufgaben zwar die richtigen Operationen finden, aber beim Ausrechnen Fehler machen, entwickeln sie auch hier Misserfolgsgefühle und Abneigung, da die Ergebnisse trotz richtigen Ansatzes falsch sind.

Pellegrino und Goldman stellten 1987 fest, dass primär *nicht* konzeptuelle Defizite charakteristisch für Kinder mit Lernschwierigkeiten im Mathematikunterricht sind. Beispielsweise unterschieden sich ihre systematischen Fehler bei den schriftlichen Rechenverfahren nicht von denen „normaler" Schulkinder. Charakteristisch für „lernschwache" Kinder ist vielmehr mangelnde Beherrschung der Basisfakten, was sich allerdings sekundär auch auf die Bewältigung komplexer Aufgaben auswirkt.

Woran kann man zählendes Rechnen erkennen?

Auf zählendes Rechnen weist hin, wenn das Kind beim Rechnen die Finger benutzt, wenn Ergebnisse um eins vom richtigen Ergebnis abweichen oder wenn die Ergebnisse bei Basisfakten nicht rasch abrufbar sind. Ruth Steinberger verwendete in ihrem „timed test" ein Tonband, mit dem 24 Additions- und Subtraktionsaufgaben so präsentiert wurden, dass

```
┌─────────────────────────────┐
│ Schwierigkeiten bei der     │
│ gliedernden Mengenauffassung│
└─────────────────────────────┘
              ▼
┌─────────────────────────────┐
│ Unzureichende Vorstellungsbilder │
│ für Zahlen und Rechenoperationen │
└─────────────────────────────┘
              ▼
┌─────────────────────────────┐
│ Fehlende Vernetzung der Basisfakten │
└─────────────────────────────┘
              ▼
┌─────────────────────────────┐
│ Zählendes Rechnen           │
└─────────────────────────────┘
              ▼
┌─────────────────────────────┐
│ Unzureichende Einsicht in die Zehner-Einer-Struktur │
└─────────────────────────────┘
              ▼
┌─────────────────────────────┐
│ Ziffernvertauschung         │
└─────────────────────────────┘
              ▼
┌─────────────────────────────┐
│ Fehlende Abrufbarkeit der Basisfakten │
└─────────────────────────────┘
              ▼
┌─────────────────────────────┐
│ Schwierigkeiten mit Textaufgaben │
└─────────────────────────────┘
```

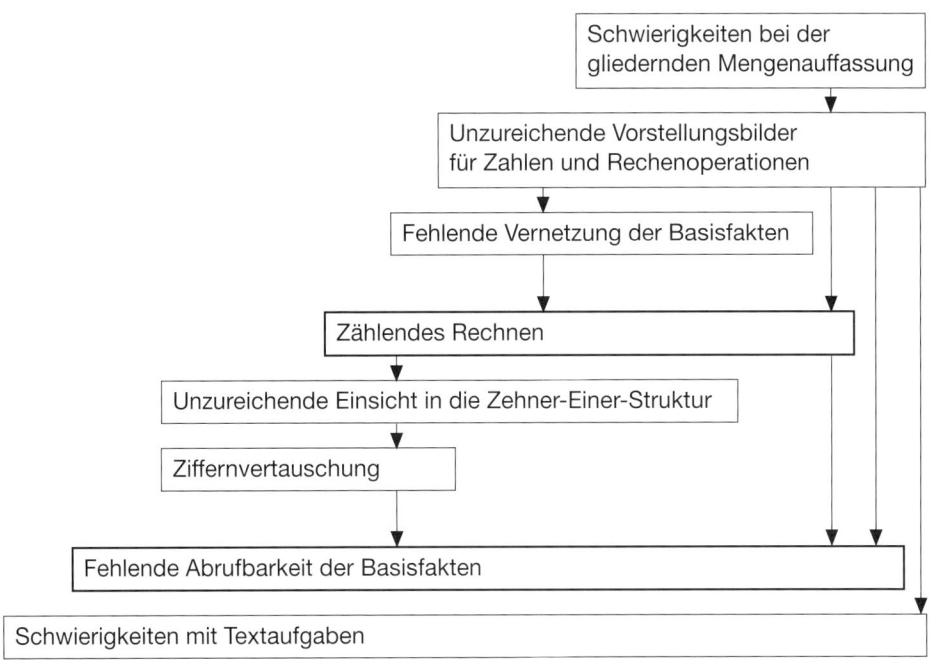

Abbildung 1: Ursachen und Folgen des Hängenbleibens am zählenden Rechnen

die Kinder jeweils zwei Sekunden Zeit zum Aufschreiben der Ergebnisse hatten (Steinberg, 1985, 342).

Ursachen für das Hängenbleiben am zählenden Rechnen

Wurzeln für das Hängenbleiben am zählenden Rechnen liegen vor allem in Defiziten bei der gliedernden Mengenauffassung und bei fehlenden Strategien zur Vernetzung der Basisfakten. Zusammenhänge zwischen den Problembereichen sind in Abbildung 1 dargestellt. Durch das Ausrücken der Blöcke nach links soll zum Ausdruck gebracht werden, dass noch andere Ursachen an der Entstehung des jeweiligen Problemfeldes beteiligt sind.

2. Strukturgelenktes Rechnen – ein Weg zur Abrufbarkeit

Numerische Netzwerke

Damit Informationen aus dem Kurzzeitgedächtnis – nur dort sind sie uns bewusst – ins Langzeitgedächtnis gelangen können, wo sie langfristig gespeichert und aus dem sie später wieder ins Kurzzeitgedächtnis abgerufen werden können, müssen wir sie mit Bedeutung versehen. Viele Ereignisse merken wir uns, weil sie emotionale Bedeutung für uns haben. Inhalte, die uns emotional nicht besonders ansprechen (beispielsweise das Einspluseins und das Einmaleins), können wir uns dadurch einprägen, dass wir auch diese Informationen *mit Bedeutung versehen,* indem wir sie analysieren, strukturieren und dadurch mit bereits gespeichertem Wissen vernetzen (elaboratives Wiederholen). Das Ableiten noch nicht auswendig gewusster Fakten aus bereits gewussten Fakten ist ein Knüpfen eines Netzes von Beziehungen, ein Vernetzen von Fakten und damit eine unverzichtbare Stufe auf dem Weg zur unmittelbaren Abrufbarkeit aus dem Langzeitgedächtnis, „zum Auswendigwissen".

Vorteile von Ableitungsstrategien

Ein Kind, das Ableitungsstrategien verwendet, beispielsweise
„7 + 2 = 9", also auch „2 + 7 = 9"   (Tauschaufgabe),
„3 + 3 = 6", also „3 + 4 = 7"   (Nachbaraufgabe),
„3 + 4 = 7", also „7 − 4 = 3"   (Umkehraufgabe),
„3 + 4 = 7", also „13 + 4 = 17"   (dekadische Analogie)

hat zählenden Rechnern gegenüber lernpsychologische Vorteile:

- Weil Aufgabe und Ergebnis rasch aufeinander folgen, gelingt das Lernen der Assoziationen besser (Reiz-Reaktions-Lernen durch enge zeitliche Paarung).
- Es ist beim Rechnen erheblich schneller als zählend rechnende Kinder, hat also mit seinen Strategien ständig Erfolgserlebnisse (Lernen durch Verstärkung).
- Es ist motiviert, sein Repertoire auswendig gewusster Zahlensätze zu vergrößern, weil es dies zum Ableiten braucht. Es baut also einen zunehmenden Vorrat an bekannten Fakten auf, um neues Faktenwissen zu erwerben. Beim Ableiten benutzt es Vorwissen und verstärkt dieses somit.
- Ableitungsverfahren machen Beziehungen zwischen Zahlensätzen bewusst und verbessern so die Fähigkeit, Fakten zu erinnern. Sie reduzieren zugleich den Memorierstoff durch Zusammenballung von Informationen (Chunkbildung). Wenn ich weiß, dass „3 + 5 = 8" ist, dann weiß ich auch, wie viel ich von „3" bis „8" ergänzen muss, weiß also den Unterschied zwischen „3" und „8", kenne die Differenz „8 − 3". Durch Ableiten werden numerische Netzwerke aufgebaut.

Das Unterrichten von Ableitungsstrategien wird erleichtert, wenn man sich als Lehrkraft einen Überblick über die verschiedenen Strategien verschafft und deren Struktur betrachtet.

Ableitungsstrategien für Basisfakten – Strukturen des Rechnens

Das kleine Eins*plus*eins besteht aus 121 Aufgaben, die in Abbildung 2 zusammengestellt sind.

Zuerst abrufbar einzuprägen sind die leichten *Kernaufgaben:*

- die ersten drei Spalten (+ 0, + 1, + 2)
- die unterste Zeile (das Addieren zu 10)
- die letzte Spalte (das Addieren der 10)
- die aufsteigende Diagonale (Aufgaben mit der Summe 10)
- die absteigende Diagonale (Verdopplungsaufgaben)

Wichtige *Ableitungsstrategien* sind:

- Bilden von Tauschaufgaben, z. B. „2 + 7 = 7 + 2". Mit dem Vertauschungsgesetz können die Aufgaben oberhalb der absteigenden Diagonale auf die unterhalb gelegenen Aufgaben zurückgeführt werden, der Merkstoff wird halbiert!
- Bilden von Nachbaraufgaben. Hierbei sind zwei Typen besonders wichtig: Das „Verdoppeln plus 1" (beispielsweise „7 + 7 = 14", also „7 + 8 = 15") und das „Rechnen mit der 9" (beispielsweise „10 + 4 = 14", also „9 + 4 = 13").

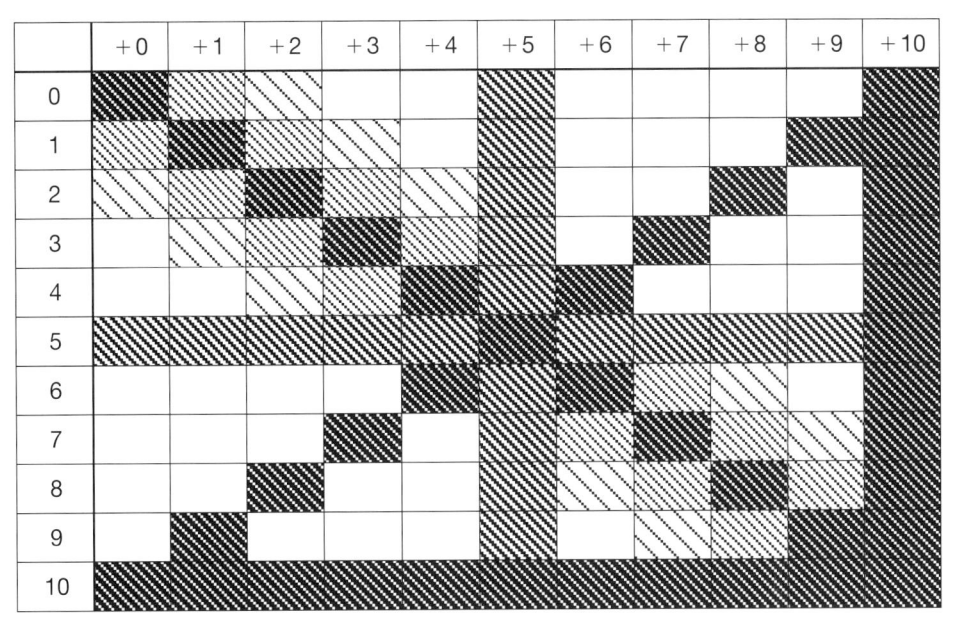

Abbildung 2: Ableitungsstrategien im Einspluseins

- Verwenden der „Konstanz der Summe" (beispielsweise „8 + 6 = 7 + 7")!
- Verwenden der Fünferbündelung (beispielsweise „5 + 7 = 12", „6 + 7 = 13")!
   /\ /\ /\
   5 2 5 1 5 2

Alle Aufgaben oberhalb der aufsteigenden Diagonalen (Addieren im Zahlenraum bis 10) sollten bereits während der Erarbeitung des Zahlenraums bis 10 automatisiert werden. Aus obiger Tabelle ist zu erkennen, dass für die Automatisierung der Aufgaben mit Zehnerüberschreitung (unterhalb der aufsteigenden Diagonale) vor allem wichtig sind: die Verdopplungen (6 + 6, …, 9 + 9), das Addieren zu 10 und die Fünferbündelung (7 + 5, 5 + 7, 8 + 5, 5 + 8).

Noch einfacher zu überblicken sind Kernaufgaben und Ableitungsstrategien für die 121 Aufgaben des kleinen Ein*mal*eins. Sie sind für alle Einmaleinsreihen gleichartig (vgl. Abbildung 3).

Die Kernaufgaben aller Einmaleinsreihen sind in der Grafik durch Einrahmung hervorgehoben. Sie bilden jeweils die „kurze Einmaleinsreihe" (Wittmann, Müller, 1993, 118) und sind durch Verdoppeln bzw. durch Halbieren miteinander verknüpft (Pfeile auf der linken Seite). An die Kernaufgaben der kurzen Einmaleinsreihe werden durch Bilden von Nachbaraufgaben bzw. durch Verdoppeln die noch fehlenden Einmaleinsaufgaben angekoppelt (Pfeile auf der rechten Seite). Beispielsweise findet man „9 x 8" schneller von „10 x 8" ausgehend als durch Hochzählen der Achterreihe.

Begabte Kinder finden von selbst solche *Strukturen,* die das Einprägen und das Abrufen erleichtern. Je jünger oder schwächer Kinder sind, umso mehr brauchen sie die Hilfe des Lehrers. Ruth Steinberg hat in ihrer Untersuchung nachgewiesen, dass sich durch Unterrichtung die Anwendung von Ableitungsstrategien beträchtlich steigern lässt (Steinberg, 1985). Robert Kail berichtet von Untersuchungen, die zeigen, dass selbst retadierte Jugendliche solche Strategien lernen, erfolgreich anwenden und über lange Zeit behalten können (Kail, 1992, 115).

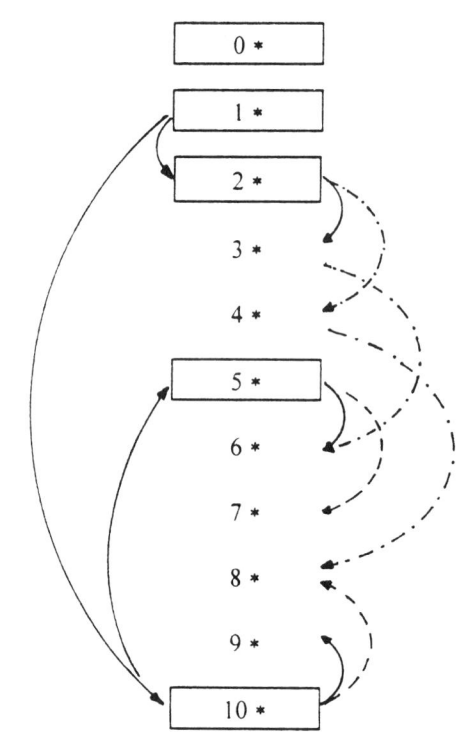

Abbildung 3: Ableitungsstrategien beim Einmaleins

Hinweise zum methodischen Vorgehen folgen in Teil 4 dieses Beitrags. Zuvor soll jedoch auf einen besonderen Aspekt des Rechnens aufmerksam gemacht werden, der für die Ablösung vom zählenden Rechnen entscheidend ist und im Unterricht möglicherweise nicht genügend beachtet wird.

3. Rechenausdrücke als Handlungsanweisungen und als Namen für mathematische Objekte – zwei Seiten einer Münze

Angesichts der großen Zahl von Kindern, die am zählenden Rechnen hängen bleiben, muss man sich fragen, ob es neben den im ersten Abschnitt genannten noch weitere Ursachen gibt. Empirische Untersuchungen und theoretische Analysen sprechen dafür (Thornton, 1978; Steinberg, 1985; Sfard, 1991; Gray, Tall, 1994). In der deutschsprachigen didaktischen Literatur wurden diese Untersuchungen bisher kaum beachtet, sodass die entsprechenden Begriffe in unserer Sprache noch fehlen. Betrachten wir deshalb zunächst einige Beispiele.
Rechenausdrücke (Terme) wie „2 + 7", „12 – 5", „2 x 7" oder „14 : 7" können unter zwei fundamental verschiedenen Sichtweisen wahrgenommen werden: als *Handlungsanweisungen* (operationale Konzeption) oder als *Namen für mathematische Objekte,* für die gewisse Gesetze gelten (strukturale Konzeption). Betrachten wir „2 + 7" als Handlungsanweisung, so bedeutet dies: Zu „2" ist „7" zu addieren, beispielsweise, indem man von der Zwei um sieben Schritte weiterzählt. Hierbei liefert ein algorithmischer *Prozess* (immer eins

weiter) das *Ergebnis* dieses Prozesses. In dieser Sichtweise hat in der Gleichung „2 + 7 = 9" das Gleichheitszeichen die Bedeutung eines Rechenbefehls (wie beim Taschenrechner), es zeigt von der „Aufgabe 2 + 7" auf das „Ergebnis 9". Werden die Terme „2 + 7" bzw. „7 + 2" lediglich als *Handlungsanweisungen* verstanden, dann sind dies zwei verschiedene „Aufgaben". Im ersten Beispiel ist um sieben Schritte weiterzuzählen, im zweiten dagegen um zwei Schritte. Dies ist die Situation eines Kindes, das zählend rechnet.

Betrachten wir „2 + 7" dagegen als *Namen für ein mathematisches Objekt,* so bezeichnet dieses Symbol eine Summe, die Zahl „9". Andere Bezeichnungen sind beispielsweise „7 + 2", aber auch „5 + 4", „10 – 1" oder „3 x 3". In dieser strukturalen Betrachtungsweise sind „2 + 7" und „7 + 2" verschiedene Namen für dasselbe mathematische Objekt, eben die Zahl „9". Dies wird durch die Gleichung „2 + 7 = 7 + 2" zum Ausdruck gebracht. Dahinter steht das Vertauschungsgesetz (Kommutativgesetz), also eine algebraische Struktur, die am Vorstellungsbild

$$\circ\circ\circ\circ\circ \quad \circ\circ\,|\,\circ\circ$$

leicht einsehbar und begründbar ist. In dieser Sichtweise sind die Terme „2 + 7" und „7 + 2" gleich. Das Gleichheitszeichen hat dabei die Bedeutung der Identität, es steht zwischen verschiedenen Namen für dasselbe Objekt. Ist einem Kind das Vertauschungsgesetz vertraut, braucht es statt 121 Einspluseinsaufgaben nur noch die Hälfte zu memorieren.

Entsprechendes gilt auch für die Multiplikation. Fasst ein Kind den Term „7 x 2" lediglich als *Handlungsanweisung* auf, so muss es in der Zweierreihe sieben Schritte tun, bei „2 x 7" dagegen in der Siebenerreihe zwei Schritte. In dieser Sichtweise sind die beiden Aufgaben „7 x 2" und „2 x 7" verschieden. Wird der Term „7 x 2" dagegen als *strukturales Konzept* wahrgenommen, so erscheint er als ein Symbol, ein Name für die Zahl „14", als multiplikative Zerlegung der Zahl „14", die sich auch schreiben lässt als „2 x 7". Dahinter steht wiederum das Vertauschungsgesetz für die Multiplikation (2 x 7 = 7 x 2), also eine *algebraische Struktur.* Diese lässt sich veranschaulichen in der Form:

$$\circ\circ\circ\circ\circ \quad \circ\circ$$
$$\circ\circ\circ\circ\circ \quad \circ\circ$$

Je nach Sichtweise kann man hier „2 x 7" sehen oder „7 x 2" oder auch „10 + 4" oder „14". Überdies kann man an dem Vorstellungsbild sehen: Die „7" ist „5 + 2", das Doppelte ist also „10 + 4". Die Fünferbündelung macht deutlich, *wieso* im Ergebnis eine „4" auftaucht. Das *statische Bild* (im Unterschied zur dynamischen Zählprozedur) regt zur Einsicht „auf einen Blick" an, zur Einsicht erzeugenden Betrachtung, zum *Handeln in der Vorstellung.* An obigem Vorstellungsbild sieht man beispielsweise

$$2 \times 7 = 2 \times (5 + 2) = 2 \times 5 + 2 \times 2$$

– also das Distributivgesetz (Verteilungsgesetz). Auch dies zeigt: Statische Vorstellungsbilder regen zum *Erkennen von Strukturen* an, zu strukturalen Konzepten, die *Einsicht* erzeugen, unmittelbare Begründungen liefern, Beziehungen zwischen verschiedenen Fakten herstellen, numerische Netzwerke aufbauen.

Was soeben für das Addieren und Multiplizieren gezeigt wurde, gilt auch für deren Umkehrungen, das Subtrahieren und Dividieren. Betrachten wir auch dafür ein Beispiel. Für das Kind, das zählend rechnet, bedeutet der Term „12 – 5" eine Handlungsanweisung. Das Rückwärtszählen kann mithilfe der Finger oder mit einer verbalen Stütze (minus „1" gibt „11", minus „2" gibt „10", ..., minus „5" gibt „7") erfolgen. Wird mithilfe von Zählplättchen gerechnet, so werden diese einzeln zählend weggenommen und das Ergebnis wieder zählend bestimmt.

Verfügt ein Kind dagegen über strukturale Konzepte, so hat es beispielsweise folgende Möglichkeiten, das Ergebnis „7" zu *sehen* (in der Vorstellung zu handeln):

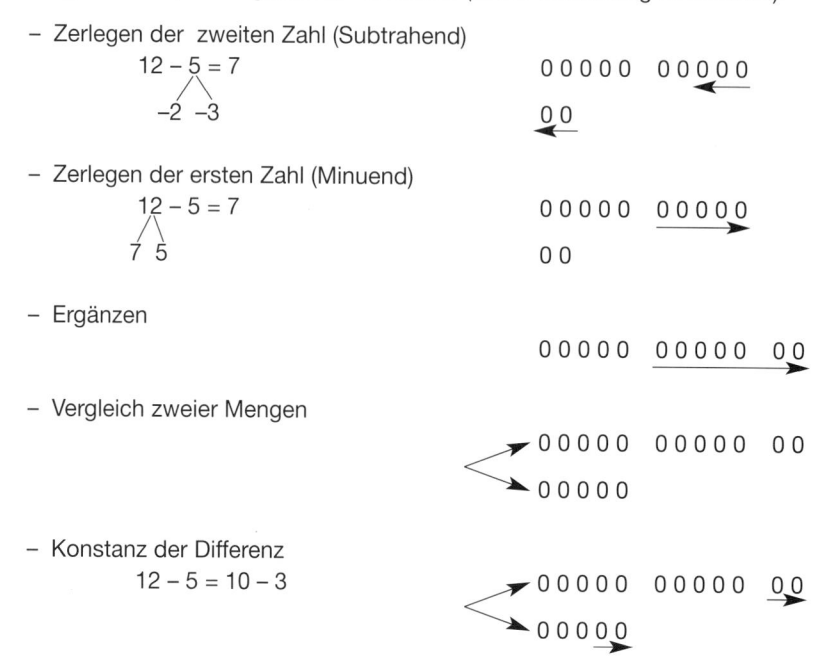

– Zerlegen der zweiten Zahl (Subtrahend)

   12 – 5 = 7
      /\
    –2 –3

   0 0 0 0 0   0 0 0 0 0
               0 0

– Zerlegen der ersten Zahl (Minuend)

   12 – 5 = 7
   /\
   7 5

   0 0 0 0 0   0 0 0 0 0
               0 0

– Ergänzen

   0 0 0 0 0   0 0 0 0 0   0 0

– Vergleich zweier Mengen

   0 0 0 0 0   0 0 0 0 0   0 0
   0 0 0 0 0

– Konstanz der Differenz

   12 – 5 = 10 – 3

   0 0 0 0 0   0 0 0 0 0   0 0
   0 0 0 0 0

Dabei müssen die Punktebilder für die Zahlen nicht gezeichnet werden. Sie sind ja Standarddarstellungen, die gängige Strukturen (Fünfer- und Zehnerbündelung) verwenden und leicht als „innere Bilder" vorgestellt werden können.

Die beiden Sichtweisen von Rechenausdrücken (Termen) als Handlungsanweisungen (operationale Konzeption) bzw. als Namen für mathematische Objekte (strukturale Konzeption) sind zueinander komplementär, sie ergänzen sich gegenseitig. Dies macht nachfolgende Gegenüberstellung (Abbildung 4) deutlich (angeregt durch Anna Sfard, 1991):

Operationale Konzeption	Strukturale Konzeption
• dynamischer Prozess (etwas tun) • mit einer konkreten Handlung die Operation schrittweise ausführen • Aktion erzeugt Ergebnisse • eher verbale innere Repräsentation • eher linkshemisphärischer Verarbeitungsstil, Details beachtend	• statische Struktur (etwas wissen) • mit einer Visualisierung alle Bestandteile gleichzeitig überblicken • Kontemplation erzeugt Einsicht • eher visuelle innere Repräsentation • eher rechtshemisphärischer Verarbeitungsstil, das Ganze überblickend (wie man ein Gesicht wahrnimmt)

Abbildung 4: Operationale und strukturale Konzeption

Operationale Konzeption	Strukturale Konzeption
• Routineprozedur des Vorwärts-, Rückwärtszählens • sequentiell, algorithmisch vorgehen • stereotyp, unflexibel	• Konzept der Summe, der Differenz, des Produkts, des Quotienten • simultan erfassen, auf einen Blick sehen • Symbole als Objekte auffassen, die flexibel zerlegt oder zusammengesetzt werden können
• sequentielles Schema mit wenigen Anknüpfungsmöglichkeiten für neues Wissen	• strukturelles Schema mit vielen Anknüpfungsmöglichkeiten für neues Wissen • kognitive Landkarte: Man kann hierhin und dorthin blicken. • semantische Netzwerke: Bahnung von Abrufpfaden • Chunking (Zusammenfassen von Informationen unter strukturellen Gesichtspunkten) • erleichtert Abrufbarkeit, Problemlösen.

Abbildung 4: Fortsetzung

Diese beiden zueinander komplementären Zugänge zu Zahlen und Rechenoperationen finden wir in allen Bereichen der Mathematik, von den natürlichen Zahlen bis zu komplexen Zahlen, vom Einspluseins bis zum Rechnen mit Matrizen. Der komplementäre Gebrauch von Symbolen als Zeichen für Prozesse *und* für Strukturen ist die Wurzel erfolgreichen mathematischen Denkens. Mathematische Begriffsbildung beginnt meist beim konkreten Handeln, bei Prozeduren. Der erste Zugang zum Zahlbegriff und zum elementaren Rechnen geschieht wohl immer durch das Zählen. Er sollte aber *rechtzeitig* ergänzt werden durch das strukturale Konzept. Denn ab einer gewissen Stufe des Wissenserwerbs kann das Fehlen eines strukturalen Konzepts weitere Entwicklungen verhindern. Dies ist der Fall beim Hängenbleiben am zählenden Rechnen. Es ist, als würde man – statt zu gehen – nur auf einem Bein hüpfen.

Denken in Strukturen ist ein wirksames Werkzeug gegen die Beschränkung der Kapazität unseres Arbeitsgedächtnisses. Je besser strukturiert unser Zugang ist, umso größer ist unser Vertrauen in unser Tun. Strukturelle Konzepte liefern beides: Regeln und Einsicht.

4. Hinweise zum methodischen Vorgehen

Lernprozesse im Mathematikunterricht hängen in hohem Maße ab von den Anregungen, welche der Unterricht gibt. Dies gilt besonders für die rechtzeitige Ablösung vom zählenden Rechnen, für den Übergang von operationalen zu strukturalen Konzepten. Vor allem schwächere Kinder brauchen die Hilfe des Lehrers, um zweckmäßige innere Vorstellungsbilder aufzubauen, ihr Wissen zu strukturieren, zu vernetzen und leicht abrufbar im Langzeitgedächtnis zu verankern. Der Aufbau der mathematischen Grundkenntnisse muss systematisch erfolgen. Lücken im Lernprozess können aufbauende Schritte verhindern.

Die nachfolgenden methodischen Schritte sind wichtig bei der *Vorbeugung* gegen den Teufelskreis des zählenden Rechnens.

Training der Simultanerfassung

Flexibilität beim gliedernden Erfassen der Anzahl der Elemente einer Menge ist grundlegend für den Übergang vom ordinalen Zahlbegriff („8" als achtes Element in der Zählreihe) zum kardinalen Zahlbegriff („8" als Anzahleigenschaft einer Menge) und für die Entwicklung des Termbegriffs („8" als „5 + 3", als „10 – 2", als „2 x 4", als „16 : 2"). Denn diese Begriffe werden von der *simultanen Erfassung von Vorstellungsbildern* getragen (vgl. Abbildung 5).

Abbildung 5: Vorstellungsbilder für Zahlen und Rechenoperationen

Zur Feststellung der Fähigkeit zur Simultanerfassung kann man dem Kind ungeordnete Mengen (bis zu sechs Schokolinsen, farbige Plättchen oder dergleichen) vorlegen. Je geringer die Menge ist, die es – ohne zu zählen – erfassen kann, umso eher wird es dazu neigen, zählend zu rechnen. Erst wenn es auch ungeordnete Mengen bis fünf – ohne zu zählen, mit einem Blick – erfassen kann, hat es die „volle Rechenreife" (Müller-Ahlheim, 1991). Käthe Weichbrodt hat ein Verfahren zur Ermittlung der Simultanerfassung entwickelt (Weichbrodt, 1994). Sie stellte fest, dass alle Kinder, die beim Eintritt ins Schulpflichtalter nur Mengen bis drei mit einem Blick richtig benennen konnten, in der Grundschule erhebliche Probleme hatten. Andererseits hatte sich bei Kindern, welche als behindert galten, aber Mengen bis vier erfassten, die daraus folgende positive Prognose bestätigt. Kinder, deren Simultanerfassung noch nicht ausreichend entwickelt ist, müssen in diesem Bereich rechtzeitig gefördert werden, damit sie auf didaktische Materialien wie Zehnerstreifen, Zwanziger- und Hunderterfeld vorbereitet und nicht auf zählendes Rechnen angewiesen sind. Zum Training der Simultanerfassung eignen sich neben Mengen gleichartiger Objekte wie Steckwürfel oder Zählplättchen auch Punktebilder, die man durch Aufkleben von selbstklebenden Markierungspunkten auf Karton leicht selbst herstellen kann (vgl. Abbildung 6).

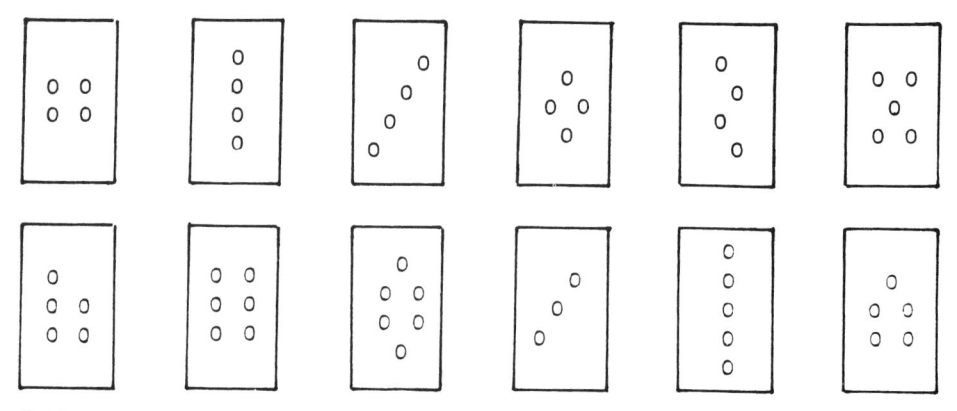

Abbildung 6: Punktebilder zum Training der Simultanerfassung

Hierbei soll die Anzahl auf einen Blick – ohne zu zählen – erfasst werden. Beim letzten Kärtchen kann man die „5" auf verschiedene Arten erkennen (vgl. Abbildung 7).

```
       o
    o——o
    |  |      4 + 1 bzw. 1 + 4
    o——o

     △
    o—o       3 + 2 bzw. 2 + 3

   o   o
```

Abbildung 7: Simultanauffassung

Man kann auch in der Vorstellung das obere Plättchen in die Mitte der vier anderen bewegen und sieht dann die „Würfelfünf". Dies zeigt, dass die gliedernde Mengenerfassung mit geometrischen Grundvorstellungen wie Dreieck, Quadrat, oberhalb, innerhalb, links, rechts usw. zusammenhängt, die bereits im Vorschulalter oder spätestens im pränumerischen Vorkurs des ersten Schuljahres erworben werden sollten.
Bei linearer, ungegliederter Anordnung gleichartiger Dinge liegt die Grenze der simultanen Erfassbarkeit bei vier, maximal fünf. Bei Darstellungen wie

$$| \; | \; | \; | \; | \; | \; | \quad \text{oder} \quad 0\;0\;0\;0\;0\;0\;0$$

können wir bei kurzem Hinsehen, also ohne zu zählen, nicht sicher sagen, wie viele Dinge es sind.
Das ändert sich schlagartig, wenn wir eine Gliederungshilfe anbieten, z. B.

$$| \; | \; | \; | \quad | \; | \; | \quad \text{oder} \quad 0\;0\;0\;^0\;0\;0\;0 \quad \text{┼┼┼} \; | \; |$$

weil wir dann in „3 + 4" oder „3 + 1 + 3" oder „5 + 2" Dinge gliedern. In alten Rechenbüchern wurde bereits für die Fünf eine Gliederungshilfe angeboten, beispielsweise der mittlere Kringel fett gedruckt:

$$o \; o \; \mathbf{o} \; o \; o$$

Dadurch wird der Blick auf das mittlere Element gelenkt und man sieht „2 + 1 + 2" bzw. „1 + 4", also „5". Dies entspricht der Gliederung der Hand, bei der der mittlere Finger der längste ist. Dieses Anpeilen des mittleren Elements hilft, auch lineare, ungegliederte Anordnungen von fünf Dingen sicher zu erfassen. Gute didaktische Materialien (auch der Zahlenstrahl) nutzen die Fünferbündelung neben der Zehnerbündelung konsequent.

Der Zahlenraum bis 10

Es gibt Kinder, die bis „7" oder „13" oder „47" zählen können und dennoch nur unzureichende Vorstellungen von diesen Zahlen haben. Zählen allein genügt nicht, es ist wie ein Hüpfen auf einem Bein. Zum Vorwärtskommen braucht man beide Beine, das operationale Konzept und das strukturale, wie im vorigen Teil dieses Beitrags gezeigt wurde. Von der „7" beispielsweise muss das Kind *alle* Zerlegungen *abrufbar* parat haben, vor allem die Zerlegung in „5" und „2" und es muss auswendig wissen, wie viel bis zur „10" fehlt. Ein ideales

Arbeitsmittel dafür ist der Zehnerstreifen, an dem alle diese Beziehungen der „7" zu anderen Zahlen unmittelbar gesehen, eingesehen und auch begründet werden können (vgl. Abbildung 8).

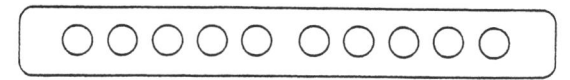

Abbildung 8: Zehnerstreifen

Der Zehnerstreifen (entsprechend auch das Zehner-, das Zwanziger- und das Hunderterfeld) kann verschieden realisiert werden, beispielsweise

– als Steckbrett mit Steckzylindern,
– als Brettchen mit aufgeklebten Filzscheiben oder Stuhlgleitern,
– als Kartonstreifen mit aufgeklebten Markierungspunkten,
– als Arbeitsblatt zum Ausmalen, Einkringeln von Punktemengen usw.,
– als Blatt mit Kringeln, auf die farbige Wendeplättchen aufgelegt werden können.

Die letzte Variante hat den Nachteil, dass die sieben Plättchen einzeln nacheinander hingelegt werden müssen, was wieder in die Nähe der zählenden Zahlauffassung führt. Zur Vorbeugung gegen Hängenbleiben am zählenden Rechnen bevorzugen wir deshalb statische, feste Ausführungen und stellen die „7" dar, beispielsweise durch Abdecken der restlichen Punkte mit einem undurchsichtigen Abdeckblatt (vgl. Abbildung 9).

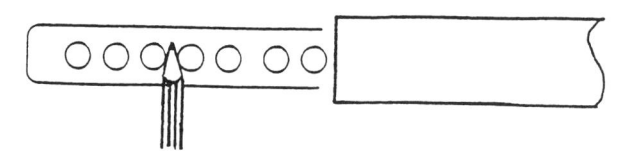

Abbildung 9: Vorstellungsbild zur „7" und einer Zerlegung der „7"

Die „7" erkennt man in dieser Darstellung als „5 + 2" (oder auch „2 + 5"). Durch Dazwischenhalten einer Bleistiftspitze erhält man alle übrigen Zerlegungen der „7", beispielsweise „7 = 3 + 4". Wenn das Kind Vorstellungsbilder von diesen Zerlegungen mit geschlossenen Augen produzieren kann, verfügt es bereits auch über Vorstellungsbilder zu Rechenausdrücken wie „3 + 4" oder „4 + 3", „7 – 4" oder „7 – 3", es ist nicht mehr auf zählendes Rechnen angewiesen. Beachten wir, dass es sich dabei um *statische* Vorstellungen handelt, nicht um das in der gegenwärtigen Didaktik häufig so gelobte „handelnde Tun" (also zuerst drei Plättchen hinlegen, dann vier Plättchen dazulegen und dann abzählen, wie viele es zusammen sind).
Die Fünferbündelung kann noch deutlicher hervorgehoben werden, wenn man zwei verschiedene Farben verwendet. Die Farben Grün und Rot haben einen weiteren Vorteil: Man kann dann festlegen „bei Grün ist Start, wie an der Verkehrsampel". Dies hilft Kindern mit Richtungsschwierigkeiten, sich konsequent an den vereinbarten Aufbau der Zahlenreihe von links nach rechts, also in Leserichtung, zu halten.

Der Zahlenraum bis 100

Eine besondere Hürde beim Erwerb strukturierter Zahlvorstellungen ist der Erwerb der Vorstellung von der „10" als einer neuen *Einheit*. Die „13" beispielsweise muss erkannt werden als ein (voller) Zehner und drei Einzelne, also „13 = 10 + 3" oder „13 = 1 Z + 3 E". Zur Veranschaulichung eignen sich das Zwanzigerfeld, aber auch so konkrete Dinge wie Eier und Eierkartons (vgl. Abbildung 10).

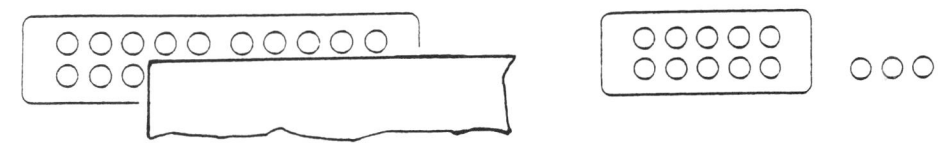

Abbildung 10: Vorstellungsbilder zur Zahl 13

13 Eier sind also eine volle Zehnerpackung und drei einzelne Eier. Im traditionellen Rechenunterricht wurden Stäbe zu Zehnern gebündelt. Auf dieser konkreten Ebene ist der Unterschied von „23" und „32" besonders deutlich (vgl. Abbildung 11).

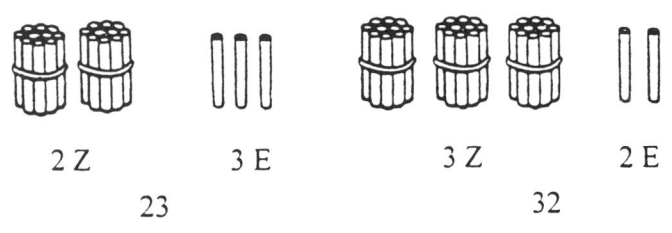

2 Z   3 E   3 Z   2 E
23   32

Abbildung 11: Vorstellungsbilder mit Zehnerbündeln

Auf der rein symbolischen Ebene der Zifferndarstellung ist der Unterschied zwischen „23" und „32" minimal, insbesondere für Kinder mit unsicherem Richtungssinn. Am Hunderterfeld ist der Unterschied jedoch offensichtlich.

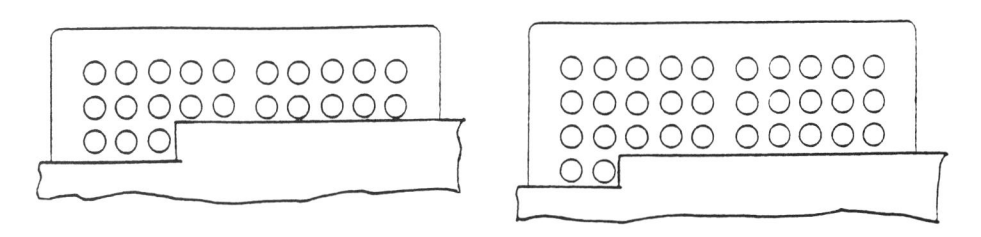

Die Verwechslung von Zehner- und Einerziffern, die durch die verdrehte Zahlwortbildung in der deutschen Sprache begünstigt wird – wir nennen unlogischerweise die Einer zuerst –, ist eine weitere Hürde, an der Kinder scheitern, die sich eher am Wortklang orientieren als an der nur bewusst zu erfassenden Zehner-Einer-Struktur. Man tut den Kindern keinen Gefallen, wenn man sie schreiben lässt „wie man hört", also die „70" in der üblichen Schreibrichtung von links nach rechts, die „71" („wie man hört") von rechts nach links. Besser als „Schreibe, wie du hörst" wäre der Vorschlag: „Schreibe, wie du legst" (Mehrsystemblöcke, Rechengeld, Zehnerbündel und Einerstangen, vgl. oben) oder „Stelle dir die Zahl bereits geschrieben vor". Man darf es dem Kind nicht ersparen, stets bewusst zu erfassen, welches die Zehnerziffer und welches die Einerziffer ist (Näheres dazu in Gerster, 1994 und Gottbrath, 1984).

Abrufbarkeit des kleinen Einspluseins

Es wurde bereits darauf hingewiesen, dass zählendes Rechnen nicht zur Abrufbarkeit führt. Nur das Knüpfen numerischer Netzwerke, d. h. das Herstellen von Beziehungen zwischen einzelnen Fakten führt zu schneller Abrufbarkeit, zum Auswendigwissen. Dieses bleibt über lange Zeit – bei manchen Einspluseinssätzen vielleicht für immer – ein blitzschnelles und weitgehend unbewusstes Ableiten. Einer der ersten und wichtigsten Schritte zur Abrufbarkeit der Basisfakten ist die Automatisierung des Verdoppelns und Halbierens. Mit dem Zehner- bzw. Zwanzigerfeld können einprägsame Vorstellungsbilder dafür vermittelt werden (vgl. Abbildung 12).

$3 + 3 = 6$ $7 + 7 = 14$

Abbildung 12: Vorstellungsbilder zum Verdoppeln

Solche statischen visuell-räumlichen Figuren wirken wie ein figuraler Notizblock im Langzeitgedächtnis und erleichtern das Speichern und Abrufen der zugehörigen Zahlensätze. Auch Ableitungsregeln, beispielsweise die Strategie „Verdoppeln plus 1", lassen sich am Zehner- oder Zwanzigerfeld gut visualisieren und damit visuell kodieren und mit Bedeutung versehen (vgl. Abbildung 13).

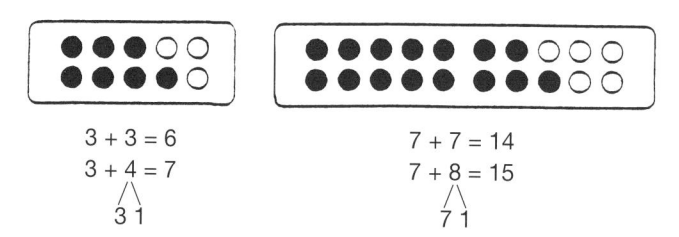

$3 + 3 = 6$
$3 + 4 = 7$
 /\
 3 1

$7 + 7 = 14$
$7 + 8 = 15$
 /\
 7 1

Abbildung 13: Vorstellungsbilder zur Strategie „Verdoppeln plus 1"

Hier lernt das Kind, innerhalb der Aufgabe „3 + 4" die Zahl 4 als „3 + 1" zu sehen. Auf diese Weise werden an bereits auswendig gewusste Verdopplungsaufgaben weitere Nachbaraufgaben angekoppelt, wird ein Beziehungsgeflecht zwischen verschiedenen Basisfakten geknüpft, werden Abrufpfade angelegt.

Für manche Zahlenwerte bieten sich auch andere Darstellungen (vgl. Abbildung 14) an, welche den Zusammenhang zwischen Basisfakten visualisieren (Thornton, Jones, Toohey, 1983).

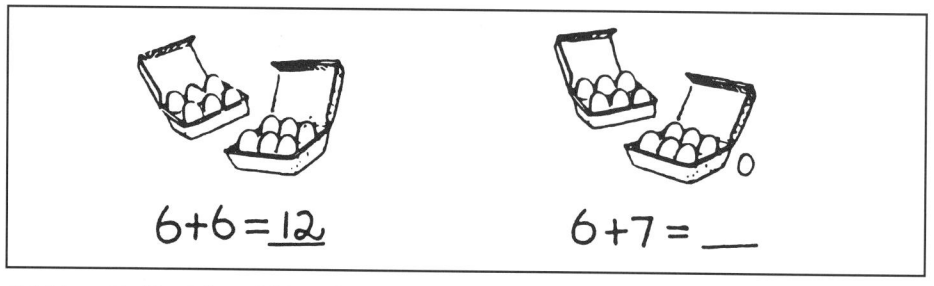

$6+6 = \underline{12}$ $6+7 = \underline{}$

Abbildung 14: Vorstellungsbild zur Strategie „Verdoppeln plus 1"

Auch bei rein verbaler Darbietung sollen die Kinder Ableitungsstrategien anwenden lernen. Dazu kann die Lehrerin dadurch beitragen, dass sie beim Kopfrechnen nach der Aufgabe „7 + 7" gleich die Aufgabe „7 + 8" stellt und die Kinder ermutigt, ihr Wissen „7 + 7 = 14" für die Nachbaraufgabe „7 + 8" zu nutzen und ihren Rechenweg zu erklären. Auf der symbolischen Ebene ist es hilfreich, für vorteilhaftes Rechnen geeignete Zerlegungen von Zahlen symbolisch darzustellen, z. B.:

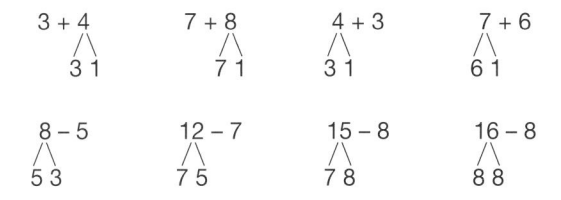

$$3 + 4 \qquad 7 + 8 \qquad 4 + 3 \qquad 7 + 6$$
$$\wedge \qquad \wedge \qquad \wedge \qquad \wedge$$
$$3\ 1 \qquad 7\ 1 \qquad 3\ 1 \qquad 6\ 1$$

$$8 - 5 \qquad 12 - 7 \qquad 15 - 8 \qquad 16 - 8$$
$$\wedge \qquad \wedge \qquad \wedge \qquad \wedge$$
$$5\ 3 \qquad 7\ 5 \qquad 7\ 8 \qquad 8\ 8$$

Eine weitere „Verdopplungsstrategie" ist die Verwendung der „Konstanz der Summe" (vgl. Abbildung 15).

$$3 + 5 = 4 + 4 \qquad\qquad 8 + 6 = 7 + 7$$

Abbildung 15: Vorstellungsbild zur Strategie „Konstanz der Summe"

Man kann diese nützliche Strategie auch ersetzen durch die Strategie „Verdoppeln plus 2", die an nachfolgenden Bildern unmittelbar abzulesen ist (vgl. Abbildung 16).

$$3 + 5 \qquad\qquad 8 + 6$$
$$\wedge \qquad\qquad \wedge$$
$$3\ 2 \qquad\qquad 6\ 2$$

Abbildung 16: Vorstellungsbild zur Strategie „Verdoppeln plus 2"

Eine sehr nützliche Übung ist auch, Kärtchen mit Rechenausdrücken nach der anzuwendenden Lösungsstrategie sortieren zu lassen, z. B. alle Aufgabenkärtchen auf einen Stapel zu legen, bei denen die Strategie „Verdoppeln plus 1" anwendbar ist (beispielsweise „3 + 4", „5 + 6", „7 + 6", „8 + 9"). Auch solche Übungen führen dazu, dass die Kinder lernen, flexibel mit Symbolen umzugehen statt stereotyp zählend zu rechnen.

Verdoppeln und Halbieren im Zahlenraum bis 100

Verdoppeln und Halbieren im Zahlenraum bis 100 sind wichtige Ableitungsstrategien für das Erlernen des kleinen Einmaleins. Beispielsweise kann „5 x 7" gemerkt werden als die Hälfte von „10 x 7". Ein Kind wird diese Strategie aber nur übernehmen, wenn es die Zahl 70 mühelos halbieren kann. Zur Veranschaulichung des Verdoppelns/Halbierens eignen sich die Einerwürfel, Zehnerstangen und Hunderterplatten der Mehrsystemblöcke (Näheres dazu in Gerster, 1994, 79). Günstig erscheint auch das im Spectra-Verlag erschienene

Tausender-Material, das neben Zehnerstangen und Hunderterplatten auch Fünferstangen und Fünfzigerplatten enthält. Es ist zweckmäßig, mit den Kindern zu erarbeiten, welche Zahlen leicht zu verdoppeln sind (Zehnerzahlen, Zehner-/Einer-Zahlen mit Ziffern kleiner als fünf z. B. 24, 31, 43), welche etwas schwieriger sind (15, 25, 35, 45) und welche am schwierigsten sind (Zehner-/Einer-Zahlen mit Einer-Ziffer größer als fünf). Schwache Kinder neigen dazu, nur die Zehner zu verdoppeln und das Verdoppeln der Einer zu vergessen (23 + 23 → 43). Hier empfiehlt sich, das Verdoppeln mit Mehrsystemblöcken konkret und zeichnerisch durchführen zu lassen (vgl. Abbildung 17).

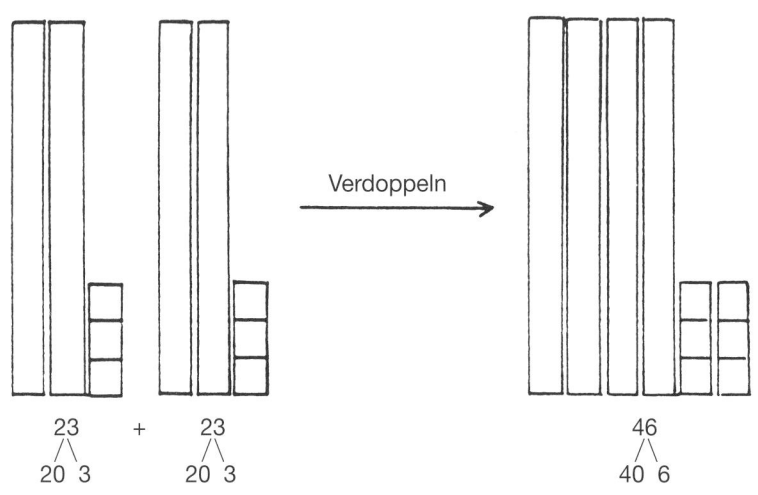

Abbildung 17: Vorstellungsbild zum Verdoppeln

Entsprechend kann man das Halbieren veranschaulichen. Dabei muss eine Menge, Größe oder Zahl so zerlegt werden, dass zwei gleich große Portionen entstehen (vgl. Abbildung 18).

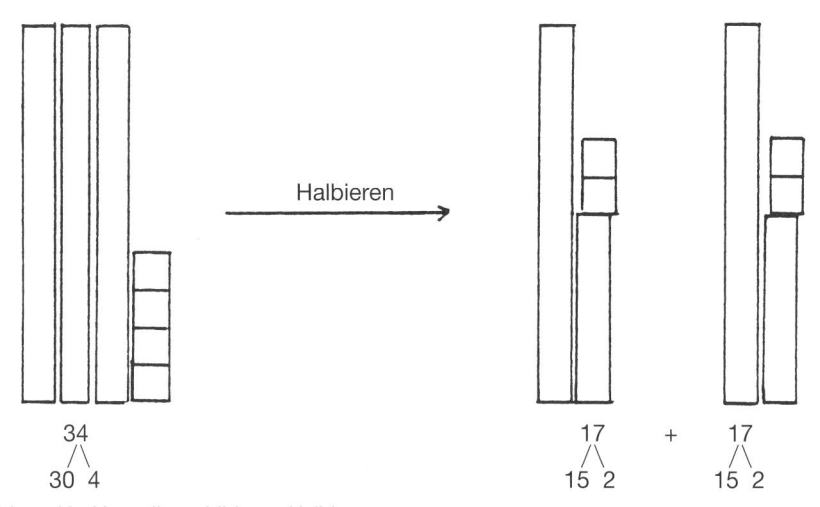

Abbildung 18: Vorstellungsbild zum Halbieren

Obige einfache Beispiele zeigen, dass das Verdoppeln und Halbieren von Zahlen gar nicht so einfach ist und *nicht stillschweigend vorausgesetzt* werden darf. Werden Kinder darin nicht gefördert, bevor das Einmaleins behandelt wird, werden sie diese hilfreichen Strategien nicht als Ableitungsstrategien beim Einmaleinslernen anwenden können, sondern am zählenden Rechnen hängen bleiben.

Abrufbarkeit des kleinen Einmaleins

Wenn notwendige Vorkenntnisse fehlen, gelangen Kinder nicht zur Abrufbarkeit des kleinen Einmaleins und entwickeln eventuell dramatisch erscheinende Symptome von „Rechenschwäche". Florian löste alle Einmaleinsaufgaben durch Hochzählen in der jeweiligen Einmaleinsreihe. Den Vorschlag der Lehrerin, beispielsweise „9 x 5" aus „10 x 5" abzuleiten, übernahm er nicht. Mit gutem Grund, wie eine genauere Beobachtung seines Lösungsverhaltens zeigte. So berechnete er – wie die Lehrerin vorschlug – „9 x 5" als „50 – 5", erhielt aber als Ergebnis „54" statt „45". Die Lehrerin war ratlos, ihr guter Vorschlag half ihm nicht. Florian spürte dies und sagte: „Lassen Sie mich die Reihe hochrechnen, dann wird es richtig." Er konnte eine gute Ableitungsstrategie nicht übernehmen, weil er bei „50 – 5" Probleme hatte. Ursache hierfür könnte sein, dass er sinistraden Richtungssinn (Haberland, 1994) entwickelt hat, also die Tendenz, von rechts nach links zu arbeiten, beispielsweise zu lesen. Auch dieses Beispiel zeigt: Das Rechnen hat eine hierarchische Struktur, eine sachlich begründete Reihenfolge der Lernschritte ist notwendig für einen erfolgreichen Aufbau. Das methodische Vorgehen zur Automatisierung des Einmaleins entspricht dem beim Einspluseins. Visualisierung hilft beim vielkanaligen Verankern im Langzeitgedächtnis. Dafür nur ein Beispiel (Abbildung 19):

```
0 0 0 0 0   0
0 0 0 0 0   0    2 x 6 = 12 (man sieht die 12)
─────────
0 0 0 0 0   0
0 0 0 0 0   0    4 x 6 = 24 (Verdoppeln der 12, man sieht die 24)
```

Abbildung 19: Vorstellungsbild zum Verdoppeln

Bei rein verbaler Darbietung fragt die Lehrerin beispielsweise „1 x 6", „2 x 6", „4 x 6" oder „10 x 6", dann „5 x 6" oder „10 x 6", dann „9 x 6" und lässt die Kinder ihren *Lösungsweg erklären.* So erfahren die Kinder, dass schwierige Aufgaben (9 x 6) plötzlich leicht werden (60 – 6) und wenden solche strukturgelenkten Strategien selbstständig an. Weitere Vorschläge zur Automatisierung der Basisfakten findet man in Gerster, 1994.

Ein neuartiges Arbeitsmittel, mit dem Kinder selbstständig die Abrufbarkeit der Basisfakten trainieren können, ist eine Lernkartei (Gerster, Gerster, 1994), welche das für das Vokabellernen bekannte Prinzip „Lernkartei" kombiniert mit den oben erläuterten Prinzipien (Vorkenntnisse bereitstellen, Beziehungsnetze knüpfen). Diese Lernkartei enthält auch Automatisierungsübungen zum Einsminuseins, zum Ergänzen und zum Einsdurcheins. Bei der Arbeit mit der Lernkartei sieht das Kind ständig, welchen Stoff es bereits beherrscht und welchen noch nicht. Es lernt also Wissen über sein Wissen, Metakognition (Krüll, 1992). Es lernt, welche Aufgabentypen leicht einzuprägen sind (Kernaufgaben auf blauen Kärtchen), wie daraus weitere Aufgaben abgeleitet werden können (gelbe Kärtchen) und welche Aufgaben es ohne Hilfe unmittelbar aus dem Gedächtnis abrufen kann (weiße Kärtchen).

Manchen Lesern mögen die aufgezeigten Strategien als zu aufwendig erscheinen. Sie könnten denken, es wäre einfacher, die Basisfakten schlicht auswendig lernen zu lassen. Kinder mit guter akustischer oder visueller Merkfähigkeit könnten dies auch schaffen.

Andere, die sich nicht so viel Stoff einfach merken können, bleiben dabei auf der Strecke, und Aufgaben wie „106 + 6" oder „5.402 + 6" wird man nicht auch noch auswendig lernen wollen. Auf zwei Gesichtspunkte soll deshalb zum Schluss noch hingewiesen werden.
Die behandelten Ableitungsstrategien dienen nicht nur zum Erlernen der Basisfakten. Sie sind zugleich Modelle für das Kopfrechnen ganz allgemein. Mit den Zerlegungsstrategien

$$8 + 7 \quad \text{oder} \quad 14 - 8$$
$$\diagup \diagdown \qquad\qquad \diagup \diagdown$$
$$+2 \ +5 \qquad\qquad -4 \ -4$$

lernt das Kind auch Strategien für das halbschriftliche Rechnen, z. B.:

$$43 + 28 \quad \text{oder} \quad 43 - 28 \quad \text{oder} \quad 43 - 28$$
$$\diagup \diagdown \qquad\qquad \diagup \diagdown \qquad\qquad \diagup \diagdown$$
$$+20 \ +8 \qquad\quad -20 \ -8 \qquad\quad -23 \ -5$$

Die Strategien für das Erlernen des kleinen Einmaleins helfen, auch Aufgaben wie „9 x 26" im Kopf zu rechnen (10 x 26 − 1 x 26) oder festzustellen, wie oft „36" in „200" enthalten ist (10 x 36 = 360, 5 x 36 = 180, also fünfmal).
Überdies konnte durch gezielte Unterrichtsbeobachtungen nachgewiesen werden (Schneider, 1989, 168), dass individuelle Unterschiede im Gebrauch von Gedächtnisstrategien mit unterschiedlich intensiven Strategiehinweisen bzw. -einübungen von Lehrern korrespondieren. Kinder aus Schulklassen, deren Lehrer häufig strategische Operationen anregten, waren im Vergleich zu anderen besser in der Lage, Strategien über längere Zeitintervalle hinweg aufrechtzuerhalten und verbesserten auch ihre Gedächtnisleistungen in größerem Maße als Kinder aus Schulklassen, in denen wenig Wert auf die Einweisung in Gedächtnisstrategien gelegt wurde.

Hans-Jürgen Wagner

4.3 Rechnen erleben

Mathematik gilt als Disziplin, bei der streng logisch zu denken ist: Es gibt zwar unterschiedliche Möglichkeiten ein Ergebnis zu finden, doch diesem wird entweder „falsch" oder „richtig" zugeordnet. Diese „Klarheit" führt nicht selten zu einer formalen Ausrichtung. Die Zahlen z. B. werden dabei als eine eigenständige Welt betrachtet und das Rechnen wird oft zum Selbstzweck. Mathematik als „Denkschulung" ist die hierfür häufig genannte Begründung. Mathematik als konkretes Erkenntnismittel dagegen, bei dem ein individueller Gebrauchswert deutlich werden soll, rückt meist weniger in den Vordergrund der Betrachtung.
Der Gebrauchswert des Rechnens kann allerdings nur erkannt werden, wenn – wenigstens im Ansatz – grundlegende arithmetische Strukturen bekannt sind. Demnach müsste eine Elementardidaktik die „Anwendungsebene" und die „Verstehensebene" – ausgehend von der konkreten sozialen und individuellen Situation der Lernenden – sinnvoll verknüpfen.
In diesem Zusammenhang sollen unter „elementaren Arithmetikprozessen" jene Prozesse

verstanden werden, die mit den beiden Verknüpfungsformen „Addition" und „Subtraktion" innerhalb der natürlichen Zahlen (null bis 20) möglich sind.

Den meisten Grundschullehrer/-innen ist natürlich bewusst, dass mit einem rein formalen Zugang Kindern in der Grundschule das Rechnen kaum näher gebracht werden kann. Mithilfe von „konkretem Material" und mit vielen „Visualisierungshilfen" werden die grundlegenden Operationen verdeutlicht, wobei für die meisten Kinder dies auch tatsächlich ein Zugang ist, das kleine Einmaleins zu verstehen bzw. zu erlernen. Ausgehend von „Sachaufgaben" soll dann das Gelernte angewendet werden.

Es gibt aber auch Kinder, für die der Umgang mit „konkretem Material" noch zu abstrakt ist, vielleicht auch nicht motivierend genug. Es soll deshalb in dieser Arbeit ein Ansatz vorgestellt werden, bei dem weniger „konkretes Material" als Hilfsmittel zur Veranschaulichung dient, sondern zunächst der eigene Körper bzw. Ganzkörperbewegungen. Die Nähe zum Rechnen wird dadurch aufrechterhalten, indem arithmetische Strukturen aus den Bewegungen herausgelöst („Verstehensebene") und in Bewegung umgesetzt werden („Anwendungsebene").

Methodische Überlegungen

Die „psychomotorische Erziehung" beinhaltet eine spezifische Sicht menschlicher Entwicklung und Förderung, wobei Bewegung und Wahrnehmung als wesentliche Medien zur Unterstützung von Entwicklungsprozessen betrachtet werden (vgl. z. B. Zimmer, 1992). Die enge Verknüpfung von motorischen und psychischen Vorgängen soll z. B. bei Kindern grundlegende Lernprozesse in Gang setzen und dabei sowohl die motorische als auch die kognitive und soziale Handlungskompetenz erweitern.

Aus handlungstheoretischer Sicht betrachtet (z. B. in Anlehnung an Leontjew, 1987) ist die Funktion von Bewegungshandlungen das Lösen von speziellen Problemen: Bewegungen können einerseits zur Lebensbewältigung im Alltag (z. B. gehen, fegen, schneiden) genutzt, andererseits z. B. für Organkräftigung, Körperertüchtigung – also im Sinne von sportlichen Tätigkeiten – genutzt werden. Des Weiteren können Bewegungen aber auch als „Träger" von Bildungs- und Erziehungsinhalten herangezogen werden (vgl. z. B. Köckenberger, 1999). Das Medium Bewegung hat sozusagen Vehikelfunktion, wobei vor allem das Verhältnis „Bildungsinhalt – Bewegung" zu beachten ist.

Die Forderung – Bewegung nicht nur im Hinblick auf ihre sportbezogene Bedeutung zu betrachten und sie in andere Fächer, ja sogar in das ganze Schulleben zu integrieren – wird immer wieder erhoben (vgl. z. B. Polzin, 1987, S. 72).

Demnach ist Kindern zunächst Gelegenheit zu bieten, mit sich selbst und ihrem eigenen Körper Erfahrungen – z. B. nach folgender Aufforderung – sammeln zu können: „Lauft so schnell wie möglich auf die andere Seite. Geht dann langsam und leise zurück."

Hinter derartigem Übungsangebot verbergen sich vielfältige Rhythmen mit ihren Einheiten und mit Anfangs- und Endpunkten. So wird beispielsweise irgendwo (Raumaspekt) und irgendwann (Zeitaspekt) angefangen, Schrittfolgen reihen sich aneinander, Geschwindigkeit, Gleichgewicht und Koordination wird erlebt, Anspannung (Aktion) und Entspannung (Pause) als Notwendigkeit erfahren.

Die daraus resultierenden Erfahrungen können u. a. im Hinblick auf arithmetische Strukturen umgangssprachlich dargestellt werden. Denn mit der Verbalisierung der Bewegungen wird der Rahmen der zu fordernden, auszuführenden und zu beschreibenden (konkreten) Handlungen gesteckt: So können die Kinder besser lernen, was gemeint ist.

Die folgende Tabelle stellt einige mögliche umgangssprachliche Äquivalente für den Anfangsunterricht in der Arithmetik dar.

←──────────────── Bewegung ────────────────→

Anfang /────────────────────────────────→ Ende

Substantive	Beginn Anfang Start Ausgangs-, Anfangs-, Ausgangs-, Startpunkt Ausgangssituation Leere Nichts	 Gleichgewicht Aufenthalt Pause Ruhe Stillstand auf/an der Stelle im Moment	Ende Schluss Ziel End-, Schluss-, Zielpunkt

←──────────────── Bewegung ────────────────→

Anfang /────────────────────────────────→ Ende

Verben	beginnen anfangen starten losgehen loslaufen etc. aufbrechen ablaufen von hier aus geht's los	laufen gehen . . . (vorwärts/ rückwärts) warten stehen, sitzen pausieren, ruhen es geht nicht weiter	beenden enden aufhören stoppen abschließen da sein bis hier hin

Tabelle 1: Mögliche umgangssprachliche Äqivalente für den Anfangsunterricht in der Arithmetik

Adverbien und adverbiale Bestimmungen	(noch) nichts anfangs (noch) leer (noch) hohl (noch) fehlend (noch) anwesend (noch) nicht da	hier, jetzt vorher – nachher früher – später vorne – hinten unten – oben davor – danach		nichts (mehr) schlussendlich (schon) leer (schon) hohl vorüber vorbei fertig
unbestimmte Zahlwörter	keins keiner keine ohne niemand	genügend, genug etwas, einiges, einige mehrere, mehreres viel, viele wenig, wenige einige, einiges ein paar, etliche, etliches		 alles alle
Präpositionen	vor	vor – nach		nach

Tabelle 1: Fortsetzung

Damit wäre das methodische Prinzip – von der „Körpersprache" über die „Umgangssprache" zur „Fachsprache" vorgestellt.

Ein weiteres – in diesem Zusammenhang bedeutsames Prinzip – ist das Prinzip „Von der konkreten Handlung zur abstrakten Handlung". Damit ist gemeint, dass arithmetische (und andere) Prozesse mithilfe von unterschiedlichen „Darstellungsfunktionen" (Bruner, 1971) ausgewiesen werden können:

– zunächst z. B. durch *grobmotorische Bewegungen* (im Sinne von Bruner, 1971, „Handlungsmäßige Darstellung", vgl. S. 33–44),
– dann durch *Visualisierung (Analogisierung)* der Bewegungen (im Sinne von Bruner, 1971, „Bildhafte Darstellung", vgl. S. 44–53) und schließlich (im Rahmen dieser Arbeit)
– durch *Bezifferung (Digitalisierung)* der analogen Abbildungen (im Sinne von Bruner, 1971, „Bildhafte Darstellung", vgl. S. 55–74).

Diese beiden Prinzipien wurden allerdings nur durch eine Richtung, nämlich dem Weg vom „Konkreten zum Abstrakten", dargestellt: Dieser Weg ist gekennzeichnet durch *analytische Tätigkeit,* durch die die Lernenden konkrete Sachverhalte abbilden und den Gegenstand dabei auf der nächsthöheren Ebene erschließen sollen (= „verstehen").

Dieser Weg kann allerdings auch „rückwärts" gegangen werden, nämlich vom „Abstrakten zum Konkreten": Die Lernenden sollen dabei die aus der Abstraktion gewonnenen Einsichten und Formen durch *synthetische Tätigkeit* reproduzieren, d. h. auf die realen Bedingungen beziehen (= „anwenden").

Beide Prinzipien sind jedoch nicht hintereinander, sondern miteinander – im Sinne des Spiralprinzips – zu betrachten. Es ist sozusagen „doppelte Denkarbeit" zu leisten (Lompscher, 1975, S. 21).

Die folgende Abbildung verbindet das „Sprachniveau" mit dem „Handlungsniveau", wobei die Pfeile den Weg vom „Konkreten zum Abstrakten" kennzeichnen (die entgegengesetzte Richtung würde den Weg vom „Abstrakten zum Konkreten" bedeuten).

Sprache: Von der „Körpersprache" über die Umgangssprache zur Fachsprache

Von der materiellen Wirklichkeit zur geistigen Anschauung

Handlung: Von der konkreten Handlung zur abstrakten Handlung

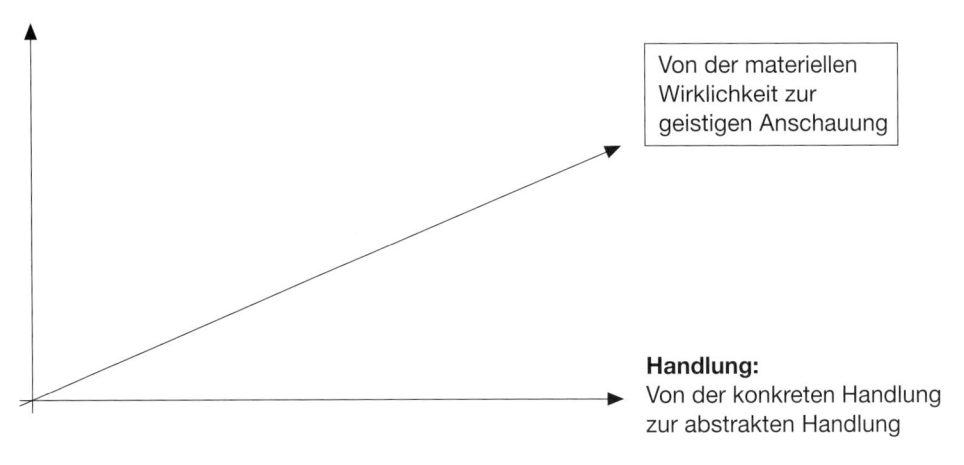

Abbildung 1: Entwicklungskonzept zur Bildung von mathematischen Begriffen (in Anlehnung an Rubinstein, 1983; ähnlich auch Lompscher, 1975, S. 52)

Aus der Abbildung kann abgeleitet werden, dass jede Verbindung auf jedem Niveau möglich ist. Somit kann *nicht* immer von einem „idealtypischen" Verlauf – so wie es durch die Diagonale angedeutet ist – ausgegangen werden. Erfahrungen zeigen, dass auch „gute" Schüler und Schülerinnen Probleme mit Aufgaben haben, die nach dem Prinzip „Vom Abstrakten zum Konkreten" zu lösen sind.

Realisierungsmöglichkeiten

Innerhalb dieser Arbeit sollen zwar hauptsächlich psychomotorisch orientierte Übungsformen vorgestellt werden, doch auch diese sind in ein Gesamtkonzept, das der Elementardidaktik als Orientierung dienen kann, einzubetten.

Demnach wären folgende Bereiche zu nennen:
– Rhythmisieren von Bewegungsfolgen
– Ikonisieren der Bewegungsfolgen (analog abbilden)

- Beziffern der Bewegungsfolgen und beziffern der analogen Abbildung (digital abbilden) (Diese drei Punkte entsprechen dem methodischen Prinzip „Vom Konkreten zum Abstrakten".)
- zählendes Rechnen an einer festen (geordneten) Reihe (z. B. Zahlenstrahl, Zahlenband)
- zählendes Rechnen mit und an einer ungeordneten Menge
- Bündeln im Sinne des Dezimalsystems
  (Diese drei Punkte entsprechen dem methodischen Prinzip „Vom Konkreten zum Abstrakten".)
- Rechnen (hier: Rechnen als Selbstzweck)

Je nach Entwicklungsstand der Kinder ist natürlich eine Schwerpunktbildung notwendig, wobei die folgende Tabelle einen Überblick über eine mögliche Schwerpunktbildung gibt.

1: arithmetische Strukturen können aus Bewegungshandlungen erschlossen bzw. verdeutlicht werden
2: arithmetische Strukturen werden erklärt und/oder an der Tafel verdeutlicht (die Kinder sind dabei relativ passiv)
3: Rechenaufgaben werden durch Bewegungshandlungen dargestellt
4: Rechenaufgaben werden mündlich oder schriftlich gelöst (die Kinder sind dabei relativ passiv)
5: Bewegungshandlungen werden gemäß von Zielen der Psychomotorik und/oder der üblichen Sportdidaktik durchgeführt (ausführlicher hierzu in Wagner, 1999)

Tabelle 2: Kombinationsmöglichkeiten von „Bewegungshandlungen" und „Rechenhandlungen"

Rhythmisieren, Ikonisieren und Beziffern von Bewegungsfolgen

Auf der Grundlage des rhythmischen Ansatzes (oder der „Körpererfahrung" als Ausgangspunkt, vgl. die Einleitung in Treutlein, Funke, Sperle, 1986) sollen nun erlebte Bewegungen umgangssprachlich ausgewiesen und mit „mathematischen Problemen" verknüpft werden.

„Erleben von Rhythmus" heißt, eine wiederkehrende Bewegungsfolge in ihrer Spannung und geordneten Gestalt wahrzunehmen. Dabei ist aber zunächst weder Anfang noch Ende zu bestimmen, sondern lediglich zu laufen, zu springen, zu hüpfen, zu gehen, eben um die Regelmäßigkeit der Bewegung zu erfahren (vgl. dazu vor allem Bünner, Röthing, 1971 sowie Glathe, 1973): Zu erleben sei die Einheit von Fluss und Maß bzw. von Fluss und Halt.

So können die Kinder, z. B. von einer markierten Stelle ausgehend, eine vorgegebene Strecke durchlaufen, -hüpfen, -gehen, -schreiten oder tippelnd, springend überwinden (weitere Beispiele siehe Geffert, Kappe, Pröve, Schmidt, 1967; Köppen, 1990, S. 53). Sie können dabei große und kleine Schritte machen, sich schnell und weniger schnell, vorwärts und rückwärts bewegen, auf einem Bein, auf beiden Beinen oder sogar auf allen vieren.

Als weitere Orientierungshilfen kommen Linien und andere Markierungen oder Muster auf dem Boden infrage, auch bieten sich hierfür Gegenstände wie Stühle, Kästchen, Matten und Reifen an.

Zunächst geht es also darum, einen Anfang zu bestimmen, von dem aus ein Ende (= Ziel) zu antizipieren ist. Die Abfolge der Bewegungseinheiten (z. B. Schritte), die für den Rhythmus der Handlung verantwortlich ist, wird noch nicht verbalisiert. Im Sinne des lernfördernden Reversibilitätsprinzips soll die zu überwindende Strecke auch rückwärts durchlaufen, also zum Startpunkt zurückgekehrt werden. Endpunkt wird somit Anfangspunkt, und der Anfangspunkt wiederum Endpunkt.

Erfahrungen dieser Art führen hin zur „Gliederung einer vorgegebenen Reihe" und somit auch zum Zahlenstrahl, der ja als solche zu interpretieren ist: „Anfang" und „Ende" in den Vordergrund zu stellen und innerhalb der Versprachlichung von Bewegungen Begriffe wie „vorher" (kommt vorher, Vorgänger, früher) und „nachher" (kommt nachher, Nachfolger, später) zu betonen.

Pädagogisch außerordentlich sinnvoll ist es, Kinder beim „Durchmessen" einer Strecke die Interpunktion ihres hierfür benutzten Rhythmus selbst bestimmen bzw. erkennen zu lassen: z. B. wenn eine gut geplante Weitsprunggrube durchschritten wird, ist die Schrittfolge in Form von Fußspuren dokumentiert.

In gleichmäßigen Abständen sind farbige Pylone (= „Baustellenhütchen") aufgestellt. Als Startpunkt darf kein Hütchen benutzt werden, sondern z. B. eine Linie, damit die Rolle des Anfangs, des Startpunkts (der Null) deutlich gegenüber dem ersten Ziel (der Eins) abgehoben ist.

Je nach Entwicklungsstand der Kinder könnte als Startsignal der Countdown benutzt werden: „... 5, 4, 3, 2, 1, ... 0".

Es kann nun bis zum blauen (gelben, grünen) Hütchen gelaufen werden. Die Kinder können sich dann vor das Hütchen stellen, hinter das Hütchen legen, es aufsetzen.

Hat dann ein Kind beispielsweise ein Hütchen erreicht, hat es

– zu pausieren,
– an dieser Stelle zu warten,
– zu stehen, sitzen zu bleiben,
– sich dort ... aufzuhalten, weil
– es zunächst ... nicht weiter geht.

Vor allem kann verdeutlicht werden, dass der (eben erreichte) Zielpunkt zum Ausgangspunkt (= Nullpunkt) für weitere Schritte werden kann (gegebenenfalls Hütchen mit Ausgangsmarkierung austauschen).

Neben optischen Zeichen (Signale) als Anfangs- und Endpunkt können auch akustische (und deren Kombination) angeboten werden.

Der Rhythmus beginnt nun nicht an einer (sichtbaren) Linie, sondern mit Beginn der Klänge (z. B. Musik, Klatschen etc.) Die Kinder versuchen nun, entsprechend der rhythmischen Vorgaben, ihre Bewegung laufend, gehend, hüpfend usw. dem Rhythmus anzupassen. Die Bewegung wird beendet, wenn die Musik aufhört. Die Kinder haben dann z. B. Pause, also zu warten, bis der nächste Abschnitt beginnt.

Solche Handlungen können nun, im Sinne von Bruner (1971), mehr oder weniger abbildend „ikonisiert", im Sinne von Galperin (1967), „materialisiert" werden. So können z. B. die nichtbeteiligten Kinder versuchen, die eben beschriebenen Tätigkeiten so zu zeichnen, wie sie sie können (z. B. als „typische Kinderzeichnung" und/oder in Form von Strichen, Kurven, Linien und Bögen):

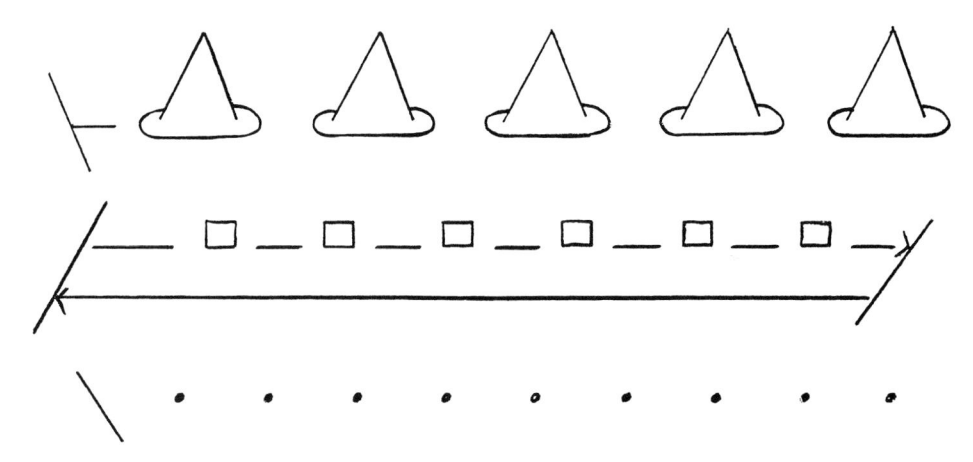

Die Kinder könnten beispielsweise den Laufweg um die Hütchen einzeichnen, oder den, der über die Kastenreihe geführt hat. Es kann markiert werden, wo pausiert wurde, ob und auf welchem Weg zurückgelaufen wurde, wo anzuhalten war. Vor allem ist festzuhalten, wo losgelaufen und wo angekommen wurde (Protokoll).

Die Tatsache, dass die Namen und Zeichen der Zahlen und ihre Folge nicht vom Inhalt abzuleiten sind, führt dazu, die Bedeutung des Zählens hervorzuheben (vgl. dazu das Sammelreferat von Schmidt, Weiser, 1982). Demnach muss das Zählen als Orientierungsgrundlage für die Erarbeitung eines umfassenden Zahlbegriffs geschaffen werden.

Die Einführung des Zählens (= Zahlwortreihe) ist z. B. möglich über Lautieren mit Klatschen und Aufsagen der Zahlwortreihe, die in Verse eingebettet sein kann. Fuson, Richards und Briars (1982) schlagen sogar eine fünfstufige Zählmethodik vor.

So sinnvoll und bedeutsam die Zählkompetenz auch sein mag, bei ihrer Vermittlung muss zwangsläufig die Null „übersehen" werden. Denn es ist nicht notwendig, *null,* eins, zwei, drei usw. zu zählen.

Werden allerdings die (Zähl-)Zahlen einer konkreten Linie zugeordnet (z. B. Abschnitte beschriften), gewinnt die Null als „Ausgang" eine Bedeutung. Zunächst ist sie dabei als *Ausgangs*punkt, dann als Null*punkt* und schließlich als *Null* zu kennzeichnen.

Wie bedeutsam sie für die anderen natürlichen Zahlen ist, wird an dieser Stelle des Konzepts ganz besonders deutlich: Die „Eins" (als Menge) darf erst auf der Habenseite verbucht werden, wenn der erste Schritt beendet ist, ebenso „Zwei" (nach dem zweiten Schritt), „Drei" usw. Der Schritt als Einheitsmaß mit seinem Anfangs- und Endpunkt, kann in diesem Zusammenhang zur konstituierenden Maßnahme der Zahlbegriffsentwicklung werden.

So darf beim *„zählenden Abschreiten"* der Zahlenreihe „eins" erst gesagt werden, wenn *beide* Füße bei der Eins angekommen sind:

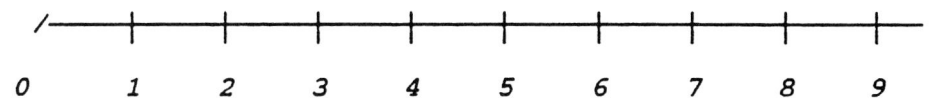

0   1   2   3   4   5   6   7   8   9

So wie an der konkreten Reihe die Zahlen zugeordnet wurden, ist dies auch an der gezeichneten möglich: Es ist die Reihe zu beziffern; auch kann auf die Protokolle, in denen die Laufwege der Bewegungsspiele festgehalten wurden (Bild 1 und 2), zurückgegriffen werden. Ebenso sind fehlende Ziffern zu ergänzen (Bild 5).

Bild (1)

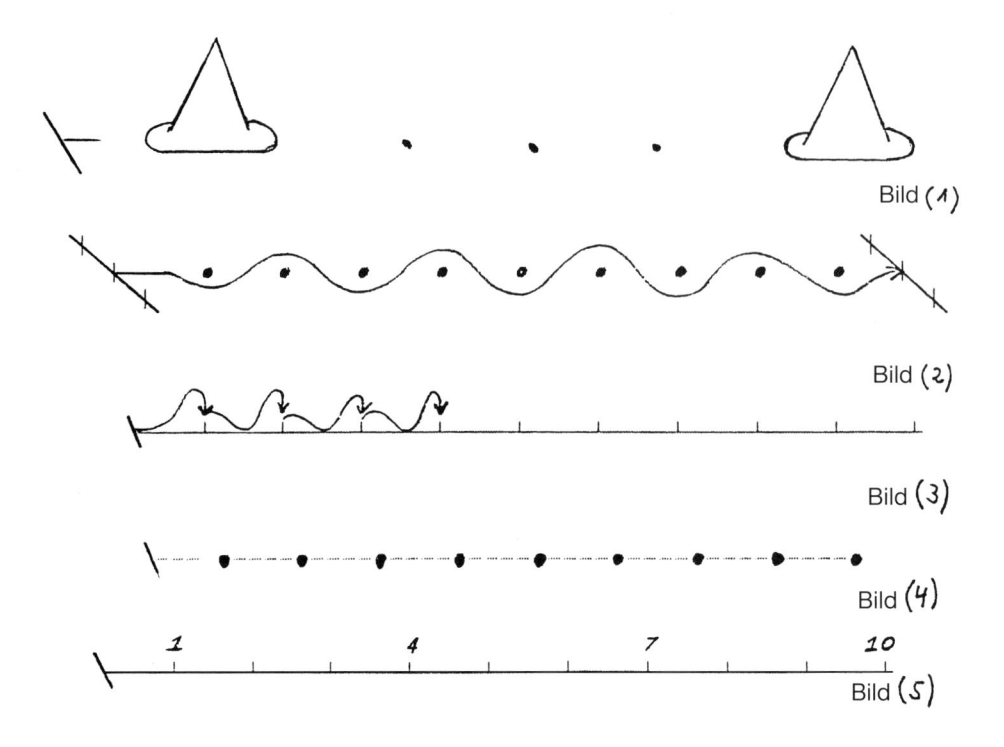

Bild (2)

Bild (3)

Bild (4)

Bild (5)

Zählendes Rechnen und Bündeln

Wurden bisher lediglich Maßnahmen aufgezeigt, welche die formale Struktur des Zahlensystems verdeutlichen, soll nun mit dieser operiert werden. Dabei steht das zählende Rechnen im Vordergrund, wobei auf die wahrnehmbare Reihe noch nicht verzichtet werden kann. Denn sie dient weiterhin als Orientierungsgrundlage, mit deren Hilfe die Lernenden externe Strukturen in interne umwandeln sollen.

Beim zählenden Rechnen können vier „Zählstrategien" (vgl. Fuson, Fuson, 1992) unterschieden werden: So gibt es die „Counting-All-Strategie", bei der die zu addierenden Zahlen meistens in konkreter Form repräsentiert sind und *alle* Elemente abgezählt werden. Bei der darauf aufbauenden „Counting-On-Strategie" beginnen die Kinder ihren Aufzählprozess mit *einem der beiden* Summanden. Wie bedeutsam das Weiterzählen ist, zeigt die Tatsache, dass die meisten Kinder bei der Subtraktion auf die „Counting-Up-Strategie" zurückgreifen. Dabei wird, vom Subtrahenden ausgehend, bis zum Prädikator weitergezählt (z. B. wird bei der Aufgabe „5 – 2 =" von zwei bis fünf – „... 3, 4, 5 ..." – aufgezählt). Der Idee der Subtraktion entspricht hingegen die „Counting-Back-Strategie" (oder „Counting-Down-Strategie"), bei der die Kinder durch Rückwärtszählen – vom Minuenden ausgehend – zum Ergebnis kommen.

Auch die Addition und Subtraktion kann an einer konkreten Skala (z. B. markierten Linie) verdeutlicht werden: Die Null muss sich zwar nicht in der „eigentlichen" Aufgabenstellung befinden, doch kann sie bei allen Aufgaben am Zahlenstrahl wahrgenommen werden: Von Fünf aus sollen noch drei Schritte gegangen werden, wobei zunächst vom Nullpunkt zum fünften Punkt („von hier aus gehts weiter") und dann zum achten geschritten werden soll („Counting-All").

Soll nun von der materialisierten „Counting-All-Strategie" zur „Counting-On-Strategie" übergeleitet werden, ist der Nullpunkt zu verschieben: Ebenfalls von einer mit Ziffern und dem Nullpunkt markierten Linie ist nun von der Fünf aus zu starten, wobei die Sechs als der erste „Zielpunkt" anzusehen ist. Die Null, verkörpert durch die Fünf, ist deutlich herauszustellen:

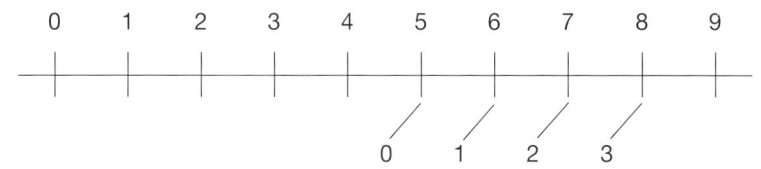

Gemäß des Kommutativgesetzes wäre auch zu fragen:
„Gelangt man zur gleichen ‚Station' (hier: ‚Station 8'), wenn man von ‚Station 3' fünf Schritte weitergeht?" (mögliche Maßnahmen zur Einführung des Kommutativgesetzes vgl. Kornmann, Wagner, Ehret, 1991)

Diese Handlungen, die als Rahmen zum Verständnis der Addition vorgestellt wurden, können – als reversible Handlungen – auch zum Verständnis der Subtraktion verwendet werden: Wenn beispielsweise „Station 8" erreicht wurde, sollen die Schritte zurückgegangen werden, um wieder beim Ausgangspunkt, der „Station 5", anzukommen. Dies ist rückwärts- oder vorwärts-/rückwärtsgehend möglich.
(Nicht umsonst bedeutet „Ordnen" im Volksmund, „die Sache in die Reihe zu bringen".)
Ausgehend von einer Reihe kann im Sinne der „Counting-All-Strategie" z. B. mit blauer Farbe bis fünf gezeichnet werden (z. B. mit Bögen), und nachdem das Ende deutlich markiert wurde, ist z. B. mit roter Farbe bis acht weiterzuzeichnen.
Wird allerdings die „Counting-On-Strategie" benutzt, ist die Fünf mit einem Querstrich als neuer Nullpunkt deutlich zu kennzeichnen, um danach, z. B. mit roter Farbe, bis acht weiterzuzeichnen.

Solche Aufgaben können folgendermaßen lauten:
„Wie heißt die Aufgabe?" „Wie viele Schritte wurden gegangen?"

„Thomas geht zuerst 5 Schritte, dann nochmals 3" (Counting-All).
„Karin macht von der Markierung 5 aus nochmals 3 Sprünge" (Counting-On). – „Zeichne zuerst die Aufgabe an der Linie."

Diese Handhabung der arithmetischen Struktur vernachlässigt etwas den Bündelungsaspekt, weshalb an dieser Stelle einige Vorschläge für dessen Erarbeitung vorgestellt werden sollen.
Nachfolgend ein Beispiel der Bündelung im Zahlenraum bis 9 – „Gruppieren nach Anzahl": Die Kinder laufen durcheinander. Eine Person ruft eine Zahl zwischen null und neun. Entsprechend sollen sich die Kinder zu Gruppen zusammenfinden. Entspricht eine Gruppe nicht der gerufenen Zahl, kann nach der Differenz gefragt werden. (Variante: Wenn die

Musik stoppt, ertönen Gongschläge. Auch hier sollen sich die Kinder entsprechend der Anzahl formieren.)

Die „eigentliche Bündelung" (im Sinne des Dezimalsystems) ist am besten durch Ein- und Ausräumen von Eierschachteln zu verdeutlichen. Dabei kann besonders gut die Doppeldeutigkeit der „Zehn" hervorgehoben werden: „Zehn" bedeutet sowohl *ein* Zehner (Einzahl) als auch *zehn* Einer (Mehrzahl).

Die Kinder haben eine Eierschachtel, in der sich keine Eier befinden (null Eier).
Noch kein Ei ist im Kasten.
Daneben steht ein Einkaufskorb mit mindestens 20 Eiern.
Der Eierkasten wird nun nach und nach eingeräumt.
Nun ist er voll und beinhaltet zehn Eier (hier: „Zehn" im Sinne von zehn Einern).
Nun kann der Deckel geschlossen werden.
Keines der Eier ist zu sehen:
Null Eier sind zu *sehen*.
Die Kinder *wissen*, dass die geschlossene Schachtel 10 Eier beinhaltet, zu sehen ist jedoch *eine* geschlossene Eierschachtel. Ebenso wissen die Kinder, dass eine Schachtel erst dann geschlossen wird, wenn sie voll ist (Bezug zum Einkaufen, dort sind die Schachteln voll und geschlossen).

Danach wird eine zweite Kiste genommen und erneut vollständig eingeräumt. Auch dann wird der Deckel wieder geschlossen, denn schließlich darf die Kiste nur dann zur „geschlossenen Einheit" werden, wenn sie voll ist – und nur dann soll weiterverpackt werden, wenn die Kiste geschlossen ist.

Zusammenfassung

– Vorstellungen entwickeln sich vor allem auf der Basis selbst ausgeführter Handlungen – gelegentlich auch durch beobachtete Handlungen: Daher müssen Zahlen und die damit verbundenen Operationen durch konkrete – zunächst am ganzen Körper orientierten – Bewegungen und/oder ikonischen Abbildungen entwickelt werden (auch wenn die Schüler und Schülerinnen bereits gut im Zahlenraum bis 20 rechnen können; zur „Anschauung" und „Veranschaulichung" vgl. Lorenz, 1992).
  Schon vor geraumer Zeit wurde in der mathematischen Fachdidaktik erkannt, dass zwischen der Umgangssprache und der mathematischen Fachsprache eine Verbindung herzustellen ist (vgl. z. B. Schipper, Radatz, 1983 oder Gallin, Ruf, 1991): Demnach könnte z. B. „Addition" mit „Vorwärtsgehen" bzw. „Zusammenlegen"/„Dazulegen", „Dazunehmen", „Subtraktion" mit „Rückwärtsgehen" bzw. „Wegnehmen", „Null" mit „Start(-punkt)", „Ausgang(-spunkt)", „Nullpunkt" übersetzt werden.
– Methodisch betrachtet kann die Umgangssprache als Ausgangspunkt für den Weg zur Fachsprache benutzt werden (= „Aufsteigen vom Konkreten zum Abstrakten"), andererseits ist sie zur Dekodierung, also für den Weg weg von der Fachsprache, zu benutzen (= „Aufsteigen vom Abstrakten zum Konkreten").
– Die individuelle Vorstellung des Schülers und der Schülerin repräsentiert stets das Wissen um Zahlen und Zahloperationen: Daher sollten auf dieser Grundlage immer weitere didaktische Handlungen geplant werden.

5. Fördermaterial

WILHELM SCHIPPER

5.1 Von Handlungen zu Operationen: Entwicklung von Strategien des Kopfrechnens aus Handlungen an Materialien

5.1.1 Mathematik im ersten Schuljahr: Von der Straßenmathematik zur Schulmathematik

Die mathematischen Kompetenzen vieler Schulanfänger scheinen auf den ersten Blick beeindruckend groß zu sein, so groß, dass sie von Experten – auch von Lehrerinnen und Lehrern mit langjähriger Schulerfahrung – systematisch unterschätzt werden (vgl. z. B. Selter, 1995).

- Fast alle Schulanfänger (97 %) können die Zahlwortreihe bis mindestens zehn aufsagen, 70 % bis 20, immerhin noch 15 % bis 100 (Schmidt, 1982).
- Drei von vier Kindern können schon bei der Einschulung alle Ziffern von null bis neun lesen. Allerdings können nur 8,6 % auch alle Ziffern richtig schreiben (Schmidt, 1982).
- Einfache Textaufgaben, sog. Rechengeschichten, scheinen sogar die Domäne der Schulanfänger zu sein. In einer Studie von Hendrickson (1979) lösten 51 der insgesamt 57 an der Untersuchung beteiligten Schulanfänger (89,5 %) die Aufgabe „2 + 7" richtig. Diese war ihnen in Form einer Rechengeschichte als „Murmelaufgabe" gestellt worden: „Stell dir vor, du hast zwei Murmeln und bekommst von mir noch sieben Murmeln dazu. Wie viele Murmeln hast du dann?" Die beiden ebenfalls als „Murmelaufgaben" formulierten Aufgaben zur Subtraktion mit Zehnerüberschreitung („14 – 6" bzw. „14 – 8") wurden sogar von 98,2 % der Schulanfänger gelöst; nur jeweils ein Einziges der beteiligten 57 Kinder versagte bei diesen Aufgaben. Selbst die in ähnlicher Form gestellte Divisionsaufgabe „12 : 4" wurde von fast 75 % dieser Schulanfänger bewältigt.
- Dass solche hohen Kompetenzen von Schulanfängern bei Rechengeschichten auch bei deutschen Kindern zu beobachten sind, hat eindrucksvoll die an Münchener Grundschulen durchgeführte Studie von Stern (1998) gezeigt. 89 % der Schulanfänger lösten die Additionsaufgabe „3 + 5" („Maria hatte drei Murmeln. Dann gab ihr Hans fünf Murmeln. Wie viele Murmeln hat Maria jetzt?"). Die entsprechende Subtraktionsaufgabe „6 – 4" wurde sogar von 95 % der Kinder gelöst. Selbst die ebenfalls als Rechengeschichte formulierte („Maria hat fünf Murmeln. Hans hat acht Murmeln. Wie viele Murmeln muss Maria noch bekommen, damit sie genauso viele Murmeln hat wie Hans?") und als besonders schwierig geltende Aufgabe zur additiven Ergänzung (5 + □ = 8) wurde von 96 % der Schulanfänger richtig gelöst (Stern, 1992).

In einem scheinbar krassen Gegensatz zu diesen empirischen Befunden stehen die Alltagserfahrungen von Grundschullehrerinnen und -lehrern.

Mit dem Rückwärtszählen haben einige Kinder das ganze erste Schuljahr hindurch Probleme.
- Es gibt immer wieder Kinder, die selbst am Ende des ersten Schuljahres Ziffern noch spiegelverkehrt schreiben.
- Mit dem Rückwärtszählen haben einige Kinder das ganze erste Schuljahr hindurch Probleme.
- Besonders deutlich scheinen die Unterschiede beim Rechnen zu sein. Der Zehnerübergang bereitet manchen Kindern auch am Ende des ersten Schuljahres noch erhebliche Probleme. Viele Aufgaben werden von diesen Kindern nur zählend bewältigt. Subtraktionsaufgaben sind plötzlich deutlich schwerer als Additionen. Bei der Lösung von Aufgaben zur additiven Ergänzung (z. B. „2 + ☐ = 6") produzieren einige Kinder die immer wieder gleichen Fehler, indem sie die Summe der beiden Zahlen, die in der Aufgabe vorkommen, in das Kästchen schreiben: „2 + 8 = 6". Und von Aufgaben zur Division können die Kinder – ganz im Sinne des Lehrplans – im ersten Schuljahr zum Glück (für Kinder und Lehrkräfte) verschont bleiben.

Was ist hier geschehen? Haben die Kinder im Laufe des ersten Schuljahres ihre Mathematik, die sie mit in die Schule gebracht haben, verlernt? Haben wir als Lehrkräfte versagt?

Die scheinbaren Diskrepanzen zwischen hohen mathematischen Kompetenzen zu Schulbeginn und den manchmal großen Schwierigkeiten einiger Kinder am Ende des ersten Schuljahres werden verständlicher, wenn man sich anschaut, auf welche Art und Weise die Schulanfänger die Rechengeschichten lösen und welche mathematischen Anforderungen an Kinder zum Ende des ersten Schuljahres gestellt werden. Dann wird nämlich deutlich, dass die in den Schulanfangsstudien untersuchte Mathematik eine ganz andere ist als die, die von Kindern am Ende der ersten Klasse gefordert wird. Kinder haben im ersten Schuljahr einen radikalen Wechsel zu vollziehen – von einer straßenmathematischen Welt hin zu einer schulmathematischen.

Die kindlichen Lösungen der Rechengeschichten in den Studien zu Vorkenntnissen von Schulanfängern zeichnen sich durch Kontext- und Handlungsbezug aus. Dies ist durch die Art der Aufgabenstellung und durch die Rahmenbedingungen der Untersuchung von den Versuchsleitern auch bewusst so gewollt. In Form von „Murmelgeschichten" wird die Rechenaufgabe in einen Sachkontext eingekleidet, von dem erwartet wird, dass er den meisten Kindern vertraut ist. Diese Vertrautheit mit der Situation soll es ermöglichen, im positiven Sinne die Kompetenzen der Kinder zu ermitteln, nicht ihre Defizite aufzuzeigen. Diesem Ziel dient auch die ausdrücklich den Kindern eingeräumte Möglichkeit, die Aufgabe mithilfe von Handlungen an Materialien zu lösen. Den Kindern stehen Plättchen zur Verfügung, und sie werden ermuntert, die Aufgabe mit ihrer Hilfe zu lösen. Hendrickson (1979) geht sogar so weit, diejenigen Kinder, die sagen, sie könnten die Aufgabe nicht lösen, aufzufordern, einen zweiten Versuch mithilfe der Plättchen zu unternehmen. Wie entscheidend diese Handlungsmöglichkeit sich auf die Lösungshäufigkeit auswirken kann, wird exemplarisch deutlich beim Vergleich zweier von Stern (1992, 1998) verwendeten Rechengeschichten, die in unterschiedlicher Weise Materialhandlungen als Lösungsverfahren nahe legen. Die o. g. Aufgabe zur additiven Ergänzung „5 + ☐ = 8" enthält in der Formulierung der Fragestellung („Wie viele Murmeln muss Maria noch bekommen, damit sie genauso viele Murmeln hat wie Hans?") einen deutlichen Handlungshinweis. Die Kinder können die Aufgabe dadurch lösen, dass sie zunächst mit fünf Plättchen die Anzahl der Murmeln von Maria darstellen, dann weitere dazulegen, bis insgesamt acht Plättchen als Repräsentanten der Anzahl der Murmeln von Hans auf dem Tisch liegen; danach können sie abzählen, wie viele Plättchen sie dazugelegt haben. Auf diese Weise kann die Lösung der Rechengeschichte kontextbezogen (Plättchen für Murmeln) und vollständig gestützt auf Materialhandlungen bestimmt werden. 96 % der Schulanfänger sind auf diese Weise erfolgreich.

In der gleichen Studie hat Stern den Kindern auch folgende Aufgabe gegeben: „Maria hat fünf Murmeln. Hans hat acht Murmeln. Wie viele Murmeln hat Hans mehr als Maria?" Diese unter syntaktischen Gesichtspunkten identische Aufgabe (5 + □ = 8) wurde nur noch von 28 % der gleichen Kinder richtig gelöst. Die Frage nach „mehr" enthält für viele Kinder den für sie so wichtigen Handlungshinweis nicht, sodass sie auch nicht auf konkrete Handlungen zur Bewältigung dieser Aufgabe zurückgreifen können. Das bedeutet, dass viele Schulanfänger über hohe kontext- und handlungsgebundene mathematische Kompetenzen verfügen, ihre Fähigkeiten aber deutlich niedriger liegen, wenn der Kontext- und/oder Handlungsbezug fehlt bzw. von den Kindern nicht hergestellt werden kann. Diese Form von kontext- und handlungsgebundener Mathematik nenne ich in Anlehnung an Studien mit jugendlichen Straßenhändlern in Brasilien (Carraher u. a., 1985) „Straßenmathematik" (vgl. auch Schipper, 1998).

Am Ende des ersten Schuljahres erwarten wir von den Kindern, dass sie Rechenaufgaben auch kontextfrei (z. B. „4 + 5 = □" oder „15 – 7 = □") und möglichst ohne Hilfe von Material lösen können. Selbst Rechengeschichten der oben beschriebenen Art sollen ohne Handlungen an Materialien bewältigt werden. Solche einfachen Sachaufgaben („Stell dir vor, du hast drei Murmeln und bekommst noch vier Murmeln dazu. Wie viele hast du dann?") sollen vielmehr dadurch gelöst werden, dass die Kinder dem Text die arithmetische Struktur (3 + 4 = □) entnehmen, die so gewonnene Rechenaufgabe ohne Material lösen, z. B. durch Auswendigwissen oder durch schnelles Rechnen („Drei plus vier gleich Doppeldrei plus eins, also sieben."), und diese rein rechnerisch und kontextfrei gewonnene Lösung wieder auf den Sachkontext beziehen: „Dann habe ich sieben Murmeln." Das bedeutet, dass sich am Ende des ersten Schuljahres die Straßenmathematiker zu Schulmathematikern entwickelt haben sollen, die (viele) Rechenaufgaben kontextfrei mit guten Verfahren und ohne Benutzung von Material lösen können. Genauer bedeutet dies, dass die Kinder am Ende des ersten Schuljahres kontextfrei und ohne auf Material zurückzugreifen nach Möglichkeit

– alle Additions-, Subtraktions-, Verdoppelungs- und Halbierungsaufgaben im Zahlenraum bis 10 auswendig wissen,
– die Additions- und Subtraktionsaufgaben im Zahlenraum von 10 bis 20 mithilfe von Analogie-Überlegungen („13 + 4 = 17", weil „3 + 4 = 7") lösen und
– den Zehnerübergang einschließlich der zugehörigen Verdoppelungs- und Halbierungsaufgaben (z. B. das Doppelte von „7", die Hälfte von „18") mit guten Verfahren des Kopfrechnens bewältigen können.

Mit diesen Anforderungen wird nicht für eine frühzeitige, erst recht nicht für eine vorzeitige Reduzierung oder gar für ein Verbot des Materialeinsatzes im ersten Schuljahr plädiert. Im Gegenteil: Die Handlungen an den Materialien sind notwendige Voraussetzung für das Erreichen dieser Ziele. Allerdings reicht es nicht aus, die Kinder einfach nur „machen" zu lassen. Vielmehr müssen den Kindern solche Handlungen nahe gelegt werden, die zu erwünschten Strategien des Kopfrechnens hinführen. Das heißt auch, dass an den straßenmathematischen Kompetenzen der Kinder angeknüpft werden muss, zugleich aber diese Kompetenzen mithilfe geeigneter Handlungen an guten Materialien zu schulmathematischen Kompetenzen ausgebaut werden müssen. Ziel ist also die Ablösung vom

Material ohne Rückfall in das zählende Rechnen. Die Handlungen sollen zu mentalen Vorstellungen, zu geistigen Operationen werden, die es den Kindern letztlich erlauben, die Aufgaben mit tragfähigen und fortsetzbaren Strategien des Kopfrechnens zu lösen.

5.1.2 Zehnerübergang

Bei der Entwicklung solcher mentalen Operationen aus Handlungen an Materialien fällt der unterrichtlichen Behandlung des Zehnerübergangs eine in doppelter Hinsicht entscheidende Schlüsselrolle zu. Erstens ist der Zehnerübergang diejenige Stelle, an der der Wechsel von der Straßen- zur Schulmathematik vollzogen wird, denn hier geht es erstmals um die Entwicklung von Rechenstrategien, die insofern paradigmatischen Charakter haben, als die gleichen Strategien, die auch das Rechnen in den weiteren Schuljahren stützen sollen. Zweitens zeigen unsere Studien in der Bielefelder Beratungsstelle für Kinder mit Rechenstörungen, dass für die meisten verfestigten zählenden Rechner die entscheidende Klippe der Zehnerübergang ist. Diese Kinder scheitern nicht erst an Aufgaben wie „35 + 28" oder „71 – 34", sondern bereits an Aufgaben wie „6 + 8", „27 + 5" bzw. „13 – 4" oder „42 – 6". Aus diesem Grunde ist eine sorgfältige Behandlung des Zehnerübergangs eine der besten präventiven Maßnahmen zur Verhinderung von Rechenstörungen.

5.1.2.1 Das Arbeitsmittel

Wenn die Grundannahme richtig ist, dass aus den konkreten Handlungen an Materialien mentale Vorstellungen erwachsen, die es den Kindern letztlich ermöglichen, mit guten, nichtzählenden Strategien den Zehnerübergang zu bewältigen, dann müssen die vom Material her nahe liegenden Handlungen strukturell mit den angestrebten Kopfrechenstrategien übereinstimmen. Wenn wir z. B. wollen, dass Kinder die Aufgabe „6 + 8" über „Doppelsechs plus zwei" lösen, dann muss das Material einerseits nichtabzählende simultane bzw. quasi-simultane Zahldarstellungen erlauben, andererseits den Kindern die Chance geben, in der Materialdarstellung von „6 + 8" auch „Doppelsechs plus zwei" zu sehen. Wichtig daran ist, dass solche Zahldarstellungen tatsächlich vom Material her den Kindern nahe gelegt werden, denn nicht das schon vorhandene Wissen über die Möglichkeit, eine solche Aufgabe über das Verdoppeln lösen zu können, soll mithilfe des Materials dargestellt werden. Vielmehr gilt umgekehrt, dass die Handlungen und Darstellungen am Material primär sind; aus ihnen sollen sich die mentalen Vorstellungen bilden.

Wegen des Ziels, die Kinder zu nichtzählenden Verfahren des Rechnens über den Zehner zu führen, scheiden alle solche Materialien aus, die die Kinder zwingen, die beiden Summanden durch Abzählen in Einerschritten darzustellen. Wendeplättchen, Steckwürfel und Naturmaterialien wie Kastanien oder Nüsse, kurz: alle unstrukturierten Materialien, die von den Kindern ein einzelnes Abzählen für eine Zahldarstellung fordern, sind für die Behandlung des Zehnerübergangs unbrauchbar. In unserer Förderarbeit mit Kindern, die das zählende Rechnen verfestigt haben, konnten wir sehr gute Erfahrungen mit dem strukturierten Rechenrahmen machen. Allerdings ist auch dieses Material – wie jedes Arbeitsmittel – nicht selbstverständlich; der Umgang mit ihm muss erlernt werden. Erstens ist mit den Kindern zu klären, welche Einstellung am Zwanziger-Rechenrahmen die Zahl 20 repräsentiert, welche „Null" bedeutet. Wir haben die Konvention, dass alle Kugeln auf der linken Seite die „20" bedeuten, alle Kugeln auf der rechten Seite für die Zahl Null stehen. Auf diese Weise kann z. B. die Darstellung der Zahl Acht in der üblichen Leserichtung von links nach rechts als „5 + 3" erfasst werden. Zweitens wird verabredet (und gerade in der Anfangsphase des Arbeitens mit dem Rechenrahmen immer wieder eingefordert), dass Zahlen mit möglichst wenigen „Fingerstreichen" dargestellt werden. So wird die Zahl Acht nicht durch einzelnes Abzählen der ersten acht Kugeln sondern durch Herüberschieben aller acht ersten Kugeln mit einem „Fingerstreich" dargestellt. Falls Kinder mit dieser quasi-simultanen Zahldarstellung noch Probleme haben, wird diese Fähigkeit u. a. mithilfe des dafür erstellten Computerprogramms „Schnelles Sehen" (vgl. Radatz u. a., 1998, S. 32 f.) entwickelt.

5.1.2.2 Strategien des Rechnens über den Zehner

Wenn wir ausscheiden, dass Kinder mit Verfahren des Alleszählens oder Weiterzählens über den Zehner rechnen sollen, dann gibt es nur drei heuristische bzw. operative Strategien, den Zehnerübergang zu bewältigen: nämlich erstens mithilfe des Verdoppelns bzw. Halbierens, zweitens mithilfe des gegen- bzw. gleichsinnigen Veränderns und drittens mithilfe der Zerlegung des zweiten Summanden (Rechnen bis zehn und dann weiter; schrittweises Rechnen). Alle drei Strategien können aus Handlungen am Rechenrahmen entwickelt werden. Die folgenden Beispiele zeigen dies für die Addition mit Zehnerüberschreitung an der Beispielaufgabe „6 + 8".

Das Verdoppeln nutzen

Nicht wenige Kinder stellen von sich aus die beiden Summanden einer Additionsaufgabe getrennt voneinander auf den beiden Stangen des Zwanziger-Rechenrahmens dar. Entscheidend ist dann, wie diese Kinder den Wert der Summe ermitteln. Gute Lösungen unter Ausnutzung des Verdoppelns setzen voraus, dass die Kinder in dieser Darstellung tatsächlich „Doppelfünf plus eins plus drei" oder gar „Doppelsechs plus zwei" erkennen. Dies wird umso wahrscheinlicher, je intensiver im vorhergehenden Unterricht solche Zahldarstellungen thematisiert worden sind. Wichtig dabei ist insbesondere, dass die Kinder gelernt haben, dass die Zehn nicht nur als Doppelfünf nebeneinander, sondern auch untereinander dargestellt werden kann.

Die Sechs oben ...

... dann die Acht unten.

„Sechs plus acht ist ...

... Doppelfünf plus eins plus drei." Oder ...

„... Doppelsechs plus zwei."

Gegensinniges Verändern bei der Addition

Manchmal kommt es vor, dass Kinder die beiden Summanden zunächst an den beiden Stangen des Rechenrahmens darstellen, dann aber noch zusätzlich – möglicherweise in dem Bemühen, eine symmetrische Darstellung zu erzeugen – eine Kugel zu

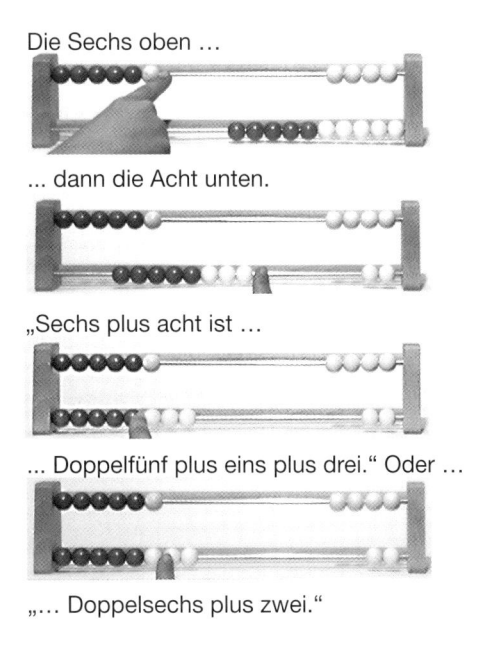

Zunächst oben sechs, unten acht ...

den sechs Kugeln hinzufügen, dafür von den acht Kugeln eine wegschieben. In diesen Handlungen steckt die Grundidee des gegensinnigen Veränderns bei der Addition, von der wir hoffen, dass Kinder sie bei Aufgaben wie „29 + 38" (= 30 + 37) später auch rechnerisch nutzen.

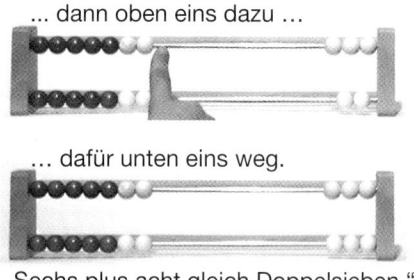

... dann oben eins dazu ...

... dafür unten eins weg.

„Sechs plus acht gleich Doppelsieben."

Zerlegen des zweiten Summanden (Rechnen bis zehn, dann weiter)

Diese Form des Rechnens bis zehn und dann weiter gilt als „klassischer Zehnerübergang". Die Kinder stellen zunächst den ersten Summanden dar, füllen die erste Stange vollständig bis zehn auf und stellen dann den Rest auf der nächsten Stange dar. Voraussetzung für die Anwendung dieser Strategie ist, dass die Kinder die Zerlegungen des zweiten Summanden möglichst auswendig wissen. Deshalb müssen die Zerlegungen der Zahlen bis einschließlich zehn im vorhergehenden Unterricht intensiv geübt werden.

Wichtig dabei ist auch, dass die Kinder ihre Handlungen sprachlich begleiten: „sechs – zehn – vierzehn".

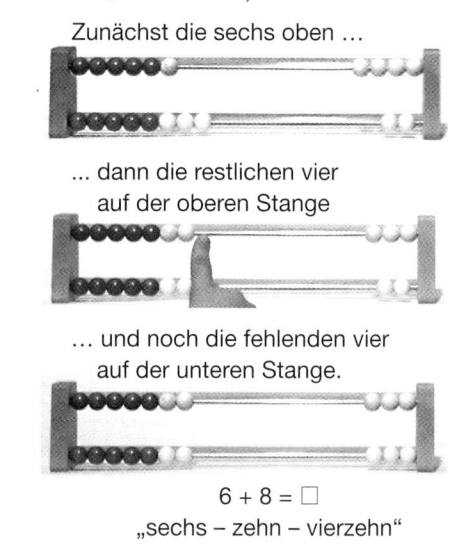

Zunächst die sechs oben ...

... dann die restlichen vier auf der oberen Stange

... und noch die fehlenden vier auf der unteren Stange.

6 + 8 = ☐
„sechs – zehn – vierzehn"

5.1.2.3 Die Qual der Wahl: Welche(s) Verfahren sollen die Kinder lernen?

Zweifellos ist es wünschenswert, dass alle Kinder alle drei operativen Verfahren des Rechnens über den Zehner sicher beherrschen, damit sie sich bei einer konkreten Aufgabe für den elegantesten Rechenweg entscheiden können. Schließlich wollen wir, dass diese Kinder auch in den folgenden Schuljahren die rechnerischen Anforderungen möglichst flexibel bewältigen, eine Aufgabe wie „25 + 28" nicht nur „stur" auf „klassischem Wege" (25 + 20 + 8) oder gar über „Stellenwerte extra" (20 + 20 = 40; 5 + 8 = 13; 40 + 13 = 53) lösen, sondern schneller über „Doppelfünfundzwanzig plus drei". Da aber gerade für langsame Lerner der von den Richtlinien her vorgesehene umfangreiche Lernstoff manchmal eine Überforderung darstellt, muss eine *Entscheidung über die Minimalanforderung* herbeigeführt werden: Welche(s) der drei Verfahren sollen alle Kinder am Ende des ersten Schuljahres möglichst sicher beherrschen?

Aus einfachen Gründen kann die Entscheidung nur zugunsten des sog. klassischen Verfahrens, also des schrittweisen Rechnens bis zehn und dann weiter, ausfallen. Denn nur dieses schrittweise Rechnen ist in dem Sinne ein universelles Verfahren, dass mit ihm alle Aufgaben zur Zehnerüberschreitung gelöst werden können.

Das Nutzen des Verdoppelns ist nur dann günstig, wenn beide Summanden nahe beieinander liegen. „7 + 8" kann leicht über „Doppelsieben plus eins" gerechnet werden, auch noch „6 + 8" über „Doppelsechs plus zwei". Bei der Aufgabe „3 + 8" liegt dieses Verfahren jedoch nicht mehr nahe; kaum jemand wird hier „Doppeldrei plus fünf" rechnen, denn die so erzeugte Aufgabe ist nicht leichter als die ursprüngliche.

Auch das gegensinnige Verändern ist in diesem Sinne kein universelles Verfahren. Aus „6 + 8" kann – mindestens bei Handlungen an geeigneten Materialien – noch recht leicht „Doppelsieben" werden, aus „9 + 6" kann „10 + 5" entstehen, aber aus „4 + 8" die Aufgabe „6 + 6" zu entwickeln, setzt schon ein erhebliches Zahl- und Operationsverständnis voraus. Und bei „5 + 8" müssen (im Bereich der natürlichen Zahlen) alle Versuche scheitern, durch gegensinnige Veränderung eine Aufgabe zu entwickeln, die mithilfe des Verdoppelns gelöst werden kann.

Dagegen können alle Aufgaben zur Zehnerüberschreitung mithilfe des schrittweisen Rechnens bewältigt werden. Manche Lösungen mit diesem Verfahren erscheinen uns Erwachsenen dann sicher als wenig elegant. „6 + 7" über „6 + 4 + 3" zu rechnen, verdient keinen Schönheitspreis; „Doppelsechs plus eins" ist zweifelsfrei eleganter. Dennoch stellt dieses Verfahren für uns die Minimalanforderung dar, weil es auch denjenigen Kindern, die einer konkreten Aufgabe die möglichen eleganten Rechenwege nicht ansehen, ein Werkzeug bietet, alle Aufgaben zu lösen. Es ist selbstverständlich, dass dann, wenn auch die langsameren Lerner dieses Verfahren verstanden haben, versucht wird, auch diese Kinder so weit wie möglich zu eleganteren Lösungswegen zu führen.

5.1.3 Von Handlungen zu Operationen

Bereits am Ende des ersten und zu Beginn des zweiten Abschnitts haben wir die zentrale Rolle von Handlungen bei der Entwicklung von Strategien des Kopfrechnens betont. Aus konkreten Handlungen an Materialien sollen mentale Vorstellungsbilder entstehen, die es den Kindern ermöglichen, Rechenaufgaben ohne Hilfe des Materials nur noch „im Kopf" zu lösen. Damit solche Verinnerlichungen stattfinden können, müssen die Handlungen mit dem angestrebten Kopfrechenverfahren strukturell übereinstimmen. Für das angestrebte Verfahren des schrittweisen Rechnens über den Zehner bedeutet dies, dass die Handlungen zur Aufgabe „6 + 8" darin bestehen, zunächst die Zahl Sechs darzustellen, dann bis zehn aufzufüllen, um anschließend die restlichen vier darzustellen – genau dasjenige Verfahren, das bereits im Abschnitt 5.1.2.2 unter der Überschrift *„Zerlegen des zweiten Summanden (Rechnen bis zehn, dann weiter)"* beschrieben wurde. Diese Materialhandlungen sollten sprachlich mit „sechs – zehn – vierzehn" begleitet werden.

Manchen Kindern reichen einige wenige konkrete Übungen dieser Art. Dann sind sie bereits in der Lage, dieses schrittweise Rechnen ohne Hilfe der Materialhandlungen nur noch „im Kopf" zu vollziehen. Auf der anderen Seite gibt es aber Kinder, die trotz zahlreicher konkreter Handlungen den Prozess der Verinnerlichung anscheinend nicht vollziehen können. Sobald sie eine Aufgabe ohne Materialhilfe lösen sollen, fallen sie auf ihr gewohntes zählendes Rechnen zurück. „6 + 8" zu lösen über „6 – 10 – 14" gelingt ihnen mit Material, ohne diese Hilfe wird „6 + 8" über „(6), 7, 8, 9, 10, 11, 12, 13, 14", also mithilfe des Weiterzählens gelöst. Offensichtlich bedürfen diese Kinder einer weiteren Hilfe, die es ihnen möglich macht, aus den konkreten Handlungen tatsächlich mentale Vorstellungen zu entwickeln.

Eine gute Möglichkeit, solchen Kindern beim Aufbau mentaler Vorstellungen zu helfen, besteht darin, erstens den Prozess der Ablösung vom Material behutsam zu vollziehen, zweitens dem Kinde dieses bewusst zu machen und drittens die Vorstellung der Handlungen am Material immer wieder mental zu aktivieren. Bei der Förderung von Kindern, die auch noch in Klasse drei oder vier immer wieder auf das zählende Rechnen zurückfallen, haben wir mit folgender Vorgehensweise ausgesprochen gute Erfahrungen machen können: Nach einer Phase der (Wieder-)Gewöhnung an den Umgang mit dem Rechenrahmen (Zahlauffassung, Zahldarstellung, „Schnelles Sehen") erarbeiten wir mit dem Kind die dem schrittweisen Rechnen zugrunde liegenden Handlungen an diesem Material, einschließlich der sprachlichen Begleitung. Dabei gehen wir zurück bis auf das Rechnen über den ersten Zehner, beziehen dann aber auch sofort Aufgaben mit Zehnerüberschreitung im Zahlenraum bis 100 ein. Wenn die Kinder gelernt haben, Aufgaben wie „47 + 8" mithilfe entsprechender Handlungen am Hunderter-Rechenrahmen und sprachlicher Begleitung (47, 50, 55) zu lösen, dann besteht die nächste Anforderung darin, dass die Kinder bei vergleichbaren Aufgaben den Rechenrahmen nur noch anschauen, aber nicht mehr anfassen dürfen.

Sind sie auch bei dieser Übungsform erfolgreich, dann verbinden wir ihnen im nächsten Schritt die Augen. Die Förderin stellt eine Rechenaufgabe (z. B. „26 + 7") und das Kind soll der Förderin sagen, welche Handlungen diese zur Lösung der Aufgabe am Rechenrahmen vollziehen soll: „Stelle die 26 ein. Vier dazu, dann hast du 30. Dann noch die Drei, macht 33." Oder kürzer: „26, 30, 33."

Der entscheidende Vorteil dieser Übungsform mit verbundenen Augen besteht darin, dass das Kind auch noch beim vom Material unabhängigen Kopfrechnen aufgefordert wird, sich an die Materialhandlungen zu erinnern. Auf diese Weise wird der Prozess des Aufbaus mentaler Vorstellungen aus konkreten Handlungen unterstützt. Diese Hilfe bieten wir dem Kind dann auch noch bei der nächsten Übungssequenz: „Schließe die Augen. Denke an den Rechenrahmen. 45 + 8 = ?"

Verfestigte zählende Rechner, die auf diese Weise gelernt haben, Aufgaben mit Zehnerüberschreitung „im Kopf", aber mithilfe der Vorstellung der Handlungen am Rechen-

Das Kind diktiert der Förderin die Handlungen am Rechenrahmen.

198

rahmen zu lösen, haben nach allen unseren Erfahrungen die entscheidende Hürde zum nichtzählenden Rechnen übersprungen. Die Erarbeitung von Additions- und Subtraktionsaufgaben im Zahlenraum bis 1.000 und darüber hinaus im Sinne des halbschriftlichen Rechnens oder sogar des Kopfrechnens ist für diese Kinder dann in der Regel keine große Herausforderung mehr. Nicht selten reichen ein bis zwei weitere Förderstunden, um diese Kinder bezogen auf diese rechnerischen Anforderungen an das Niveau ihrer dritten oder vierten Klasse heranzuführen.

5.1.4 Folgerungen für den arithmetischen Anfangsunterricht

Übungen der hier beschriebenen Art mit verfestigten zählenden Rechnern aus dritten oder vierten Schuljahren sind nur in Form von Einzelförderungen durchzuführen. Notwendig sind gut geschulte Förderer, die sehr sensibel sind für das Wechselspiel zwischen Stabilisierung des erzielten Lernfortschritts einerseits und nächster Herausforderung andererseits. Dennoch lassen sich aus diesen Erfahrungen mit verfestigten zählenden Rechnern durchaus Konsequenzen ziehen für den mathematischen Anfangsunterricht im Klassenverband. Denn die Grundideen der Förderung sind zugleich als Grundideen für präventive Maßnahmen im arithmetischen Anfangsunterricht brauchbar.

Zunächst einmal kommt es darauf an, dass sich Lehrerinnen und Lehrer vor allem in den beiden ersten Schuljahren immer wieder die entscheidende Rolle von konkreten Handlungen an Materialien für den Aufbau von Rechenstrategien bewusst machen. Theoretische Unterstützung bekommt diese Vorstellung von der Bedeutung von Handlungen für den Aufbau mentaler Vorstellungen nicht nur durch die Studien und erkenntnistheoretischen Ausführungen Piagets. Neuere Studien der biologischen Kybernetik bzw. der theoretischen Biologie stützen nämlich die sog. sensomotorische Hypothese der Kognition (Cruse, 2001). Diese Hypothese geht davon aus, dass sich im Laufe der Evolution in biologischen Systemen die Fähigkeit entwickelt hat, Reaktionen auf Umweltreize bei Bedarf von der Motorik abzukoppeln. Auf diese Weise konnten aus zunächst nur reaktiven Systemen biologische Systeme mit einem neuronalen Netz zur Planung von Bewegungen entstehen. Das bedeutet – so wird angenommen –, dass aus den reaktiven Strukturen durch den Prozess der Abkoppelung von der Motorik kognitive Systeme entstanden. Bedeutsam für unseren Kontext ist an dieser Hypothese genau dieser Aspekt der Entstehung von Kognition durch Abkoppelung von der Motorik.

Eine Folge des Bewusstseins um die Weichen stellende Rolle der Handlungen an Materialien muss die Entscheidung über das zentrale Arbeitsmittel im Anfangsunterricht sein. Ist dieses Material geeignet, einerseits denjenigen Kindern, die noch dringend auf zählendes Rechnen angewiesen sind, Unterstützung zu bieten, andererseits bei der Ablösung vom zählenden Rechnen zu helfen, indem es den Kindern ermöglicht, Zahlen quasi simultan als Ganzheiten darzustellen und aufzufassen? Dazu gehört vor allem aber auch, die Kinder nicht nur „machen" zu lassen, sie bei ihren Materialhandlungen nicht allein zu lassen, sondern ganz im Gegenteil: Die genaue Beobachtung und didaktische Bewertung der Handlungen der Kinder an Materialien gehört zu den besonders wichtigen Aufgaben von Lehrerinnen und Lehrern. Diese Materialhandlungen zeigen uns, auf welche Weise Kinder Rechenaufgaben bewältigen. Sie zeigen uns darüber hinaus, mit welchen Kopfrechenverfahren die Kinder solche Aufgaben demnächst wohl rechnen werden. Deshalb sind bei solchen Kindern Interventionen notwendig, die das Material im Sinne des Abzählens einzelner Objekte verwenden.

Eine weitere Folge dieser Einsicht muss sein, die Kinder bei der Ablösung vom Material und beim Aufbau mentaler Vorstellungen zu unterstützen. Auch im Klassenverband können Übungen durchgeführt werden, bei denen die Kinder aufgefordert werden, die Augen zu schließen und sich die Handlungen an den Materialien nur noch vorzustellen. Erst recht kann eine solche Übung im Förderunterricht mit der kleineren Gruppe von Kindern durchgeführt werden, die bisher noch Mühe haben, den Zehnerübergang mithilfe des schrittweisen Rechnens zu bewältigen.

Handlungsorientierung heißt eben nicht nur, die Kinder „machen" zu lassen. Zur Handlungsorientierung gehört vielmehr substanziell die Ablösung von den Handlungen im Sinne des Aufbaus strukturell gleicher mentaler Vorstellungen dazu.

BERNHARD BARWITZKI / RUTH DOLENC / CHRISTEL FISGUS / HEDWIG GASTEIGER /
WOLFRAM KRIEGELSTEIN / FRANZ SPERL

5.2 Auswahl und Einsatz von Fördermaterial

Wann wird der Junge endlich ohne Äpfel rechnen lernen?

*Ich höre und vergesse,
ich sehe und verstehe,
ich tue und ich kann es.*

Materialien nahmen und nehmen in einem kindgemäßen Mathematikunterricht eine zentrale Stellung ein. Gerade für rechenschwache Kinder ist das Handeln mit Fördermaterial unverzichtbar.
Werden Materialien jedoch im Sinne missverstandener Demonstrationsdidaktik verwendet
– *die Lehrperson benützt das Material als Anschauungsmittel; der Schüler vollzieht das eigentliche Tun nur beobachtend* –, stellt dies keinen Ersatz für das selbstständige Gewin-

nen von Einsichten in mathematische Zusammenhänge dar. Gelangen Lernmittel nicht an ihren didaktisch richtigen Ort, nämlich in die Hand des Kindes, legt mancher Lehrer unabsichtlich den Grundstein für Rechenprobleme in der Schule selbst.

Vom Greifen zum Begreifen, vom Konkreten zum Abstrakten, nur so entsteht das Bild im Kopf, kann die allmähliche Verinnerlichung erfolgen.

Was sind Fördermaterialien?

Das Streben nach kindgemäßen Formen der Unterrichtsgestaltung, wie z. B. Freiarbeit, brachte eine verwirrende „Materialflut" mit sich. Umso notwendiger ist es – für den Mathematikunterricht im Allgemeinen und für die Förderung rechenschwacher Kinder im Besonderen – Materialien auszuwählen, die Einsichten in arithmetische und geometrische Strukturen erleichtern.

Deutlich muss hier unterschieden werden zwischen *Entwicklungsmaterialien*, im vorliegenden Band Fördermaterialien genannt, und *Übungsmaterial*.

Entwicklungsmaterialien ermöglichen aktive Auseinandersetzung mit Lernstoffen, erleichtern das Bilden von Handlungsvorstellungen und ebnen so den Weg zur Abstraktion. Erst dann, wenn diese Stufe des mathematischen Lernprozesses erreicht ist, sollte Übungsmaterial zum Einsatz kommen. Es dient ausschließlich dazu, bereits abstrahierte Erkenntnisse zu automatisieren und die Rechenfertigkeit zu steigern.

Unser zentrales Anliegen ist es, Kolleginnen und Kollegen, die sich mit dem Problem der Rechenschwäche auseinander setzen, eine umfangreiche Sammlung von Fördermaterialien vorzustellen und zu beschreiben. Alle ausgewählten Materialien sind unterrichtspraktisch erprobt und bewährt. Eine klassenstufenbezogene Gliederung des Praxisteiles erscheint nicht sinnvoll, da sich Defizite eines Kindes nicht in Jahrgangsstufen einteilen lassen.

Jedes Lernmaterial ist einem Förderbereich zugeordnet. Bezugsquellen bzw. mögliche käufliche Alternativen finden sich am Ende jeder Textseite.

Fördermaterialien – Kriterien für die Auswahl

Folgende (mathematische) Aspekte stellen eine Anregung für die Materialauswahl dar:
- Gutes Material soll Grundmuster für mathematisches Denken liefern.
- Lernmaterialien sollen so konzipiert sein, dass sie aufeinander aufbauen; vorhandenes Wissen wird mit Neuem verknüpft.
- Arbeitsmittel sollen einen fließenden Übergang von der konkreten Ebene über die zeichnerische zur symbolischen Darstellung (und umgekehrt) ermöglichen.
- Hilfreich ist eine deutliche mathematische Struktur des Materials in Dimension und Farbgebung, z. B. Einer*würfel* (grün), Zehner*stange* (blau), Hunderter*platte* (rot), Tausender*würfel* (grün).
- Materialien sollen vielseitig einsetzbar sein und dem Kind erlauben, die ihm entsprechenden Strategien zu entwickeln.
- Optimales Material soll *be-greifbar*, also dreidimensional angelegt sein.

Fördermaterialien – Wie werden sie eingesetzt?

Dem gezielten Einsatz von Fördermaterial geht die Feststellung des sachstrukturellen Entwicklungsstandes der Schüler voraus (vgl. Fehleranalyse/Diagnostik). Mathematisches Lernen ist prozessorientiert, jeder Schritt baut auf dem Vorausgegangenen auf.
Förderung setzt *nicht beim ersten Defizit* an, sondern muss dort beginnen, wo sich das Kind noch kompetent fühlt. So können vorhandene Ressourcen genützt und Erfolgserlebnisse aufgebaut werden.
Die Auswahl des Lernmaterials orientiert sich am Leistungsstand des Kindes. Die Lehrkraft muss selbst gut mit dem Material vertraut sein, ehe sie das Kind in der Handhabung genau unterweist.
Materialgeleitete Förderung macht die Lehrkraft nicht überflüssig, denn nur gezieltes Beobachten und Protokollieren gewährleistet Lernfortschritt.
Ein Hauptproblem rechenschwacher Schüler besteht in der Störung des intermodalen Transfers: *zwischen konkreter und symbolischer Stufe wird keine Verbindung hergestellt.* Hier sollte konkretes Tun stufenweise sofort in Notation umgesetzt werden, d. h. Handeln und Schreiben erfolgen parallel.
Die traditionelle Didaktik geht von der Variation der Veranschaulichung aus. Im Umgang mit schwachen Rechnern raten wir von diesem Prinzip ab: Hat sich durch konkretes Handeln eine innere Vorstellung entwickelt, sollte diese nicht durch ein anderes „Bild im Kopf" überlagert werden.
Die Zeitspanne, in der Kinder mit konkretem Material arbeiten, ist individuell verschieden. Fördermaterial muss so lange in der Hand der Kinder bleiben, bis sie es von selbst zur Seite legen, also nicht mehr brauchen. Das gilt auch für Lernzielkontrollen, insbesondere in den Jahrgangsstufen eins und zwei.

Wir hoffen, mit dieser Zusammenstellung von Fördermaterialien möglichst vielen Kolleginnen und Kollegen Anregung und Hilfe für die Unterrichtspraxis zu geben, und wünschen viel Freude und Erfolg bei der Arbeit!

PS: Aller Anfang ist schwer, deshalb kann man ihn nicht leicht genug machen!

5.3 Material zur Entwicklung mathematischer Vorstellungen

5.3.1 Allgemeine Grundfähigkeiten

TASTSACK

Bereich

Schulung des Tastsinnes

Förderziele

- Förderung der taktil-kinästhetischen Wahrnehmung und Differenzierungsfähigkeit

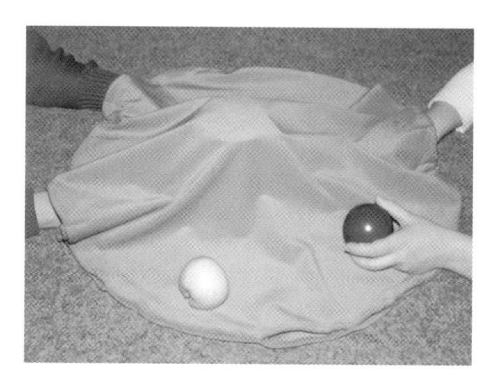

Materialbeschreibung, Bastelanweisung

- Zwei Stoffkreise von ca. 80 cm Durchmesser werden aufeinander gelegt und so zusammengenäht, dass am äußeren Rand acht Öffnungen vorhanden sind. Je zwei Öffnungen liegen dicht nebeneinander. Die Paare sind gegenüberliegend angeordnet.
- Gegenstände zum Fühlen
- geeignet für maximal vier Kinder

Methodische Hinweise

- durch die Öffnungen verschiedene konkrete Gegenstände einfüllen, die die Kinder dann erfühlen
- verschiedene Formen – rund, dreieckig, viereckig – können an Formenplättchen ertastet werden
- unterschiedliche Beschaffenheiten von Gegenständen können erfühlt werden (glatt – rau ...)

Weitere Einsatzmöglichkeiten

- Ertasten der Ziffern
- Ertasten von geometrischen Flächenformen und Körpern

Allgemeine Grundfähigkeiten

ERBSEN

Bereich

Feinmotorik

Förderziele

- Förderung der Feinmotorik der Schreibhand
- Förderung der Auge-Hand-Koordination

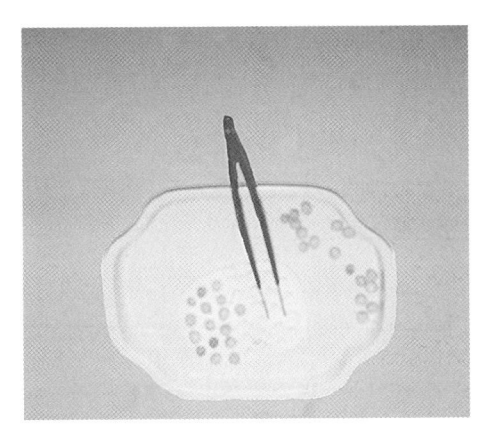

Materialbeschreibung, Bastelanweisung

- kleines Tablett
- Pinzette (evtl. Briefmarkenpinzette)
- Schälchen mit genau abgezählten Erbsen
- Seifenablage mit Noppen

Methodische Hinweise

- einzelne Erbsen mit Pinzette vom Schälchen auf die Noppenunterlage transportieren
- Erbse ablegen
- Vorgang so lange wiederholen, bis sich alle Erbsen auf der Seifenablage befinden

Weitere Einsatzmöglichkeiten

- Eins-zu-eins-Zuordnung

Allgemeine Grundfähigkeiten

LEHRMATERIAL: BEGRIFF UND SPRACHE

Bereich

visuelle Wahrnehmung

Förderziele

- visuelles Unterscheiden nach Farbe, Form, Größe, Platzbestimmung im Raum ...

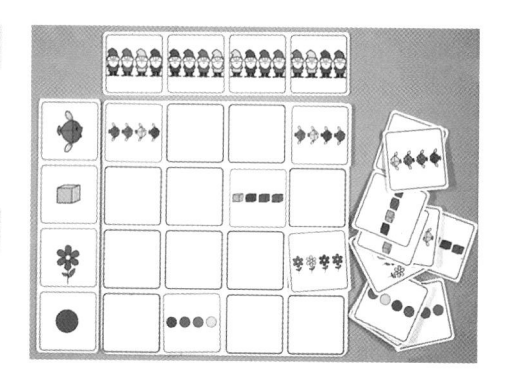

Materialbeschreibung, Bastelanweisung

- zehn verschiedene Basistafeln
- Aufgabenstreifen und Aufgabenkarten
- Steckfiguren für Partnerarbeit

Methodische Hinweise

Beispiel

- Auflegen von Kärtchen nach vorgegebener Serie
- Beachten von Unterschieden in Farbe und Form

Weitere Einsatzmöglichkeiten

- Benennen der dargestellten Abbildungen
- Benennen der Farbserien
- Schulung von Ordnungs- und Mengenbegriffen
- Erfassen und Benennen räumlicher Beziehungen, wie „rechts", „links", „zwischen"

Bezugsquelle

www.koksgesto.nl

Allgemeine Grundfähigkeiten

KOFFERPACKEN

Bereich

Merkfähigkeit

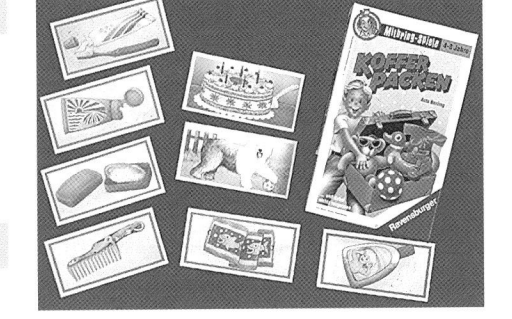

Förderziele

– Förderung der Merkfähigkeit und der Konzentration

Materialbeschreibung, Bastelanweisung

– Spiel mit Bildkarten (im Spielwarenhandel erhältlich)
– Koffer
– Alternative zum Einpacken: reale Gegenstände

Methodische Hinweise

– einzelne Bildkarten benennen und nacheinander in den Koffer packen lassen
– eingepackte Karten auswendig benennen
– Schwierigkeitsgrad steigern, indem die Anzahl der eingepackten Karten erhöht wird
– Gegenstände thematisch ordnen und geordnete Serien einpacken (z. B. Badesachen, Essen …)
– bei Schwierigkeiten im Wiedergeben der gepackten Karten kann die Lehrkraft durch Umschreibungen helfen

Bezugsquelle

Spielwarenhandel

Allgemeine Grundfähigkeiten

MEMORY

Bereich

Merkfähigkeit

Förderziele

- Verbesserung der Merkfähigkeit
- Koordination von Auge und Hand

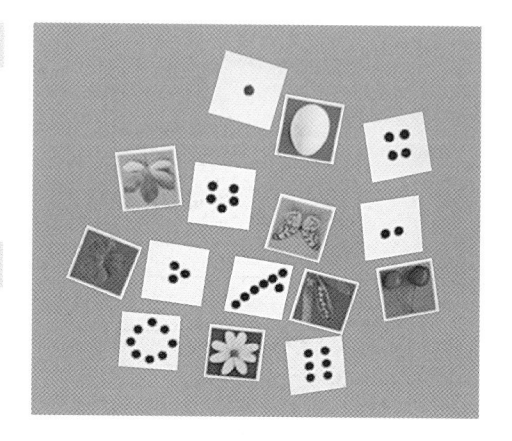

Materialbeschreibung, Bastelanweisung

- selbst erstelltes Memory mit variabler Aufgabenstellung
- Beispiele: zerschnittene Bildteile, Aufgabe und Ergebnis, Zahl- und Punktmenge, Bild und Umriss …

Methodische Hinweise

- Spielen mit aufgedeckten Karten
- Spielen mit verdeckten Karten

Weitere Einsatzmöglichkeiten

- Menge-Ziffer-Zahl-Zuordnung

Bezugsquelle

Spielwarenhandel

Allgemeine Grundfähigkeiten

„BLINDE KÜHE MACHEN WENIG MÜHE"

Bereich

Figur-Grund-Wahrnehmung

Förderziele

- Trainieren der Figur-Grund-Wahrnehmung
- Trainieren der Formerfassung
- Erkennen der Lage im Raum

Materialbeschreibung, Bastelanweisung

- „Blinde-Kuh-Spiel" (60 Einzelfiguren)
- Anleitungsheft

Methodische Hinweise

- Figur wiedererkennen und legen
- Figur herausfinden und legen
- Figur herausfinden und nachmalen

Weitere Einsatzmöglichkeiten

- Bebildern von einfachen Rechenaufgaben
- Zuordnen von Menge und Zahl
- Lösungshilfe bei vorgegebenen Sachaufgaben
- Erfinden von Sachaufgaben bei vorgegebenen Figuren
- Gedächtnistraining
- Lernspiele
- Sprach- und Leseförderung

Bezugsquelle

Lernwerkstatt
Petra Vogt
Unterneuses 42
96138 Burgebrach
www.lernwerkstatt-shop.de

5.3.2 Mathematische Grundfähigkeiten

PERLEN AUFFÄDELN

Bereich

*Serialität,
taktil-kinästhetische Wahrnehmung*

Förderziele

- genaues Beobachten
- Einhalten einer vorgegebenen Reihenfolge
- Verbesserung der Merkfähigkeit
- Erkennen und Einprägen von Farben und Formen
- Förderung der manuellen Geschicklichkeit

Materialbeschreibung, Bastelanweisung

- Holz-/Plastik-/Glasperlen in verschiedenen Farben und Formen
- zerschnittene Trinkhalme
- beliebiges fädelbares Material

Methodische Hinweise

- Auffädeln einfacher Perlenketten
- Auffädeln von verschiedenfarbigen Perlen nach akustischer und/oder optischer Anweisung
- Auffädeln von Perlen, die sich in ihrer Form unterscheiden
- Fädeln auch schwieriger Muster
- Erfinden eigener Muster

Weitere Einsatzmöglichkeiten

- ergänzende Spiele: Kofferpacken
- Reihenfolgespiele aus dem Alltag (Kinder anziehen, nach Anleitung basteln ...)

Bezugsquelle

- Spielwarenhandel

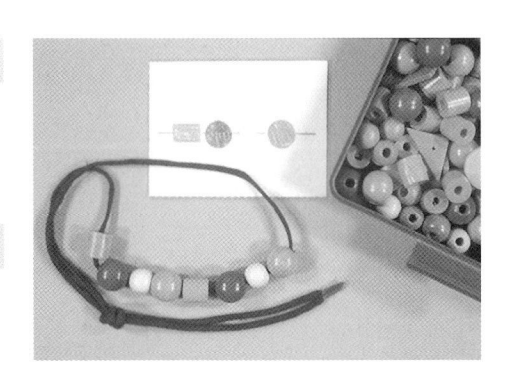

Mathematische Grundfähigkeiten

MUSTER FORTSETZEN

Bereich

Serialität

Förderziele

- Förderung der Merkfähigkeit für bestimmte Abfolgen
- Hinführung zum kardinalen und ordinalen Zahlaspekt

Materialbeschreibung, Bastelanweisung

- logische Plättchen, die sich in Form, Farbe und Größe unterscheiden
- Musterkarten
- evtl. Farbstifte

Methodische Hinweise

- Fortsetzen von vorgegebenen Serien – angefangene Muster weiterführen
- Muster nach einer vorgegebenen Zeichnung weiterführen
- Nachlegen selbst gezeichneter Muster
- Hinführung zum ordinalen Zahlaspekt: z. B. ... jedes vierte Plättchen ist rot

Weitere Einsatzmöglichkeiten

- Muster unter ein Tuch legen und die Kinder ertasten und beschreiben lassen (Form-/Größenunterscheidung)
- Plättchen auf Buntpapier legen und umfahren, Formen ausschneiden und die Muster ins Heft kleben

Mathematische Grundfähigkeiten

GLIEDERPUPPE

Bereich

Körperschema

Förderziele

- Orientierung am eigenen und am fremden Körper
- Trainieren der Lateralität

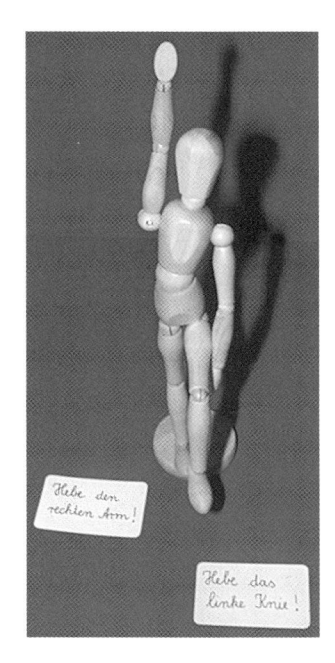

Materialbeschreibung, Bastelanweisung

- Gliederpuppe
- Auftragskarten

Methodische Hinweise

- Lesen der Auftragskarte
- Ausführen der Anweisung am eigenen Körper
- Ausführen der Anweisung an der Puppe

Weitere Einsatzmöglichkeiten

- vor dem Ausführen der Anweisung an der Puppe die Übung vor einem Spiegel selbst vollziehen

Mathematische Grundfähigkeiten

STECKBRETT

Bereich

Orientierung im Raum

Förderziele

- differenzierte Wahrnehmung räumlicher Beziehungen
- Rechts-links-Orientierung
- Begriffsbildung: oben, unten, rechts, links

Materialbeschreibung, Bastelanweisung

- käufliches Steckbrett aus dem Spielwarenhandel mit einer Grundplatte und flexiblen Steckern aus Holz oder Kunststoff
- alternativ: Geobrett mit Beilagscheiben

Methodische Hinweise

- Ausgangspunkt mit einem Stecker markieren und anschließend Anweisung zum Weiterstecken geben (zwei nach oben, eins nach rechts ...)
- bereits gesteckte Muster von einem Punkt aus beschreiben
- Muster auf Karopapier übertragen

Bezugsquelle

Spielwarenhandel

Mathematische Grundfähigkeiten

BAUERNHOF

Bereich

räumliche Beziehungen

Förderziele

- Orientierung im Raum
- Raum-Lage-Beziehungen erfassen, benennen
- Begriffe der räumlichen Lage kennen lernen, verwenden, damit operieren

Materialbeschreibung, Bastelanweisung

- Spielzeugbauernhof mit Menschen und Tieren
- Auftragskarten

Methodische Hinweise

- Aufbauen des Bauernhofes nach Auftragskarten bzw. mündlichen Aufträgen
  Beispiel: Der Bauer sitzt auf der Bank.
  Der Hund sitzt neben dem Bauern.
  Die Pferde stehen in der Koppel.
  Das Schwein kommt aus dem Stall ...

Bezugsquelle

Spielwarenhandel

Mathematische Grundfähigkeiten

BEZIEHUNGSKISTE

Bereich

räumliche Beziehungen

Förderziele

- Orientierung im Raum
- Raum-Lage-Beziehungen erfassen, benennen
- Begriffe der räumlichen Lage kennen lernen, verwenden, damit operieren

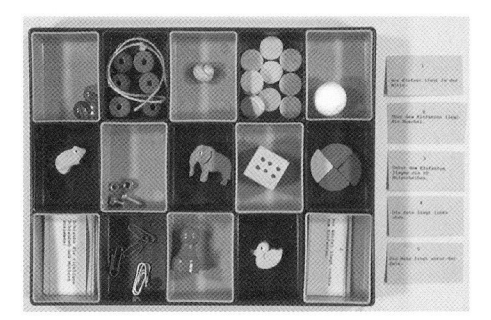

Materialbeschreibung, Bastelanweisung

- Sortierkasten mit verschiedenen kleinen Gegenständen
- Auftragskarten (z. B.: Der Elefant liegt in der Mitte.)

Methodische Hinweise

- Gegenstände aus dem Kasten nehmen
- Auftragskarte lesen bzw. vorlesen
- Gegenstände nach Anweisung einsortieren

Weitere Einsatzmöglichkeiten

- Gegenstände nach Anweisung suchen lassen
  Beispiel: Was liegt rechts neben der Muschel?

Bezugsquelle

Lernwerkstatt
Petra Vogt
Unterneuses 42
96138 Burgebrach
www.lernwerkstatt-shop.de

Mathematische Grundfähigkeiten

BAUPLÄNE/BAUSTEINE

Bereich

räumliche Beziehungen

Förderziele

- Schulung der differenzierten Wahrnehmung räumlicher Beziehungen
- Begriffsbildung: oben, unten, rechts, links, dreieckig, viereckig, lang, kurz
- Verbesserung der Konzentrations- und Merkfähigkeit

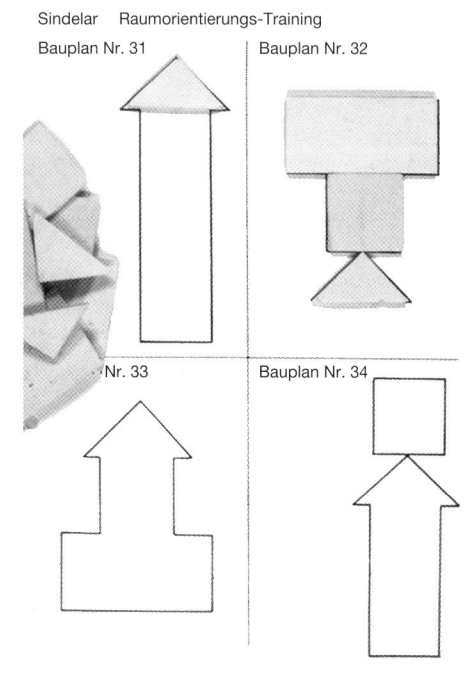

Materialbeschreibung, Bastelanweisung

- Baupläne mit zunehmendem Schwierigkeitsgrad
- Holzplättchen, Bausteine (Würfel, Quader, räumliches Dreieck, Quadrat, Rechteck, Dreieck)
- Anleitungen zu den Übungen (schrittweiser Aufbau)

Methodische Hinweise

- Nachbauen von Figuren/Plänen aus unterschiedlichem Blickwinkel
- sukzessiver Aufbau von Übungseinheiten nach Anleitungen
- Übergang zur nächsten Übungseinheit erst dann, wenn das Vorherige beherrscht wird

Bezugsquelle

Dr. B. Sindelar: Lernprobleme an der Wurzel packen – Übungsblätter zum Raumorientierungs-Training

Mathematische Grundfähigkeiten

KNÖPFE

Bereich

Klassifizieren, Ordnen nach verschiedenen Merkmalen

Förderziele

- Sortieren realer Gegenstände nach verschiedenen Merkmalen (Form/Farbe)
- Begriffsbildung
- Schulung der visuellen Wahrnehmung

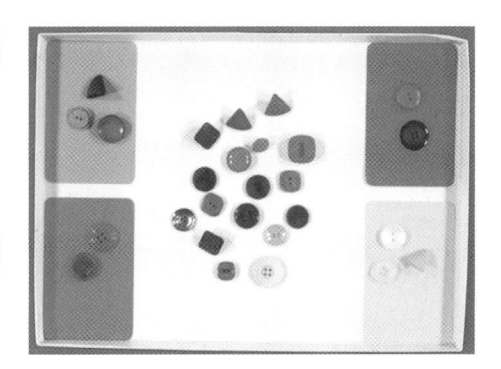

Materialbeschreibung, Bastelanweisung

- Knöpfe in verschiedenen Farben und Formen
- Merkmalskärtchen (Farbe/Form)
- evtl. Merkmalswürfel, einer mit den Farben (rot, gelb, grün, blau) und einer mit den Formen (dreieckig, viereckig, rund)

Methodische Hinweise

- Zuordnen der Knöpfe zu unterschiedlichen Merkmalskärtchen (Farbe oder Form)
- Erwürfeln von ein oder zwei Merkmalen und Zuordnen passender Knöpfe
- Heraussuchen von Knöpfen nach Anweisung

Weitere Einsatzmöglichkeiten

- Legen von Musterreihen mit den Knöpfen

Bezugsquelle

Kurzwarenhandel

Mathematische Grundfähigkeiten

NIKITINMATERIAL

Bereich

Raumvorstellung

Förderziele

- Verbesserung der Raumvorstellung
- Erkennen der Raum-Lage-Beziehungen
- Aufbau dreidimensionaler Vorstellungen
- Umsetzen einer zweidimensionalen Vorlage in ein dreidimensionales Modell

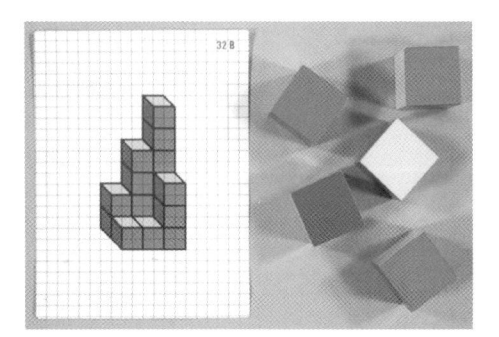

Materialbeschreibung, Bastelanweisung

- fünf Arbeitskästen mit Holzwürfeln
- pro Kasten ein Anleitungsbuch mit Aufgaben in differenziertem Schwierigkeitsgrad

Methodische Hinweise

- Betrachten und Beschreiben der Vorlage
- Nachbauen des dreidimensionalen Modells aus der zweidimensionalen Darstellung auf der Vorlage

Weitere Einsatzmöglichkeiten

- freies Bauen und Gestalten mit den Würfeln

Bezugsquelle

Logo-Verlag
Postfach 11 03 20
46262 Dorsten
www.logo-verlag.de

Mathematische Grundfähigkeiten

MATRIX MIT PLÄTTCHEN

Bereich

Klassifizieren nach mehreren Merkmalen

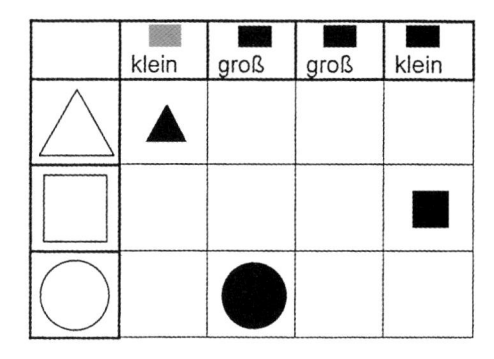

	■ klein	■ groß	■ groß	■ klein
△	▲			
□				■
○		●		

Förderziele

– Sortieren nach Merkmalen (Form, Farbe, Größe)
– Begriffsbildung
– Schulung der differenzierten Wahrnehmung
  (Platzbestimmung im Raum – zweidimensional)

Materialbeschreibung, Bastelanweisung

– große und kleine Quadrate, Dreiecke und Kreise in vier verschiedenen Farben
– unterschiedliche Legetafeln

Methodische Hinweise

– Benennen der Plättchen und ihrer Eigenschaften
– Auflegen einzelner Plättchen auf die Legetafel (Plättchen durch die Vorgabe von Form, Farbe und Größe auf der Legetafel exakt definiert)
– Beschreiben der aufgelegten Plättchen

Mathematische Grundfähigkeiten

FIGURIX

Bereich

Klassifizieren nach mehreren Merkmalen

Förderziele

- Sortieren nach Merkmalen
- Schulung der differenzierten visuellen Wahrnehmung

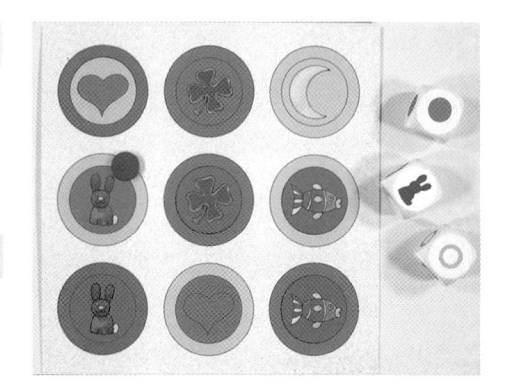

Materialbeschreibung, Bastelanweisung

- 6 Spieltafeln mit je 9 Motiven,
- 3 große Holzwürfel mit 6 verschiedenen Figuren, je 3 verschiedenfarbigen Ringen und Kreisen
- 36 Holzchips

Methodische Hinweise

- Arbeit mit drei Würfeln
- genaues Klassifizieren der abgebildeten Dinge auf den Legetafeln mithilfe der drei Würfel
- Markieren der erwürfelten Bilder auf den Legetafeln mit Chips

Weitere Einsatzmöglichkeiten

- Anfangs könnte auch nur mit zwei Würfeln gespielt werden, um die Klassifizierung zu erleichtern.

Bezugsquelle

Schmid-Spiele (Spielwarenhandel)

Mathematische Grundfähigkeiten

REISSCHÜTTEN

Bereich

Invarianz der Menge

Förderziele

- Einsicht in den Invarianzbegriff

Materialbeschreibung, Bastelanweisung

- Tablett mit verschiedenen Glasgefäßen
- kleines Glas als Messgefäß
- Reiskörner als Schüttgut (alternativ: Wasser)

Methodische Hinweise

- Umfüllen des Schüttgutes von einem Gefäß in das andere
- Vergleichen der Schütthöhen und des Oberflächenspiegels
- Aussagen zur Menge

Weitere Einsatzmöglichkeiten

- Einführung der Hohlmaße
  (Schätzen: Passt der Inhalt eines Gefäßes in ein anderes Gefäß?)

5.3.3 Zahlbegriff und Rechnen bis 10

PUNKTBILDER

Bereich

*Zahlbegriff,
Zahlzerlegung*

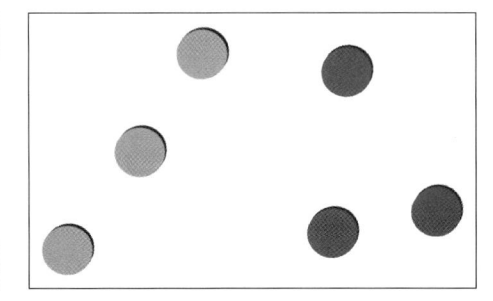

Förderziele

- simultanes Erfassen von Mengen
- Erfassen farblich vorstrukturierter Mengen im Zahlenraum bis 10
- Erfahren unterschiedlicher Strukturierungsmöglichkeiten
- Anbahnung additiver Operationen

Materialbeschreibung, Bastelanweisung

- Punktbilder mit Mengen bis 10 in unterschiedlicher Anordnung
- farblich hervorgehobene Strukturierungsmöglichkeiten

Methodische Hinweise

- kurzes Zeigen der Punktbilder, Benennen der gesehenen Mengen (zunächst bei kleinen Mengen, dann sukzessive Steigerung)
- Ermitteln der Mengen mit zwei Würfeln, passendes Mengenbild (zweifarbig) heraussuchen, Gesamtmenge benennen
- Notieren von Zerlegungsaufgaben oder Additionen zu den zweifarbigen Mengenbildern

Weitere Einsatzmöglichkeiten

- Die Mengenbilder können auch in auf- oder absteigender Zahlenreihe geordnet werden.

Zahlbegriff und Rechnen bis 10

ZWANZIGERFELD

Bereich

*Zahlbegriff,
Zahlzerlegung,
Mengenerfassung*

Förderziele

- Zahlen bis 10 erfassen
  (Quasi-Simultanerfassung)
- Mengen verschieden darstellen
- Erfahren unterschiedlicher
  Strukturierungsmöglichkeiten
- Zahlbilder schnell erkennen

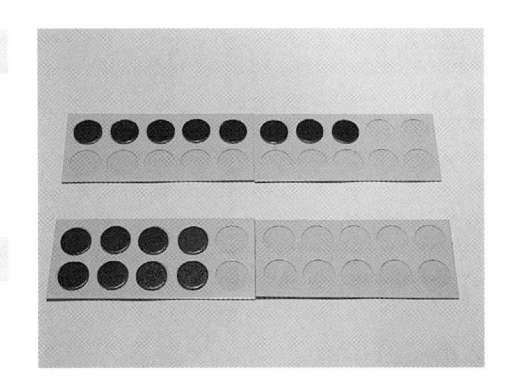

Materialbeschreibung, Bastelanweisung

- Zwanzigerfeld: Untergliederung bei 5, 10 und 15 (durch Kreuz in der Mitte)
- Muggelsteine, Plättchen zum Legen

Methodische Hinweise

- unterschiedliche Anordnungen derselben Zahl am Zwanzigerfeld
- Bei welcher Darstellung lässt sich die Zahl schnell erkennen?
- Verbalisieren von Zahlbeziehungen: eins weniger als 10, das sind dann 9, ...
- Blitzlesen von Zahlen:
  kurzes Aufdecken des Zwanzigerfeldes oder Blitzlesekarten (mit den Abbildungen
  unterschiedlicher Anordnungen zur Zahl) erstellen

Weitere Einsatzmöglichkeiten

- Veranschaulichung von Rechenwegen
- Verdoppeln

Bezugsquelle

Lehrmittelverlage

Zahlbegriff und Rechnen bis 10

NUMERISCHE STANGEN

Bereich

Zahlbegriff

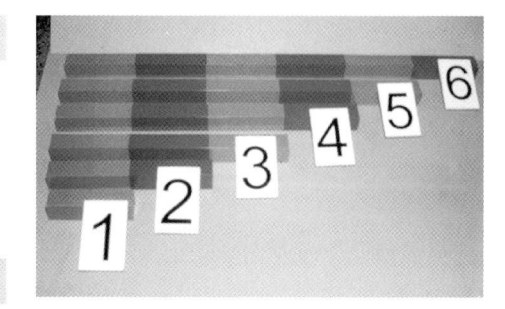

Förderziele

- Zahlen bis 10 der Länge nach darstellen und Ziffern zuordnen
- Zahlen bis 10 der Länge nach ordnen
- die Zahl 10 aus zwei verschiedenen Summanden zusammensetzen

Materialbeschreibung, Bastelanweisung

- Hartholzstangen, abwechselnd blau und rot bemalt
- eine Einheit beträgt 1 dm
- Zahlenkärtchen von 1 bis 10

Methodische Hinweise

- Auslegen der Stangen als Treppe
- Zuordnen der Zahlenkärtchen
- Zerlegen von Zahlen
- blindes Ertasten der Längen durch Vergleich

Weitere Einsatzmöglichkeiten

- Darstellen einfacher Additionen durch Aneinanderlegen von Stangen

Zahlbegriff und Rechnen bis 10

ZAHLENBAND MIT SANDSÄCKCHEN

Bereich

*Zahlen von 1 bis 10,
Zahlbegriff, Zählen*

Förderziele

- Sammeln von Erfahrungen im Raum
- Orientierung im Zahlenraum bis 10
- Zuordnen von Mengen und Ziffern
- Üben des Zählens

Materialbeschreibung, Bastelanweisung

- Stoffband mit Zahlenfeldern von 1 bis 10
- 55 Sandsäckchen in verschiedenen Farben,
  z. B.: ein rotes, zwei grüne, drei rosafarbene, vier gelbe, fünf hellblaue ...

Methodische Hinweise

- Auslegen des Zahlenbandes
- Abschreiten mit lautem Zählen
- Zuordnen der Säckchen

Weitere Einsatzmöglichkeiten

- Aufnehmen einer bestimmten Anzahl von Säckchen und auf die richtige Stelle des Zahlenstrahles werfen
- Säckchen auswerfen, abschreiten, auf „10" ergänzen

Zahlbegriff und Rechnen bis 10

ZAHLENBUCH

Bereich

Zahlbegriff

Förderziele

- taktiles und visuelles Erfassen von Mengen und Ziffern
- lineares Zählen
- Verbindung von Menge und Zahl
- Vorbereitung für das Ziffernschreiben

Materialbeschreibung, Bastelanweisung

- spiralgebundenes Buch mit Mengen und Ziffern zum Fühlen

Methodische Hinweise

- Erfühlen und Zählen der Mengen (Bälle) von links nach rechts
- Nachfahren der passenden Ziffern
- Zuordnen von Zahlenkärtchen zu den entsprechenden Ziffern
- Würfeln von Zahlen, passendes Mengenbild im Buch suchen
- Legen von konkreten Mengen zu den Abbildungen

Weitere Einsatzmöglichkeiten

- Übungen zu geraden/ungeraden Zahlen (im Buch beschrieben)
- im Buch angebotene Zusatzkärtchen mit Ziffern und Mengen zerschneiden und damit Zuordnungsübungen durchführen

Bezugsquelle – käufliche Alternative

Sensor Verlag Pichler GmbH
Wolfratshauser Str. 84 b
82049 Pullach/München

betzold Versand
Veit-Hirschmann-Str. 12
73479 Ellwangen
www.betzold.de

Zahlbegriff und Rechnen bis 10

FÜHLZIFFERN

Bereich

*Zahlbegriff,
Ziffernschreibweise*

Förderziele

- taktile Wahrnehmung der Ziffern 0 bis 9
- visuelle Wahrnehmung der Ziffern
- Steigerung der Konzentration

Materialbeschreibung, Bastelanweisung

- Holz- oder Kartonzuschnitt (20 cm × 15 cm)
- Ziffern von 0 bis 9 aus Filz oder Schmirgelpapier ausschneiden und aufkleben
- Ober- oder Unterseite des Brettes durch Rille kennzeichnen
- evtl. entsprechende Punktmenge auf Rückseite aufkleben

Methodische Hinweise

- mit geschlossenen Augen die Ziffer ertasten, laut sprechen
- Kontrolle durch Ansehen der Ziffer, durch Fühlen der Punktmenge auf der Rückseite

Zahlbegriff und Rechnen bis 10

GLÄSERREIHE

Bereich

Zahlbegriff

Förderziele

- Sicherung des Mengenbegriffes
- Zuordnung „Menge/Zahl" und Zuordnung „Menge/Menge"

Materialbeschreibung, Bastelanweisung

- 9 große Joghurtgläser (Deckel mit Klebeetiketten versehen, auf denen die Ziffern von 1 bis 9 stehen)
- Ziffernkärtchen
- Mengenbildkärtchen
- Nüsse oder andere Gegenstände zum Hineinzählen

Methodische Hinweise

- Hineinzählen von Nüssen in einzelne Gläser entsprechend der auf dem Deckel vermerkten Anzahl (die Kinder nehmen die Mengen über das beim Hineinzählen verursachte Geräusch auch akustisch wahr)
- Ordnen der Gläser entsprechend der Anzahl
- Hineinzählen der Nüsse in der aufsteigenden Zahlenreihe
- Zuordnen von Ziffernkärtchen oder den mit den Ziffern beklebten Deckeln zu den einzelnen Gläsern (Menge-Zahl-Zuordnung)
- Zuordnen von gleich mächtigen Mengenschildern zu den einzelnen Gläsern (Menge-Menge-Zuordnung)
- Die Lehrkraft klopft eine Zahl, das Kind sucht das mit der entsprechenden Menge befüllte Glas heraus.

Weitere Einsatzmöglichkeiten

- Die Gläser können auch zur Zehnerbündelung (in jedes Glas kommen 10 Nüsse o. Ä.) eingesetzt werden.

Zahlbegriff und Rechnen bis 10

ZIFFERN UND CHIPS

Bereich

Zahlbegriff

Förderziele

- Beherrschen der Zahlenreihe von 1 bis 10
- Zuordnen von Menge und Zahl
- Bildung der Begriffe „gerade – ungerade"

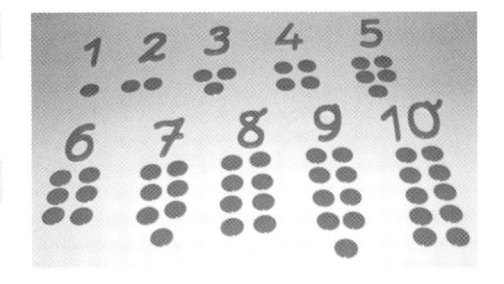

Materialbeschreibung, Bastelanweisung

- Original-Montessori-Material:
  Ziffern von 1 bis 10,
  55 Chips
- alternativ: selbst gefertigte Ziffernkärtchen, Wendeplättchen, Muggelsteine ...

Methodische Hinweise

- Legen der Ziffern in richtiger Reihenfolge
- Zuordnen der Chips:
  bei geraden Zahlen in Zweierreihen,
  bei ungeraden Zahlen den letzten Chip in die Mitte legen
- Durchfahren der geraden Zahlenreihen mit einem Stift

Weitere Einsatzmöglichkeiten

- Üben des Zählens
- Aufgaben zur Addition und Subtraktion
- Ergänzungsaufgaben

Bezugsquelle

Nienhuis Montessori International B. V.
Industriepark 14
7021 BL Zelhem
Niederlande
www.nienhuis.nl

Zahlbegriff und Rechnen bis 10

SPINDELKÄSTEN

Bereich

Zahlbegriff

Förderziele

- Sicherung des Mengenbegriffes
- Zuordnung „Menge/Zahl"
- Erkennen der Bedeutung der Null

Materialbeschreibung, Bastelanweisung

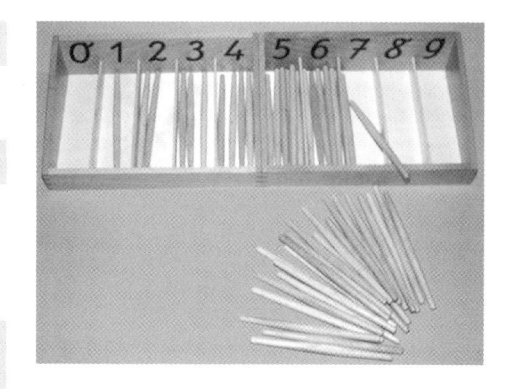

- zwei Holzkästen mit je einer Fünfereinteilung, jedes Fach ist mit einer Ziffer beschriftet
- 45 Holzspindeln oder Rundstäbe
- Bänder oder Gummiringe

Methodische Hinweise

- Lesen der Ziffern auf den Kästen
- lautes Hineinzählen der einzelnen Spindeln oder Rundstäbe in die Fächer (es darf mit einem beliebigen Fach begonnen werden)
- geordnetes Hineinzählen der einzelnen Spindeln oder Rundstäbe (Zählen nach der Zahlenreihe)
- erstes Fach (0) leer: Kinder erkennen eine der Bedeutungen der Null (leere Menge)
- Klatschen einer Zahl: Kind zählt die entsprechende Menge in das gewünschte Fach
- Koppelung des simultanen und zählenden Erfassens von Mengen: Zeigen einer Mengenkarte, Hineinzählen der entsprechenden Menge in ein Fach bzw. Suchen eines Mengenbildes zu einer abgezählten Menge

Weitere Einsatzmöglichkeiten

- In die Fächer sollten auch andere Gegenstände (Nüsse, Murmeln, Muggelsteine, Knöpfe etc.) gezählt werden, um den Mengenbegriff nicht nur im Zusammenhang mit den Spindeln oder Holzstäben zu vermitteln

Bezugsquelle

Nienhuis Montessori International B. V.
Industriepark 14
7021 BL Zelhem
Niederlande
www.nienhuis.nl

Zahlbegriff und Rechnen bis 10

SCHÜTTELDOSEN

Bereich

Zahlbegriff

Förderziele

– Sicherung der Zahlzerlegung

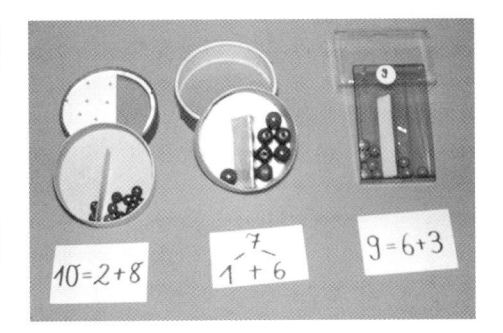

Materialbeschreibung, Bastelanweisung

– Schachtel mit eingebautem Mittelsteg
– Holzperlen
– für jede zu zerlegende Zahl eine eigene Schachtel anfertigen
– Aufgabenkarten mit gezeichneten Zahlzerlegungen

Methodische Hinweise

– Dose schütteln, die nun dargestellte Zerlegungsaufgabe verbalisieren und notieren; so können durch mehrmaliges Schütteln viele Zerlegungsaufgaben zu jeder Zahl gefunden werden.
– zeichnerisch dargestellte Aufgaben mit den Dosen schütteln lassen

Weitere Einsatzmöglichkeiten

– Anbahnung von Platzhalteraufgaben: Gezeigt wird nur eine Hälfte der Schachtel. Die Gesamtmenge wird angegeben.

Käufliche Alternative

Lehrmittelverlage

Zahlbegriff und Rechnen bis 10

WAAGE

Bereich

Zahlbegriff und Rechnen von 0 bis 9 (10)

Förderziele

- Verstehen der Bedeutung von Gleichungen (Gleichheitszeichen)
- Durchführen von Ergänzungsaufgaben

Materialbeschreibung, Bastelanweisung

- Balkenwaage
- Menge gleicher Materialien
- Aufgabenkarten

Methodische Hinweise

- Lesen der Aufgabenkarte (Beispiel: 5 = 3 + ☐)
- Auflegen der vorgegebenen Mengen auf die Waagschalen
- Ergänzen der Teilmenge, bis die Gleichung sichtbar wird (Gleichstand der Waagschalen)
- Notieren der Aufgabe mit der Lösung

Weitere Einsatzmöglichkeiten

- erste Erfahrungen mit Größen (Gewichten)

Zahlbegriff und Rechnen bis 10

ZAUBERKISTE

Bereich

Rechnen bis 9 (10), Umkehraufgaben

Förderziele

- Verstehen der Umkehroperation aus dem konkreten Handeln bei parallelem Aufschreiben
- Anwenden der Umkehraufgabe als Lösungsmöglichkeit für Aufgaben des Typs „☐+/− b = c"

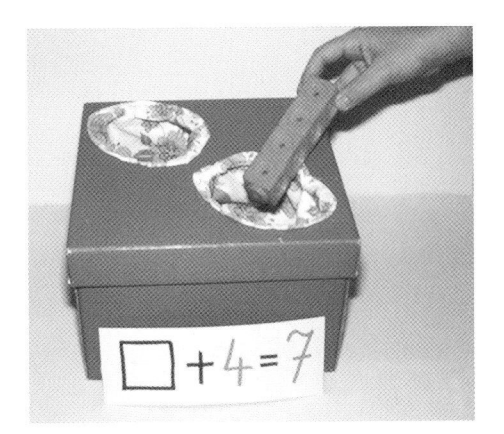

Materialbeschreibung, Bastelanweisung

- Karton mit abnehmbarem Deckel (ca. 30 cm × 30 cm × 30 cm), in den Deckel werden mit einem Schneidemesser zwei Kreise mit ca. 10 cm Durchmesser geschnitten. Diese werden mit Stoffresten ummantelt.
- Steckwürfel
- alternativ: Stoffsäckchen und Murmeln

Methodische Hinweise

- Die Zauberkiste stellt den Platzhalter dar, in ihr liegt bereits eine bestimmte Anzahl von Würfeln, es könnte folgendermaßen verbalisiert werden:
  „In unserer Zauberkiste sind Würfel, wir wissen noch nicht wie viele."
  (Um später aufschreiben zu können, wie viele es am Anfang waren, lassen wir einen Platz frei:)
  ☐
  „Nun geben wir noch drei Würfel in die Zauberkiste hinein."
  (Auch dieses wird parallel mitnotiert:)
    + 3
  „Wir nehmen den Deckel der Zauberkiste ab und sehen, wie viele Würfel jetzt da sind."
    = 8
- Nun könnten die Schüler angeregt werden, das Umgekehrte von „drei Würfel hineinlegen", nämlich drei Würfel herausnehmen, zu tun, um zu erfahren, dass der o. g. Aufgabentyp am besten mit der Umkehraufgabe gelöst werden kann. Es wird hier ebenso parallel mitnotiert.

Weitere Einsatzmöglichkeiten

- Die „Zauberkiste" kann auch für größeres Zahlenmaterial verwendet werden.

5.3.4 Zahlenraum und Rechnen bis 20

SEGUINTAFELN 1

Bereich

Zahlenraum bis 20

Förderziele

- Zählen der Zahlen bis 20
- Kennenlernen der Symbole
- Einprägen der Reihenfolge
- Benennen der Zahlenmengen und Folgen von 1 bis 20

Materialbeschreibung, Bastelanweisung

- zwei Grundbretter, durch Leisten in je fünf Felder aufgeteilt, neun Felder mit der Ziffer 10 und ein Feld mit der Ziffer 20 beschriftet
- Zehnerperlenstäbe und einzelne Perlen (alternativ: Zehnerstangen und Würfel)

Methodische Hinweise

- Nennen der Zahl 10 und Hinzulegen der entsprechenden Menge
- Auflegen der Ziffernkarte 1 auf die Einerstelle des nächsten Zehners
- Danebenlegen der entsprechenden Perlenmenge ... bis 20

Weitere Einsatzmöglichkeiten

- Legen von Zahlen nach Anweisung
- Ordnen der ungeordneten Anzahl von Perlen und Ziffern

Zahlenraum und Rechnen bis 20

RECHENSCHIFFCHEN

Bereich

Rechnen bis 20

Förderziele

- Zerlegen von Zahlen beim Addieren und Subtrahieren über den ersten Zehner
- Sicherung einzelner Rechenschritte beim zehnerüberschreitenden Rechnen (Ergänzen, Zerlegen, Verdoppeln ...)
- Visualisierung unterschiedlicher Strategien beim zehnerüberschreitenden Rechnen

Materialbeschreibung, Bastelanweisung

- zwei Holzschiffchen mit je zehn Bohrungen zum Einstellen der Spielfiguren
- 20 Spielfiguren (je zehn in einer Farbe)

Methodische Hinweise

- Veranschaulichung unterschiedlicher Rechenwege über den Zehner
- Verbalisieren/Notieren der Rechenschritte parallel zur Handlung

Weitere Einsatzmöglichkeiten

- Übertragung auf weitere Zehner (z. B. „34 + 7" – mehrere Kinder stellen ihre Boote zusammen auf und lösen die Aufgabe gemeinsam)
- Sichern des Ergänzens auf volle Zehner, des Abziehens vom vollen Zehner

Käufliche Alternative

Spectra Verlag
Beckenkamp 25
46286 Dorsten
www.spectra-verlag.de

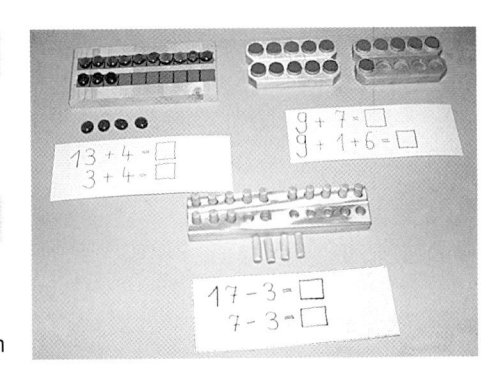

Zahlenraum und Rechnen bis 20

ZAUBERTUCH

Bereich

Rechnen bis 20

Förderziele

– Darstellen und Sichern von Platzhalteraufgaben des Typs „a +/– ☐ = c"

Materialbeschreibung, Bastelanweisung

– Tuch (ca. 50 cm × 50 cm)
– Steckwürfel oder konkrete Gegenstände (Knöpfe, Nüsse …)
– Aufgabenkärtchen

Methodische Hinweise

– Das Tuch stellt den Platzhalter dar, die Aufgaben werden mit den Kindern entwickelt und parallel zur Handlung aufgeschrieben:
  „*L. hat 12 Würfel in der Hand*" (paralleles Notieren): 12
  „*Unter dem Tuch werden Würfel dazugezaubert*"   (Der Platzhalter und das Rechen-
  (anfangs am besten in einer zusätzlichen Farbe):   zeichen werden aufgeschrieben.)
                                                                                           + ☐
  „*Nun sind es 15 Würfel*" (Notation des Ergebnisses):   = 15
– parallel können Minusaufgaben entwickelt werden, unter dem Tuch werden Würfel weggenommen
– selbstständiges Vertiefen der Operation mit Aufgabenkärtchen

Weitere Einsatzmöglichkeiten

– Die Arbeit mit dem Zaubertuch kann auch im Grundzahlbereich bis 9 (10) und im Zahlenraum bis 100 ähnlich durchgeführt werden.

Zahlenraum und Rechnen bis 20

VERDOPPELN UND HALBIEREN

Bereich

Zahlbegriff und Rechnen bis 20

Förderziele

- Kennenlernen der Begriffe: die Hälfte, das Doppelte, halbieren, verdoppeln
- Erkennen der Umkehrung von Halbieren und Verdoppeln

Materialbeschreibung, Bastelanweisung

- Spiegel (alternativ: Spiegelfolie auf Karton kleben)
- Plättchen, Muggelsteine zum Legen

Methodische Hinweise

- Legen einer Anzahl von Plättchen
- Verbalisieren: Im Spiegel sieht man genau das Gleiche, man sieht jetzt doppelt so viele Plättchen.
- Überlegung: Wie viele waren es? Was ist das Doppelte davon?
- Notieren der Aufgabe
- Halbieren
- Überlegung: Wie viele Plättchen sieht man? Was ist die Hälfte davon?
- Notieren der Aufgabe

Bezugsquelle

Lehrmittelverlage

5.3.5 Zahlenraum und Rechnen bis 100

STELLENWERTKISTCHEN

Bereich

Zahlenraum bis 100

Förderziele

- handelndes Erfahren des Stellenwertsystems
- Darstellen von Mengen und Zahlen im Zahlenraum bis 100
- Üben des Umwandelns E↔Z und Z↔H mit konkretem Material

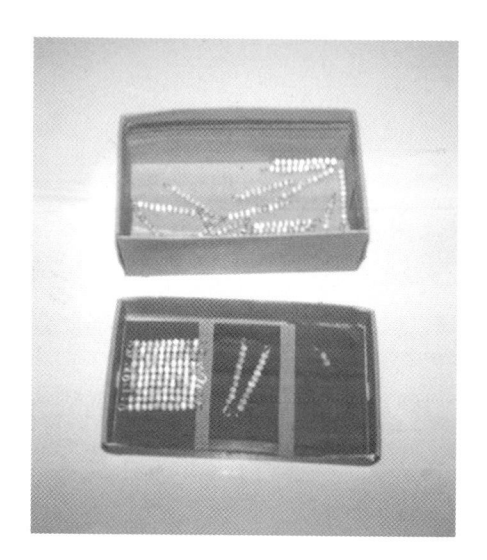

Materialbeschreibung, Bastelanweisung

- Schuhkartondeckel in drei Spalten eingeteilt
- Perlen, Zehnerperlenstäbe (je zehn Perlen auf einem Draht zusammengefasst), Hunderterfeld (je zehn Perlenstäbe mit dünnem Draht zu einem Hunderterfeld verflochten)
- Aufgabenkarten
- alternativ: Hunderterplatten, Zehnerstangen, Einerwürfel

Methodische Hinweise

- Legen von Zahlen mit dem Perlenmaterial und Aufschreiben der gelegten Zahlen
- Legen von Zahlen nach Diktat
- Benennen einzelner Stellenwerte
- Legen von Zahlen, die auf Aufgabenkärtchen präsentiert werden
- Zeichnen gelegter Zahlen

Weitere Einsatzmöglichkeiten

- Zahlbereichserweiterung bis 1.000
- Darstellen von Additionen und Subtraktionen im Zahlenraum bis 100

Zahlenraum und Rechnen bis 100

STECKWÜRFELSCHACHTEL

Bereich

Zahlbegriff und Rechnen bis 100

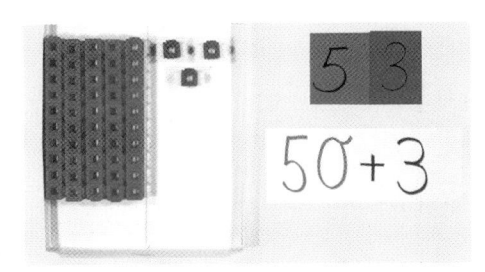

Förderziele

- Darstellen von Mengen und Zahlen im Zahlenraum bis 100
- Sichern der Schreibweise von zweistelligen Zahlen
- Vorbeugen von Stellenwertvertauschungen

Materialbeschreibung, Bastelanweisung

- Schuhkartondeckel in zwei Spalten unterteilt
- Steckwürfelstangen (Zehnerstangen), einzelne Steckwürfel

Methodische Hinweise

- Legen von Zahlen nach Diktat (z. B. „41" – 4 Z, 1 E): beim Legen mit den Zehnern beginnen und die Einer anschließend in die Schachtel legen – dann die gelegte Zahl sofort aufschreiben (die Kinder erkennen so die Diskrepanz zwischen Sprech- und Schreibweise)
- Zahlen würfeln, legen und aufschreiben
- gelegte Zahlen benennen und aufschreiben
- Zahlkärtchen ziehen, Zahlen legen und benennen
- einzelne Stellenwerte benennen

Weitere Einsatzmöglichkeiten

- gelegte Zahlen können auch am Zahlenstrahl gesucht werden (Verbindung von kardinalem und ordinalem Zahlaspekt)
- Steckwürfelschachtel kann bereits im Zahlenraum bis 20 – und in erweiterter Form auch im Zahlenraum bis 1.000 eingesetzt werden

Zahlenraum und Rechnen bis 100

MENGENFÜHLBRETTER

Bereich

Erweiterung des Zahlenraumes bis 20/100/1.000

Förderziele

- taktile Wahrnehmung strukturierter Mengen
- taktile Wahrnehmung/Unterscheidung von E/Z/H
- visuelle Wahrnehmung von Zahldarstellungen
- Verbalisieren von Zahlen

Materialbeschreibung, Bastelanweisung

- Holzbrett oder Karton (20 cm × 15 cm)
- Filzstreifen für die Zehner, Filzquadrate für die Hunderter (2 cm × 2 cm), Filzquadrate für die Einer (5 mm × 5 mm)
- auf der Rückseite steht die Lösungszahl
- Kennzeichnung der Ober- oder Unterseite mit einer Rille

Methodische Hinweise

- Erfassen von Mengen mit verbundenen Augen
- Verbalisieren der ertasteten Stellenwerte und Nennen der Zahl
- Zuordnen von Zahlen zu den Mengen
- Kontrolle durch Anschauen oder Umdrehen

Weitere Einsatzmöglichkeiten

- Vergleichen strukturierter Mengen im entsprechenden Zahlenraum

Zahlenraum und Rechnen bis 100

SEGUINTAFELN 2

Bereich

Zahlenraum bis 100

Förderziele

- Zählen der Zahlen bis 100
- Kennenlernen der Symbole
- Einprägen der Reihenfolge
- Benennen der Zahlenmengen und Folgen

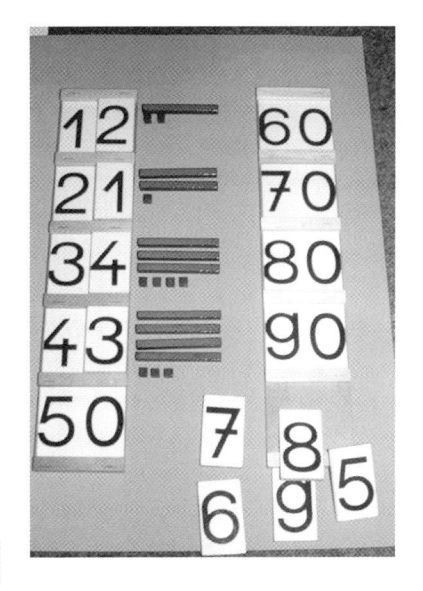

Materialbeschreibung, Bastelanweisung

- zwei Grundbretter, durch Leisten in je fünf Felder
  aufgeteilt, die Felder auf dem ersten Brett
  von 10 bis 50, die Felder auf dem zweiten Brett von 60 bis 90 beschriftet
- neun Täfelchen mit den Ziffern 1 bis 9
- Zehnerperlenstäbe und einzelne Perlen (alternativ: Zehnerstangen und Würfel)

Methodische Hinweise

- Nennen der Zahl 10 und Hinzulegen der entsprechenden Menge
- Auflegen der Ziffernkarte 1 auf die Einerstelle des nächsten Zehners
- Danebenlegen der entsprechenden Perlenmenge ... bis 20
- Bündeln der zehn Perlen zu einer weiteren Zehnerstange und Darstellen der Zahlen
  von 20 bis 30 usw. bis 100

Weitere Einsatzmöglichkeiten

- Legen von Zahlen nach Anweisung
- Ordnen der ungeordneten Anzahl von Perlen und Ziffern

Zahlenraum und Rechnen bis 100

HUNDERTERSCHLANGE

Bereich

Zahlenraum bis 100

Förderziele

- Zahlenraum bis 100
- Erweiterung des Zahlenraumes bis 100
- Orientierung im Zahlenraum bis 100
- lineares Zählen

Materialbeschreibung, Bastelanweisung

- Stoffband von ca. 20 m Länge (aus 100 Einzelabschnitten von je 20 cm Länge zusammengenäht und farblich differenziert – jeder zehnte Abschnitt ist farblich hervorgehoben)
- 100 Klammern, beschriftet mit den Ziffern von 1 bis 100

Methodische Hinweise

- Abschreiten des Hunderters auf dem ausgelegten Band, jeder Abschnitt entspricht einem Schritt
- Mitzählen beim Abschreiten, bei jedem vollen Zehner eine Pause machen
- Klammern an den einzelnen Abschnitten anbringen
- Vorgänger/Nachfolger bzw. Nachbarzehner benennen
- Weiterzählen bis zum nächsten Zehner/Zurückzählen bis zum vorausgegangenen Zehner (Wie viele Schritte musst du gehen?)

Weitere Einsatzmöglichkeiten

- entsprechende Mengen (mit Stangen und Würfeln) neben die Schritte legen
- zeichnerisch dargestellte Mengen den einzelnen Schritten zuordnen

Zahlenraum und Rechnen bis 100

HUNDERTERKETTE

Bereich

Zahlenraum bis 100

Förderziele

- Orientierung im Zahlenraum bis 100
- Einüben des linearen Zählens
- Schaffen von Ankerpunkten (volle Zehner) für den neuen Zahlenraum

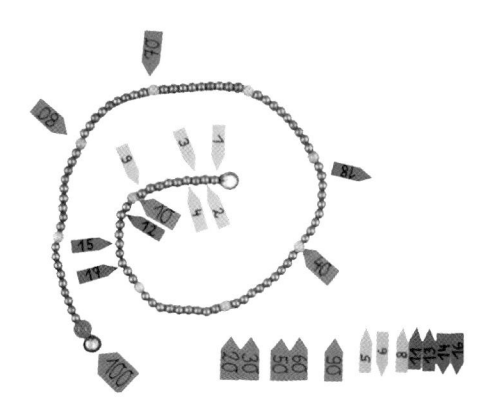

Materialbeschreibung, Bastelanweisung

- aufgefädelte Holzperlen in verschiedenen Farben für Einer, Zehner und Hunderter
- Zahlenpfeile aus verschiedenfarbigem Karton (z. B. Grün für die Einerzahlen/ZE-Zahlen 1 bis 9, 11 bis 19 …, Blau für alle vollen Zehnerzahlen, Rot für den Hunderterpfeil)

Methodische Hinweise

- Auslegen der Kette
- Zählen der Perlen
- Zuordnen der Pfeile (ohne Zählen, mit Zählen von Ankerpunkten aus)
- Suchen von Nachbarzahlen

Weitere Einsatzmöglichkeiten

- Abmessen und Vergleichen mit Zehnerketten

Käufliche Alternative

Nienhuis Montessori International B. V.
Industriepark 14
7021 BL Zelhem
Niederlande
www.nienhuis.nl

Lernwerkstatt
Petra Vogt
Unterneuses 42
96138 Burgebrach
www.lernwerkstatt-shop.de

Zahlenraum und Rechnen bis 100

HUNDERTERBRETT

Bereich

Zahlenraum und Rechnen bis 100

Förderziele

- Erweiterung des Zahlenraumes bis 100
- Darstellung des Zahlenraumes (linear und analog)
- Darstellung der Zahlen- und Rechenanalogien im erweiterten Zahlenraum

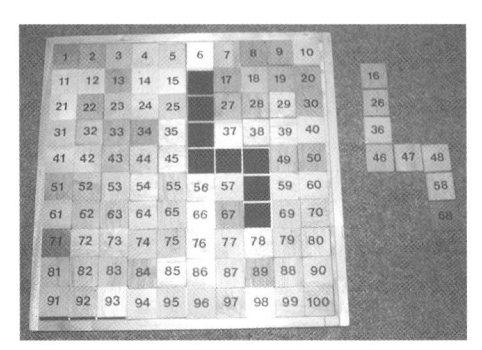

Materialbeschreibung, Bastelanweisung

- Grundbrett aus Holz, 52 cm $\times$ 52 cm groß mit einer 1 cm breiten Rahmenleiste
- 100 Legeplättchen mit den Ziffern 1 bis 100 beschriftet, ca. 5 cm $\times$ 5 cm groß
- Hundertergitter zum Einlegen in den Holzrahmen, auf Plakatkarton aufgezeichnet

Methodische Hinweise

- Einlegen der Ziffernbrettchen in den Rahmen (= Hunderterfeld)
- Einlegen einzelner Ziffernbrettchen in den Rahmen nach Diktat (Orientierungsübung)
- Zahlen erwürfeln, passende Ziffernkärtchen suchen und in den Rahmen einlegen
- Zahlen erwürfeln und aus dem vollen Hunderterbrett herausnehmen, anschließend der Größe nach ordnen
- Ausschnitte aus dem Hunderterhaus auf Karopapier zeichnen oder gezeichnete leere Felder mithilfe des Hunderterbrettes ausfüllen bzw. ergänzen
- mit einer Spielfigur nach Anweisung auf dem Hunderterbrett von einem bestimmten Ausgangspunkt wandern (zwei Felder nach oben, ein Feld nach rechts ...)
- bestimmte Zahlen zeigen (z. B. alle Zahlen mit einer „5" an der Einerstelle u. a. m.)
- Rechnen mit dem Hunderterbrett

Weitere Einsatzmöglichkeiten

- Das Hunderterbrett eignet sich sehr gut, um die lineare Darstellung des Hunderterraumes in die Felddarstellung überzuführen (die Ziffernbrettchen können zunächst linear dargestellt und anschließend in das Hunderterbrett gelegt werden).

Käufliche Alternative

Lehrmittelverlage

Zahlenraum und Rechnen bis 100

HUNDERTERTEPPICH

Bereich

Zahlenraum und Rechnen bis 100

Förderziele

- zweidimensionales Darstellen von Zahlen bis 100 (Hunderterfeld)
- Erfassen der Zahlen und ihrer Nachbarn (horizontal)
- Erfahren der Analogien beim Zählen in Zehnerschritten (vertikal)

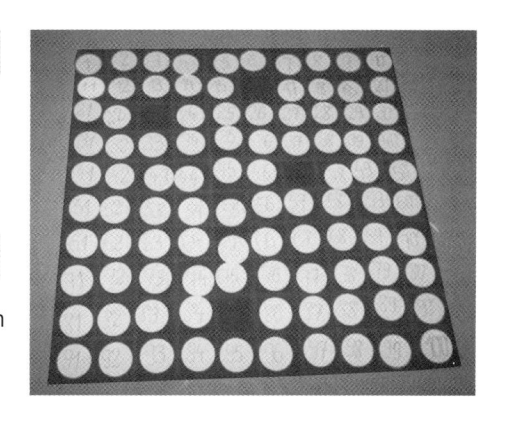

Materialbeschreibung, Bastelanweisung

- Kunstrasenteppich (ca. 1,20 m × 1,20 m)
- Einteilung in hundert gleich große Felder (Sprühlack)
- 100 Bierdeckel mit den Zahlen von 1 bis 100
- ein Erbsensäckchen

Methodische Hinweise

- Einordnen der Bierdeckel in die entsprechenden Felder (mit den Zehnerzahlen beginnen)
- Benennen und Auffüllen leerer Zahlenfelder
- Markieren von Zahlenfeldern mit dem Erbsensäckchen und Benennen von Vorgänger und Nachfolger, Nachbarzehnern ...)
- Bestimmen von Ausschnitten aus dem Hunderterteppich (evtl. mit Aufgabenkarten)

Weitere Einsatzmöglichkeiten

- „Schatzsuche": Ermitteln einer geheimen Zahl nach Anweisung (z. B. Start bei „12", zwei nach links, acht nach unten, drei nach rechts ...)

5.3.6 Zahlenraum und Rechnen bis 1.000

GOLDENES PERLENMATERIAL

Bereich

Zahlenraum bis 1.000

Förderziele

- Erweiterung des Zahlenraumes bis 1.000
- Einsicht in den Aufbau des Dezimalsystems

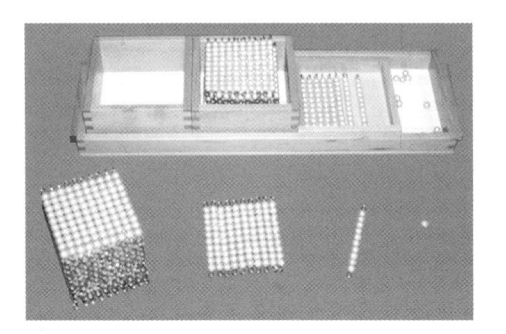

Materialbeschreibung, Bastelanweisung

- Einerperlen, Zehnerstäbchen, Hunderterquadrate und Tausenderwürfel

Methodische Hinweise

- Vergleichen von Einerperle und Zehnerstäbchen (Verbalisieren: zehn Einerperlen ergeben ein Zehnerstäbchen)
- Vergleichen von Zehnerstäbchen und Hunderterplatte (Verbalisieren: zehn Zehnerstäbchen ergeben eine Hunderterplatte)
- Vergleichen von Hunderterplatte und Tausenderwürfel (Verbalisieren: zehn Hunderterplatten ergeben einen Tausenderwürfel)

Weitere Einsatzmöglichkeiten

- Vergleichen von Einerperlen mit den höheren Stellenwerten (Verbalisieren: hundert Einer ergeben einen Hunderter)
- Vergleichen von höheren Stellenwerten mit Einern (Verbalisieren: ein Tausenderwürfel enthält tausend Einer)

Bezugsquelle

Nienhuis Montessori International B. V.
Industriepark 14
7021 BL Zelhem
Niederlande
www.nienhuis.nl

Zahlenraum und Rechnen bis 1.000

KARTENSATZ

Bereich

Zahlenraum und Rechnen bis 1.000

Förderziele

- Aufbauen und Zerlegen von Zahlen nach ihrem Stellenwert
- Erkennen von Stellenwertunterschieden anhand von Leitfarben
- Verstehen der Bedeutung der Nullstelle

Materialbeschreibung, Bastelanweisung

- Streifen aus Karton in unterschiedlicher Größe und in den Farben der Stellenwerte
- Beschriftung: Einer, volle Zehner, volle Hunderter, voller Tausender

Methodische Hinweise

- Auslegen des Kartensatzes
- Aufbau einer Zahl aus einzelnen Stellenwerten (Beispiel: 200, 40, 5)
- Zahlenkarten aufeinander legen und bündig nach rechts schieben
- Zerlegen einer Zahl in einzelne Stellenwerte (Beispiel: 245 = 200, 40, 5; Auflegen der Zahl, Auseinanderlegen der Kartenstreifen, Notation der zerlegten Zahl)

Käufliche Alternative

Nienhuis Montessori International B. V.
Industriepark 14
7021 BL Zelhem
Niederlande
www.nienhuis.nl

Zahlenraum und Rechnen bis 1.000

GOLDENES PERLENMATERIAL MIT KARTENSATZ

Bereich

Zahlenraum und Rechnen bis 1.000

Förderziele

- Zuordnen von Mengen und Zahlen
- Verstehen der Stellenwertschreibweise
- Aufschreiben großer Zahlen

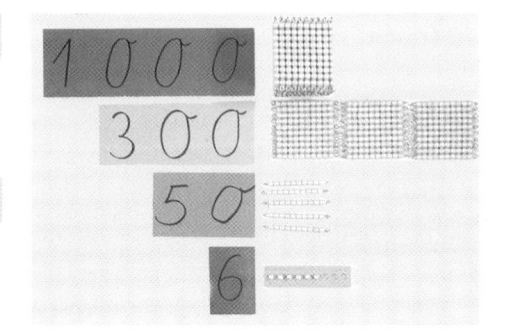

Materialbeschreibung, Bastelanweisung

- Einerperlen, Zehnerstäbchen, Hunderterquadrate und Tausenderwürfel
- Kartensatz
- Aufgabenkarten

Methodische Hinweise

- getrenntes Auslegen von Kartensatz und Perlen (nach Stellenwerten geordnet)
- zu vorgegebenen Zahlenkarten Perlen legen
- zu vorgegebenem Perlenmaterial Zahlenkarten legen
- Schreiben von Zahlen in der Stellenwertreihenfolge

Weitere Einsatzmöglichkeiten

- Bauen von vorgegebenen Aufgaben
- handelndes Durchdringen von Aufgaben aller Grundrechenarten
- Hinführung zu den schriftlichen Rechenverfahren

Bezugsquelle

Nienhuis Montessori International B. V.
Industriepark 14
7021 BL Zelhem
Niederlande
www.nienhuis.nl

Zahlenraum und Rechnen bis 1.000

STELLENWERTPLATTE

Bereich

Zahlenraum und Rechnen bis 1.000

Förderziele

- Einsicht in den Aufbau des Zahlenraumes bis 1.000
- Einsicht in die Stellenwertschreibweise
- Erkennen des Prinzips der Zehnerbündelung
- Erkennen der Null als Platzhalter

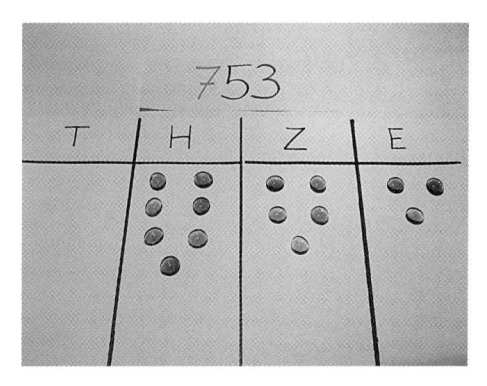

Materialbeschreibung, Bastelanweisung

- Holz- oder Kartonzuschnitt als Grundplatte
- Einteilung in vier Spalten (E/Z/H/T)
- einheitliche Elemente (z. B. Plättchen, Muggelsteine …) zum Legen

Methodische Hinweise

- Legen von Zahlen nach Vorgabe (evtl. Aufgabenkärtchen)
- je nach Position in der Stellenwerttafel symbolisiert ein Plättchen einen Einer, einen Zehner, einen Hunderter …
- Benennen der gelegten Zahlen (Stellenwert- oder Zahlenschreibweise)
- Notieren der gelegten Zahlen
- Bündeln von zehn Plättchen einer Sorte zum nächsthöheren Stellenwert

Weitere Einsatzmöglichkeiten

- Erarbeitung der schriftlichen Normalverfahren (ohne und mit Stellenwertüberschreitung)
- Erweiterung des Zahlenraumes bis zur Million

Zahlenraum und Rechnen bis 1.000

STELLENWERTKÄRTCHEN

Bereich

Zahlenraum bis 1.000

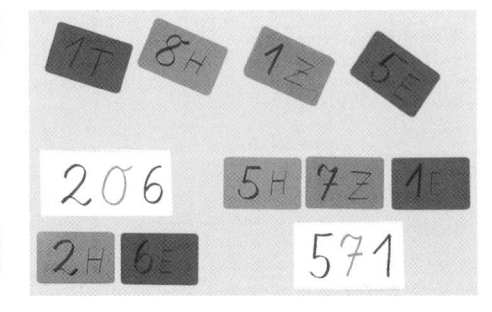

Förderziele

- Erkennen der Bedeutung von Stellenwerten für die Mächtigkeit einer Zahl
- Sicherung der dezimalen Schreibweise von dreistelligen Zahlen

Materialbeschreibung, Bastelanweisung

- Kartonzuschnitte (in den Farben dreifach differenziert) mit den Ziffern 0 bis 9 und den entsprechenden Abkürzungen für die Stellenwerte (H/Z/E) beschriftet

Methodische Hinweise

- Zahlen können mit Stellenwertkärtchen gelegt, benannt und in Ziffernschreibweise aufgeschrieben werden
- Auslassen von Zehnerkärtchen, um die Bedeutung der Null hervorzuheben
- Stellenwertkärtchen in vertauschter Reihenfolge auflegen und die Zahlen in der richtigen Reihenfolge aufschreiben

Weitere Einsatzmöglichkeiten

- Zahlen würfeln und mit Stellenwertkärtchen legen
- Stellenwertzahlen mit konkretem Material nachbauen
- Stellenwertzahlen am Zahlenstrahl suchen
- Stellenwertkärtchen können auch für den erweiterten Zahlenraum bis zur Million eingesetzt werden

Zahlenraum und Rechnen bis 1.000

TAUSENDERKETTE

Bereich

Zahlenraum bis 1.000

Förderziele

- Orientierung im Zahlenraum bis 1.000
- Einüben des Zählens

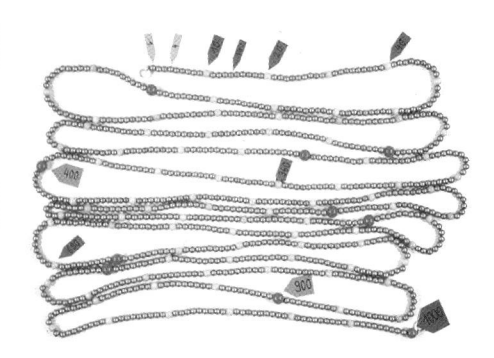

Materialbeschreibung, Bastelanweisung

- aufgefädelte Holzperlen in verschiedenen Farben für Einer, Zehner, Hunderter und Tausender
- Zahlenpfeile aus verschiedenfarbigem Karton:
  - Grün für die Einerzahlen, Zehner-/Einerzahlen von 1 bis 9, 11 bis 19, 21 bis 29 ...
  - Blau für alle vollen Zehnerzahlen
  - Rot für alle vollen Hunderterzahlen
  - Grün für den Tausenderpfeil

Methodische Hinweise

- Auslegen der Kette
- Zählen der Perlen
- Zuordnen der Pfeile, Orientieren an Ankerpunkten
- Suchen von Nachbarzahlen

Weitere Einsatzmöglichkeiten

- Abmessen und Vergleichen mit der Hunderterkette

Käufliche Alternative

Nienhuis Montessori International B. V.
Industriepark 14
7021 BL Zelhem
Niederlande
www.nienhuis.nl

Lernwerkstatt
Petra Vogt
Unterneuses 42
96138 Burgebrach
www.lernwerkstatt-shop.de

5.3.7 Zahlenraum und Rechnen bis zur Million

HIERARCHIE DER ZAHLEN

Bereich

Zahlenraum und Rechnen bis zur Million

Förderziele

- Erfassen von Zahlen im Zahlenraum bis zur Million
- Darstellen von Zahlen (E, Z, H, T, ZT, HT, M)
- Einprägen der Stellenwertunterschiede mithilfe von Farben

Materialbeschreibung, Bastelanweisung

- Material aus Holz, wie folgt strukturiert:
  - Einer: 10 Würfel, 1 cm Kantenlänge, grün lackiert
  - Zehner: 10 Stangen, 10 cm × 1 cm × 1 cm, blau lackiert
  - Hunderter: 10 Platten, 10 cm × 10 cm × 1 cm, rot lackiert
  - Tausender: 10 Würfel, 10 cm Kantenlänge, grün lackiert
  - Zehntausender: 10 Stangen, 1 m × 10 cm × 10 cm, blau lackiert
  - Hunderttausender: 9 Platten, 1 m × 1 m × 10 cm, rot lackiert
  - Million: 1 hohler Würfel, 1 m Kantenlänge, grün lackiert
- Aufbewahrung aller Einzelteile im Millionenwürfel

Methodische Hinweise

- Umtauschen in nächstgrößere (nächstkleinere) Einheiten
- Vergleichen von Stellenwerten
- Darstellen großer Zahlen nach Vorgabe (evtl. mit Aufgabenkärtchen)
- Verbalisieren der Stellenwerte
- Schreiben dargestellter Zahlen
- Entwicklung der schriftlichen Verfahren

Bezugsquelle – käufliche Alternative

Nienhuis Montessori International B. V.
Industriepark 14
7021 BL Zelhem
Niederlande
www.nienhuis.nl

Zahlenraum und Rechnen bis zur Million

ZAHLENSTRAHL

Bereich

Zahlenraum und Rechnen bis zur Million

Förderziele

- lineare Anordnung der Zahlen bis zur Million, ordinaler Zahlaspekt
- Zählen in Schritten

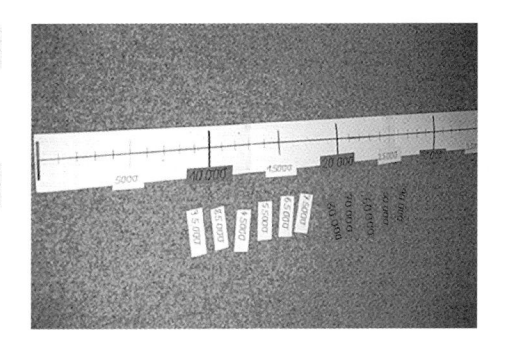

Materialbeschreibung, Bastelanweisung

- ca. 4 m langer Kartonstreifen aus einzelnen Stücken zusammengeheftet und mit einer Skalierung (100 Abschnitte) versehen
- Ziffernkärtchen

Methodische Hinweise

- Ziffernkärtchen (je nach Zahlenraum in 1.000er-, 10.000er- oder 100.000er-Schritten beschriftet) werden der Skalierung zugeordnet
- zunächst „Ankerzahlen" (volle 1.000er, 10.000er oder 100.000er), später auch andere Zahlen zuordnen bzw. deren ungefähre Position bestimmen lassen
- Nachbarzahlen suchen und benennen lassen
- Der Zahlenstrahl eignet sich besonders für den sich sukzessive erweiternden Zahlenraum von 1.000 bis zu 1.000.000.

Weitere Einsatzmöglichkeiten

- Zahlen würfeln und am Zahlenstrahl suchen
- Zahlen mit konkretem Material oder mit Stellenwertkärtchen legen und am Zahlenstrahl suchen lassen
- Der Zahlenstrahl kann auch schon zur Arbeit im Zahlenraum bis 100 verwendet werden.

Käufliche Alternative

Lehrmittelverlage: z. B. Betzold Versand
                       Veit-Hirschmann-Str. 12
                       73479 Ellwangen
                       www.betzold.de

5.3.8 Multiplikation und Division

MULTIPLIKATIONSBRETT

Bereich

Multiplikation, Einmaleins

Förderziele

- geometrische Darstellung von Multiplikationen
- Ermitteln der Produktwerte
- Aufbau der Einmaleinssätze
- Einprägen der Einmaleinsreihen

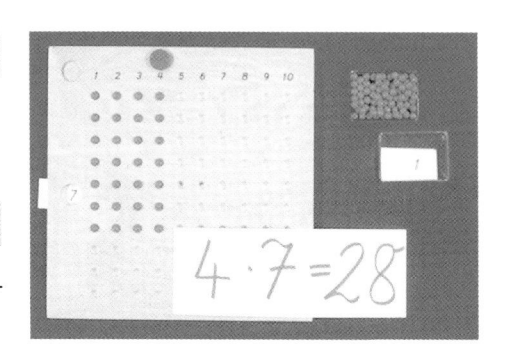

Materialbeschreibung, Bastelanweisung

- quadratisches Brett mit 100 Vertiefungen
- 100 Perlen
- Ziffernkärtchen

Methodische Hinweise

- Legen von Malaufgaben
- Abzählen der Reihen
- Addieren der Perlen in den einzelnen Reihen
- Notieren der Ergebnisse

Weitere Einsatzmöglichkeiten

- systematischer Aufbau einzelner Einmaleinsreihen

Bezugsquelle

Nienhuis Montessori International B. V.
Industriepark 14
7021 BL Zelhem
Niederlande
www.nienhuis.nl

Multiplikation und Division

DIVISIONSBRETT

Bereich

Division, Einmaleins

Förderziele

- Grunderfahrungen zur Division
- Begreifen der Division als Verteilen von Mengen
- Verteilen mit Rest

Materialbeschreibung, Bastelanweisung

- Grundplatte mit 81 Vertiefungen
- 9 Spielkegel, 81 Holzperlen
- Aufgabenkärtchen

Methodische Hinweise

- gleichmäßiges Verteilen einer Perlenmenge auf eine Anzahl von Kegeln durch Einlegen der Holzperlen in die entsprechenden Vertiefungen (Aufgaben mit und ohne Rest)
- Darstellen von vorgegebenen Aufgaben auf dem Divisionsbrett (mit und ohne Rest)

Bezugsquelle

Nienhuis Montessori International B. V.
Industriepark 14
7021 BL Zelhem
Niederlande
www.nienhuis.nl

Multiplikation und Division

MINILADEN

Bereich

Multiplikation und Division

Förderziele

- handelndes Verteilen von Mengen

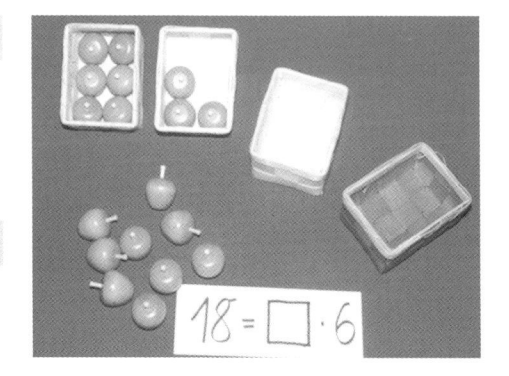

Materialbeschreibung, Bastelanweisung

- Spielzeugobst bzw. unstrukturiertes Material, z. B. Plättchen
- Körbchen oder Teller zum Verteilen
- Auftragskarten

Methodische Hinweise

- Aufstellen der Körbchen
- Bereitstellen der zu verteilenden Mengen
- Lesen einer Auftragskarte
- Verteilen der Menge
- Notieren der Aufgabe und des Ergebnisses

Weitere Einsatzmöglichkeiten

- Übungen zum Aufteilen

Bezugsquelle

Spielwarenhandel

Multiplikation und Division

STECKWÜRFELFELDER

Bereich

Multiplikation, Division, Einmaleins

Förderziele

- Verstehen der Multiplikation als verkürzte Addition
- Überführen der Längendarstellung in die Felddarstellung
- Verstehen der Tauschaufgaben

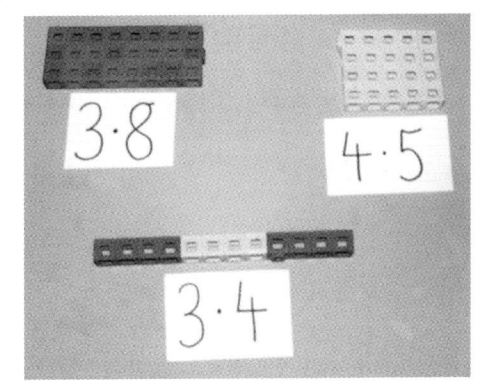

Materialbeschreibung, Bastelanweisung

- Kunststoffsteckwürfel (dreidimensional zusammenzubauen), Aufgabenkärtchen

Methodische Hinweise

- Malaufgaben zunächst als Additionsketten legen und aufschreiben
- die lineare Darstellung in die Felddarstellung überführen und die passende Malaufgabe dazu aufschreiben
- Malaufgaben in der Felddarstellung bauen und Aufgabenkärtchen dazu schreiben
- auf Aufgabenkärtchen geschriebene Aufgaben in der Felddarstellung bauen
- durch Drehen der Felder die Tauschaufgaben darstellen

Weitere Einsatzmöglichkeiten

- bei der Einführung der Einmaleinssätze die Malaufgaben als ansteigende Treppe legen
- Malaufgaben würfeln und das passende Steckwürfelfeld suchen
- Malaufgaben aus Steckwürfeln unter einem Tuch erfühlen

Bezugsquelle

Lehrmittelverlage, z. B. Betzold Versand, Spectra Verlag ...

Multiplikation und Division

EINMALEINS MIT 10

Bereich

Multiplikation, Division, Einmaleins

Förderziele

- Vergleichen von Multiplikationsaufgaben mit einstelligem und zehnfachem Multiplikator
- Erkennen, dass bei der Multiplikation mit „10" das Ergebnis eine Null an der Einerstelle hat

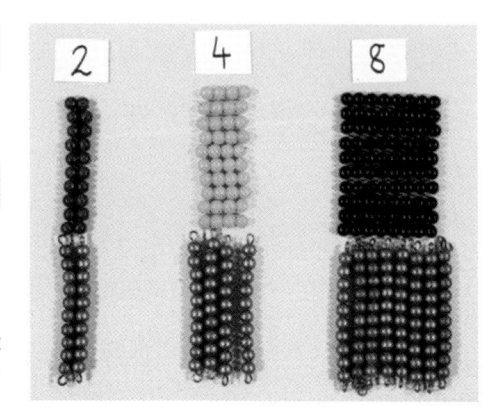

Materialbeschreibung, Bastelanweisung

- 55 Perlenstäbchen für die Einmaleinsdarstellung von 1 bis 10
- Ziffernkarten
- leere Ziffernkarten für die Null

Methodische Hinweise

- Auflegen einer Ziffernkarte (z. B. „4")
- waagrechtes Auflegen des Perlenstäbchens über der Ziffer
- Anordnen von zehn Viererstäbchen unter der Ziffer
- Abzählen der Perlen
- Bilden des Ergebnisses aus Zehnerstäbchen, senkrechtes Auslegen unter den Viererperlen
- Verbalisieren: ein mal vier ist „vier"; zehn mal vier ist „vierzig"

Weitere Einsatzmöglichkeiten

- Auslegen aller Multiplikationen mit „10"

Käufliche Alternative

Nienhuis Montessori International B. V.
Industriepark 14
7021 Zelhem
Niederlande
www.nienhuis.nl

Multiplikation und Division

PERLENSTÄBE (Vergleich gleicher Produkte)

Bereich

Multiplikation, Division, Einmaleins

Förderziele

- Einsicht in die Zusammenhänge zwischen Einmaleinssätzen
- Verstehen der Tauschaufgaben

Materialbeschreibung, Bastelanweisung

- 55 farbige Perlenstäbchen für die Einmaleinsdarstellungen von 1 bis 10
- Einerperlen
- Zahlenkarten

Methodische Hinweise

- Auflegen einer Zahlenkarte, die ein Produkt aus dem kleinen Einmaleins darstellt (z. B. „18")
- Darstellen der Zahl mit Zehner- und Einerperlen
- Suchen von gleichen Perlenstäbchen, mit denen ebenfalls das gewünschte Produkt erreicht werden kann (z. B. 2 × 9, 3 × 6, 6 × 3, 9 × 2)
- schriftliches Fixieren der Beispielaufgaben

Käufliche Alternative

Lernwerkstatt
Petra Vogt
Unterneuses 42
96138 Burgebrach
www.lernwerkstatt-shop.de

Multiplikation und Division

KARTENSPIEL ZUM EINMALEINS

Bereich

Multiplikation, Division, Einmaleins

Förderziele

- Vertiefung des Verständnisses der Multiplikation
- Beherrschung der Einmaleinssätze

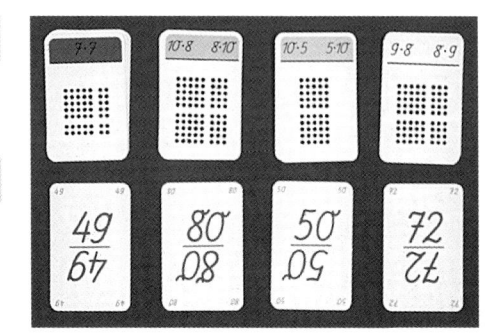

Materialbeschreibung, Bastelanweisung

- 55 Aufgabenkarten
- 42 Ergebniskarten
- 3 Leerkarten
- Anleitungsheft

Methodische Hinweise

- sechs verschiedene Spiele, teilweise mit Variationen möglich:
  - „Einmaleins-Memory"
  - „Einmaleins-Canasta"
  - „Einmaleins-Judo"
  - „Einmaleins-Mau-Mau"
  - „Einmaleins-Schnipp-Schnapp"
  - „Einmaleins-Reihen" oder „Einmaleins-Rommé"

Weitere Einsatzmöglichkeiten

- Zuordnen von Malaufgaben und Produkten in Einzelarbeit
- Aufbau einzelner Einmaleinsreihen

Bezugsquelle

Einmaleins-Kartenspiel
Ernst Klett-Verlag-GmbH
Postfach 10 60 16
70049 Stuttgart
www.klett-verlag.de

Zauber-Einmaleins
Oldenbourg-Schulbuchverlag
Rosenheimer Str. 145
81671 München
www.oldenbourg.de

5.3.9 Schriftliche Rechenverfahren

RECHENBRETT

Bereich

schriftliche Rechenverfahren

Förderziele

- Vorbereiten und Ausführen der schriftlichen Addition und Subtraktion
- Verstehen der Stellenwertüberschreitung

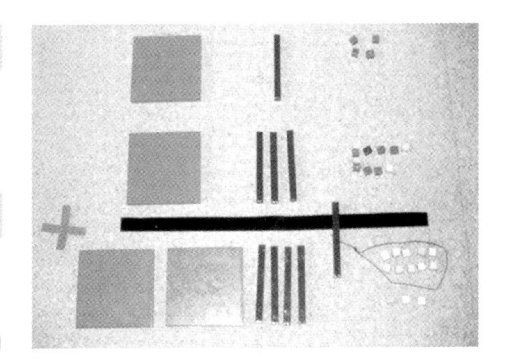

Materialbeschreibung, Bastelanweisung

- Grundplatte aus Kork oder Holz
- Einerwürfel, Zehnerstangen, Hunderterplatten
- Operationszeichenkärtchen
- Aufgabenkarten

Methodische Hinweise

Beispiel: schriftliche Addition (Aufgabe: 114 + 139)
- Legen der Summanden mit den Stellenwertrepräsentanten
- Addieren der Einer
- Umtauschen von zehn Einern in eine Zehnerstange
- Hinzufügen der getauschten Zehnerstange
- Addieren der Zehner
- Addieren der Hunderter
- Notieren des Ergebnisses

Weitere Einsatzmöglichkeiten

- Addition mit Stellenwertüberschreitung
- schriftliche Subtraktion (ohne und mit Stellenwertüberschreitung)

Käufliche Alternative

Spectra Verlag
Beckenkamp 25
46286 Dorsten
www.spectra-verlag.de

Schriftliche Rechenverfahren

SPECTRA – Tausendermaterial

Bereich

schriftliche Rechenverfahren

Förderziele

- Erschließen der schriftlichen Addition/ Subtraktion (über das konkrete Handeln zur symbolischen Darstellung)

Materialbeschreibung, Bastelanweisung

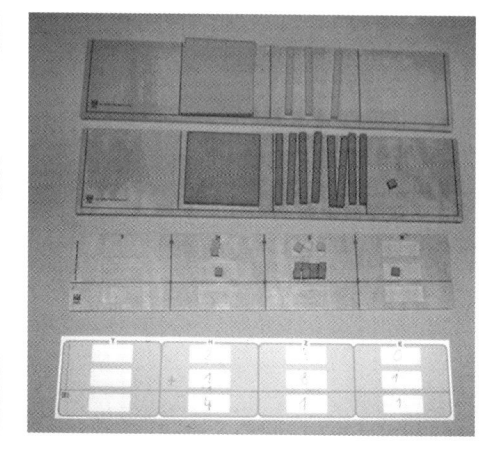

- 2 Tausenderbretter, 1 Stellenwertbrett aus Holz
- verschiedene Rechenblöcke aus Holz
- folierte Rechenstreifen (mit Stellenwerttafeln auf der Vorderseite und einem Zahlenstrahl auf der Rückseite)
- „Zauberstift" (trocken abwischbarer Folienstift)

Methodische Hinweise

- Legen von zwei Summanden mit konkretem Material (Rechenblöcke) in Sortierfelder (konkrete Darstellung, Hinführung zur Stellenwertschreibweise)
- Übertragen der konkreten Darstellung in ein Stellenwertbrett („halbkonkrete Darstellung"), jeder Stellenwert wird durch Würfel repräsentiert, deren Wertigkeit ergibt sich durch die Anordnung im Stellenwertbrett
- Überführen der „halbkonkreten Darstellung" in die schriftliche Form – die Aufgabe wird auf einem Rechenstreifen mit dem Zauberstift notiert

Weitere Einsatzmöglichkeiten

- das Spectra *„mathe-konkret"-Programm* bietet einen schrittweisen Aufbau der Zahlenräume bis 10 (20), bis 100, bis 1.000 und der entsprechenden Rechenoperationen auf der konkreten Stufe – die konkreten Operationen lassen sich unmittelbar auf die symbolische Stufe übertragen

Bezugsquelle

Spectra Verlag · Beckenkamp 25 · 46286 Dorsten · www.spectra-verlag.de

Schriftliche Rechenverfahren

RECHENHAUS

Bereich

schriftliche Rechenverfahren

Förderziele

- Vorbereiten der schriftlichen Addition und Subtraktion
- Verstehen der Stellenwertüberschreitung
- Rechenoperationen handelnd ausführen

Materialbeschreibung, Bastelanweisung

- Stellenwerthaus aus Holz
- Holzscheiben in den bekannten Stellenwertfarben
- Operationszeichenkärtchen
- Aufgabenkarten

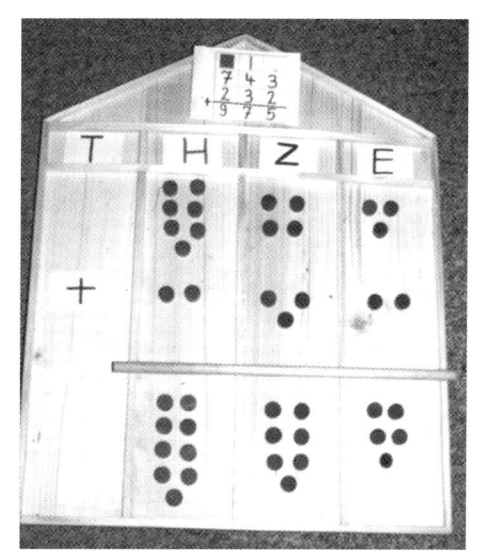

Methodische Hinweise

Beispiel: schriftliche Addition (Aufgabe: 743 + 232)
- Legen der Summanden mit den Stellenwertrepräsentanten
- Addieren der Einer
- Addieren der Zehner
- Addieren der Hunderter
- Notieren des Ergebnisses

Weitere Einsatzmöglichkeiten

- Addition mit Stellenwertüberschreitung
- schriftliche Subtraktion (ohne und mit Stellenwertüberschreitung)

Käufliche Alternative

Spectra Verlag
Beckenkamp 25
46286 Dorsten
www.spectra-verlag.de

Schriftliche Rechenverfahren

RECHENRAHMEN

Bereich

schriftliche Rechenverfahren

Förderziele

- Addition und Subtraktion von bis zu siebenstelligen Zahlen
- Vorbereitung der schriftlichen Addition und Subtraktion

Materialbeschreibung, Bastelanweisung

- hölzerner Ständer mit sieben waagrecht gespannten Drähten, auf denen je zehn Perlen in den Stellenwertfarben aufgereiht sind:
  - erster Draht – grüne Einerperlen
  - zweiter Draht – blaue Zehnerperlen
  - dritter Draht – rote Hunderterperlen usw.
- Vordrucke, auf denen die Ziffern eingetragen werden; Aufgabenkarten

Methodische Hinweise

Beispiel: Addition mit Überschreitung (2.359 + 1.423)
- ersten Summanden nach rechts schieben:
  9 Einer, 5 Zehner, 3 Hunderter, 2 Tausender
- zweiten Summanden nach rechts schieben:
  1 Einerperle zu den 9 Einerperlen des ersten Summanden schieben, die 10 Einerperlen gegen eine Zehnerperle tauschen, die restlichen 2 Einerperlen nach rechts schieben, 2 Zehner, 4 Hunderter, 1 Tausender hinzufügen
- Ablesen der rechts stehenden Perlenmenge (Summe)
- Notieren der Aufgabe auf dem Vordruck

Weitere Einsatzmöglichkeiten

- Multiplizieren mit einstelligem Multiplikator

Käufliche Alternative

Nienhuis Montessori International B. V.
Industriepark 14 · 7021 BL Zelhem · Niederlande · www.nienhuis.nl

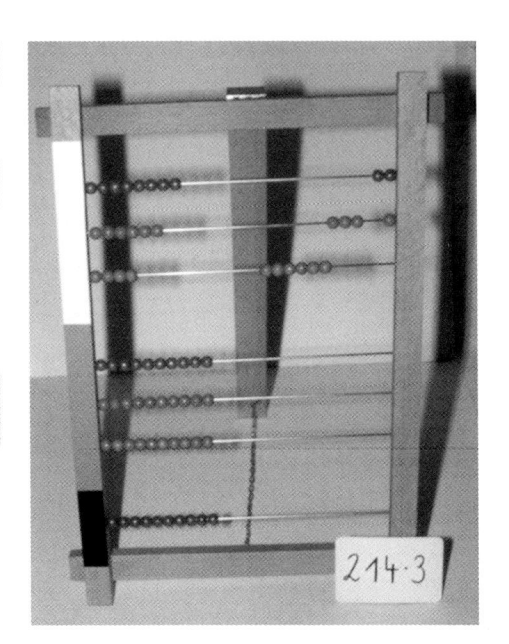

Schriftliche Rechenverfahren

MARKENSPIEL

Bereich

schriftliche Rechenverfahren

Förderziele

- Einsicht in den Aufbau des Dezimalsystems
- Anbahnung der schriftlichen Rechenverfahren; – Üben aller Grundrechenarten

Materialbeschreibung, Bastelanweisung

- je 89 Holzplättchen für Einer, Zehner und Hunderter in Stellenwertfarben (hier: nach Montessori)
- Holzkegel in den Stellenwertfarben

Methodische Hinweise

Beispiel: Division durch zweistelligen Divisor (575 : 23)
- Auslegen des Dividenden mit Plättchen
- Darstellen des Divisors mit drei kleinen grünen Kegeln für die Einer und zwei blauen Kegeln für die Zehner
- gleichmäßiges Verteilen des Dividenden an den Divisor; Beginn mit dem höchsten Stellenwert:
  - je ein Hunderter unter die blauen Zehnerkegel, die Einer bekommen nur je einen Zehner; ● Wiederholen dieses Vorganges; ● Umtauschen des restlichen Hunderters in Zehner; ● je ein Zehner unter die Zehnerkegel, je ein Einer unter die Einerkegel usw.; ● analoges Vorgehen, bis alle Plättchen verteilt sind;
- Ergebnis der Division ist, was *einer* bekommt (hier: 25)

Weitere Einsatzmöglichkeiten

- Addition
- Multiplikation mit einstelligem Multiplikator
- Subtraktion

Käufliche Alternative

Nienhuis Montessori International B. V.
Industriepark 14 · 7021 BL Zelhem · Niederlande · www.nienhuis.nl

5.3.10 Geometrie

SYMMETRIE, SPIEGELN

Bereich

Geometrie: Symmetrie

Förderziele

- Muster bilden
- Figuren auslegen
- geometrische Grundformen zeichnen
- Figuren an Achsen spiegeln
- Figuren auf Symmetrie überprüfen
- Symmetrieachse finden

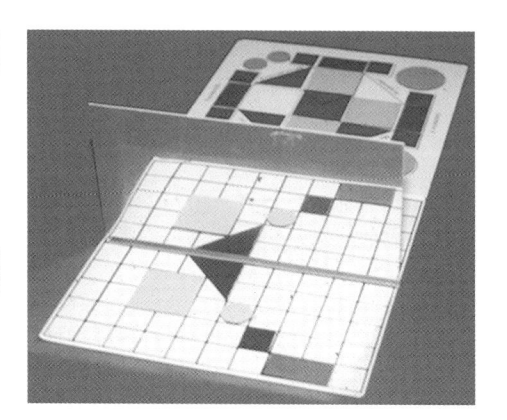

Materialbeschreibung, Bastelanweisung

- Aluminiumplatte, beschichtet – Gitternetz aufgedruckt
- Spiegel
- geometrische Figuren aus magnetischem Material in verschiedenen Farben (Kreise, Halbkreise, Quadrate, Rechtecke, Dreiecke)

Methodische Hinweise

- Figuren auf das Gitternetz legen und spiegeln
- Flächen im Gitter nach Plan legen
- Figuren legen und verändern
- Vergleichen von Flächen
- Erfinden von Mustern
- Benennen von Eigenschaften geometrischer Formen

Bezugsquelle

Lehrmittelhandel

Geometrie

FORMENSTEMPEL

Bereich

Geometrie: Flächenformen

Förderziele

- Kennenlernen und Unterscheiden der Flächenformen Kreis, Dreieck, Quadrat, Rechteck

Materialbeschreibung, Bastelanweisung

- Formenstempel mit unterschiedlichen Flächenformen im Holzkasten
- Stempelkissen
- Aufgabenkarten

Methodische Hinweise

- Stempeln der unterschiedlichen Flächenformen und Benennen
- Aufsuchen der gestempelten Flächenformen an realen Gegenständen
- Vergleichen gestempelter Flächen (mit/ohne Ecke, Anzahl der Kanten)

Weitere Einsatzmöglichkeiten

- Stempeln von Figuren, die aus einzelnen Flächenformen zusammengesetzt wurden
- Beschreiben von gestempelten Figuren (aus welchen Flächenformen sind diese zusammengesetzt?)

Bezugsquelle

Lehrmittelverlage

Geometrie

GEOBRETT

Bereich

Geometrie: Flächenformen

Förderziele

- Kennenlernen und Unterscheiden aller eckigen Formen

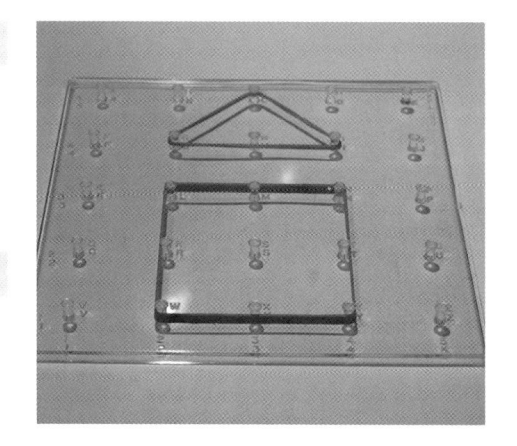

Materialbeschreibung, Bastelanweisung

- Holzbrett (35 cm × 35 cm)
- Nägel im gleichmäßigen Abstand einschlagen (9 Reihen zu je 9 Nägeln)
- Gummibänder in verschiedenen Farben

Methodische Hinweise

- Spannen unterschiedlicher Flächenformen nach Anweisungen
- Benennen dargestellter Flächenformen
- Verändern von Flächenformen
- Übertragung auf ein entsprechendes Arbeitsblatt ist gut möglich

Käufliche Alternative

Betzold Versand
Veit-Hirschmann-Str. 12
73479 Ellwangen
www.betzold.de

Geometrie

KÖRPERKONSTRUKTIONSKASTEN

Bereich

Geometrie

Förderziele

- Kennenlernen dreidimensionaler Körper
- Bauen von Kantenmodellen
- Erkennen und Benennen der Eigenschaften dreidimensionaler Körper

Materialbeschreibung, Bastelanweisung

- Grund- und Deckplatte mit zahlreichen kreisförmig angeordneten Metallhaken
- 12 Holzstäbe in drei unterschiedlichen Längen
- Gummibänder zum Spannen der Kanten
- Arbeitskarten

Methodische Hinweise

- Aufbauen des Körperkonstruktionskastens in der gewünschten Höhe
- Arbeiten nach den Auftragskarten
  - Beispiel 1:
    Verbinden von vorgegebenen Punkten mit Gummibändern, Benennen des entstandenen Kantenmodells, Zählen der Kanten, Ecken und Flächen
  - Beispiel 2:
    Bauen eines vorgegebenen Kantenmodells

Weitere Einsatzmöglichkeiten

- Arbeiten mit einer Platte:
  Spannen von geometrischen Flächen und Formen

Bezugsquelle

Reformpädagogischer Verlag Jörg Potthoff
Haydnstr. 16a
79104 Freiburg

Geometrie

KÖRPERNETZ-BAUSTEINE

Bereich

Geometrie: Körper, Netze

Förderziele

- Herstellen von geometrischen Körpern und deren Netzen
- Erkennen der Begrenzungsflächen eines Körpers

Materialbeschreibung, Bastelanweisung

- zusammensteckbare Kunststoffflächen (Dreiecke, Quadrate, Fünfecke ...)
- Bauanleitungen

Methodische Hinweise

- Herstellen geometrischer Körper durch Zusammenstecken von einzelnen Flächen
- Herstellen von Abwicklungen geometrischer Körper durch Zusammenstecken
- Verwandeln von Netzen in geometrische Körper und umgekehrt
- Erkennen und Benennen von Kanten, Ecken und Flächen an geometrischen Körpern

Weitere Einsatzmöglichkeiten

- Bauen von Ornamenten
- Vergleichen unterschiedlicher Körper

Bezugsquelle

Lehrmittelverlage

Geometrie

GEOMETRISCHE KÖRPER

Bereich

Geometrie: Körper

Förderziele

- Kennenlernen der Formen und Namen verschiedener Körperformen
- Vergleichen der Körper hinsichtlich ihres Aufbaus (Flächenformen, Kanten, Netze, Schrägbilder)
- Vergleichen der Körperformen mit Dingen aus der Umwelt

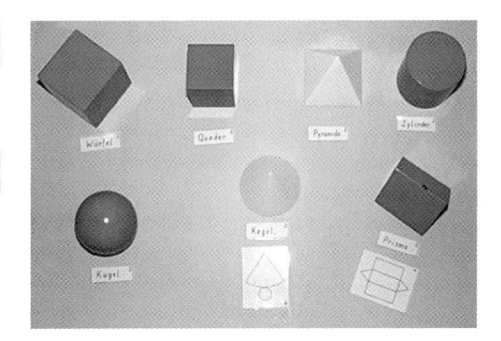

Materialbeschreibung, Bastelanweisung

- Geometriekörper aus Kunststoff (Kugel, Zylinder, Kegel, Würfel, Quader, Sechseckprisma, Dreiecksprisma, Dreieckspyramide und quadratische Pyramide)
- zusätzliche (selbst erstellte) Aufgabenkärtchen mit den Namen der Körper, je einer Schrägbild- und einer Netzdarstellung sowie Beispielkärtchen für vergleichbare Dinge aus der Umwelt, Beschreibungskärtchen (Anzahl der Kanten, Flächenformen...)

Methodische Hinweise

- Kennenlernen der Namen durch Zuordnen der Namenskärtchen
- Kennenlernen des Aufbaus durch Zuordnen der Beschreibungskärtchen
- direktes Vergleichen einzelner Körper bezüglich ihrer Grundflächen
- Sortieren der Körper

Weitere Einsatzmöglichkeiten

- Werden die Körper und alle passenden Kärtchen mit entsprechenden Nummern versehen, so entsteht ein Zuordnungsspiel mit Selbstkontrolle.
- Formulieren und Notieren von Rätseln zu den einzelnen Körperformen

Bezugsquelle

Lehrmittelverlage

Nienhuis Montessori International B. V.
Industriepark 14
7021 BL Zelhem
Niederlande
www.nienhuis.nl

Geometrie

GEOMETRISCHE KÖRPER ZUM ABWICKELN

Bereich

Geometrie: Körper (Netze)

Förderziele

- Erkennen der Begrenzungsflächen eines Körpers
- Aufbau eines Körpers aus seinem Netz

Materialbeschreibung, Bastelanweisung

- verschiedene geometrische Körper aus Weißblech: Quader, Würfel, Pyramiden
- abnehmbare, farbige Begrenzungsflächen aus magnetischem Material

Methodische Hinweise

- Begrenzungsflächen einzeln abnehmen und betrachten
- Bestimmen der Form und Anzahl der Begrenzungsflächen verschiedener Körper
- Legen eines Netzes aus den Flächen
- Aufzeichnen des Netzes, Ausschneiden und Aufbauen des Körpers
- Herstellen eines Netzes durch Abwickeln

Bezugsquelle

Lehrmittelverlage

6. Literaturverzeichnis

6.1 Grundlegende Literatur

Akademie Dillingen (Hrsg.) (2002²): Rechenstörungen, Unterrichtspraktische Förderung. Donauwörth (Auer Verlag)
   Kernstück dieses Ergänzungsbandes (siehe oben!) befasst sich mit unterrichtspraktischen Beispielen zur Gestaltung von Förderunterricht.
Dehaene, S. (1999): Der Zahlensinn. Basel, Boston, Berlin (Birkhäuser)
   Der Autor gibt einen Überblick über die Wechselbeziehungen zwischen Mathematik und Gehirn und beschreibt, wo und wie die Fähigkeit, mathematische Operationen auszuführen, in unserem Kopf verankert ist.
Ganser, B. (Hrsg.) (2003): Rechenschwäche überwinden, Band 1 und 2. Donauwörth (Auer Verlag)
   Diese zeitsparende und passgenaue Förderhilfe ermittelt über diagnostische Aufgabensätze den individuellen Lernstand der Kinder und bietet geeignete Materialien und Kopiervorlagen an, um die aufgetretenen Defizite anzugehen. Hervorragend geeignet als Lernhilfe zur Individualisierung.
Grissmann, H., Weber A. (2000⁴): Grundlagen und Praxis der Dyskalkulietherapie. Stuttgart, Bern
   Ein Standardwerk, das sich mit allen Erscheinungsformen von Rechenschwäche, mit möglichen Ursachen sowie deren Diagnose befasst. Daraus werden Trainings entwickelt und psychotherapeutische bzw. systemische Maßnahmen aufgezeigt.
Jost, D., Schmassmann M. (1992): Mit Fehlern muss gerechnet werden. Zürich, ISBN 3-252-08016-8
   Das Buch hilft, Schwierigkeiten und Fehler verstehen zu lernen. Es bietet Hinweise zur Prävention und sowohl Soforthilfen als auch langfristige Unterstützungen.
Lernchancen 3/98: Themenheft Rechenschwäche. Friedrich Verlag, 30986 Seelze
   Dieses Heft enthält eine praxisorientierte Zusammenschau relevanter Themen zur Rechenschwäche: Diagnose, Fehleranalyse, Fördermaterialien, Prävention usw.
Lorenz, J., Radatz H. (1993): Handbuch des Förderns im Mathematikunterricht. Hannover
   Ein hilfreiches Buch für den Förderunterricht, da es zur Problematik neben Grundlagenwissen eine Fülle von Fördermöglichkeiten aufzeigt. Praxisbezogen!
Milz, J. (1994): Rechenschwäche erkennen und behandeln. Dortmund
   Zunächst werden Teilleistungsstörungen im mathematischen Denken beschrieben und die besondere Bedeutung des basalen Bereichs herausgestellt. Fallbeispiele, Konsequenzen für den Anfangsunterricht und Fördermaterialien bieten viele Anregungen für die Praxis.
Selter, C., Spiegel, H. (1997): Wie Kinder rechnen. Stuttgart
   Anhand von zahlreichen Beispielen bietet das Buch vielfältige Möglichkeiten, dem mathematischen Denken von Grundschulkindern auf die Spur zu kommen.

6.2 Gesamtliteratur

Abele, A., Kalmbach, H. u. a. (1993): Handbuch zur Grundschulmathematik. 1. und 2. Schuljahr. Stuttgart
Aebli, H. (1991): Grundformen des Lehrens (9. Auflage). Stuttgart (Klett)
Akademie für Lehrerfortbildung und Personalführung Dillingen (Hrsg.) (2002²): Rechenstörungen. Unterrichtspraktische Förderung. Donauwörth (Auer Verlag)
Anker u. a.: Wenn Rechnen zum Problem wird. Schulpsychologischer Dienst Rheinland-Pfalz, Worms, Telefon (0 62 41) 4 56 98
Aster von, M. (1991): Gibt es ein Dyskalkuliesyndrom? In: Lorenz (1991): Störungen beim Mathematiklernen. Köln (Aulis)
Ayres, J. (1984): Bausteine der kindlichen Entwicklung. Berlin
Bachmair, S., Faber, J., Hennig, C., Kolb, R., Willig, W. (1985): Beraten will gelernt sein. Weinheim und Basel
Behring, K., Kretschmann, R., Dobrindt, Y. (1999): Prozessdiagnostik mathematischer Kompetenzen. Band I, II, III, Horneburg (Persen)
Bender, W. (1998): Learning Disabilities. Boston (Allyn and Bacon)
Betz, D., Breuninger, H. (1998⁵): Teufelskreis Lernstörungen. Analyse und Therapie einer schulischen Störung. München
Birbaumer, N., Schmidt, R. F. (1991): Biologische Psychologie. Berlin (Springer)
Birrell, H. V., Phillips, C. J., Stott, D. H. (1985): Learning style and school attainment in young children: A follow-up-study. School Psychology International, 6, 207–218
Breitenbach, E. (1997): Diagnose- und Förderklassen – Eine pädagogische Idee und die ernüchternden Erfahrungen bei der Umsetzung in die Praxis. Behindertenpädagogik in Bayern, 40. Jh., Heft 2, 165–181
Bruner, J. S. (1971): Über kognitive Entwicklung. In: J. S. Bruner, R. R. Olver, P. M.
Bünner, G., Röthig, P. (1971): Grundlagen und Methoden rhythmischer Erziehung. Stuttgart (Klett)
Carraher, T. N., Carraher, D. W., Schliemann, A. D. (1985): Mathematics in street and school. In: British Journal of Development Psychology, 3, pp. 21–29
Cruse, H. (2001): „Im Anfang war die That" – Eine Hypothese zur Evolution der Kognition. In: Forschung an der Universität Bielefeld, 23/2001, 54–60
Deegener, G. u. a. (1992): Neuropsychologische Diagnostik bei Kindern und Jugendlichen. Weinheim
Dehaene, S. (1992): Varieties of numerical abilities. Cognition, 44, 1–42
Dehaene, S., et al. (1999b): Sources of Mathematical Thinking: Behavioural and Brain-Imagine Evidence. Science, 284, 970–973
Dehaene, S. (1999 a): Der Zahlensinn. Basel, Boston, Berlin (Birkhäuser)
Diagnostisches und Statistisches Manual Psychischer Störungen (DSM-II-R) (1989). Weinheim, Basel (Beltz)
Dilling, H., Mombour, W., Schmidt, M. H. (Hrsg.) (1999): Internationale Klassifikation psychischer Störungen ICD – 10 (3. Aufl.). Bern (Huber)
Dreher, E. (2001): Entwicklungspsychologie des Kindes. In: Einsiedler u. a. (Hrsg.): Handbuch Grundschulpädagogik und Grundschuldidaktik. Bd. Heilbrunn (Klinkhardt)
Dührsen, A. (1974¹⁰): Psychogene Erkrankungen bei Kindern und Jugendlichen. Göttingen
Eggert, D. (1997): Von den Stärken ausgehen. Dortmund. (Borgmann)
Einsiedler u. a. (Hrsg.) (2001): Handbuch Grundschulpädagogik und Grundschuldidaktik. Bd. Heilbrunn (Klinkhardt)
Fritz, A., Ricken, G., Schmidt, S. (Hrsg.) (2003): Rechenschwäche. Weinheim (Beltz)
Fuson, C., Fuson, A. M. (1992): Instruction supporting children's counting on for addition and counting up for subtraction. Journal for Research in Mathematics Education, 23, 72–78
Fuson, K. C., Richards, J., Brians, D. J. (1982): The application and elaboration of the number word sequence. In: C. Brainerd (Ed.), Progress in cognitive development, Vol. 1, Children's logical and mathematical cognition (S. 33–92). New York (Springer)
Fuson, K. (1988): Children's counting and concepts of number. New York (Springer)
Gaidoschik, M. (2002): Rechenschwäche – Dyskalkulie. Wien (öbv et htp verlag)
Gallin, P., Ruf, U. (1991): Sprache und Mathematik in der Schule. Zürich (Verlag Lehrerinnen und Lehrer) Schweiz (LCH)

Galperin, P. J. (1967): Die geistige Handlung als Grundlage für die Bildung von Gedanken und Vorstellungen. In: P. J. Galperin, Leontjew, A. L. (Hrsg.): Probleme der Lerntheorie (S. 33–50). Berlin (Volkseigener Verlag)

Ganser, B. (Hrsg.) (2003): Rechenschwäche überwinden. Band 1 und Band 2. Donauwörth (Auer Verlag)

Geffert, H., Kappe, F., Pröve, H., Schmidt, G. (1967): Unser Wortschatz. Braunschweig (Westermann)

Gelman, R. (2000): The epigenesis of mathematical thinking. Journal of Applied Developmental Psychology, 21, 27–37

Gelman, R., Gallistel, C. R. (1978): The child's understanding of number. Cambridge, MA: Harvard University Press

Gerster, H.-D. (1982): Schülerfehler bei schriftlichen Rechenverfahren – Diagnose und Therapie. Freiburg (Herder)

Gerster, G., Gerster, H.-D. (1994): Lernkartei – Grundlagen des Rechnens. Teil 1: Rechnen im Zahlenraum bis 20, Teil 2: Rechnen im Zahlenraum bis 100. Leipzig (Ernst Klett Grundschulverlag)

Gerster, H.-D. (1994): Arithmetik im Anfangsunterricht. In: Abele, A., Kalmbach, H.: Handbuch zur Grundschulmathematik. Band 1. Stuttgart (Klett)

Glathe, B. (1973): Stundenbilder zur rhythmischen Erziehung. Wolfenbüttel (Kallmeyer)

Godzik u. a. (1991): Beobachtung des Lösungsweges beim Rechnen. Hamburg Telefon (0 40) 2 91 88 20 03

Goldeman, D. (1996).: Emotionale Intelligenz. München (Carl Hanser Verlag)

Gordon, R. R. (1988): Increasing efficiency and effectiveness in predicting secondgrade achievement using a kindergarten screening battery. Journal of Educational Research, 81, 238–244

Gottbrath, G. (1984): Zum Problem der Inversion bei zweistelligen Zahlen. Mathematische Unterrichtspraxis, 5 (2), 3–9

Gray, E. M., Tall, D. O. (1994): Duality, ambiguity and flexibility: A „proceptual" view of simple arithmetic. Journal for Research in Mathematics Education, 25 (2), 116–140

Gray, E. M. (1991): An analysis of diverging approaches to simple arithmetic. Preference and ist consequences. Educational Studies in Mathematics, 22, 551–574

Greenfield (Hrsg.): Studien zur kognitiven Entwicklung (S. 21–44, 55–96). Stuttgart (Klett)

Grissemann, A., Weber, H. (1982): Spezielle Rechenstörungen – Ursachen und Therapie. Bern

Grissmann, H., Weber, A. (1990): Grundlagen der Praxis der Dyskalkulietherapie. Stuttgart (Huber)

Haberda, B. (1999): Rechnen – keine Hexerei. Kirchzarten (VAK-Verlags GmbH)

Haberland, G. (1994): Leserechtschreibschwäche? Rechenschwäche? Schwerin (Megalopolis)

Hawking, S. W. (1993): Eine kurze Geschichte der Zeit. Die Suche nach der Urkraft des Universums. Reinbek bei Hamburg (Rowohlt)

Hendrickson, A. D. (1979): An inventory of mathematical thinking done by incoming first-grade children. In: Journal for Research in Math. Education, 10, pp. 7–23

Hennig, C., Knödler, U. (1987): Problemschüler – Problemfamilien. Weinheim

Hitzler, W., Keller, G. (1995): Rechenschwäche – Formen, Ursachen, Förderung. Donauwörth (Auer)

Jost, D., Erni, J., Schmassmann, M. (1992): Mit Fehlern muss gerechnet werden. Zürich (Sabe Verlag)

Kail, R. (1992): Gedächtnisentwicklung bei Kindern. Heidelberg (Spektrum)

Karmiloff-Smith, A. (1992): The child as a Mathematician. In: Karmiloff-Smith (Hrsg.), Beyond modularity: A developmental perspective on cognitive science, Kap. 4. Cambridge: MIT

Käser, R. (1993): Neue Perspektiven in der Schulpsychologie. Bern, Stuttgart, Wien

Kingma, J., Koops., W. (1983): Piagetian tasks, traditional intelligence and achievement tests. British Journal of Educational Psychology, 53, 278–290

Köckenberger, H. (1999): Bewegtes Lernen – Lesen, Schreiben, Rechnen mit dem ganzen Körper. In: Internationale Frostig-Gesellschaft, Prävention von Lern- und Verhaltensstörungen im Kindergarten- und frühen Schulalter (Jahrestagung 1997) und die Bedeutung der Bewegung für die soziale, emotionale und intellektuelle Förderung des Kindes (S. 105–110). Dortmund (Borgmann)

Krajewski, K. (2002): Vorhersage von Rechenschwäche in der Grundschule. Unveröffentlichte Dissertation, Institut für Psychologie der Universität Würzburg

Krajewski, K., Küspert, P., Schneider, W. (2002): Deutscher Mathematiktest für erste Klassen (DEMAT 1+). Göttingen (Hogrefe)

Krajewski, K., Liehm, S., Schneider, W. (in Vorber.): Deutscher Mathematiktest für zweite Klassen (DEMAT 2+). Göttingen (Hogrefe)

Piaget, J., Szeminska, A. (1975): Die Entwicklung des Zahlbegriffs beim Kinde. Stuttgart (Klett)

Press-Köppen, D. (1990): 70 Zwiebeln sind im Beet. Weinheim (Beltz)

Kommann, R. u. a. (1999): Probleme beim Rechnen mit der Null. Weinheim (Dt. Studien Verlag)

Krüll, K. E. (2000): Rechenschwäche – was tun? München (Ernst Reinhardt Verlag)
Krüll, K. E. (1992): Metakognition in der Dyskalkulietherapie. Psychologie in Erziehung und Unterricht (5), 204–213
Leontjew, A. L. (1987): Tätigkeit, Bewusstsein, Persönlichkeit. Berlin (Volkseigener Verlag)
Leutenbauer, H. (2002): Leichtsinnsfehler oder Rechenschwäche. (care-line)
Lompscher, J. (1975): Theoretische und experimentelle Untersuchungen zur Entwicklung geistiger Fähigkeiten. Berlin (Volkseigener Verlag)
Lorenz, J. H., Radatz, H. (1993): Handbuch des Förderns im Mathematikunterricht. Hannover (Schroedel)
Lorenz, J. H. (1992): Anschauung und Veranschaulichung im Mathematikunterricht. Göttingen (Hogrefe)
Lorenz, J. H. (1997): Kinder entdecken die Mathematik. Braunschweig (Westermann).
McNamara, B. E. (1998): Learning Disabilities. New York (State of New York University Press)
Milz, J. (1993): Rechenschwächen erkennen und behandeln. Dortmund (borgman)
Moog, W., Schulz, A. (1999): Zahlen begreifen. Diagnose und Förderung bei Kindern mit Rechenschwäche. Neuwied (Luchterhand)
Moser-Opitz, E. (2001): Zählen, Zahlbegriff, Rechnen. Bern, Stuttgart, Wien (haupt Verlag)
Müller-Ahlheim, H.-G. (1991): Mein Kind lernt rechnen; lernt es (wirklich) rechnen? LRS-Hefte, 4, 10–13
Mutzeck, W. (Hrsg.) (2000): Förderplanung. Weinheim (Dt. Studien Verlag)
Nestle, W. (2000): Schwierigkeiten im Mathematikunterricht (Projektbeschreibung). Reutlingen
Nestle, W. (1998): Rechenschwäche/Dyskalkulie oder Schwierigkeiten im Mathematikunterricht? Studientext Reutlingen
Neuhäusler, E., Selter, C., Kornmann, R. (2002).: Das mathematische Denken von Kindern verstehen und ermöglichen. Zeitschrift für Heilpädagogik, 10, 404–411
Neumärker, K.-J., v. Aster, M. (Hrsg.) (2000): Disorder of Number Processing and Calculation Abilities. European Child & Adolescent Psychiatry. Volume 9, Supplement 2
O'Shea, L. J. et al. (Ed.) (1998): Learning Disabilities from Theory toward Practice. Columbus, Ohio (Merrell)
Ortner, A. (1991): Verhaltens- und Lernschwierigkeiten. Weinheim (Beltz)
Pellegrino, J. W., Goldman, S. R. (1987): Information processing and elementary mathematics. Journal of Learning Disabilities. 20 (19), 23–32
Piaget, J. (1971): Die Entwicklung des Zahlbegriffs beim Kinde. Stuttgart (Klett)
Polzin, M. (1987): Sport: Einführung in die Bewegungskunst. In: K. Matthies, M. Polzin, Schmitt, R. (Hrsg.): Ästhetische Erziehung in der Grundschule. Integration der Fächer Kunst/Musik/Sport (S. 70–79). Frankfurt am Main (Arbeitskreis Grundschule)
Probst, H. (Hrsg.) (1999): Mit Behinderungen muss gerechnet werden. Solms (Jarick Oberbiel)
Radatz, H. (1991): Störungen beim Mathematiklernen. Köln (Aulis)
Radatz, H., Schipper, W., Dröge, R., Ebeling, A. (1998): Handbuch für den Mathematikunterricht, 2. Schuljahr. Hannover (Schroedel)
Radatz, H., Schipper, W. (1983): Handbuch für den Mathematikunterricht an Grundschulen. Hannover (Schroedel)
Ramacher-Faasen, N. (1999): Rechenschwierigkeiten – und nun? Horneberg (Diek-Verlag)
Rausch, A. (1990): Begriff der Beratung. In: Honal, W. (Hrsg.): Handbuch der Schulberatung. Landsberg und München (mvg Verlag)
Redlich, A. (1987): Kooperative Gesprächsführung in der Beratung von Lehrern, Eltern und Erziehern. Materialien aus der Beratungsstelle für soziales Lernen. Hamburg
Resnick, L. B. (1989): Developing mathematical knowledge. American Psychologist, 44, 162–169
Rubinstein, S. L. (1983): Sein und Bewusstsein. Berlin (Akademie-Verlag)
Schilling, Prochinig. (1988): Dyskalkulie. Schubi Lehrmittel
Schipper, W. (2002): Das Dyskalkulie-Syndrom. Die Grundschulzeitschrift, 158, 48–52
Schipper, W. (1998): „Schulanfänger verfügen über hohe mathematische Kompetenzen." – Eine Auseinandersetzung mit einem Mythos. In: Peter-Koop, A. (Hrsg.): Das besondere Kind im Mathematikunterricht der Grundschule. Offenburg (Muldenberger), S. 119–140
Schlegel, H. (1994): Leistungs- und Verhaltensprobleme in der Schule. In: paed 1/1994. München
Schlegel, H. (2000): Teilleistungsschwächen. In: Honal, W. (Hrsg.): Handbuch der Schulberatung. München/Landsberg (mvg Verlag)

Schmidt, R. (1982): Zahlenkenntnisse von Schulanfängern. Wiesbaden (Hessisches Institut für Bildungsplanung und Schulentwicklung)
Schmidt, S., Weiser, W. (1982): Zählen und Zahlverständnis von Schulanfängern: Zählen und der kardinale Aspekt natürlicher Zahlen. Journal für Mathematikdidaktik, 3, 227–264
Schneider, W. (1989): Zur Entwicklung des Meta-Gedächtnisses bei Kindern. Bern (Huber)
Schneider, W. (1989): Möglichkeiten der frühen Vorhersage von Leseleistungen im Grundschulalter. Zeitschrift für Pädagogische Psychologie, 3, 157–168
Schneider, W. (2001): Training der phonologischen Bewusstheit. In: K. J. Klauer (Hrsg.): Handbuch Kognitives Training (2. Aufl.). Göttingen (Hogrefe)
Schneider, W., Ennemoser, M., Roth, E. (2000): Training phonological skills in children at risk for dyslexia: A comparison of three kindergarten intervention programs. Journal of Educational Psychology, 92, 284–295
Schneider, W., Marx, O., Weber, J. (2002): Auffälligkeiten in der Sprachentwicklung: Risikofaktoren für Lese-Rechtschreib-Schwierigkeiten. Kinderärztliche Praxis, 3, 186–194
Schrodi, F. (1999): „Rechenschwäche" in den subjektiven Theorien von Grundschullehrerinnen und Grundschullehrern. Regensburg (S. Roderer Verlag)
Schubert, A. (Hrsg.) (2002): Mathematik lehren wie Kinder lernen. Braunschweig (Westermann)
Schultz v. Thun, F. (1991): Miteinander reden. Band 1: Störungen und Klärungen. Hamburg (Rowohlt Verlag)
Schulz, A. (1994): Fördern im Mathematikunterricht. Was kann ich tun? Stuttgart (Klett)
Schütte, S. (1992): Mathematiklernen in Sinnzusammenhängen. Stuttgart (Klett)
Selter, Ch. (1995): Zur Fiktivität der „Stunde Null" im arithmetischen Anfangsunterricht. In: Mathematische Unterrichtspraxis II/1995, S. 11–19
Sfard, A. (1991): On the dual nature of mathematical conceptions: Reflexions on processes and objects as different sides of the same coin. Educational Studies in Mathematics, 22, 1–31
Shin, L. M. (Ed.) (1998): Learning Disabilities Sourcebook. Detroit (Omnigraphics)
Siegler, R. S., Jenkins, E. (1989): How children discover strategies. Hillsdale, New York (Lawrence Erlbaum Accociates)
Siegler, R. S., Shrager, J. (1984): Strategy choices in addition and subtraction: How do children know what to do? In: C. Sophian (Ed.), Origins of cognitive skills (pp. 229–293). Hillsdale, New York (Erlbaum)
Spiess, W., Werner, B. (2001): Mathematikförderung. Zeitschrift für Heilpädagogik, 1, 52. Jg. (4–12)
Staatsinstitut für Schulpädagogik und Bildungsforschung: (1991) Erstrechnen Teil I. Würzburg
Staatsinstitut für Schulpädagogik und Bildungsforschung: (1991) Erstrechnen Teil II. Würzburg
Staatsinstitut für Schulpädagogik und Bildungsforschung: (1991) Erstrechnen Teil III. Würzburg
Steinberg, R. M. (1985): Instruction on derivied facts strategies in addition and subtraction. Journal for Research in Mathematics Education, 5, 337–355
Stern, E. (1997): Early Training: who, what, when, why and how? In: M. Beishuizen, K. P. E. Gravenmeijer, E. C. D. M. van Lieshout (Eds.): The role of contexts and models of mathematical strategies and procedures. Culemborg (Technipress)
Stern, E. (2002): Früh übt sich: Neuere Ergebnisse aus der LOGIK-Studie zum Lösen mathematischer Textaufgaben in der Grundschule. In: Fritz, A., Ricken, G., Schmidt, S. (Hrsg.): Handbuch Rechenschwäche – Lernwege, Schwierigkeiten und Hilfen. Weinheim (Beltz)
Stern, E. (1992): Warum werden Kapitänsaufgaben „gelöst"? Das Verstehen von Textaufgaben aus psychologischer Sicht. In: Der Mathematikunterricht, Heft 5, S. 7–29
Stern, E. (1998): Die Entwicklung des mathematischen Verständnisses im Kindesalter. Lengerich (Papst Science Publisher)
Stevenson, H. W., Newman, R. S. (1986): Long-term prediction of achievment and attitudes in mathematics and reading. Child Development, 57, 646–659
Storath, R. (1999): Qualitative Diagnostik. Bad Windsheim (Bayerischer Landesverband Schulpsychologie)
Thornton, C. A. (1978): Emphasizing thinking strategies in basic fact instruction. Journal for Research in Mathematics Education, 5, 214–227
Thornton, C. A., Jones, Toohey (1983): A multisensory approach to thinking strategies for remedial instruction in basic addition facts. Journal for Research in mathematics Education, 14, 198–203
Tücke, M. (Hrsg.) (1998): Psychologie in der Schule – Psychologie für die Schule. Osnabrück (Osnabrücker Schriften zur Psychologie)

Vogel, S., Reder, S. (1998): Learning Disabilities, Literacy, and Adult Education. Baltimore (Paul H. Brookes Publishing)

Wagner, H.-J., Born, C. (1994): DBZ 1 Diagnostikum: Basisfähigkeiten im Zahlenraum 0 bis 20. Weinheim, Basel (Beltz)

Wagner, H.-J., Born, C. (1994): DBZ 1 Diagnostikum: Basisfähigkeiten im Zahlenraum 0 bis 20. Beiheft mit Anleitung. Weinheim (Beltz)

Wagner, H.-J., Kornmann, R. (1992): Schwierigkeits- und Fehleranalyse von zweigliedrigen Additionsaufgaben mit der Null im Zahlenraum 0–20 mit Ergebnis größer als 10. mathematica didaktica, 15, 96–105

Wagner, H.-J., Wacker, C. (1991): 15 + 3 = 81 oder 9? Wie Fehlertypen bei der Addition in einer 2. Klasse didaktisch aufgearbeitet werden können. Grundschule, 23, 61–62

Wagner, H.-J. (1991): Konkretes Material zur Vorbereitung des Zahlbegriffs. Erfahrungen mit Kindern aus einem Kindergarten für Gehörlose und Sprachbehinderte und aus Lernbehindertenschulen. Hörgeschädigten Pädagogik, 45, 358–369

Wagner, H.-J. (1994): Die Bedeutung der Null innerhalb der Addition im Zahlenraum 0 bis 20 als Problem pädagogischer Vermittlung. Dissertation an der Pädagogischen Hochschule Heidelberg

Wagner, H.-J. (1997): Bewegungshandlungen als Grundlage von Verstehen und Anwenden elementarer Arithmetikprozesse. Motorik, 98–107

Wagner, H.-J. (1999): Bewegungshandlungen als Grundlage zur Entwicklung elementarer Rechenfähigkeiten. In: Internationale Frostig-Gesellschaft, Prävention von Lern- und Verhaltensstörungen im Kindergarten- und frühen Schulalter (Jahrestagung 1997) und die Bedeutung der Bewegung für die soziale, emotionale und intellektuelle Förderung des Kindes (S. 85–103). Dortmund (Borgmann)

Wagner, H.-J., Kornmann, R., Seeger-Kelbe, A. (1991): Die Null – eine vernachlässigte Größe in elementaren Mathematiklehrgängen der Schule für Lernbehinderte. Zeitschrift für Heilpädagogik, 42, 442–479

Waniek, D. (1999): Überlegungen zum Konzept einer lernprozessorientierten Diagnostik und Didaktik und deren Bedeutung im elementaren Mathematikunterricht. In: Probst, H.: Mit Behinderungen muss gerechnet werden. Solms, 70–104

Weerdenburg, G., Janzen, H.-L. (1985): Predicting Grade 1 success with a selected kindergarten screening battery. School Psychology International, 6, 13–23

Weichbrodt, K. (1994): Rechenschwäche – oder nicht? Grundschule, 5, 25–27

Wember, F. (1991): Die Frühdiagnostik bei Rechenschwäche zwischen früher Förderung und früher Stigmatisierung. In: Lorenz (1991): Störungen beim Mathematiklernen. Köln (Aulis)

Wember, F. B. (1999): Besser lesen mit System. Neuwied (Luchterhand)

Werner, B. (2000): Einsichten in die Addition und Subtraktion. Sonderpädagogik, Heft 3, 30. Jg., 140–153

Wittmann, E. Ch., Müller, G. N. (1993): Handbuch produktiver Rechenübungen. Band 1 (2. Aufl.). Stuttgart (Klett)

Zech, F. (1998): Mathematik erklären und verstehen. Berlin (Cornelsen)

Zimmer, R. (2001): Handbuch der Bewegungserziehung. Freiburg (Herder)

7. Autorenverzeichnis

Antrack, Heidi (Lin) – Volksschule Erfurt-Hochheim (GS 12), 99094 Erfurt-Hochheim
Barwitzki, Bernhard (L, Dr.) – Volksschule Neureichenau (GS/HS), 94089 Neureichenau
Binder, Gabriele (Rin) – Volksschule München an der Hugo-Wolf-Str. 70 (GS), 80937 München
Breitsameter, Gerhard (SL) – Sonderpädagogisches Förderzentrum, 83098 Brannenburg
Bürnheim, Ute (Rin) – Volksschule Anzing (GS), 85646 Anzing
Dolenc, Ruth (FöLin) – Volksschule Adelsried (GS), 86477 Adelsried
Durst, Angelika (Lin) – Volksschule Jedesheim (GS), 89257 Illertissen
Eichler-Süß, Edith (Lin) – Volksschule Mering (HS), 86415 Mering
Fisgus, Christel (Rin) – Volksschule Thierstein-Höchstädt (GS/THS I), 95186 Höchstädt
Fleischmann, Reinhild (KRin) – Volksschule Ezelsdorf, 90559 Burgthann
Francich, Wolfgang (Prof., Dr.) – Institut für angewandte Lernforschung, 90402 Nürnberg
Freitag, Klaus (BR) – Priv. Sonderpäd. Förderzentrum Roth, 91154 Roth
Ganser, Bernd (IR) – Akademie für Lehrerfortbildung und Personalführung, 89407 Dillingen
Gasteiger, Hedwig (IRin) – Staatsinstitut für Schulqualität und Bildungsforschung, 81925 München
Geck, Richard (R) – Volksschule Grafling (GS/THS I), 94539 Grafling
Gerster, Hans-Dieter (Prof.) – Päd. Hochschule Freiburg, 79117 Freiburg
Hufner, Barbara (BRin) – Volksschule Aschaffenburg (GS/THS I), 63739 Aschaffenburg
Krajewski, Christin (Dr.) – Institut für Psychologie der Universität Würzburg, Wittelsbacherplatz 1, 97074 Würzburg
Kriegelstein, Wolfram (SchR) – Staatliches Schulamt Ansbach, 91522 Ansbach
Kusebauch, Veronika (Lin) – Volksschule Neuburg (GS/THS I), 86633 Neuburg
Lambert, Bärbel (KRin) – Adalbert-Stifter-Volksschule, 91054 Erlangen
Langer, Ilse (SoLin) – Sonderpäd. Förderzentrum, 90429 Nürnberg
Laschkowski, Werner (SoR, Dr.) – Sonderpädagogisches Förderzentrum, 91052 Erlangen
Luger-Zimmermann, Gabriele (Lin) – Volksschule (GS/HS), 84424 Isen
Maier, Hermann (Prof., Dr.) – Universität Regensburg, 93053 Regensburg
Mittelberg, Axel (Dr.) – Institut für Didaktik der Mathematik und Informatik, Unviersität Hannover, 30173 Hannover
Morhard, Silvia Eleonore (BerRin) – Volksschule Wörth am Main, 63939 Wörth am Main
Nusser, Helga (SoKRin) – Sonderpäd. Förderzentrum Passau, 94032 Passau
Pfotenhauer, Margot (Lin) – Dautendey-/Schiller-Volksschule, 97072 Würzburg
Pielmeier, Stefan (Schulleiter) – Volksschule Gerzen, 84175 Gerzen
Pohl, Irmtraud (Rin) – Volksschule Kitzingen-Siedlung (GS), 97318 Kitzingen
Predeschly, Dieter (R) – Volksschule Buxheim (GS), 87740 Buxheim
Preis, Karin (SKRin) – Priv. Schule z. indiv. Lebensbewältigung, 92318 Neumarkt
Reinshagen, Christa (Lin) – Volksschule München an der Kafkastraße, 81737 München
Schardt, Konstanze (Dipl.-Psych.) – Institut für angewandte Lernforschung, 96047 Bamberg
Schildbach, Jürgen (L) – Jean-Paul-Volksschule, 95126 Schwarzenbach/Saale
Schindler, Marianne (FöLin) – Volksschule Centerville Süd, 86156 Augsburg
Schipper, Wilhelm (Prof., Dr.) – Universität Bielefeld – JDM, 33615 Bielefeld
Schneider, Wolfgang (Prof., Dr.) – Institut für Psychologie der Universität Würzburg, Wittelsbacherplatz 1, 97074 Würzburg
Schlegel, Heinz (BerR) – Staatl. Schulberatungsstelle für Oberbayern-West, 81679 München
Schmassmann, Margret (Dipl.-Math.) – Fichtenstr. 21, CH-8032 Zürich
Schmidt, Brigitte (Lin) – Volksschule Bayreuth-Laineck, 95448 Bayreuth
Schmidt, Gerhard (L) – Erich-Kästner-Schule (Sonderpäd. Förderzentrum), 91080 Spardorf
Schneider, Wolfgang (Prof., Dr.) – Institut für Psychologie der Universität Würzburg, 97074 Würzburg
Schultz, Rita (Dipl.-Psych.) – Päd. Hochschule Freiburg, 79117 Freiburg
Sperl, Franz (R) – Volksschule Haibühl-Arrach (GS/THS I), 93474 Arrach
Spieckermann, Angela (Lin) – Volksschule Attenkirchen (GS), 85395 Attenkirchen
Stautner, Maria (KRin) – Volksschule Sinzing (GS/HS), 93161 Sinzing
Wagner, Hans-Jürgen (Dr.) – Blumenstraße 38, 69168 Wiesloch
Walter, Lore – Initiative zur Förderung rechenschwacher Kinder e. V., 75239 Eisingen
Welzbacher, Katharina (SKRin) – Hahnenkamm-Schule zur indiv. Lernförderung, 63755 Alzenau
Westermann, Renate (SKin) – Pankratiusschule, 86165 Augsburg

8. Redaktionsteam der Neuauflage 2004

Freitag, Klaus (BR) – Priv. Sonderpäd. Förderzentrum Roth, 91154 Roth
Ganser, Bernd (IR) – Akademie für Lehrerfortbildung und Personalführung, 89407 Dillingen
Gasteiger, Hedwig (IRin) – Staatsinstitut für Schulqualität und Bildungsforschung, 81925 München
Kriegelstein, Wolfram (SchR) – Staatliches Schulamt Ansbach, 91522 Ansbach
Laschkowski, Werner (SoR, Dr.) – Sonderpädagogisches Förderzentrum, 91052 Erlangen
Schindler, Marianne (FöLin) – Volksschule Centerville Süd, 86156 Augsburg